PONTO FINAL

MIKAL GILMORE

Ponto final

Crônicas sobre os anos 1960 e suas desilusões

Tradução
Oscar Pilagallo

Copyright © 2008 by Mikal Gilmore

Grafia atualizada segundo o Acordo Ortográfico da Língua Portuguesa de 1990, que entrou em vigor no Brasil em 2009.

Título original
Stories Done: Writings on the 1960s and its Discontents

Capa
warrakloureiro

Fotos de capa
Allen Ginsberg (Allen Ginsberg/ Corbis (DC)/ LatinStock)
Roger Waters (Neal Preston/ Corbis (DC)/ LatinStock)
Bob Dylan, Bob Marley, George Harrison, Jim Morrison, John Lennon, Johnny Cash, Leonard Cohen e Timothy Leary (Getty Images)

Preparação
Carlos Alberto Bárbaro

Índice onomástico
Luciano Marchiori

Revisão
Veridiana Maenaka
Huendel Viana

Dados Internacionais de Catalogação na Publicação (CIP)
(Câmara Brasileira do Livro, SP, Brasil)

Gilmore, Mikal.
    Ponto final: crônicas sobre os anos 1960 e suas desilusões /
Mikal Gilmore; tradução Oscar Pilagallo — São Paulo : Companhia
das Letras, 2010.

    Título original : Stories done : writings on the 1960s an its
      discontents

    ISBN 978-85-359-1719-2

    1. Geração beat - Biografia 2. Música popular - Aspectos sociais
- História - Século 20 3. Música popular - História e crítica
4. Músicos - Biografia I. Título.

10-07266   CDD-780.92

Índice para catálogo sistemático:
1. Músicos : Biografia e obra   780.92

[2010]
Todos os direitos desta edição reservados à
EDITORA SCHWARCZ LTDA
Rua Bandeira Paulista 702 cj. 32
04532-002 — São Paulo — SP
Telefone (11) 3707-3500
Fax (11) 3707-3501
www.companhiadasletras.com.br

Para Elaine Schock,
que me acolheu em seu coração

Sumário

Introdução, 9

PIONEIROS E UMA CIDADE FRONTEIRIÇA

Allen Ginsberg: santo homem (*publicado em 1997*), 25
Timothy Leary: a morte do homem mais perigoso (*publicado em 1996*), 43
O fim de Jerry Garcia e o Grateful Dead (*publicado em 1995*), 70
A grande viagem americana de Ken Kesey (*publicado em 2001*), 92
O verão da perdição no Haight-Ashbury (*publicado em 2007*), 105

OS BEATLES: O AUGE E O LEGADO

O mistério em George Harrison (*publicado em 2002*), 129
Sgt. Pepper's Lonely Hearts Club Band: com Beatles e sem Beatles
(*publicado em 2007*), 171
O mistério em John Lennon (*publicado em 2005*), 186

OS DESLOCADOS

Johnny Cash: quando setembro chegar (*publicado em 2004*), 209
O inferno terreno de Bob Marley (*publicado em 2005*), 246

GÊNIOS, INTOXICAÇÃO, RUÍNA E DIFÍCEIS REGENERAÇÕES

A fábula da ruína americana de Phil Ochs (*publicado em 1997*), 267

Hunter S. Thompson: o último fora da lei (*publicado em 2005*), 270

Jim Morrison e os Doors: as virtudes do desperdício (*publicado em 2001*), 289

The Allman Brothers Band: vínculos musicais e elegíacos
(*publicado em 1990*), 310

A longa sombra do Led Zeppelin (*publicado em 2006*), 337

A loucura e o prodígio do Pink Floyd (*publicado em 2007*), 361

OS VIVOS

Bob Dylan: a antena do poeta do rock (*inédito nesta versão*), 383

A vida de depressão de Leonard Cohen (*de 2002, inédito nesta versão*), 398

Agradecimentos e uma lembrança, 423

Índice onomástico, 429

Introdução

Este livro é uma coletânea de artigos sobre pessoas que ajudaram a moldar uma época e um movimento — pessoas largamente identificadas com os anos 1960. Claro, o movimento a que me refiro aqui tinha começado anos antes, em descobertas isoladas, e iria provocar tremendos debates culturais e políticos. Parte disso nasceu das liberdades asseguradas por Elvis Presley, outra parte veio do movimento beat, que colocou em xeque a estética e a ideologia do pós--guerra nos Estados Unidos. Também tiveram relevo as audaciosas experiências com drogas conduzidas por cientistas, médicos, escritores, artistas plásticos, atores, músicos e professores, e até por certos tipos menos animados da CIA e do Exército americano. O ideário dos anos 1960 também derivou do espírito forjado nas difíceis e heroicas campanhas pelos direitos civis e na crescente reação à guerra da democracia liberal ocidental contra o comunismo internacional (que culminaria no debate sobre o fracasso americano no Vietnã). O movimento foi sendo levado adiante por cantores folk, renovadores do blues, britânicos usurpadores do rock and roll, cantores americanos de soul e revolucionários do jazz, e assimilado por escritores insubmissos, estudantes indóceis, criadores de comunidades, adolescentes, drogados, aventureiros sexuais, guias espirituais, rebeldes em geral, militantes negros e políticos reformistas. No fim, tratou-se de uma confluência de música, cinema, poesia, teatro, literatura, artes plásticas, ciências, sociedade, política, guerra e revolta, quase tudo impulsionado pelo poder da imaginação e por um intenso entusiasmo, pela esperança e pela angústia. Isso aconteceu entre meados dos anos 1950 e início dos anos 1970: foi algo impetuoso e rápido, e parecia, na época, que poderia levar à transformação do mundo.

E, de repente, aquele momento se desfez. No início da década de 1970, a maioria dos componentes significativos dos sonhos dos anos 1960 foi destruída ou subjugada, a partir de pressões internas e externas. Inspiração, derrota, genialidade, loucura, alegria, morte e promessas desperdiçadas, tudo isso teve o seu peso. A partir daí, presumo, é possível uma avaliação de quanto se aprendeu e de quanto foi perdido.

Este volume, evidentemente, não é uma história formal dos anos 1960; não há aqui, por exemplo, uma tentativa de fazer uma crônica dos sérios distúrbios políticos da época (embora o efeito dessa agitação possa ser notado em talvez todas as pessoas e temas aqui tratados). Antes, *Ponto final* é uma tentativa de lançar um olhar para uma parcela do que estava em jogo naqueles tempos, através da vida de um punhado de pessoas e de eventos relevantes para o debate cultural e as artes. O livro tem, admito, algumas deficiências: não há nada sobre mulheres de destaque, nem sobre músicos de jazz e rhythm and blues, todos eles importantes para o período em foco. (Também tenho outros arrependimentos: não escrevi nada sobre John Coltrane, Miles Davis, Velvet Underground ou Tim Buckley, cujas realizações musicais têm interesse especial para mim.) Ainda assim, as pessoas e as ocasiões de que trato nestas páginas certamente mudaram os parâmetros de nossas vidas e nossos ideais, e até as possibilidades do nosso futuro; elas foram parte de uma guinada histórica que não apenas desafiou os valores culturais e sociais de uma época, mas também, numa conclusão surpreendente, esvaziou seu poder e suas polêmicas. Como observo mais de uma vez nestes textos, quase todos os debates relevantes sobre cultura e política dos últimos quarenta anos foram uma reação ao que se fez nos anos 1960.

Ao reler estas histórias, não esperava ter nenhuma surpresa, mas uma coisa me chamou a atenção: a quantidade de referências a drogas (álcool incluso) e ao mal que elas causaram. Drogas e álcool, por si só, provavelmente não me levariam a transformá-los em temas recorrentes, apesar das minhas próprias experiências; o que me interessa é o impacto dessas substâncias sobre determinadas vidas e obras. E, no entanto, depois de selecionar e revisar os textos desta coletânea, percebi que o uso do álcool ou de drogas aparecia em quase todas as histórias. Claro que não se trata de uma coincidência.

Para mais da metade das pessoas aqui retratadas, inclusive Ken Kesey, Thimothy Leary e os jovens do Haight-Ashbury, os psicodélicos foram um fator importante em suas vidas e em qualquer história sobre eles. Essas pessoas viviam no limiar do desconhecido, explorando como a experiência lisérgica poderia afetar a mente, a espiritualidade ou a comunidade. Escolheram o LSD como parte importante de seu propósito e estavam dispostos a aceitar qualquer destino a que esses caminhos levassem. Essa escolha os tornou famosos e influentes, mas também temidos e desprezados. Leary e Kesey chegaram a ser considerados criminosos, o que os atrapalhou um pouco, mas não totalmente, dado que as drogas não os mataram. Mas as drogas realmente acabaram com o Haight-Ashbury. Enquanto os psicodélicos fizeram do bairro um paraíso para traficantes, peregrinos de olhar vidrado e jovens que largavam as escolas, as drogas também minaram o exuberante idealismo vigente na área, transformando o sonho em farsa.

Isso não significa que a experiência psicodélica dos anos 1960 não tenha sido útil; o estado alucinatório teve um efeito extraordinário na criatividade da época. Eu certamente sustento que textos importantes de Ken Kesey e a música maravilhosa do Grateful Dead, dos Beatles, dos Doors e do Pink Floyd não teriam acontecido sem a experiência com o LSD. Por outro lado, no caso do Pink Floyd, é justo dizer que o ácido certamente apressou o declínio do brilhante Syd Barrett. Isso leva a uma questão: se a notável música dos primeiros tempos do Pink Floyd se deveu em parte ao uso de drogas por Barrett, então... valeu a pena pagar o preço? É óbvio que as viagens lisérgicas podem provocar ruína real. Durante vários anos, na década de 1970, trabalhei como conselheiro em programas de tratamento de alcoólatras e toxicômanos em Portland, no Oregon, e embora tenha visto danos muito graves e extensos resultantes do uso de heroína, anfetaminas e álcool — inclusive mais mortes de jovens do que quero lembrar —, eu tinha uma solidariedade especial por aqueles que pareciam desajustados ou prejudicados pelos psicodélicos. Eu já fiz uso de LSD e mescalina, mas não tive experiências com heroína ou bolinhas. Como passei por um incidente horrível com LSD (que conto no artigo sobre Leary), sabia alguma coisa sobre como a pessoa se sente quando a consciência foge para lugares onde parece se despedaçar em buracos e partículas e sabe Deus o que mais. Nunca me arrependi de ter tomado psicodélicos, mas estou ciente de que podem causar consideráveis alterações no usuário e compreendo que algumas compleições não podem sequer tolerar tais alterações.

Muitas das personagens destas páginas foram transformadas por outras drogas (inclusive álcool, opiáceos e anfetamina), que, nos casos de Johnny Cash, Phil Ochs, Hunter S. Thompson, Jim Morrison, Gregg Allman e Jimmy Page, levaram ao vício e podem ter sido fatais. Os efeitos nesses homens foram em geral terríveis. Alguns deles — Cash, Allman, Page — sobreviveram e se recuperaram, enquanto outros — Ochs, Thompson, Morrison e John Bonham, do Led Zeppelin — tiveram suas possibilidades abreviadas.

Por que tudo isso aconteceu? Pode ser atribuído à época? Uma das mudanças de atitude mais definidoras dos anos 1960 era a sensação crescente, entre grande número de jovens e não tão jovens (inclusive políticos), de que o sistema de valores não era necessariamente confiável e que portanto não tínhamos mais por que nos submeter a convenções sociais e ideologias dominantes. Para dizer de maneira mais direta, não tínhamos mais que pedir permissão para ter nossas escolhas e convicções. Essa mudança resultou em muitas conquistas notáveis. Mas por ter acontecido tão de repente — na realidade, em dois ou três anos — e aberto tantas possibilidades em território tão incerto, esse princípio de autossuficiência trouxe riscos. Como observa Carolyn Adams no texto sobre o Haight-Ashbury — ela era próxima de Ken Kesey e esteve casada com Jerry Garcia —, esse novo ideal de liberdade também se transformou numa licença para fazer cagadas, às vezes com sérias consequências. Ficar chapado podia ser legal, mas a própria química da droga faz as pessoas usarem cada vez maiores quantidades e com mais frequência, o que pode ter efeitos horríveis. Há diferenças reais entre psicodélicos ou maconha e drogas como anfetaminas, cocaína e heroína; muitos de nós naquela época considerávamos o primeiro grupo como drogas que aumentavam as potencialidades da mente e o segundo como viagens para a morte. No entanto, várias pessoas neste livro não fizeram a mesma distinção, e a busca da liberdade os levou a um declínio terrível. A liberdade de fazer cagadas podia ser maravilhosa, mas também podia significar uma viagem sem volta.

É claro que muito do uso de drogas originado nos anos 1960 foi terrivelmente insensato, mas é também verdade que as reações histéricas e punitivas desde então tiveram pouco efeito além de ampliar o mal. Os anos 1960 sempre carregarão o estigma da leniência em relação às drogas. O que não é totalmente injusto, mas se trata de uma acusação pesada. Drogas, afinal, sempre foram consumidas, causando prazer, iluminação, vício e morte. E, da mesma maneira que as drogas limitam a vida de algumas pessoas, elas podem ajudar outras a alcançar algo que torne seus dias e noites mais suportáveis.

A semelhança do papel das drogas e do álcool nestas histórias não é mera coincidência, e embora não tenha sido essa característica o que me motivou a escrevê-las, percebo agora o que me atraiu: quase todas as pessoas aqui retratadas, inclusive George Harrison e John Lennon, sofreram de depressão várias vezes e em vários graus. Depressão e intoxicação, claro, estão associadas há centenas de anos. Drogas e álcool podem fazer com que a depressão pareça mais tolerável, quando na verdade eles invariavelmente aprofundam o estado depressivo, às vezes ainda enquanto a droga faz efeito e quase sempre quando o efeito passa. Drogas e álcool prometem combater a melancolia — pelo menos enquanto dura o efeito. Acrescente-se a isso a armadilha da dependência física e pode ficar bastante difícil encontrar uma saída.

Isso acontecia bem antes dos anos 1960. Embora muitas narrativas daquela época — e de hoje — enfatizem o mal provocado pelas drogas ilegais, na verdade as drogas e os narcóticos legais (inclusive bebidas alcoólicas, tabaco e medicamentos receitados) são responsáveis pela grande maioria das dependências e das mortes nas últimas décadas. As drogas sempre estarão por aí porque atendem a necessidades — algumas psicológicas, algumas culturais — que não podem ser totalmente erradicadas. Fazemos o melhor para salvar a quem pudermos, inclusive a nós mesmos, mas não podemos impedir que pessoas cometam loucuras ou forçar a sua salvação.

A maioria das pessoas sobre quem escrevi aqui produziu obras notáveis a despeito de si mesmas, apesar do que as tenha vergado ou acabado com elas e independente de talvez terem se transformado em seres ignóbeis. Os méritos que brotaram dos seus erros são, acredito, o que as tornou magníficas; foi isso o que lhes deu reconhecimento, pouco importa o quanto tenham fracassado ou desapontado os outros. Ainda preservamos os benefícios que elas nos legaram.

Ao escrever a maioria destas histórias sobre vidas e aspirações desregradas, tive em mente que o fazia num período em que a administração George W. Bush controlava o poder nos Estados Unidos. Foram anos insanos e desanimadores nos quais a ideologia dominante se mostrou mais resoluta e inexpugnável do que nos anos 1950, quando o rock and roll era uma das forças que começavam a contestar os valores estabelecidos. Para as últimas gerações, a cultura pop teve um efeito insurgente e reparador: a maravilhosa e corrosiva força da derrisão. Mas, na primeira década do novo século, o poder estabelecido foi mais astuto e intransigente. A ideologia Bush — horrível e ruinosa, embora lamentavelmente brilhante — tratou a pontapés as possibilidades de escárnio e dissensão, além de sabotar com inaudita truculência a dignidade dos desacreditados.

Mesmo assim, à medida em que selecionava os textos que fariam parte desta coletânea eu sabia que logo estaríamos deixando aquele regime para trás. A ascensão de Barack Obama à presidência dos Estados Unidos é uma das grandes histórias americanas desta era, além de um dos mais emocionantes acontecimentos de toda minha vida. A noite de sua eleição foi sentida como uma redenção das possibilidades da nação, sendo particularmente recompensador presenciar o impacto que os jovens eleitores e militantes trouxeram àquele momento histórico. No entanto, é fato que as rupturas com o passado na América não se dão sem traumas. As coisas mudam, chegam mesmo a melhorar, mas os velhos hábitos e o rancor podem perdurar por gerações. Viramos uma página importante e necessária, mas o poderoso estado de coisas que foi derrotado dificilmente abrirá mão de sua defesa de um futuro não liberal, assim como o resto de nós não deve deixar de rejeitar esta visão.

A despeito de todo o ímpeto que os jovens infundiram à campanha de Obama, a música pop não se encaixou aí exatamente em sua vanguarda. Embora eu sempre tenha desejado que o rock and roll e suas formas correlatas — hip hop incluído — preservassem sua função de oposição na arena pública, os modos de se fazer essa oposição são tão complexos e diversos agora como em tudo o mais, apresentando suas questões sempre de maneiras menos estridentes ou rudes (e, em geral, chocando menos). Hoje já não posso afirmar que a música popular defenda qualquer tipo de organização, embora eu esteja propenso a apostar que, estéticas diferenciadas à parte, a maioria de suas várias correntes, movimentos e subgrupos ainda tenha certas sensibilidades sociais em comum.

Digo isto porque, em 2009, enquanto preparava uma segunda edição deste livro, estávamos nos aproximando rapidamente do quadragésimo aniversário do Festival de Música e Artes de Woodstock, ocorrido em meados de agosto de

1969 no estado de Nova York. O Woodstock original (depois dele houve dois outros festivais que se apropriaram daquele nome, embora apenas o primeiro tenha denominado a si próprio como "Uma exposição aquariana") já há muito se tornou um monumento de sua época e, também, alvo de derrisão quando sua defesa como um modelo utópico superou os limites da fatuidade. Passados todos esses anos, porém, e quando enormes e longos festivais são bem-sucedidas empreitadas comerciais ou ensaios de cultura alternativa, provavelmente vale a pena refletir um pouco sobre o quão radical — o quão marcadamente de oposição e diretamente *ameaçador* — Woodstock deve ter parecido ao atônito mundo que o circundava, o quão brevemente anunciou algo que proclamava uma importante e irreversível unidade e identidade no interior da cultura jovem. Aquela afirmação coletiva de oposição, como tudo o mais que sucedeu durante aquele longínquo fim de semana, provou ser memorável — e não menos por ter parecido ser quase acidental. Os organizadores do evento, Michael Lang e John Roberts, pretendiam sinceramente que a empreitada fosse uma celebração do rock e da contracultura, embora o tivessem planejado também como uma máquina de fazer dinheiro. Possuíam para tal vários indicadores a favorecê-los: os festivais de rock — inspirados em antigos eventos de massa, mas sobretudo nos então recentes festivais de jazz e música folk de Newport, e no estupendamente bem-sucedido Monterey Pop Festival, em junho de 1967 — vinham crescendo tanto em público quanto em importância social, e começavam a atrair multidões para além da casa dos 100 mil. Contudo, havia outros indicadores que podiam facilmente apontar problemas. No ano anterior a Woodstock, o país explodira em discussões e manifestações públicas sobre o papel dos Estados Unidos em conflitos internacionais e sobre seu conflito racial interno, inflamado em parte pelos assassinatos do reverendo Martin Luther King Jr. e do senador Robert F. Kennedy, que culminaram desgraçadamente nas batalhas urbanas entre a polícia e os que protestavam nas ruas contra a guerra do Vietnã, durante a convenção do Partido Democrata na cidade de Chicago, em 1968. No final daquele ano — e em parte como resultado desses confrontos internos —, Richard Nixon seria eleito presidente. O clima — não apenas para os jovens, mas para todo mundo — ficou pesado e inseguro, algo muito distante da promessa de 1967, sinalizada em outras partes deste livro. Nos anos seguintes, a discórdia e o sangue iriam fluir a partir desses pontos de inflexão e a América seria para sempre transformada.

Em tal ambiente, a reunião de um enorme e representativo segmento de uma geração que se sentia acuada (e de fato estava) podia facilmente sair fora de controle, e foi exatamente o que aconteceu — embora não da maneira que as pessoas previam. Em meados de julho de 1969, Middletown, em Nova York (nas cercanias da comunidade de artistas de Woodstock), a primeira escolha para sediar o evento, declarou que o festival não seria bem-vindo na região. A Woodstock Ventures se mexeu, achou outra área, foi expulsa novamente e, finalmente, instalou-se no sítio de um produtor de leite, Max Yasgur, nas cercanias da pequena cidade (um vilarejo, na verdade) de Bethel, para o desgosto da maioria dos locais, que quase conseguiram impedir o evento. (Um cartaz local dizia: "Parem o festival hippie do Max. Nada de 150 mil hippies por aqui. Não comprem leite". Pelo menos um dos habitantes ameaçou incendiar a fazenda de Yasgur.) As coisas não melhoraram quando os desafortunados promotores do evento descobriram que os seus esforços para contratar policiais de folga do departamento de polícia de Nova York haviam sido sabotados pelos oficiais daquele departamento, que não tinham a mínima intenção de serem vistos como defensores de um evento grandioso em que drogas proscritas, sexo juvenil e vários tipos de protesto iriam com certeza acontecer. Quando o festival finalmente começou, eram tantos jovens (a maioria) a caminho do lugar que a rodovia expressa do estado de Nova York teve de ser fechada; foi bloqueada até cessar o movimento. Embora a Woodstock Ventures tivesse vendido 65 mil ingressos antecipados, e planejasse vender talvez 100 mil ou mais, eles não tinham se preparado para o imenso número de participantes — algo entre 400 e 500 mil pessoas — que se dirigiam agora para a fazenda de Max Yasgur. Os organizadores imploraram às estações de rádio locais que tentassem dissuadir mais pessoas de tentar chegar ao local, mas era tarde demais: centenas de milhares permaneceram nas estradas de Nova York e o congestionamento se estendeu por dezesseis quilômetros em torno do local. Dada a situação, não restou alternativa aos organizadores senão tornar Woodstock um festival grátis. A probabilidade de um prejuízo financeiro encolhia ante a perspectiva de um desastre humano em larga escala. Os organizadores tinham agora que se preocupar com a possibilidade de a comida que tinham armazenado não ser suficiente, com as consequências que poderiam advir se começasse uma briga, ou com os perigos para a saúde e a segurança caso o tempo piorasse (o que de fato aconteceu), ou ainda com a caprichosa impaciência do maior público reunido na América contemporânea caso tivessem de esperar muito tempo pela entrada em cena dos músicos (ou ser informados do cancelamento de alguma apresentação), que, afinal, era o que os havia atraído para o festival. Um dos organizadores, John Roberts, disse que embora o tema oficial do festival fosse "Três dias de paz e música", tudo estava de repente se tornando assustador. "Se tivéssemos algum indício, por mínimo que fosse, de que fosse aparecer tanta gente", ele disse ao *New York Times*, "nós certamente não teríamos levado a coisa adiante."

Contudo, como logo se tornou evidente, o que resultou de Woodstock foi ao mesmo tempo confusão e milagre (em que pese ter sido também perturbador para os milhões que não compareceram). Privados de comida e abrigo, dependendo da gentileza de estranhos — como a da fazenda comunitária de criadores de porcos de Nova York (que ainda não se mudara para o Novo México) — para receber comida e ajudar os que passavam mal depois de usar drogas, e contando apenas uns com os outros, a população relâmpago do Festival de Woodstock reunida naquele fim de semana conviveu muito bem, escorada em alguns excepcionais valores partilhados, incluindo sua fé na música. Se não formavam exatamente uma cidade no sentido da palavra, como alguém em algum momento se vangloriou no palco, com certeza formaram uma comunidade organizada e definiram seu lugar na história. Tudo deu errado, mas tudo deu certo. Não houve tumultos, nem sequer sinal deles, embora, verdade seja dita, tenha havido um bocado de consumo de drogas e descobertas sexuais em novos contextos. De forma mais visível, graças ao filme *Woodstock*, houve música boa à beça — música que era um signo da época e de seus sonhos e riscos, e que alcançou o seu ápice no encerramento, quando Jimi Hendrix virou do avesso o hino nacional americano, metamorfoseando-o de tal modo e tão oportunamente em uma convocação que isso tomou conta da América naquele verão.

Quando afirmo que Woodstock foi um momento de oposição significativo na América, não quero dizer que o festival tenha operado como algum ato formal de protesto, ou representado uma expressão geracional coletiva de resistência ou antagonismo, ou mesmo que tenha sido explicitamente político. (Os dois mais conhecidos momentos políticos do festival aconteceram na apresentação da divertida, mas triste, "Fixin to Die Rag", do Country Joe McDonald, uma peroração ao estilo antigo sobre o sentido de se perder uma vida no Vietnã; e quando Pete Townshend, o guitarrista e líder do The Who, deu uma guitarrada no ativista Yippie Abbie Hoffman por este ter roubado o microfone para fazer um discurso, botando-o em seguida para fora do palco a pontapés.) Antes, Woodstock representou oposição simplesmente por ter acontecido da forma que aconteceu, por ter se tornado o que se tornou. Nos anos que se seguiram, muitos historiadores insistiram na clara divisão entre a contracultura dos anos 1960 (grande parte da qual considerava o rock and roll uma força) e os elementos políticos e ativistas da época. Outros — um punhado de teóricos e críticos — ressaltaram que nada autenticamente insurrecional ou de efeitos oposicionais duradouros poderia resultar de algo tão enraizado na cultura comercial como o rock and roll. Há algo de verdadeiro nessas afirmações, mas não o suficiente para que elas sejam aceitas como algum tipo de palavra final sobre o assunto. Que ninguém se engane: o modo pelo qual a música popular evoluiu nos anos que precederam Woodstock — o modo como veio a falar tanto aos prazeres quanto à razão, aos ideais e aos medos, a forma como veio a representar a atitude coletiva da juventude — construiu de forma autêntica uma fortificação da oposição. Todo mundo entendeu isso, de todos os lados da questão. Em *Woodstock: The Summer of Our Lives*, de Jack Curry, um homem que presenciou o festival de perto declarou ao autor: "Sexo, drogas e rock and roll, está tudo relacionado. [...] Eu achava que o país inteiro estava realmente sendo destruído pela música e pelas implicações das canções". Ele tinha razão ao menos quanto a isto: a música era uma força unificadora. Naquele exato momento, a música atravessou comércio e teoria. Naquele exato momento, ela tinha um peso político porque havia demarcado um idioma popular, encarnava o debate nacional e tinha o poder de convencer.

No final das contas, Woodstock não fez oposição partindo para o confronto, mas de um modo que hoje chamaríamos de viral. Um tipo de oposição que não podia ser prontamente abafada por uma ação policial organizada, pois já havia se infiltrado no mainstream e já o estava transformando; a subversão já estava em curso. Os que permaneceram na lama naquele fim de semana não tiveram que empunhar cartazes ou cantar palavras de ordem. (Poderia ter sido diferente se forças policiais ou a Guarda Nacional tivessem sido deslocadas para o local, mas nenhuma das corporações foi tola a esse ponto.) Essa multidão, que era algo muito além de um público — tratava-se de uma comunidade não mais anônima —, apenas por estar ali em movimento, buscando, celebrando da forma que queria, com os músicos tirando o som que tiravam, proclamava que ali se encontrava um povo e um evento que claramente se opunham à guerra no Vietnã, um povo que poderia conturbar o emergente período Nixon. Fazia anos já que vínhamos nos encontrando em boates e salões de dança e parques públicos, até mesmo em casas de show e estádios, e nesses momentos havíamos sentido que havia um poder e uma visão de mundo amadurecendo em nosso comunitarismo. Woodstock ultrapassou o sentir algo, e foi além da necessidade de enfrentamento: apresentou números que não pareciam fáceis de ser manipulados. Foi apenas um momento, mas pareceu que prometia uma vastidão.

Mas isso se revelou um engano. No fim das contas, não era o despertar da nação Woodstock que se presenciava ali, mas sim o seu luminoso momento culminante — e o seu último brado. Cinco meses depois, num autódromo nas cercanias de San Francisco, no Concerto de Altamont, deu-se o reverso da maré. Durante o encontro de um dia que pretendia ser a reprodução à la San Francisco de um evento no estilo Woodstock, os Hell's Angels — uma equipe de segurança indicada pelo grupo Grateful Dead — cercava, espancava, humilhava e intimidava qualquer grupo de pessoas que se aproximasse do palco, o que incluía até mesmo os músicos que ali se apresentariam. Naquela noite, enquanto os Rolling Stones se apresentavam, um membro dos Angels esfaqueou um jovem até a morte na frente do palco. As liberdades que funcionaram nos arredores de Nova York naquele fim de semana de agosto já tinham há muito se tornado um fator de risco na região da baía [de San Francisco], como documentado na história do Haight-Ashbury que faz parte desta coletânea.

É possível dar a esses contraditórios marcos de 1969 um contorno simplista — Woodstock como o ápice de um admirável mundo novo; Altamont como uma *débâcle* que marcou o seu fim —, quando na verdade sabemos que diversos outros fatores contribuíram para o que deu certo e errado nas duas ocasiões. Mas sobre uma coisa não há dúvida: jamais houve eventos como aqueles. Aconteceriam festivais de rock maiores que aqueles, que foram legais e geraram boa música, mas os números que marcaram esses eventos eram apenas isto: números. Muito tempo depois surgiria a autêntica comunidade dos festivais anuais Burning Man, mas eles são fechados e a maior parte das pessoas nem sequer sabe de sua existência (e é este o ponto). Que tais eventos possam acontecer hoje da forma como ocorrem deve-se totalmente àquelas noites e dias em que o povo, a terra e as vias históricas pareciam estar se movendo mais rápido do que o olho podia acompanhar. Talvez tenha sido melhor que tudo tenha passado, embora poucas coisas desde então tenham sido tão boas.

Mais de 2 mil anos atrás, o filósofo grego Platão escreveu: "Formas e ritmos musicais nunca são alterados sem produzir importantes mudanças políticas. [...] O novo estilo se insinua aos poucos, [...] uma força maior [...] ataca as leis e as constituições, mostrando extrema ousadia, até tudo subverter, na vida pública e privada". Isso ainda é possível? Isso ainda acontece? Claro que sim — basta ver a perturbação causada pelo hip-hop nos últimos anos. Mas os mecanismos culturais, comerciais e da mídia estão mais aptos a assimilar ou desacreditar as ameaças da cultura pop ou caracterizá-las como simples afronta ao pudor e às boas maneiras. As férias de primavera, a cultura de sair à noite para dançar, a democracia instantânea do programa de calouros *American Idol*, tudo isso está realmente longe de significar uma vida desregrada. O que me preocupa é que mesmo depois dos anos Bush os vestígios dessa ideologia se tornem corriqueiros e sistêmicos o suficiente para inibir as vibrações latentes que poderiam ser estimuladas pela inquietação da cultura popular.

Não vivo no passado, nem desejo vê-lo reencenado; só quero saber o que será possível amanhã, o que poderá ser justificadamente subvertido, o que poderá ser feito de maneira nova. Mas sempre serei grato aos anos e eventos sobre os quais tive a oportunidade de escrever aqui. A ação comunitária daqueles jovens, ouvindo rock ou fazendo política juntos, nos deu uma sensação de afinidade geracional transbordante de esperança e desejo. É incrível perceber a aglutinação de poder naqueles dias e noites na América, quer tenhamos ou não compreendido isso.

Uma última observação: a maioria dos artigos deste livro, embora não seja inédita, não fez parte de coletâneas anteriores, embora eu tenha importado quatro textos — sobre Thimothy Leary, Allen Ginsberg, os Allman Brothers e Jerry Garcia e o Grateful Dead — e outros trechos esparsos de um livro meu anterior, *Night Beat*; dado o propósito deste volume, pareceu-me correto colocá-los neste novo contexto e quero agradecer à Doubleday e à Anchor Books por permitir a inclusão. Embora alguns perfis tenham sido incluídos, estes textos são basicamente painéis históricos e sínteses. Há alguma sobreposição de artigos que abordam assuntos relacionados (por exemplo, os que tratam da questão do uso de LSD nos anos 1960), embora eu tenha feito o possível para eliminar tais redundâncias.

Estes escritos são produto das oportunidades que me foram dadas na *Rolling Stone*, onde comecei a escrever em 1976. A revista continua comprometida com a defesa da cultura pop como forma de provocar mudanças políticas, e estou honrado de ter contribuído ali com estas páginas.

PIONEIROS E UMA CIDADE FRONTEIRIÇA

Allen Ginsberg: santo homem

Allen Ginsberg refletiu sobre o significado da inevitabilidade da morte por quase toda a carreira de escritor. Em 1959, em "Kaddish", o poema narrativo sobre o declínio e a morte de sua mãe, Ginsberg escreveu: *"Death let you out, Death had the Mercy, you are done with your century"* [A Morte a deixou de fora, a Morte teve piedade, você passou por seu século].* E em 1992 escreveu sobre si próprio: "Sleepless I stay up &/ think about my Death [...]/ *If I don't get some rest I'll die faster*" [Insone, fico acordado/ pensando em minha Morte [...]/ Se não descansar, vou morrer mais depressa]. Ele morreu aos setenta, em 5 de abril de 1997. Sete dias antes, soube que a doença dos últimos anos se agravara — um câncer no fígado, inoperável. Assim que recebeu a notícia, Ginsberg voltou ao apartamento no East Village, em Nova York, e não alterou a rotina: sentou-se e escreveu um conjunto de poemas sobre as experiências de sua vida — nesse caso, sobre a iminência do fim. Um desses poemas — o longo, hilário e sentimental "Death & Fame" [Morte & fama] — foi publicado na *New Yorker* uma semana depois do desaparecimento do escritor. No poema, Ginsberg imagina centenas de amigos, admiradores e amantes reunidos no seu "grande funeral" e

---

* Allen Ginsberg. *Uivo e outros poemas*. Tradução, introdução e notas de Claudio Willer. Porto Alegre: L&PM, 2010 [2005], p. 73. (N. E.)

ele gostaria que nos encômios alguém dissesse: *"He gave great head"* [Ele era bom de cama].

Nesses últimos dias, Ginsberg também conversou com amigos — o escritor William Burroughs, companheiro de toda a vida; Peter Orlovsky, namorado por várias décadas; o poeta Gregory Corso, entre outros — e escreveu uma carta para o presidente Bill Clinton (enviada por George Stephanopoulus, outro amigo de Ginsberg), exigindo, por gaiatice, uma medalha de reconhecimento. Em sua última semana, ouviu uma gravação de "C.C. Rider" na interpretação de Ma Rainey, uma cantora de blues dos anos 1920 — a primeira voz que Ginsberg teria ouvido. De acordo com um relato, ele cantou junto, vomitou e disse: "Puxa, nunca tinha feito isso antes". Na sexta-feira, entrou em coma. Cercado por poucos amigos, Ginsberg morreu no sábado de manhã, dia 5 de abril de 1997.

Um fim tranquilo para uma vida intensa. Desde a morte de Elvis Presley, em 1977, e o assassinato de John Lennon, em 1980, não se lidava, na cultura pop, com uma percepção tão acentuada do fim de uma época. Allen Ginsberg não apenas fez história — ao escrever poemas que agitaram a consciência americana e ao assegurar que o movimento beat dos anos 1950 seria lembrado como considerável força literária —, mas viveu e incorporou algumas das mais extraordinárias mutações culturais da segunda metade do século. Da mesma maneira que Elvis, que os Beatles, Bob Dylan ou os Sex Pistols, Allen Ginsberg ajudou a liberar algo maravilhoso, arriscado e indócil em nossos corações e mentes. Talvez apenas o difícil e corajoso sonho de Martin Luther King Jr. tenha tido impacto libertador mais genuíno sobre as realidades da história recente e sobre pessoas e vozes que a sociedade quis manter marginalizadas. Da mesma maneira que Bob Dylan mais tarde transformaria a canção popular, Ginsberg transformou a poesia: qual seria a sua voz, o que articularia, a quem seria dirigida. As palavras de Ginsberg — pronunciadas em performances e vivenciadas em ações — devolveram à poesia a relevância política e cultural que tivera nos anos 1840 com os transcendentalistas (Ralph Waldo Emerson e Henry Thoreau entre eles) ou, em 1855, com a escandalosa publicação do clássico de Walt Whitman, *Folhas de relva*. Na realidade, nas mãos de Ginsberg, a poesia provou ser bem mais que uma vocação ou a seara de literatos e críticos refinados. Ginsberg fez do dom de escrever uma missão — "tentando salvar e curar o espírito da América", como escreveu na introdução de *The Beat Book*, da poeta Anne Waldman. Nesse processo, ele não apenas influenciou gente como Bob Dylan,

John Lennon, Lou Reed, Patti Smith e Jim Carroll. Ecos do seu trabalho também podem ser ouvidos em *Advertisements for Myself* [Recados para mim mesmo], de Norman Mailer, nos escritos e feitos do presidente da Tchecoslováquia Václav Havel, nas vidas e façanhas dos rebeldes dos anos 1960, como Timothy Leary, Tom Hayden e Abbie Hoffman. É possível ainda perceber os efeitos de Ginsberg numa geração mais recente de artistas, como Sonic Youth, Beck, U2 e vários dos nossos ótimos poetas do hip-hop.

Ginsberg também foi, claro, simplesmente um homem — às vezes generoso, às vezes competitivo, ciente de seus vícios e virtudes, velho na sabedoria e juvenil nos gostos e afeições, e implacavelmente promíscuo, ainda que com total fidelidade. Mais do que tudo, no entanto, Ginsberg foi alguém que um dia juntou coragem para falar verdades ocultas sobre coisas indizíveis, o que serviu de consolo e incentivo para os que se miraram em seu exemplo. Esse exemplo — a insistência em não se calar e não se conformar com valores ou experiências limitadas — talvez seja o maior legado de Ginsberg. Hoje, há muitos outros artistas que dão prosseguimento a essa tradição — de Dylan, Smith e Reed a Eminem ou Dixie Chicks e vários outros — e por isso a morte de Ginsberg não nos priva de possibilidades, como aconteceu nas terríveis mortes de Kurt Cobain, Tupac Shakur e Notorious B.I.G. E assim é porque toda a vida de Ginsberg foi um processo de se abrir (e nos abrir) a possibilidades. De qualquer maneira, é uma enorme perda. Que não haja dúvida: um gigante esteve entre nós. A única coisa apropriada a fazer será avaliar o que ele fez por nós e pelos Estados Unidos.

Allen Ginsberg nasceu em 1926, filho de pais judeus de esquerda nascidos na Rússia que possuíam sofisticado repertório cultural (o irmão mais velho de Allen, Eugene, foi assim chamado em homenagem ao sindicalista Eugene V. Debs;* Ginsberg também se recorda de que a música de Ma Rainey, Beethoven e Bessie Smith enchia a casa da família em Paterson, New Jersey). O pai de Allen, Louis, foi um poeta respeitado. Louis e Allen discordaram por muito tempo sobre a linguagem e a estrutura da poesia, mas nos últimos anos da vida do pai,

---

* Eugene Victor Debs (1855-1926) foi um dos fundadores do Partido Socialista dos Estados Unidos, agremiação pela qual se candidatou cinco vezes à presidência do país no início do século xx. (N. T.)

os dois fizeram com frequência leituras conjuntas, trocaram poemas e tiveram uma relação de afeição e respeito genuínos.

Mas foi a mãe de Ginsberg, Naomi, que teve influência mais profunda e duradoura na vida, na mentalidade e na obra do filho. Em 1919, ela já apresentara sinais de esquizofrenia. Recuperou-se e retomou as atividades de ativista e mãe, mas alguns anos depois do nascimento de Allen teve forte recaída. Naomi se internou num sanatório e durante boa parte da vida foi transferida de uma instituição psiquiátrica para outra. Nos períodos que passava em casa, costumava criar fantasias assustadoras sobre um pacto entre o marido, Hitler, Mussolini e o presidente Roosevelt, todos envolvidos num complô para controlar sua mente. Ela também passou a andar nua pela casa. Allen — que deixava de ir à escola para cuidar da mãe nos piores dias — lia para ela, tentando ignorar a nudez e o delírio.

Crescer testemunhando a loucura e sem ter os cuidados de uma mãe carinhosa teve enorme impacto em Ginsberg. Pelo menos, isso o preparou para lidar com duras realidades. No filme *The Life and Times of Allen Ginsberg* [A vida e a época de Allen Ginsberg], de Jerry Aronson, Ginsberg afirma: "Para mim, foi como uma tela protetora que me permitia ouvir pessoas morrendo e tocar a vida apesar disso. [...] Sobrevivi sem derramar lágrimas para que, em certo sentido, elas surgissem mais tarde num poema, e não no desmoronamento imediato do meu mundo. Meu mundo caíra havia muito tempo".

Os problemas de Naomi — e sua ausência de casa — também puseram em relevo a privação e a incerteza que de vários modos acompanharam Ginsberg por toda a vida, tendo afetado a maneira com que, como criança, ele fez conexões entre estímulos eróticos e satisfação emocional. Ginsberg várias vezes relatou que durante as noites solitárias, quando sua mãe estava fora, aninhava-se ao pai e lhe roçava o pênis ereto nas coxas, enquanto Louis, de costas para o filho, tentava dormir e ignorar a atividade. Finalmente, os problemas mentais de Naomi também fizeram com que Ginsberg se preocupasse com sua possível loucura e se tornasse solidário com pessoas problemáticas — e o converteram numa pessoa com medo de sombras e fantasmas, dada a ter visões. Ao completar onze anos, Allen já escrevia sobre esses assuntos nos primeiros diários, quando uma descoberta lhe deu certo conforto e força: as palavras, ao contrário do mundo ao seu redor, eram algo que ele dominava, algo com que podia expressar seus pensamentos, algo de que poderia se orgulhar.

Mas além da solidão e dos temores que marcaram sua infância, Ginsberg herdou dos pais inteligência aguçada e muito da compaixão política. Aos dezesseis anos, percebeu que se sentia sexualmente atraído por homens; em particular, adorava um colega que deixou Paterson para estudar na Universidade Columbia, em Nova York. Em 1943, Ginsberg recebeu uma bolsa de estudos da Associação Hebraica de Jovens de Paterson e seguiu imediatamente para Columbia.

Ginsberg chegou à universidade com planos de se tornar advogado trabalhista, mas dois ambientes intelectuais fizeram com que mudasse de ideia. O primeiro era o formidável departamento de inglês de Columbia, que na época contava com o poeta Mark Van Doren, detentor de um prêmio Pulitzer, e o crítico literário Lionel Trilling; Ginsberg encantou-se com esses mentores, e logo pediu transferência para o curso de literatura. Ao longo do ano seguinte, travou amizade com um grupo de jovens — alguns deles estudantes de Columbia — que provocou uma reviravolta em sua vida e se tornou, desde então, sua segunda família. Entre eles estavam William Burroughs, Lucien Carr e um astro do futebol americano com aspirações literárias chamado Jack Kerouac. O vínculo entre esses homens não apenas transformou seu próprio destino, mas o de futuras gerações. Em particular, Ginsberg e Kerouac pareciam ter uma conexão especial. Ambos eram assombrados pela infância — Kerouac tinha um irmão mais velho, Gerard, que morrera jovem, e sua mãe costumava lhe dizer: "*Você era quem deveria ter morrido, não Gerard*". Mas a coisa mais importante que esses jovens compartilhavam em meados dos anos 1940 era a sensação de que havia grandes segredos espreitando o coração da América e maneiras intensas e audaciosas de explorar a arte e a alma da nação — havia aventura e transcendência a serem vividas. Na realidade, o país estava na iminência de mudar dramaticamente, mas o significado dessa mudança não seria totalmente compreendido e reconhecido pelos vinte anos seguintes. Em 1945, a nação emergiu vitoriosa dos horrores da Segunda Guerra Mundial e entraria numa longa era de prosperidade e oportunidade; a nova vida americana, como disseram muitos políticos, era agora o novo padrão mundial da boa vida. Mas tudo isso teve um inesperado custo psíquico: estar ciente da perspectiva de devastação nuclear alterou todas as possibilidades de futuro. Além disso, apesar das vitórias no exterior, havia muitas batalhas não travadas internamente, inclusive a delicada questão dos direitos das minorias. Ginsberg, Kerouac, Burroughs e o grupo todo estavam começando a ser levados por esperanças e ideais decididamente diferentes. Eles ouviam o bebop do saxofonista Charlie Parker e do pianista Thelonious Monk, experimentavam maconha e anfetamina, travavam conhecimento com o submundo vagando de madrugada pela Times Square. Um novo mundo — um mundo ainda em grande parte oculto — estava começando a nascer, e eles ansiavam por isso.

A amizade que se desenvolveu entre eles era complexa, às vezes tensa, às vezes carinhosa, mas o que a manteve viva por tanto tempo foi uma inquietação comum, o desejo de explorar assuntos como a mente, a estética e a sensibilidade. Com o tempo, esse grupo viria a ser o núcleo de uma comunidade artística e literária conhecida como geração beat — o primeiro movimento contracultural de grande impacto na sociedade americana. Mas tudo isso ainda estava distante, pois antes de o beat se transformar em movimento ou estilo, era simplesmente a maneira que eles tinham escolhido de viver suas vidas, de examinar suas próprias experiências e opiniões sobre coisas interiores, como o espírito, e exteriores, como as noitadas, a música e o sexo. Às vezes, tinham relações sexuais entre si (Ginsberg contaria mais tarde que ele e Kerouac se masturbaram mutuamente depois de uma noite de bebedeira; anos mais tarde, Ginsberg teve um caso com Burroughs). Em geral, passavam as noites consumindo álcool e drogas leves (embora Burroughs logo tenha se convertido à heroína), ficavam acordados até o sol raiar, falando sobre poesia, visões e a loucura de Blake, Whitman, Rimbaud, Dostoiévski, Céline, Genet e Baudelaire; sobre o que a literatura tinha a aprender com o jazz; sobre o que era verdadeiramente sagrado e verdadeiramente permitido na vida de uma pessoa. Com o passar do tempo, extraíram éthos e estética do que chamavam de Nova Visão — que vinha a ser a ampliação das experiências pessoais, a procura de verdades em realidades distorcidas e no sexo, a busca da espiritualidade nas camadas mais profundas da vida e, mais importante, o compromisso de improvisar na maneira de viver, escrever, falar e se arriscar. Nessa época, um amigo do grupo, Herbert Huncke, um garoto de programa junkie e bissexual, se referia a eles como *beat*, termo que descreve alguém que está esgotado, acabado. Kerouac preferia outra associação: a palavra "beatitude". Com o tempo, as duas origens fizeram sentido: beat passou a simbolizar a ideia de que para descobrir e liberar o verdadeiro "eu" era preciso antes descer às zonas mais recônditas, extenuadas e desoladas do coração, da alma, do corpo e da consciência. Consequentemente, beat era ao mesmo tempo uma expressão carinhosa e rude, erótica e espiritual. Mais tarde, Ginsberg escreveria a Kerouac: "Nem posso acreditar que entre nós [...] temos o núcleo de uma geração totalmente nova e historicamente importante".

Mas o movimento dos companheiros também levou a excessos que custaram caro. Em agosto de 1944, Lucien Carr matou a facadas seu amigo David Kammerer, depois de uma noite de bebedeiras e discussões. Carr era um rapaz bonito e Kammerer estava obcecado por ele, assediando-o sem trégua. Depois de esfaqueá-lo, Carr seguiu imediatamente para o apartamento de Burroughs e lhe contou o que acabara de fazer. Burroughs o aconselhou a se entregar à polícia. Carr, no entanto, foi procurar Kerouac, acordou-o e lhe fez a mesma confissão. Keroauc o ajudou a se livrar da faca. Em poucos dias, Carr acabou se entregando e Burroughs e Kerouac foram presos por terem-no auxiliado. Ginsberg também foi castigado por fazer parte desse grupo perigoso. Na realidade, ele sentiu que as atitudes "libertinas" do grupo tinham contribuído para provocar a tragédia — e essa percepção faria com que, nos anos seguintes, fosse mais cauteloso com qualquer excesso que pudesse levar à violência. No fim, Carr foi condenado à prisão (onde passou dois anos), e por um breve período o grupo se dispersou. Poucos meses mais tarde, Ginsberg foi flagrado na cama com Kerouac no alojamento estudantil em Columbia; por essa infração, e por rabiscar ofensas no pó acumulado no peitoril da janela, Allen foi suspenso da universidade por um ano. Por algum tempo, o grupo viveu altos e baixos. Orbitou em torno de Nova York até que, em 1949, Ginsberg se envolveu com o drogado e ladrão Herbert Huncke. Essa associação levaria Ginsberg a ser detido por posse de objetos roubados e internado no Instituto Psiquiátrico Presbiteriano de Columbia — eventos que teriam grande influência em sua poesia.

Antes disso, no entanto, em fins de 1946, surgiu um tipo no círculo beat — e seu envolvimento com o grupo provocou impacto sísmico em Ginsberg e Kerouac. Neal Cassady era um jovem impetuoso, de raciocínio rápido e com um brilhantismo natural. Ele não escrevia muito (na realidade, escreveu muito pouco), mas aos outros dava a impressão de viver sua vida como um romance. Viajava sem parar pelo país, masturbava-se todos os dias e ainda fazia sexo com muitas garotas bonitas (e alguns garotos também) que encontrava pelo caminho. Envolveu-se com Carolyn Robinson e, por algum tempo, o casal se estabeleceu em Denver. Kerouac deixou-se levar pela linguagem rápida e intensa de Cassady — parecia uma versão falada do bebop — e pelo seu desejo de testar os limites da experiência sensual e do ímpeto sensorial da vida. Ginsberg impressionou-se com tudo isso, mas, antes, ficou arrebatado pela beleza de Cassady. Certa noite, depois de uma festa, os dois foram para a cama. Ginsberg assustou-se com o próprio desejo, como admitiria mais tarde, mas Cassady o abraçou, atraindo-o com um movimento suave. Foi a primeira vez que Ginsberg experimentou um amor de verdade.

Ginsberg apaixonou-se por Cassady e a busca desse amor — e a intensidade de como tudo deu errado — seria um episódio fundamental em seu desenvolvimento como artista. Cassady começou a desencorajá-lo, mas Ginsberg foi atrás dele até o Colorado. Eles ainda faziam sexo ocasionalmente, mas Ginsberg sabia que não significava muito para Cassady. Voltou arrasado para Nova York e mais tarde complicou-se com Huncke.

No início dos anos 1950, Ginsberg já sofrera muito por ter perdido Cassady, e também se submetera a tratamento psiquiátrico. Sem saber o que queria fazer, trabalhava numa agência de publicidade em Manhattan. Um dia, discutindo o assunto, seu terapeuta perguntou o que ele *realmente* queria fazer da vida. Ginsberg respondeu: demitir-se e escrever poesia. O terapeuta disse: "E por que você não faz isso?". Um pouco depois, em 1954, a antiga turma começou a se juntar, dessa vez nos arredores de San Francisco. Neal Cassady e Carolyn haviam se mudado para San Jose, e Kerouac apareceu por lá para visitá-los. Na cidade de San Francisco germinava um movimento literário, parcialmente estimulado pelo sucesso dos poetas locais Kenneth Rexroth e Lawrence Ferlinghetti — este acabara de abrir a City Lights, a primeira livraria do país que, além de só vender brochuras, publicava poetas da Costa Oeste dos Estados Unidos. Allen viajou para San Jose. Estava interessado em poesia, e também em Neal. Uma tarde, ao chegar em casa, Carolyn surpreendeu Cassady e Ginsberg na cama, o amigo com a boca no pênis do marido. Ela expulsou de casa o hóspede, mas ainda o levou de carro até San Francisco e lhe deu vinte dólares.

Foi a melhor coisa que aconteceu a Ginsberg. Ele logo se enturmou com os poetas que viviam em North Beach, e conheceu um homem com quem ficaria envolvido por décadas, Peter Orlovsky. Todas as esperanças e visões de anos antes em Nova York começavam a se concretizar para alguns deles — especialmente para Kerouac, que tinha terminado dois romances, e para Ginsberg, cuja poesia estava pronta para irromper. Uma tarde, em agosto de 1955, Ginsberg pôs papel na máquina e tentou escrever um poema que obedecesse ao seu ouvido, mas também captasse a espontaneidade dos escritos mais recentes de Kerouac. Em seu pequeno apartamento, Ginsberg escreveu o dia inteiro pensando em muitas coisas: amores perdidos, amores encontrados, o povo desprezado da América, as promessas descartadas da América, o medo que tinha sentido, o medo que todos sentiriam.

Dois meses mais tarde, em outubro, Ginsberg — com a ajuda de Kenneth Rexroth — organizou um recital poético numa galeria de arte e cooperativa, a Six Gallery, para apresentar alguns autores. Seis poetas fizeram leituras naquela noite — inclusive Gary Snyder, Michael McClure e Philip Lamantia — para uma audiência de cem a duzentas pessoas, com Kerouac sentado no chão, bebendo e batucando numa jarra de vinho enquanto gritava "vamos lá, vamos lá", marcando a cadência das palavras declamadas. Ginsberg foi o último, e quando começou a ler *Uivo* — o poema que escrevera de uma enfiada dois meses antes —, a plateia ficou paralisada já nos primeiros versos sobre os visionários destruídos por suas próprias revelações: as mesmas pessoas que agora ouviam o poema. Ginsberg descreveu em seguida o demônio em que, para ele, a América estava se transformando — "*Moloch whose blood is running money! Moloch whose fingers are ten armies*" [Moloch cujo sangue é dinheiro corrente! Moloch cujos dedos são dez exércitos!]* — e, quando terminou, a plateia explodiu em aplauso. "De repente", Rexroth diria mais tarde, "Ginsberg leu isso que ele tinha guardado e tudo foi pelos ares. As coisas nunca mais seriam as mesmas."

Uivo foi um dos eventos mais incandescentes da história literária ou da cultura do pós-guerra e seu aparecimento garantiria aos beats um lugar no mapa dos tempos modernos. Além disso, como o poema ganhava tanta força quando lido por Ginsberg, marcou a volta da arte de recitar. O mais importante, no entanto, é que *Uivo* foi a primeira obra americana de fôlego a abordar os rejeitados, os loucos e os esquecidos e o que estava para acontecer com a alma da nação. No contexto daqueles dias, em meio a um apavorado nacionalismo moldado pelo temor ao socialismo e ao comunismo e pela necessidade premente de se acreditar na segurança representada pela família e pelos valores morais tradicionais, *Uivo* golpeou o cerne do ideal americano de civilização.

---

* Moloch é uma divindade bíblica cruel, citada no Levítico, à qual se fazem sacrifícios humanos. (N. T.)

Foi, em vários níveis, um trabalho heroico. A América não estava disposta a admitir que o homossexualismo fosse qualquer outra coisa que não uma forma de loucura; para um poeta — para qualquer um —, declarar orgulho ou prazer em ser gay significava assumir enorme risco. Falar sobre isso — afagar aqueles que *"let themselves be fucked in the ass by saintly motorcyclists, and screamed with joy"* [se deixaram foder no rabo por motociclistas santificados e urraram de prazer] — não era pouca coisa. Na realidade, era se alinhar com a loucura, com valores inexprimíveis. Ao identificar encanto, companheirismo digno e celebração na companhia de junkies, prostitutas e jazzistas revolucionários negros, Ginsberg dobrava a aposta. Algo se abriu na cultura e no futuro americanos no dia em que ele expressou esses pensamentos em *Uivo*. No ano seguinte, bem distante da Costa Oeste, Elvis Presley ajudou, à sua maneira, a escancarar o portão. "Nós amamos Elvis", diria mais tarde o poeta Gregory Corso, lembrando-se da noite em que ele e Kerouac viram Elvis no programa de televisão *The Ed Sullivan Show*. "Nós nos identificamos com aquele requebrado sexual."

Uivo e Elvis. Nada seria igual depois disso. A libido da América, as possibilidades da América estavam abertas.

Isso não significa que *Uivo* tenha sido sucesso imediato de público e crítica. Ao contrário, para alguns o livro *nunca* deveria ter vindo à luz. Em 1957, Lawrence Ferlinghetti (que publicou as primeiras edições de *Uivo*) e um funcionário da livraria City Lights foram detidos e enfrentaram julgamento por venderem obscenidade. O acusador era Ralph McIntosh, um promotor público que se dedicava a fechar lojas de pornografia e a proibir a venda de revistas que expunham a nudez. A Associação Americana das Liberdades Civis, a editora Grove Press, a revista *Evergreen Review* e o poeta Kenneth Patchen, entre outros, apoiaram Ferlinghetti, Ginsberg e *Uivo*. Entre os que testemunharam a favor das qualidades estéticas do poema estavam Rexroth e o autor Walter Van Tilburg Clark. Em seu argumento final, McIntosh se dirigiu ao juiz Clayton W. Horn: "Meritíssimo, até onde vamos permitir o uso de uma linguagem sórdida, vulgar, obscena e asquerosa? Onde vamos parar?".

Horn, porém, considerando a relevância social do livro, não o julgou obsceno. Ao justificar a decisão, acabou fazendo uma das melhores resenhas da obra: "A primeira parte de *Uivo* apresenta a visão de um pesadelo. Na segunda, o autor aponta os elementos que, na sociedade moderna, destroem as melhores qualidades da natureza humana; tais elementos são identificados predominantemente como materialismo, conformismo e a mecanização que leva à guerra. A terceira parte consiste na descrição de um indivíduo que, para o autor, representa a condição geral [...]. 'Nota de rodapé para *Uivo*' parece declarar que tudo no mundo é sagrado, inclusive as partes do corpo citadas. O poema termina com um apelo por uma vida sagrada".*

Embora inocentado e repentinamente famoso, Ginsberg estava determinado a não ser o único herói entre os escritores beats. Nos anos seguintes, ajudou Jack Kerouac em sua longa batalha para publicar *On the Road: Pé na estrada* — um livro sobre as aventuras de Kerouac com Neal Cassady (chamado no texto de Dean Moriarty) — que fora rejeitado por várias grandes editoras desde 1951. Finalmente publicado pela Viking em 1957, devido aos esforços de Ginsberg, o livro não vendeu mal e teve boa recepção crítica, tornando-se reconhecido marco literário do romance moderno. Ginsberg também fez campanha a favor de William S. Burroughs — uma defesa mais difícil, porque Burroughs usava drogas, escrevia uma prosa radical (como *Junky*) e matara sua mulher com um tiro acidental no México, em 1951. Ginsberg compreendeu que seu velho amigo se sentia imensamente culpado e acreditava que Burroughs nunca se recuperaria, a menos que pudesse se concentrar apenas em sua literatura. Mais tarde, Ginsberg ajudaria Burroughs na versão final de *Almoço nu* e trabalharia incansavelmente para o livro ser publicado nos Estados Unidos. (O que resultou em julgamento por obscenidade e em outra decisão favorável à obra literária.)

Os beats foram, pelo menos por um breve período, uma força nas artes e nas letras americanas, mas muitas pessoas continuaram exasperadas por suas palavras e crenças. Em 1960, J. Edgar Hoover, diretor do FBI, ao discursar na Convenção Nacional Republicana, declarou que os "beatniks" estavam entre as grandes ameaças ao país. Além disso, Norman Podhoretz — um colega de Ginsberg em Columbia e que em 1958 se tornara editor da revista *Commentary* — afirmou que os beats afrontavam os principais ideais da nação. No final da década, os beats tinham sido marginalizados; os críticos moralistas de esquerda

---

* Trata-se de um adendo ao corpo principal do poema, como se fosse a quarta e última parte. (N. T.)

e de direita os consideravam uma aberração absurda. Apesar de toda a resistência e desdém, no entanto, Ginsberg continuou a crescer e vicejar como poeta — e se manteve impávido. Na conclusão de seu poema mais rebelde, "América", escreveu: *"America I'm putting my queer shoulder to the wheel"* [América eu estou encostando meu delicado ombro à roda].*

Em 1959, depois de uma noite tomando benzedrina, ouvindo o rhythm & blues de Ray Charles e andando pelas ruas de Nova York, Ginsberg sentou-se para escrever "Kaddish". Era um tributo a sua mãe, Naomi, cuja insanidade atroz o levou a assinar uma autorização para que ela fosse submetida a uma lobotomia, no final dos anos 1950. Ginsberg nunca superou a sensação de culpa por essa decisão, nem desfrutaria do relacionamento que sempre almejou ter com ela. Em 1956, Ginsberg enviou a Naomi um exemplar de *Uivo*. Ela morreu logo depois. Poucos dias após ter tomado conhecimento da morte da mãe, Ginsberg recebeu sua última carta: "Recebi seu livro de poesia — ela escreveu —, gostaria de mandá-lo para Louis para que ele avaliasse. [...] Quanto a mim, ainda estou com uns fios ligados na cabeça. Os médicos sabem o que estão fazendo. Estão cortando carne e osso. [...] Queria tanto que você voltasse para cá para eu poder te ver de novo. [...] Queria sair daqui e estar em casa no tempo em que você era criança; aí eu seria jovem".

Em "Kaddish", Ginsberg se recorda de tudo sobre sua mãe — coisas carinhosas, coisas assustadoras, percepções surpreendentes que às vezes emergiam em acessos de loucura — e a forma pela qual, com enorme amor e compaixão finalmente encontrou um lugar para ela em seu coração (e reconheceu o seu próprio lugar no coração dela) e a deixou partir para a morte. Foi seu melhor momento como poeta, e é impossível ouvir os versos de "Kaddish" sem se emocionar pela profundidade com que dimensionam as perdas das pessoas, das famílias e das nações com o desenrolar de suas esperanças e destinos.

Nas três décadas seguintes, Allen Ginsberg continuaria a ser um artista importante e uma força dinâmica. Na realidade, mais do que qualquer outro da geração beat, coube a ele a transição de estilos e interesses dos anos 1950 para aqueles das décadas que se seguiram. Jack Kerouac morreu em 1969, depois de

* *Queer*, no último verso de "América", tem duplo sentido, querendo também dizer, em gíria, gay, efeminado. (N. T.)

viver os últimos anos, amargurado e alcoólatra, na casa de sua mãe, em Massachusetts. (Ela odiava Gisnberg e sempre que podia tentava afastá-lo do filho.) Neal Cassady tornou-se um tipo popular em San Francisco nos anos 1960, sobretudo no agitado bairro de Haight-Ashbury; foi motorista do legendário grupo Merry Pranksters, de Ken Kesey, que cruzou os Estados Unidos de ônibus, numa caravana; e dirigiu também para a banda Grateful Dead. Mas Cassady parecia desconhecer limites. Certo dia, em 1968, depois de sair de uma festa de casamento numa pequena cidade do México, desmaiou enquanto caminhava sobre trilhos. Morreu no dia seguinte, pouco antes de completar 42 anos.

Ginsberg não apenas sobreviveu como continuou sintonizado com o espírito e as demandas do seu tempo e com as guinadas da cultura jovem; também manteve a fé nos ideais humanitários e ardentes que fizeram de *Uivo* um poema tão poderoso. Em 1965, ele se tornou amigo dos Beatles e de Bob Dylan. Ginsberg e os trabalhos dos beats já tinham importância e influência para esses artistas. Dylan lembrou que, depois de ler Kerouac e Ginsberg, percebeu que havia outras pessoas como ele próprio na América — e, ao fazer a sensacional transição para uma música eletrificada e de livre associação, como nos álbuns *Highway 61 Revisited* e *Blonde on Blonde* (e mais tarde em *Blood on the Tracks*), tomou emprestados a linguagem, a cadência e o imaginário dos beats, dando-lhes nova forma. O impacto dessa combinação na música dos anos 1960 — como a influência de *Uivo* nos anos 1950 — foi colossal. (Com efeito, uma das primeiras fotos propostas para a capa de *Blonde on Blonde* mostrava Dylan ao lado de Ginsberg e do poeta e dramaturgo Michael McClure.) Além disso, John Lennon lera os beats quando estudava artes em Liverpool e alterou o nome do grupo, de Beetles para Beatles, em parte como tributo ao espírito daquela arte inspirada. Dylan e os Beatles mudaram não apenas uma forma específica de arte — o rock and roll —, mas também transformaram as percepções e as aspirações dos jovens e, de forma geral, a cultura popular. Sem os primeiros trabalhos de Ginsberg e Kerouac, é possível que esses artistas dos anos 1960 não tivessem atingido o mesmo nível de criatividade — ou pelo menos talvez não pudessem ter trabalhado na mesma atmosfera de tolerância e invenção.

Ginsberg também se tornou cada vez mais envolvido e influente em assuntos políticos a partir dos anos 1960 — sempre deixando clara sua crença na política da não violência e da alegria, e não na política da destruição e do ódio. De certa maneira, a cultura dos anos 1960, dos hippies e dos esquerdistas equivale à percepção daquilo que os beats imaginavam profeticamente no final dos anos 1940 (e é interessante notar que "hippie" foi um termo cunhado pelos beats para designar, com a forma diminutiva, alguém não totalmente *hip* [contestador e antenado]; e que a expressão *flower power* foi verbalizada pela primeira vez por Allen Ginsberg). No verão de 1968, Ginsberg ajudou a organizar o Festival of Life em Chicago (junto com os Yippies,* Abbie Hoffman, Jerry Rubin, Tom Hayden e integrantes dos Panteras Negras), em protesto contra o apoio do Partido Democrata à Guerra do Vietnã e a derrota de Hubert Humphrey** para as raposas do partido. Mas quando os eventos daqueles dias se tornaram repentinamente brutais e sangrentos — com policiais usando cassetetes contra jovens, velhos e quem estivesse na frente, e manifestantes atirando pedras e insultando os já enfurecidos tiras —, Ginsberg ficou chocado e abatido. Numa ocasião, enquanto a polícia investia contra a multidão golpeando manifestantes, um policial foi para cima de Ginsberg, que estava sentado na posição de lótus, entoando cantos suaves. O poeta encarou a autoridade, sorriu e disse: "Vá em paz, irmão". O tira abaixou o cassetete. "Porra de hippie", resmungou, e foi embora. Em 1970, quando vários dos principais ativistas de Chicago — conhecidos como Os Sete de Chicago, entre os quais Tom Hayden, Abbie Hoffman, Jerry Rubin e Bobby Seale — foram acusados de promover distúrbios, o advogado de defesa William Kunstler solicitou a Ginsberg que prestasse depoimento como testemunha. Ginsberg passou a recitar trechos de *Uivo*. Ao atingir o clímax do poema — "*Moloch the vast Stone of war! Moloch the stunned governements!*" [Moloch a vasta pedra da guerra! Moloch os governos atônitos!] — ele girou na cadeira e apontou para o juiz Julius Hoffman, que fora hostil com a defesa (ironicamente, o mesmo juiz que anos antes declarara não obsceno o livro *Almoço nu*, de William Burroughs).

Além disso, Ginsberg foi personagem fundamental no debate dos anos 1960 sobre drogas psicodélicas, como o LSD. Claro que ele havia tomado várias drogas nos tempos dos beats e já tivera experiências psicodélicas. Mas, no iní-

---

* Militantes do YIP, sigla em inglês do Partido Internacional da Juventude, agremiação criada em 1967 nos Estados Unidos e que esteve à frente do movimento pacifista dos anos 1960. (N. T.)
** Vice-presidente dos Estados Unidos entre 1965 e 1969, defensor dos direitos civis. (N. T.)

cio dos anos 1960, Ginsberg soube que um professor de Harvard, o doutor Timothy Leary, estava realizando uma pesquisa autorizada na universidade, compartilhando psilocibina* com voluntários. Ginsberg entrou em contato e marcou um encontro com Leary para experimentar a droga. Os dois logo se tornaram amigos e teriam influência mútua e considerável. Ginsberg acreditava (ao contrário da maioria dos colegas de Leary) que seria boa ideia ampliar as experiências com psicodélicos — até então restritas a um pequeno grupo — para artistas, escritores, poetas e músicos. O resultado foi que as drogas alucinógenas e as visões por elas provocadas fizeram incursões nas artes e mais tarde ajudariam a redefinir a estética e os ideais na música, literatura, pintura, cinema e vídeo no final do século xx. Ginsberg também convenceu Leary de que as drogas psicodélicas poderiam ser uma forma de capacitar as pessoas a examinar e transformar as próprias mentes; e de que os jovens seriam mais receptivos a tais possibilidades.

Ginsberg mais tarde rejeitaria as drogas psicodélicas, mas sua amizade com Leary continuou por mais de 35 anos. Nas últimas semanas da vida de Leary, na primavera de 1996, eles conversaram frequentemente. Leary sabia que Ginsberg planejara uma viagem a Los Angeles em julho para participar de um evento sobre o trabalho de Burroughs. Embora a saúde de Leary estivesse deteriorando diariamente em decorrência de um câncer de próstata, ele esperava viver até a visita de Ginsberg, o último compromisso anotado em sua agenda. Leary morreu antes de ver o amigo uma última vez. Mas nas horas que precederam sua morte, o mestre budista de Ginsberg, Gelek Rinpoche, conseguiu chegar a Leary e fazer uma prece.

Pelo resto de sua vida, Ginsberg se manteve ativo na política, nas artes e na cultura pop e maldita. Em meados dos anos 1970, excursionou com o show *Rolling Thunder Revue*, de Bob Dylan, cantando e lendo poesia. Poucos anos mais tarde, lançou um conjunto de canções e colaborações com artistas como o próprio Dylan e a banda The Clash — que se mostraram tão estimulantes como a melhor poesia de sua juventude. Nos anos 1970, 1980 e 1990, Ginsberg se aproximou de muitos outros poetas, punks e rappers, encorajando-os.

---

* Droga sintética que produz o mesmo efeito do ingrediente ativo do cogumelo alucinógeno. (N. T.)

Claro que, à medida que passava o tempo, o papel de artista maldito era cada vez mais assimilado, até certo ponto, pela cultura dominante. O que chocava nos anos 1950 chocava menos nos anos 1970; o que causava rupturas na década de 1970 tornou-se lugar-comum lucrativo na de 1990. Ginsberg compreendia a progressão inevitável, que fazia a resistência inicial a obras e impulsos radicais se transformar em algo gradualmente mais difuso, e à sua moda se divertia e zombava dessa dinâmica. Quando já não era mais jovem, Ginsberg passou a usar terno e gravata — em parte, isso dava mais autoridade a suas declarações, maior respeitabilidade perante alguns críticos, mas havia outro aspecto: a verdade é que ele ficava muito bem vestido assim. Mas em que pesem toda a venerabilidade e respeitabilidade que inspirava, havia algo em Ginsberg que nunca foi domesticado, muito menos silenciado. Em 1979, o National Arts Club o condecorou com uma medalha de ouro por mérito literário. No jantar em sua homenagem, de acordo com Ted Morgan, biógrafo de Burroughs, Ginsberg leu, sem a menor cerimônia, o poema "Cocksucker Blues" [O blues do chupa-rola], para a estupefação da audiência. Ele também manteve apoio inflexível a Burroughs. Depois de, em 1973, ele próprio ter entrado para a Academia Americana de Artes e Letras e para o Instituto Nacional de Artes e Letras, Ginsberg fez campanha para a indicação de Burroughs. Encontrou grande resistência — Burroughs não era o tipo de autor que muitos escritores queriam como companhia —, mas persistiu. Levou seis anos, mas Ginsberg acabou fazendo com que Burroughs fosse aceito no instituto, em 1983. Ginsberg também sempre se manteve firme arauto da liberdade de expressão. Nos últimos anos de vida, chegou a defender a NAMBLA, associação dedicada a reduzir a idade legal para o sexo consensual entre homens e meninos. O envolvimento de Ginsberg com esse pessoal escandalizou muitos de seus admiradores de longa data, mas Ginsberg não voltou atrás. "Isso diz respeito à liberdade de expressão", ele insistia, argumentando que reprimir a possibilidade de debater o assunto numa sociedade livre é que talvez fosse abominável. Aparentemente, Ginsberg permaneceu sexualmente ativo tanto quanto possível. No já mencionado "Death & Fame", Ginsberg se gabou dos muitos homens que seduzira e detalhou suas preferências sexuais com esses parceiros. Mas, por mais que Ginsberg tenha feito ou tentado fazer, até hoje a leitura de *Uivo* não pode ser transmitida de dia por rádio e televisão, graças aos esforços da Comissão Federal de Comunicações.

E aí ele se foi. Nos dias que se seguiram à morte de Ginsberg, eu vi e ouvi incontáveis tributos a seu encanto, energia, talento e generosidade — mas também vi e ouvi muitos comentários depreciativos: que escritorzinho vaga- bundo; que fracasso o legado da geração beat e da cultura dos anos 1960; que cara devasso. Talvez todo esse azedume não seja ruim. Talvez sejam elogios ao avesso: Allen Ginsberg nunca perdeu a capacidade de friccionar certos nervos da maneira errada quando o assunto era propriedade, estética, moralidade e política.

Mas tenho certeza de uma coisa: Allen Ginsberg foi um *vencedor*. Ele venceu o medo da loucura na infância, venceu a insegurança que lhe devastava a alma, venceu os poderes implacáveis, coléricos e autoritários que viam naquele ho- mem apenas uma bicha barbuda e radical que eles não toleravam. Ginsberg venceu sobretudo por algo simples e irrefutável: ele se fez ouvir. Ele refletiu sobre o horror que emanava do subconsciente americano dos anos 1950 — o mesmo horror que, nos anos 1960, levaria a nação a sacrificar tantos de seus jovens numa ação militar desprezível e inútil — e chamou o demônio pelo nome: "Moloch!". Ele prestou atenção nos loucos e desiludidos, fissurados por uma dose de entor- pecente, carentes de uma boa trepada, ávidos pelo fim das visões intoxicadas, e viu neles algo a ser reverenciado e aprendido. E Ginsberg olhou para si, um ho- mem que a duras penas conquistara o orgulho, a concupiscência, a vaidade, a audácia, e que não se calara mesmo em face da própria vulnerabilidade.

Numa noite, muito tempo atrás — uma noite no limiar entre duas Améri- cas, a América do passado e a América que nascia, uma noite quando a América foi encontrada, percebida e celebrada —, um jovem homossexual judeu, nervo- so e assustado, ergueu-se diante da audiência e lhe dirigiu a palavra. Disse coisas que nunca ninguém dissera antes naqueles termos em público nos Estados Unidos — coisas sórdidas, coisas sublimes —, e quando ele terminou havia se tornado um homem mais corajoso. Na realidade, ele tinha se transformado, naquela hora, no mais notável poeta americano do século. Quando Lawrence Ferlinghetti — o primeiro editor de *Uivo*, que estava lá naquela noite — soube que seu velho amigo estava morrendo escreveu o seguinte: "*A great poet is dying/ But his voice won't die/ His voice is on the land*". [Um grande poeta está morren- do/ Mas sua voz não morrerá/ Sua voz está na terra].

A voz de Ginsberg nunca nos deixará. Suas verdades e propósitos ecoarão no futuro como uma clarinada de coragem para os desajustados, drogados, malditos e agonizantes. E nós — todos nós, quer compreendamos ou não — estaremos melhor por isso.

Adeus, Allen Ginsberg. Obrigado por iluminar nossa história — obrigado por aquela chama suave e poderosa que você acendeu naquela noite há tanto tempo. Obrigado pelo que você trouxe para o nosso tempo, nossos nervos, nossa vida.

Vá em paz, meu irmão. Seu coração encantador, intenso e adorável merece.

Timothy Leary: a morte do homem mais perigoso

Fim de tarde e o sol se põe num dos últimos dias da primavera de 1996. Estou sentado com outras pessoas no chão de um quarto numa fazenda nas colinas de Benedict Canyon. Através das portas de vidro dá para ver que começa a escurecer. Uma brisa afaga árvores e arbustos no quintal. Na cama à nossa frente, sob uma coberta vermelha, está deitado um velho macilento de sono agitado.

Viemos todos para cá com o mesmo propósito: olhar para esse homem que morre. Não é o tipo de coisa que a maioria de nós tenha feito anteriormente.

O homem que está morrendo é o doutor Timothy Leary — um dos mais controversos e influentes psicólogos dos últimos quarenta anos e um ícone da contracultura dos anos 1960 e 1970. Foi Leary quem, jovem e promissor clínico, ajudou a desenvolver a teoria da análise transacional — mudando efetivamente a relação terapeuta-paciente na psicologia moderna —, e foi Leary também quem, poucos anos mais tarde, conduziu a estimulante série de experimentos psicodélicos em Harvard que ajudaram a pavimentar o caminho para uma revolução cultural e psicossocial.

Nada do que Leary fez desde aquela época, no entanto, gerou tanta reação quanto a maneira com que se preparou para a morte. Um ano e meio antes, ao saber que tinha um câncer de próstata fatal, Leary fez algo inaudito:

43

celebrou a notícia. Anunciou para a família, amigos e imprensa que tinha intenção de explorar a consciência de morrer da mesma maneira que explorara as realidades alternativas proporcionadas pelas drogas: com ousadia e humor. À medida que o tempo passava, as declarações de Leary se tornavam mais audaciosas. Um dia, chegou a sugerir que quando os esforços para mantê-lo vivo não parecessem mais valer a pena, tomaria um último ácido e um coquetel suicida, tudo mostrado em seu site. Depois de sua morte, uma equipe de técnicos em criogenia congelaria seu corpo e removeria o cérebro para preservá-lo. Desnecessário dizer que declarações como essa atraíram o interesse da imprensa e geraram desprezo e crítica em várias esferas — até mesmo alguns defensores da eutanásia acharam que Leary deveria demonstrar mais gravidade diante da morte. "Eles querem que eu sofra em silêncio", me disse uma vez, "para poupá-los da dor."

Mas, apesar de tudo isso, Leary *não* estava morrendo de forma chocante. Ele morria calma e corajosamente, cercado de pessoas que amava e que o amavam.

Mesmo morrendo, no entanto, ele ainda era Timothy Leary, e ainda tinha coisas a dizer.

Por volta das 18h30 ele acorda, os olhos semicerrados, e se encolhe de dor por um momento. Olha em volta e vê pessoas conhecidas, inclusive seu enteado, Zachary Leary, e sua ex-mulher, Rosemary, que certa vez o ajudara a escapar da prisão na Califórnia e a fugir dos Estados Unidos. Dá uma piscadela a Rosemary e então — olhando para nós — pergunta: "Por quê?".

Ele sorri, inclina a cabeça, e refaz a pergunta: "Por que *não*?".

Algumas pessoas riem e repetem a frase.

A situação se prolonga por alguns minutos, Leary fica repetindo "Por que não?" em várias inflexões, às vezes de forma engraçada, às vezes triste. A certa altura, diz, em espanhol, "*Esperando*". Logo em seguida, depois de mais uma litania de "Por que nãos", ele dirá "Onde está a prova?" e mais tarde "Agora vocês podem ir".

Olha para Rosemary e murmura "Eu te amo" e ela diz que também o ama. Por fim, quase sussurrando, diz "Por quê?" duas vezes e volta ao sono profundo.

Encontrei Timothy Leary pela primeira vez poucas semanas antes de sua morte. Fiquei nervoso ao me aproximar dele.

Como muitas outras pessoas que foram jovens nos anos 1960, eu tinha sido influenciado pelo espírito de Leary e por seus ensinamentos. Foi assim que tomei psicodélicos — principalmente mescalina e LSD — com a ideia de ter visões que mudariam minha vida, e acho que, uma vez ou duas, isso de fato aconteceu. Lembro-me de que uma noite procurava Deus (o que é inescapável em uma ou outra viagem de ácido) e voltei com a certeza de que Deus havia morrido — ou, pelo menos, se Deus era um poder divino capaz de nos julgar e condenar nossas fraquezas e desejos e loucuras, então ele estava morto em meu coração e mente. Deus saiu de cena. E até hoje não voltou.

Outra vez, tomei ácido pouco depois que um irmão meu morreu após uma cirurgia (eu sei: não foi uma grande ideia) e afundei no que se chama (muito apropriadamente) de *bad trip*. Naquela noite, vi a morte de toda a minha família — a morte dos meus ancestrais, dos meus pais e irmãos, a morte dos filhos que não tinha (e ainda não tenho) e, claro, minha própria morte. Estava sentado numa cadeira vermelha e alta e via a morte diante de mim, ela entrava e saía de mim, eu agarrado nos braços da cadeira até a manhã chegar. Foi a única vez que fiquei feliz em ver o sol raiar. Por alguns dias não fui o mesmo. Talvez nunca mais tenha sido o mesmo.

Isso foi em 1971, a última vez que tomei ácido. Não é que não tenha gostado da experiência psicodélica — adorei, me diverti muito durante anos. Só não curtia a ideia de apressar a morte.

Assim, quando fui me encontrar com Leary pela primeira vez, não sabia bem em que estava me metendo. Era fascinado por sua história e queria perguntar muita coisa para ele, mas havia um problema: o homem estava morrendo e isso significava chegar perto da morte.

O fato é que eu não estava preparado para o que encontrei. A morte se instalara na casa de Timothy Leary e estava sendo implacável e festivamente provocada. O lugar, na realidade, transbordava vida. Umas doze pessoas, entre ajudantes e amigos — a maioria nos seus vinte anos — entrava e saía da casa constantemente. Alguns — como uma moça chamada Retina Logic — estavam na garagem, atualizando o site de Leary. O site era caro a ele: Leary planejava reunir todos os seus textos e memórias lá, onde seriam perpetuados, e pensava também em transmitir sua morte pela internet. Outros que andavam pela casa, como Trudy Truelove e Vicki Marshall, ocupavam-se da agenda de Leary, programando um grande número de entrevistas, visitas de amigos, jantares e shows de rock. Como se vê, a morte não tinha muito espaço por aqui — pelo menos não por enquanto.

Enquanto aguardava Leary no quarto da frente — cheio de obras de arte multicoloridas — notei uma engenhoca em frente à ampla porta de vidro que dava para o pátio. Era um caixão criônico onde ele seria colocado logo depois de morrer. Seu sangue seria drenado e substituído por um componente anticongelante, de forma que o cérebro pudesse ser preservado. Seria arrepiante, se não fosse cômico. Alguém enfeitara o ataúde com luzes natalinas e brinquedos de plástico e uma máscara de Yoda repousava no travesseiro.*

Leary entrou no quarto sentado em sua cadeira de rodas motorizada. Ele a manobrava bem e fazia curvas fechadas e rápidas, desviando-se dos obstáculos mesmo onde não havia muito espaço, mas às vezes colidia de frente com Bo, seu bonito e grande golden retriever, cego como uma toupeira. Bo vagava pela casa e pelo jardim trombando em mesas, portas, pessoas, árvores — uma graça de cão de guarda, imponente e zen.

Logo percebi que seria quase impossível fazer qualquer coisa parecida com uma entrevista linear com Leary. Isso não tinha nada a ver com o temperamento dele. Ele se mostrava sempre animado, divertido e disposto a conversar. Mas era muito disperso. Perdia o foco para prestar atenção no que quer que estivesse acontecendo em torno dele ou nas saias curtas que uma ou duas moças usavam. "Eu estou senil", me disse na primeira visita, "e faço isso trabalhar a meu favor." Suspeito que a falta de concentração se devia em parte à ingestão de grande quantidade de anestésicos e drogas que provocam euforia — inclusive emplastros de morfina, biscoitos de maconha, tabletes de Dilaudid, taças de vinho e balões de óxido nitroso, aparentemente o seu favorito. Eu achava ótimo que ele tivesse todo esse arsenal à mão. Em alguns momentos, eu o vi se dobrar e chorar de dor e imaginava como teria sido muito pior sem esses sedativos.

Em outros dias ele estava completamente lúcido e centrado. Uma tarde falávamos sobre, bem, a morte. Contei-lhe sobre minha última viagem de ácido. Ele piscou para mim e sorriu. "Mas claro", comentou. "Dizem que se trata de uma experiência de morrer, de uma experiência de *morte*. Se você não morre, o ácido não vale a grana que o fornecedor embolsou. Morrer faz parte da

---

* Yoda é o mais sábio mestre da Ordem Jedi, do filme *Guerra nas estrelas*. (N. T.)

experiência. Por que você acha que usamos *O livro tibetano dos mortos* como texto-guia?"

Perguntei-lhe como ele achava que seria a morte de verdade.

Ele pegou o seu cilindro de óxido nitroso, encheu um balão preto e, por um momento, ficou em silêncio. "Eu não penso nisso", disse, parecendo um pouco surpreso com a própria resposta. "Quer dizer, às vezes eu penso e aí eu digo: 'Que merda!'. Bom, mas é só de vez em quando. Noutra noite, estava olhando em volta e pensei: 'meu Deus, meus amigos estão aqui — a vida deles será mudada por isto aqui. A *importância* disso'. Mas para mim é natural fazer isso."

Inalou um pouco do gás e pareceu se perder em seus pensamentos. "É verdade que há muito tempo queria fazer isso", disse. "Os dois minutos entre a morte do corpo e a morte cerebral, os dois a treze minutos enquanto seu cérebro ainda está vivo — é *esse* o território. É essa área inexplorada que me fascina. Estou na maior expectativa."

Leary parou de falar por um momento, apertou o estômago, o rosto crispado pela dor. Depois de alguns segundos, retomou o fôlego e voltou ao balão.

"O pior que pode acontecer", disse, a voz rouca por causa do óxido nitroso, "é não acontecer nada, e isso seria, hum..., interessante. Eu vou dizer: 'Ah, que merda! De volta ao texto tibetano!'. Mas, sim, é uma experiência que aguardo ansiosamente há muito, muito tempo. Afinal de contas, é o maior dos mistérios."

Timothy Leary gostava de dizer que a data provável de sua concepção era 17 de janeiro de 1920, um dia depois de ter entrado em vigor a Lei Seca, a conturbada tentativa do governo americano de controlar o consumo de entorpecentes e substâncias que alteram o estado de consciência. Nascido em Springfield, em Massachusetts, em 22 de outubro de 1920, Leary era filho único de pais americanos de ascendência irlandesa. O pai, Timothy, também conhecido como Tote, era militar formado pela academia de West Point e mais tarde se tornou um dentista razoavelmente bem-sucedido que gastava a maior parte do que ganhava em álcool. Em 1934, quando Timothy tinha treze anos, Tote se embriagou e abandonou a família. Timothy não o veria nos 23 anos seguintes. Na mais recente (e melhor) de suas autobiografias, *Flashbacks* (1983), Leary escreveu: "Sempre senti simpatia e respeito por esse homem distante que me soltou no mundo. Nos treze anos que vivemos juntos ele nunca me tolheu com expectativas". Mas o pai também serviu como "modelo de homem solitário" a Leary, que, apesar do charme e hábitos gregários, tinha dificuldade em manter relações íntimas com membros da família — problema que só desapareceria nos últimos anos de vida.

Em contraste, a mãe de Leary, Abigail, era uma mulher bonita, mas severa, que com frequência se desapontava com o que via como frouxidão e irresponsabilidade do filho. À sua própria maneira, no entanto, também serviu de modelo. Em *Flashbacks*, Leary escreveu: "Resolvi procurar mulheres que tivessem temperamento exatamente oposto ao de Abigail. Desde então, sempre procurei a mais rebelde, a mais engraçada, a mais moderna garota do pedaço".

Durante anos, Leary pareceu inclinado à vida inconstante que sua mãe tanto temia. Estudou no Holy Cross College, em West Point, e na Universidade do Alabama e enfrentou sérios problemas nas duas instituições (na realidade, foi mais ou menos expulso de West Point por causa de uma bebedeira), embora tenha finalmente colado grau durante o serviço militar na Segunda Guerra Mundial. A partir daí sua vida deu uma guinada. Em 1944, enquanto trabalhava numa clínica psicológica em Butler, na Pennsylvania, Leary apaixonou-se e casou com uma mulher chamada Marianne. Depois da guerra, o casal se mudou para a área da baía de San Francisco e teve dois filhos, Susan e Jack. Foi nessa época que Timothy começou a emergir como jovem promissor. Em 1950, fez doutorado em psicologia na Universidade da Califórnia, em Berkeley, e nos anos seguintes, em parceria com o colega Frank Barron, realizou pesquisas que levaram a uma extraordinária descoberta. Ao fazer testes com muitos pacientes de psicoterapia por um longo período, eles notaram que um terço deles melhorava com o tratamento, um terço piorava e um terço continuava na mesma. Na essência, Leary e Barron provaram que a psicoterapia — pelo menos a convencional — não funcionava. Leary queria descobrir o que *daria* certo, quais métodos poderiam proporcionar às pessoas uma cura genuína ou uma experiência de crescimento interior. Começou a explorar a ideia de terapia de grupo como uma possível solução viável e passou a desenvolver a teoria da análise existencial-transacional, que mais tarde seria popularizada em *Os jogos da vida*, do psiquiatra Eric Berne.

Em meados dos anos 1950 Leary dava aulas em Berkeley e dirigia o Instituto de Pesquisa Psicológica da Fundação Kaiser, em Oakland, na Califórnia. Tinha também escrito um livro, *The Interpersonal Diagnosis of Personality* [O diagnóstico interpessoal da personalidade], que foi bem recebido e teria influência. Mas sua vida pessoal se encaminhava para um cataclismo. Depois do nascimento de Susan, em 1947, a mulher de Timothy teve profunda depressão pós-parto e se tornou cada vez mais ausente e, segundo Timothy, afastada do marido e da família. Com o passar do tempo, Timothy e Marianne passaram a beber pesado e a brigar constantemente. O motivo das discussões era em geral o mesmo: Leary manteve, por dois anos, um caso com uma amiga da mulher num apartamento alugado na avenida Telegraph, em Berkeley. A infidelidade, aliada à bebida, aos desentendimentos e à depressão, se tornou cada vez mais dolorosa para Marianne.

Num sábado de manhã em outubro de 1955 — quando Timothy completava 35 anos — ele acordou sozinho na cama. Grogue da ressaca, tropeçou pela casa, chamando por Marianne. Poucos minutos depois, encontrou-a na garagem, dentro do carro, o motor ligado e a fumaça exalando pelo escapamento. Seu corpo já estava frio. Leary gritou para que as crianças, em estado de choque, chamassem o resgate, mas era tarde demais. Marianne ausentara-se pela última vez.

Leary ficou grisalho em pouco tempo.

"Ele se culpava bastante", disse Frank Barron. "Depois disso, Tim começou a buscar coisas mais transformadoras, que fossem mais fundo que a terapia. De certa maneira, procurava respostas."

No final dos anos 1950, Leary havia pedido demissão de Berkeley e da Fundação Kaiser e se mudara com os filhos para a costa sul da Espanha. Estava, em sua própria descrição, numa "depressão negra" e se sentia perdido em relação ao seu passado e futuro. Em janeiro de 1959, em Torremolinos, escreveria mais tarde, vivenciou seu primeiro colapso e sua primeira superação. Uma tarde, sentiu-se estranhamente febril. Bolhas incharam tanto o rosto que provocaram o fechamento das pálpebras, onde se acumulara pus ressecado. Nos dias seguintes, o quadro piorou: ele perdeu o movimento das mãos e não conseguia andar. Uma noite, ficou acordado por horas, sentado no quarto do hotel, e depois de algum tempo sentiu o cheiro da própria deterioração. Em seu livro *High Priest* [Sumo sacerdote], descreveu esse período como sua primeira morte: "Devagar, eu deixava que todos os laços com meu passado se desfizessem. Minha carreira, minhas ambições, minha casa. Minha identidade. As culpas. As vontades.

"Com um estalo repentino, todas as cordas de minha vida social foram rompidas. Eu era um animal, um macho de 38 anos, com dois filhotes. Pleno, completamente livre."

Na manhã seguinte, os sintomas tinham desaparecido. Timothy Leary iria renascer.

Na primavera de 1959, Leary morava com os filhos em Florença, na Itália, quando Barron o visitou. O amigo chegou com duas informações. Primeiro, durante recente viagem de pesquisa ao México, localizara alguns dos raros "cogumelos sagrados" que teriam provocado alucinações e visões em antigos sacerdotes astecas e em pajés de tribos indígenas da América Latina. De volta à sua casa em Berkeley, Barron comeu os cogumelos — e teve uma experiência mística total, digna de um William Blake. Imaginou que talvez esses cogumelos pudessem ser o caminho impreciso para a metamorfose psicológica que ele e Leary buscavam havia anos. Leary ficou desconcertado com a história de Barron e, como escreveu mais tarde, "advertiu-o sobre a possível perda de sua credibilidade científica caso ele se vangloriasse disso desse modo entre nossos colegas".

A outra notícia de Barron era mais mundana, mas tinha mais apelo para Leary: o diretor do Centro de Pesquisa da Personalidade de Harvard, David McClelland, se encontrava em Florença em período sabático e gostaria de entrevistar Leary com vistas a contratá-lo como professor. Leary visitou McClelland no dia seguinte e explicou sua teoria sobre a psicologia existencial. McClelland ouviu atentamente, leu o manuscrito de Leary sobre o tema e disse: "O que você está sugerindo [...] é uma mudança drástica no papel do cientista, do professor, do terapeuta. Em vez de tratar pacientes usando padrões uniformes e reconhecíveis, você está propondo um enfoque igualitário, uma troca de informação. É isso?". Leary respondeu que era isso mesmo o que tinha em mente. McClelland o contratou na hora. "Não há dúvida", disse, "que o que você está defendendo é o futuro da psicologia nos Estados Unidos. Você está com a tática pronta. É isso o que estamos precisando para chacoalhar as coisas em Harvard."

Leary começou sua carreira no Centro de Pesquisa da Personalidade no início de 1960. Naquele verão, levou o filho para passar as férias em Cuernavaca, no México. Pela primeira vez em vários anos, viver valia a pena. As coisas também andavam bem em Harvard. Leary gostava de pesquisar e lecionar, e desfrutava da estima dos colegas. Um dia, um antropólogo amigo o visitou na vila onde passava a temporada. O amigo, como Barron, estava atrás dos legendários cogumelos sagrados da região e perguntou se ele gostaria de prová-los. Leary recordou-se do que Barron dissera — que talvez os tais cogumelos pudessem ser a chave para a transformação psicológica que procuravam — e a curiosidade falou mais alto. Uma semana mais tarde, lá estava ele diante de uma tigela de cogumelos pretos, de terrível odor e aparência. Com relutância, mastigou um deles, deu uns goles de cerveja para tirar o gosto horrível e ficou esperando surgirem as visões. E elas vieram, difíceis e belas — e nas horas seguintes a vida de Leary sofreu uma mudança poderosa e irrevogável. "Eu me entreguei aos encantos, como os místicos têm feito por séculos", escreveu em *Flashbacks*. "Místicos retornam com delírios sobre níveis superiores de percepção, onde se veem realidades cem vezes mais bonitas e significativas do que os reconfortantes e familiares roteiros da vida normal. [...] Descobrimos abruptamente que [...] tudo o que aceitamos como realidade é apenas fabricação social".

Leary se convenceu de que cogumelos poderiam ser o instrumento para reprogramar o cérebro. Se ministrados corretamente sob supervisão, pensou, eles libertariam o indivíduo de penosos autoconceitos e ridículos arquétipos sociais, provando ser o meio para a transformação do comportamento e da personalidade, até o limite que cada um desejasse. Deu algum trabalho, mas Leary persuadiu a Universidade Harvard a encomendar um lote de psilocibina — uma droga sintética equivalente ao ingrediente ativo nos cogumelos mágicos — da empresa suíça Sandoz Pharmaceuticals. Leary também se aliou a Barron (que fora convidado por McClelland para lecionar um ano em Harvard). Leary e Barron criaram o que se tornaria conhecido como Programa de Pesquisa de Drogas de Harvard. Nesse estranho e improvável momento da educação e da história da psicologia, nascia o embrião de um movimento que nos anos seguintes mudaria não apenas a vida de Leary, mas a dinâmica social da América moderna.

Leary, claro, não foi o primeiro psicólogo ou pensador moderno a explorar o potencial dos psicodélicos, como são chamadas as drogas alucinógenas que alteram estados mentais. O respeitado autor britânico Aldous Huxley escrevera dois ensaios sobre o assunto, *As portas da percepção* e *Céu e inferno*, e outros filósofos e psiquiatras, inclusive Gerald Heard, Sidney Cohen e Oscar Janiger (entre cujos pacientes da clínica em Los Angeles encontravam-se personalidades como Cary Grant e Anaïs Nin), trabalhavam com modelos de terapia psicodélica e tinham alcançado resultados relevantes no tratamento de neuroses e do alcoolismo. O caso mais célebre foram as pesquisas secretas da CIA e da Divisão Química do Exército dos Estados Unidos, com objetivo de incapacitar ou enlouquecer inimigos internos e externos.

Mas três fatores diferenciavam o trabalho de Leary. Um deles era a incorporação de suas teorias de análise transacional no modelo experimental: o terapeuta não deveria simplesmente administrar a droga aos pacientes e, sentado ao lado deles, anotar suas reações, mas também tomar a droga. Outro fator era a implementação de uma condição ambiental que se tornou conhecida como "*set and setting*": se se ajustasse (*set*) a mente da pessoa que tomaria a droga e se proporcionasse um ambiente (*setting*) tranquilizador, aumentaria significativamente a probabilidade de o paciente alcançar uma saudável reorganização psicológica. O último fator que diferenciava Leary dos outros pesquisadores psicodélicos era o próprio Leary — seu intenso carisma, confiança, paixão, fúria e insubmissão. Era um homem que se dedicava com ardor à sua vocação, e tal ímpeto, embora às vezes o tenha conduzido ao purgatório dos vivos, o consagrou como uma força real da história contemporânea.

Nos primeiros dois anos, as coisas foram bem nos experimentos de Harvard. Ao lado de Barron e outros pesquisadores, Leary administrou doses variadas de psilocibina a algumas dúzias de pacientes, inclusive estudantes. Também deu a droga a prisioneiros e estudantes de teologia, com resultados dignos de nota: entre os prisioneiros, a taxa de reincidência diminuiu drasticamente e os estudantes de teologia tiveram, pela primeira vez em suas vidas, o que descreveram como verdadeiras experiências espirituais. Além disso, Leary fez dois contatos importantes fora da universidade: Aldous Huxley e o poeta Allen Ginsberg. Com Huxley, Leary penetrou nos meandros metafísicos do estado mental provocado pela psilocibina e debateu se os psicodélicos deveriam continuar restritos a um seleto grupo de poetas, artistas, filósofos e médicos, que usariam os *insights* obtidos com a droga em benefício da humanidade e da psicologia. Com Ginsberg, no entanto, Leary estabeleceu o debate. Como Huxley, Ginsberg estava convencido da ideia de compartilhar drogas com escritores e artistas — e na realidade fez com que Leary conseguisse a droga para Robert Lowell, William Burroughs, Thelonious Monk e Jack Kerouac, entre outros. Mas Ginsberg também acreditava no que ficaria conhecido como "ideal igualitário": se os psicodélicos representavam uma esperança real de enriquecimento da humanidade, então deveriam estar ao alcance de mais pessoas, e não apenas de uma aristocracia de intelectuais e estetas. Leary comprou a ideia — e se entusiasmou. Os psicodélicos, acreditava, poderiam ser uma maneira de habilitar as pessoas a investigar e transformar suas próprias mentes, e ele suspeitava de que os mais abertos a tal experiência, os que dela mais poderiam se beneficiar, seriam os jovens.

No outono de 1961, Frank Barron voltou ao seu trabalho em Berkeley e Leary encontrou um novo aliado: Richard Alpert, um bem-humorado e ambicioso professor-assistente, com uma queda por roupas finas e um estilo de vida extravagante. Desde o começo, Alpert e Leary entraram em sintonia. "Nunca tinha conhecido uma mente como a do Tim", disse Alpert. "Ele era como um sopro de ar fresco, porque levantava questões de um ponto de vista filosófico. Estava completamente encantado por isso. E houve uma simbiose entre nós — uma química entre o judeu e o irlandês ou entre uma pessoa responsável, racional e sensata e um espírito rebelde e criativo. Eu atribuía minha contratação a politicagens e não aos meus dotes intelectuais, e por isso não imaginava que pudesse dar alguma contribuição criativa. E aí percebi que Timothy estava me libertando de um conjunto de valores."

Mas outros em Harvard achavam que Timothy estava libertando valores além da conta. Para alguns professores, tudo aquilo era intolerável — já a partir da própria ideia de, sob os auspícios da universidade, dar a estudantes drogas que aparentemente os tiravam do estado racional. McClelland também se mostrava cada vez mais desconfortável com a percepção crescente do tom "religioso" da empreitada. Leary, Alpert e outros começaram a sugerir clandestinamente a leitura de textos sagrados orientais, tais como *O livro tibetano dos mortos*, o *Bhagavad Gita* e a escritura zen budista. O que Leary pretendia, McClelland queria saber, ao apresentar valores de sociedades retrógradas há centenas de anos?

McClelland agendou um encontro aberto dos funcionários na primavera de 1962 para debater os méritos do projeto com drogas e decidir se haveria continuidade. Um dia antes do evento, McClelland chamou Alpert em sua sala. "Dick, não vai dar para segurar o Timothy", disse, nas palavras que Alpert recorda. "Ele é muito abusado. Mas você poderá ficar. Portanto, é melhor não falar nada no encontro de amanhã." Alpert pensou no conselho de McClelland. "Ser um professor de Harvard", disse, "dá a vocês as chaves do reino, para vocês fazerem o que quiserem. A sociedade os honra com esse papel."

A reunião em que deveria haver debate se transformou numa sessão de denúncia. Alguns professores investiram contra Leary com uma virulência raramente vista nos encontros em Harvard. Insistiram em que, se o projeto fosse continuar, ele teria que deixar as drogas sob controle da universidade e administrá-las apenas num ambiente de hospital psiquiátrico. Para Leary, isso significaria recuar para um padrão em que o médico é a autoridade e o paciente uma cobaia de laboratório — o mesmo modelo que jurara combater. "Timothy estava surpreso com toda aquela veemência e atitude retaliatória", disse Alpert. "Pelo menos dessa vez, ele ficou sem palavras. No fim, houve um silêncio na sala. E, nesse momento, me levantei e disse: 'Gostaria de falar em nome do nosso projeto'. Olhei para Dave McClelland, ele deu de ombros, e esse foi o começo do processo que resultaria na nossa saída de Harvard."

Em 1963, numa decisão que foi parar na capa dos jornais de todo o país, Timothy Leary foi "liberado" de suas obrigações docentes e Richard Alpert demitido por ter compartilhado psilocibina com um estudante, embora o uso e a posse de psicodélicos não fossem ilegais. (Naquela época, Alpert e Leary tinham sido os únicos professores dispensados de Harvard no século.) "Eu me lembro de que, na entrevista coletiva", disse Alpert, "estava cercado de pessoas que me viam como um derrotado, mas no fundo eu sabia que tinha vencido."

Leary também não estava incomodado pelo fato de que sua carreira em Harvard terminara. Na realidade, tinha encontrado uma nova paixão. Na primavera de 1962, um estudante de filosofia britânico, Michael Hollingshead, visitou Leary e lhe deu um presente sinistro. Hollingshead talvez seja a figura mais misteriosa em toda a vida de Leary. Alpert o descreve como "um canalha — manipulador e imoral". Mas foi Hollingshead quem apresentou a Leary o LSD — uma solução intensamente psicodélica, cujas propriedades psicoativas foram descobertas acidentalmente nos anos 1940 por Albert Hoffman, um cientista suíço. Hollingshead entrou na casa de Leary com um pote de açúcar misturado com LSD e caçoou de Leary ao dizer que a psilocibina produzia apenas "um colorido bonitinho" comparado com o poder extraordinário do LSD. Inicialmente, Leary resistiu, como fizera em relação aos cogumelos mágicos, mas num fim de semana finalmente resolveu experimentar. Mais tarde, escreveu: "Demorou cerca de meia hora para bater. Mas quando veio foi repentino e irresistível. Des-

54

pencou e rodopiou por suaves vias fibrosas de luz emitida de algum ponto central. Incorporado em seu raio pulsante, eu podia ver todo o drama cósmico. Passado e futuro. [...] Minhas sessões psicodélicas anteriores tinham aguçado minha sensibilidade, estimulado a percepção. [...] Mas com o LSD foi diferente. Foi a experiência mais devastadora de minha vida".

Hollingshead entraria e sairia da vida de Leary, às vezes prestigiado, às vezes insultado. Mas o presente de Hollingshead, o LSD, esse ficaria para sempre.

Apesar de afastados de Harvard, Leary e Alpert tencionavam continuar a pesquisa com psicodélicos, agora focados sobretudo no LSD. No outono de 1963, uma amiga e benfeitora, Peggy Hitchcock, os ajudou, colocando à disposição deles uma mansão de 64 cômodos numa propriedade rural a duas horas de Manhattan, rio Hudson acima. Entre 1963 e 1967, essa propriedade, chamada Millbrook, serviu como retiro hedonístico-filosófico para curiosos, descolados e rebeldes. Músicos de jazz viviam lá; poetas, escritores e pintores faziam visitas; jornalistas bisbilhotavam pelos saguões; e atores e atrizes apareciam para as festas nos fins de semana. Alguns estavam atrás de visões, outros na expectativa de uma orgia e outros ainda queriam preencher o vazio de suas almas. Todos iam embora com uma experiência inesquecível.

Essa foi uma época de imensas mudanças nos campos cultural e político da América. De um lado, foi um tempo de horror e violência: as sangrentas batalhas pelos direitos civis, o assassinato do presidente John Kennedy e o ódio causado pela guerra do Vietnã deixavam claro que o país se tornara um lugar de alto risco. Ao mesmo tempo, a cultura dos jovens começava a ganhar identidade e poder sem precedentes. A nova música vinha de Bob Dylan, dos Beatles, do soul da Motown e da Southern, e as bandas de San Francisco, como Grateful Dead e Jefferson Airplane, iam mais fundo na ideia de uma geração emergente que tentava viver com integridade segundo suas próprias regras e se sentia cada vez mais distante das convenções e privilégios da cultura dominante. As drogas se tornavam parte desse sentido de poder — um meio de manter a percepção distante do "mundo careta", uma maneira de participar de experiências privadas e proibidas.

Foi durante esse tempo de estranhas possibilidades (e o medo de estranhas possibilidades) que o LSD passou a ser objeto de frenética preocupação social. Apesar dos melhores esforços de especialistas qualificados como Frank Barron e Oscar Janiger, a substância era vista como grande ameaça aos jovens da nação, e portanto ao futuro da América. Jornais e televisões estavam cheios de reportagens sensacionalistas sobre jovens que tentavam voar do alto de edifícios ou que acabavam em pronto-socorros e lamentavam os horrores da recém-descoberta psicose. O nível de histeria tirou Leary do sério. "O álcool faz vítimas em escala epidêmica", escreveu em *Flashbacks*, "e a imprensa embotada não presta atenção nos infortúnios de um bêbado. A atitude é diferente com os psicodélicos. Um em cada mil usuários pode relatar uma experiência negativa, mas a imprensa cava mil histórias sombrias de estudantes de Princeton só porque eles consomem umas plantinhas."

Para alguns membros da comunidade psiquiátrica, no entanto, Leary se tornara parte do problema. Devido à sua notoriedade e ao desdém pelo padrão médico, eles se convenceram de que Leary sozinho tinha comprometido a reputação dos psicodélicos e colocado em risco a oportunidade de novas pesquisas. "Foi fácil", diz Frank Barron, "para Tim dizer: 'Há pessoas que vão ter psicose sob essas circunstâncias, e nesse caso isso deve ser divulgado'. São palavras corajosas, mas Tim e eu tivemos um baita treinamento em psicologia. Fomos analisados. Estávamos bem preparados. Mas se você der LSD a um adolescente em meio a uma crise de identidade, ele pode ficar realmente abalado. E acho que é aí que encontramos as maiores vítimas."

Leary, de fato, se tornou inegavelmente identificado com o que a revista *Time* chamou de "epidemia de LSD" e estava na mira de muita gente. Quando ele depôs no Senado em 1966, o senador Ted Kennedy o ridicularizou o tempo todo. Foi quando Leary percebeu que logo o LSD seria declarado ilegal e seus usuários seriam criminalizados. Ao mesmo tempo, sua vida pessoal passava por sérias mudanças. Em fins de 1964, ele se casara com Nena von Schlebrügge. Assim que voltaram da lua de mel, tanto o casamento como Millbrook enfrentavam problemas. Leary achava que Alpert perdera o controle do retiro. Os dois amigos discutiram — inclusive por causa do aparente desconforto de Leary com a homossexualidade de Alpert — e Alpert se afastou de Millbrook e, por um tempo, da vida de Leary. Alpert mudou seu nome para Baba Ram Dass e se tornou um dos mais respeitados mestres de disciplinas orientais dos Estados Unidos. Com o tempo, voltou a se aproximar de Leary, mas a parceria entre eles nunca mais seria a mesma.

No verão de 1965, Leary se aproximou de Rosemary Woodruff, com quem se casaria em fins de 1967. O romance com ela talvez tenha sido o mais significativo da vida de Leary, mas foi também um dos mais atormentados por dificuldades. Na semana seguinte ao Natal de 1965, Tim e Rosemary fecharam Millbrook por aquela temporada e, com os filhos de Leary, pegaram a estrada numa van em direção ao México, onde passariam as férias. O casal tinha planos de mudar de vida: Rosemary achava que talvez teriam um filho e Timothy brincava com a ideia de voltar a estudar e escrever. Chegando à fronteira, no entanto, não tiveram permissão para entrar no México e, ao tentarem voltar aos Estados Unidos perto de Laredo, foram obrigados a descer do carro. Na revista, uma inspetora achou uma caixinha de prata com maconha na bagagem de Susan Leary; ela tinha dezoito anos. Leary não hesitou. "Eu assumo a responsabilidade pela marijuana", disse. As consequências daquele momento reverberariam por anos na vida de Leary. Ele foi preso por porte de maconha numa das jurisdições mais conservadoras do país. Quando seu advogado o aconselhou a se arrepender perante o juiz, declarou desconhecer o significado daquela palavra. No fim, foi condenado a 35 anos de prisão e a pagar multa de 30 mil dólares — a maior sentença já dada por posse de maconha. Susan pegou cinco anos. Em 1969, a Suprema Corte dos Estados Unidos invalidou a condenação porque Leary fora julgado com base numa legislação obsoleta do direito fiscal. O promotor público de Laredo simplesmente julgou Leary de novo, por posse ilegal de maconha, e o sentenciou a dez anos.

Timothy Leary rapidamente se tornou um símbolo nacional para ambos os lados na disputa sobre a legislação das drogas e fez o melhor que pôde para se mostrar à altura da situação, com tiradas inteligentes e elegância, mas também com certa imprudência. Posto em liberdade enquanto recorria da sentença, deu palestras e entrevistas sobre drogas pelo país afora. Foi convidado de honra do festival Gathering of the Tribes, no Golden Gate Park, de San Francisco, onde, ao lado de Rosemary, cantou e bateu palmas com John Lennon e Yoko Ono na gravação de "Give Peace a Chance". Também gravou seu próprio álbum de canções com a participação de Jimi Hendrix, Buddy Miles, Stephen Stills e John Sebastian. Era muita ação de dia e badalação de noite, o que o transformou no alvo mais visível do crescente ódio às drogas. O presidente Richard Nixon chegou a dizer em pronunciamento à nação que Timothy Leary era "o homem mais perigoso", e a diretriz do governo não poderia ser mais clara: Leary e suas doutrinas deveriam ser subjugados.

E foi mais ou menos isso o que aconteceu. Em Nova York, um procurador distrital assistente, G. Gordon Liddy, organizou uma batida policial em Millbrook. As acusações foram logo rejeitadas, mas em seguida realizou-se nova batida — e dessa vez a investida teve êxito. A mansão de Millbrook foi desativada. Leary se mudou com Rosemary e a família para Laguna Beach, na Califórnia, mas um dia depois do Natal de 1968 foi novamente preso por posse de maconha, dessa vez com Rosemary e o filho, Jack. (Leary sempre sustentou que o policial que o prendeu plantara os baseados.) No julgamento, em janeiro de 1970, Rosemary e Jack beneficiaram-se com a suspensão condicional da pena, mas Timothy foi condenado a dez anos. Numa iniciativa incomum, o juiz, declarando Timothy uma ameaça para a sociedade e brandindo um recente artigo do ex-professor de Harvard na *Playboy*, ordenou que a prisão fosse imediata, sem direito a recorrer em liberdade.

Leary tinha 49 anos e seu futuro parecia traçado. Ele passaria o resto da vida na cadeia por posse de pequena quantidade de maconha, o que — mesmo em meio ao furor persecutório dos anos 1960 — raramente justificava sentenças de mais de seis meses.

Ao entrar na prisão estadual da Califórnia, em Chino, Leary fez um teste de inteligência para determinar a que ala da prisão seria encaminhado. O teste era baseado em padrões psicológicos que o próprio Leary criara nos pioneiros trabalhos dos anos 1950. Ele sabia tirar vantagem das respostas. Marcou as alternativas que o fariam parecer "normal, não impulsivo, dócil e ajustado". O resultado foi sua transferência para a ala oeste da Colônia Penal da Califórnia, em San Luis Obispo, uma prisão de segurança mínima.

Na noite de 12 de setembro de 1970, seguindo um plano cuidadoso, que dependia de cronometragem precisa, Leary metodicamente saiu de sua cela e, através de um complexo labirinto cheio de curvas, se dirigiu ao pátio da prisão, regularmente varrido por um holofote. Esquivando-se da luz, atravessou a área e chegou a uma árvore, em que trepou, pulando em seguida no teto de um corredor da prisão. Engatinhou até alcançar um cabo conectado a uma cabine telefônica do lado de fora. Pendurado pelos braços e pernas, avançou pelo fio, mas não completara um terço da distância quando parou, exausto, tentando respirar, mal conseguindo se segurar. Um carro de patrulha passou embaixo dele. "Eu queria ser Errol Flynn e estava me saindo um Harold Lloyd", escreveu em *Flashbacks*. "Eu me senti muito sozinho. [...] Não tive medo — só foi chato e embaraçoso. Seria uma maneira nada digna de morrer, feito um bicho-preguiça agarrado num galho." Mas, tirando força e vontade de alguma reserva escondida, Leary atravessou o cabo e ganhou a liberdade.

Poucas semanas depois, Timothy e Rosemary reapareceram em Argel, na Argélia, onde obtiveram asilo e proteção providenciados por Eldridge Cleaver e outros membros dos Panteras Negras. Cleaver e alguns Panteras Negras haviam fugido dos Estados Unidos depois de um tiroteio com a polícia em Oakland e foram reconhecidos pelos socialistas islâmicos da Argélia como o governo americano no exílio. Inicialmente, Leary tinha ficado animado com a ideia de estabelecer uma coalizão no exterior com Cleaver, mas logo cairia em desgraça com os Panteras. Num artigo para a *Rolling Stone*, na primavera de 1971, Cleaver declarou que os Panteras tinham posto Timothy e Rosemary em prisão domiciliar em Argel, sob a alegação de que Timothy se tornara um perigo para si próprio e para seus anfitriões devido ao insaciável apetite por LSD. Tal comportamento, Cleaver disse, era contraproducente para fazer emergir a verdadeira mudança revolucionária — e, além disso, ele achava que as drogas haviam prejudicado uma mente que já fora brilhante. "Aos que buscam no doutor Leary inspiração e mesmo liderança", Cleaver escreveu, "queremos dizer que seu deus está morto porque o ácido derreteu sua mente." Leary, de sua parte, afirmou que Cleaver queria apenas flexionar os músculos e demonstrar a seus hóspedes o que era viver em cativeiro e sob opressão.

Rosemary, num olhar em retrospecto, demonstrou consternação pelo malogro da tentativa de aproximação entre Leary e os Panteras Negras. "Tivemos a oportunidade de construir uma afinidade, e isso é uma coisa que não me sai da cabeça. Acho que Eldridge e os outros queriam que nós déssemos valor ao episódio que os levara à Argélia e que reconhecêssemos que o nosso caso fora muito diferente. Nós não teríamos sido mortos num confronto com as autoridades. Mas membros dos Panteras Negras tinham sido mortos. Éramos tão ingênuos, tão estúpidos. Ao mesmo tempo, estávamos assustados. Eldridge era muito ditatorial. Ele me mantinha afastada das mulheres e crianças e os Panteras nos ameaçavam e nos mantiveram por três dias num quarto sujo, um lugar horrível. O que esperavam que fôssemos fazer?"

A única coisa possível: fugir. Próxima parada: Genebra, na Suíça, onde tiveram uma folga até Leary ser preso, assim que o governo americano cumpriu as burocracias para requerer a extradição. Leary ficou seis semanas na prisão de Lausanne — "a melhor prisão do mundo", me disse certa vez, "um hotel de categoria" — até as autoridades suíças, depois de petições de Allen Ginsberg e outros, se recusarem a atender ao pedido de deportação do governo Nixon. Nessa altura, porém, os anos de dissabores, medos, fugas e prisões — além das chances perdidas de ter uma vida familiar real e estável — apresentaram a conta a Rosemary, e ela decidiu se separar temporariamente de Leary. "Sempre achei que o meu papel fosse proteger o Tim, mas [...] ele era como Sísifo, o herói mítico sempre empurrando a mesma pedra. Parecia crescer na notoriedade. Tornara-se uma celebridade naqueles anos, e isso tem seu preço. Não é o tipo de vida que *eu* teria escolhido. Sempre quis uma vida tranquila, e com Tim isso simplesmente não era possível.

"Se eu me arrependo de ter escolhido Tim para amar? Não. Ele foi sempre a pessoa mais interessante. Em comparação, os outros pareciam chatos. Claro, no tempo em que eu quis um pouco de tédio, era tarde demais."

No final de 1972, Leary se tornara um homem sem pátria e sem recursos. Os Estados Unidos pressionavam governos estrangeiros a não acolher o ex-professor — a procuradoria distrital de Orange County, na Califórnia, indiciou Leary por dezenove crimes associados ao tráfico de drogas, qualificando-o como líder da maior rede de contrabando do mundo — e a Suíça acabou não lhe estendendo o asilo. Acompanhado de sua nova namorada, Joana Harcourt-Smith, Leary fugiu para o Afeganistão, mas foi detido no aeroporto de Cabul por um representante da embaixada americana e entregue a funcionários da Agência Antidrogas dos Estados Unidos. Levado de volta a Orange County, foi julgado pela fuga e sentenciado a cinco anos, que se somaram às duas penas prévias de dez anos. Também enfrentou onze acusações originadas da segunda investida a Millbrook, além das dezenove relacionadas ao indiciamento por supostamente chefiar uma organização de tráfico de drogas.

O governo americano teve êxito na campanha. O LSD foi declarado ilegal e seu mais influente pesquisador e divulgador foi perseguido em vários cantos do mundo, detido, extraditado e mais uma vez mandado para trás das grades — dessa vez numa prisão de maior segurança. O movimento psicodélico foi desmantelado e por décadas Timothy Leary seria odiado pela sua contribuição para liberar o espírito questionador e rebelde dos anos 1960. Ao relembrar o colapso do experimento, o escritor Robert Anton Wilson, amigo de longa data de Leary e autor de *The Illuminatus Trilogy*, afirmou: "Muitos psicólogos que conheci ao longo dos anos concordam com Leary — em particular, reconhecem que o LSD é uma ferramenta de análise de grande valor e opera mudanças positivas de personalidade. Mas esses mesmos psicólogos recuaram gradualmente, à medida que o governo intensificou a campanha, até se tornarem tão silenciosos quanto o luar numa lápide. E Tim, com seu temperamento irlandês inflamado, continuava firme denunciando o governo e lutando sozinho.

"Não estou negando que pessoas tiveram a vida destruída pelas drogas, mas isso é resultado das pesquisas de Leary ou da ação do governo? A pesquisa de Leary foi interrompida e a imprensa deixou de citá-lo há muito tempo. A maioria nem entende direito as opiniões de Leary ou o que ele estava tentando fazer. Já o plano do governo vem sendo levado adiante há trinta anos, e hoje as drogas representam um desastre para este país. Claro que ninguém pensa que isso seja falha do governo — acham que a culpa é de Leary, que tentou evitar isso, tentou ter um controle científico sobre isso.

Ele merece um legado melhor."

Em 1975, começaram a circular relatos maldosos e alarmantes sobre Timothy Leary. De acordo com reportagens veiculadas na *Rolling Stone* e em outras publicações, Leary estava passando ao FBI informações sobre ativistas de esquerda e grandes nomes envolvidos com drogas em troca de sua liberdade.

Era difícil confirmar os rumores — o FBI o transferia regularmente de prisão e, em cerca de um ano, poucos amigos o tinham visto ou se comunicado com ele — mas só a ideia deixou abatidos alguns de seus ex-companheiros. Allen Ginsberg, Ram Dass, Jerry Rubin e o próprio filho de Leary, Jack, denunciaram, numa entrevista coletiva à imprensa, a colaboração de Leary e afirmaram que seu testemunho não deveria ser levado em conta pelos tribunais. Em *Flashbacks*, Leary diz ter induzido o FBI a uma busca inútil e que ninguém foi preso em decorrência das informações — embora admita ter dado declarações sobre algumas pessoas a um júri de instrução.

O que quer que tenha acontecido, Leary foi solto da prisão na Califórnia em 1976, com a reputação em farrapos. Muitos de seus velhos amigos não falavam com ele. "Não havia dúvida de que aquele não era o Tim que eu tinha conhecido", diz Frank Barron. "A prisão não melhora as pessoas e ele sofreu bastante. Seu senso de invulnerabilidade fora destruído. Mas ele estava determinado a voltar a ter um papel público e a retomar sua missão."

Aos poucos, Leary reabilitou a imagem. Pouco depois de ser solto, separou-se de Joanna Harcourt-Smith, que, para alguns, teria exercido lamentável influência no caso com o FBI. Foi morar em Los Angeles e passou a frequentar festas em Hollywood. Em 1978, casou-se pela quarta vez, com Barbara Chase, e assumiu como seu o filho dela, Zachary. Embora o casal tenha se divorciado quinze anos depois, Leary permaneceu próximo de Zachary. Com ele, aparentemente, construiu o tipo de relação que não conseguiu ter com o filho, Jack, que desde 1975 nunca mais viu o pai, a não ser brevemente, dois meses antes da morte de Leary.

"Ele estava a fim de tentar outra vez", diz Zachary, "e ver se família era algo compatível com sua vida, e achou que sim. Estava feliz, porque a desolação com a família anterior tinha sido tão grande. Acho que foi legal para ele, nos seus cinquenta e tantos, sessenta anos, ser pai de novo de um garoto. Ele me levava aos parques e jogava bola comigo no jardim de casa. Os jovens — eram eles que davam força a Leary, mantinham vivas suas teorias. A maior lição que me deixou foi valorizar a comunicação: 'Mantenha-se aberto às possibilidades', ele me dizia. Só agora começo a perceber a magnitude do ambiente em que tive a sorte de crescer. Considero Tim realmente meu pai."

Leary dedicou-se a outros interesses. Tornou-se entusiasta da computação e da tecnologia da comunicação e foi dos primeiros a dizer que essas novidades — sobretudo o rápido crescimento da internet — tinham o mesmo potencial de alavancar a criatividade das massas e ameaçar as estruturas autoritárias que os psicodélicos nos anos 1960.

Com o tempo, os velhos amigos voltaram. Ginsberg, Ram Dass e outros fizeram as pazes com o homem que um dia fora o companheiro deles em grandes aventuras. "Quando me perguntam por que estimo e respeito Tim", disse Ram Dass, "digo que é porque ele me ensinou a brincar com a vida, e a não deixar que a vida brincasse comigo. É a descrição mais próxima que posso dar do que sinto por ele. Timothy brinca com a vida. As pessoas ficam ofendidas, achando que ele não trata a vida com o devido respeito. Mas, para mim, foi uma coisa libertadora."

Em 1990, a recém-conquistada serenidade de Timothy Leary foi estilhaçada. Sua filha, Susan Leary Martino, 42 anos, foi presa em Los Angeles depois de disparar uma bala na cabeça do namorado enquanto ele dormia. Por duas vezes considerada inimputável, não chegou a ser julgada. Num dia, amanheceu morta na cela. Tinha amarrado o cadarço no pescoço e se enforcado.

Pessoas próximas a Leary acreditam que Susan nunca mais fora a mesma desde a prisão em Laredo e o julgamento. Teria se culpado pelos problemas subsequentes do pai e, como a mãe, tornara-se deprimida e ausente com o passar do tempo. Para outros, Susan sempre amou muito o pai, e os eventos que os afastaram — as prisões, as fugas, as muitas namoradas e mulheres — a consumiram. Independentemente das causas, o suicídio de Susan teve profundo impacto sobre Leary, um golpe do qual, segundo amigos, ele nunca se recuperou. "Não acho que tenha conseguido deixar isso para trás", disse Ram Dass. "Lembro que, ao falar com Tim pelo telefone, senti nele uma surpreendente vulnerabilidade, o tipo de coisa que eu não costumava ouvir."

A notícia da morte de Susan foi um terrível choque para Rosemary, que, ainda fugitiva, vivia sob identidade falsa na Costa Leste dos Estados Unidos. "Eu tinha ficado com raiva dele por muito tempo, mas antes da morte de Susan, sonhava com nós três, muito felizes, num cenário bucólico, com riachos. Não era o que acontecia quando a gente estava junto. Sabia que isso me ensinava, me dizia alguma coisa sobre Tim e Susan e sobre meus próprios sentimentos. E aí, quando ela morreu, foi tão *duro*. E eu sabia como seria duro para ele também."

Rosemary, que não falara com Timothy nem com ninguém próximo a ele desde 1972, telefonou para Ram Dass, que a pôs em contato com o ex-marido. "Nós nos encontramos no Golden Gate Park. Foi muito bom, um encontro romântico. Quando eu o tinha deixado, na Suíça, a gente estava discutindo, então foi incrível descobrir que ainda havia amor, o amor que sentíamos um pelo outro. Voltar a vê-lo e deixar para lá a raiva e a mágoa foi algo que me deu muita força. A emoção envolvida nisso tudo abriu o caminho para eu amá-lo outra vez."

Timothy conseguiu um advogado para Rosemary que a ajudou a legalizar sua situação. "Vivi tanto tempo como fugitiva, que não sabia em quem confiar, o que dizer", disse Rosemary. "Eu me senti livre ao me desvencilhar de tudo aquilo. Até tirei minha carteira de motorista da Califórnia com meu próprio nome."

Rosemary começou a ver Tim com frequência. Disse estar impressionada em perceber como seu coração parecia aberto. Também reparou em outras mudanças. "Podia jurar que ele não estava muito bem. Tim sempre teve uma saúde de ferro; nunca o vi doente, nem um resfriado." E, na época do Natal de 1994, depois de um cansativo ciclo de palestras, uma pneumonia o derrubou. "Foi o primeiro travo de mortalidade que sentiu no próprio corpo", relatou a ex-mulher. "E acho que foi devastador para ele se ver tão doente, sem forças para reagir."

O que ele tinha era mais que pneumonia. Os médicos detectaram que Leary tinha desenvolvido um câncer de próstata que era inoperável. Com o tratamento certo, eles talvez pudessem mantê-lo vivo por um ou dois anos. Leary diria mais tarde a jornalistas estar "estimulado" com a notícia. Esse seria o começo de sua grande aventura: uma jornada consciente e dedicada em direção à morte. Ligou para seus amigos — Rosemary, Ram Dass, o autor Ken Kesey, Allen Ginsberg e muitos outros — e compartilhou com eles sua excitação. "Esse é o resumo de sua personalidade", disse seu enteado Zach. "Faz sentido que tenha reagido assim. Mas quando ele deu a notícia, eu pensei: 'Meu Deus, como ele *pode* se sentir dessa maneira?'. Mas, para ele, era só mais uma carta na mão — a carta da morte. E eu tenho que dizer que aprendi muito com ele naqueles últimos meses."

De fato, parece que a consciência de sua morte fez aflorar em Timothy Leary uma qualidade suave e transcendente. "Ele está emocionalmente mais disponível", afirmou Ram Dass, "o que é notável, pois nunca antes havia lidado com suas emoções. Não que não seja um tipo sociável — ele é engraçado, intenso, estimulante —, mas as emoções mais profundas sempre foram para ele assunto delicado. Tim vive mais na superfície dos eventos e das coisas, não nos ritmos mais lentos e profundos das emoções. As últimas vezes que o vi, ele estava bem presente, fiquei impressionado. Quando nos olhamos, ele tinha a morte no olhar. Isso me deu a certeza de que não temia a morte. Ele sabe que vai ao encontro de um dos maiores mistérios, e isso o tornou humilde de um modo interessante."

A consciência da proximidade da morte de alguma forma intensificava sua vontade de se divertir. Nos últimos meses, havia atividade contínua em sua casa, em grande parte com vistas ao entretenimento: jantares, idas a shows de rock à meia-noite, visitas ininterruptas de amigos e conhecidos. "Abobrinhas aqui são alta cultura", ele me disse numa tarde, com puro deleite.

Um bom exemplo de pilhéria elevada gaiatamente à condição de performance, algo típico desses útlimos dias, é um evento que ficou conhecido como "Dia da cadeira de rodas". Um dia, Leary decidiu juntar o maior número possível de cadeiras de rodas e convidou ajudantes e amigos a apostar uma corrida pela Sunset Strip, que terminou com um almoço no restaurante House of Blues, onde o grupo, ainda nas cadeiras, reproduziu a cena de *A última ceia*, de Leonardo da Vinci. Depois do evento, Leary voltou para casa num conversível alugado por seu amigo John Perry Barlow, ex-letrista do Grateful Dead e ativista pelos direitos de liberdade de expressão na internet, com duas jovens de seu staff atrás, Trudy Truelove e Camella Grace. O rádio estava no último volume quando eles passaram pela Sunset Strip, e as moças, sentadas no capô, faziam palhaçadas e balançavam os braços. Leary olhou para Barlow e gritou: "A vida é boa!". Foi quando Barlow viu pelo retrovisor uma luz vermelha e amarela piscando num carro da polícia de Beverly Hills — e temeu que o carro talvez não estivesse totalmente livre de certas substâncias ilegais. "Que merda", pensou, "é a última que Tim Leary vai aprontar."

Barlow desceu o vidro e disse ao guarda: "Eu sei que a gente estava fazendo uma coisa errada. Mas, veja só, o meu amigo aqui está morrendo e nós estamos tentando fazer com que ele se divirta um pouco". Barlow mais tarde me disse que nunca esqueceu o olhar de Tim para o policial: "Flagrado no ato de morrer como se tivesse sido pego com a mão no pote de biscoitos".

O policial retribuiu o sorriso de Leary e então se virou para Trudy e Camella. "Eu estaria mentindo se dissesse que isso não parece divertido", disse, "mas não é porque *ele* vai morrer que vocês devem morrer também. Agora sentem-se direito, ponham o cinto de segurança e eu deixo vocês irem."

Quando o carro estava rodando de novo, Leary se virou para Barlow, soltou uma gargalhada e disse: "Que puta presente foi *esse!*".

Não era todo mundo, no entanto, que curtia esse humor escrachado de Leary e sua turma.

Na noite daquela extravagância com as cadeiras de rodas, quando cheguei à casa de Leary, vi que o caixão criônico estava sendo levado para uma ambulância. Pouco antes, uma equipe da CryoCare — a empresa contratada para congelar e preservar o cérebro de Leary depois de sua morte — tinha entrado na casa para retirar o equipamento.

Por alguns momentos, houve tensão entre os representantes da CryoCare e a equipe de Leary. Para a empresa, a decoração do equipamento, com luzes e brinquedos, era um desrespeito, e os funcionários também acharam que algumas pessoas na casa tentavam manter os técnicos da CryoCare longe de Leary. O principal, porém, é que Mike Darwin, da CryoCare, preocupara-se com o anúncio de Leary sobre seu plano de se suicidar ao vivo (se se pode falar assim) na internet. Darwin não acreditava que sua empresa (que tinha estampado no folheto de propaganda o seguinte mote: "Muitos são frios, poucos são congelados") deveria estar envolvida no que chamou de potencial cena do crime, ou que eles deveriam deixar o equipamento numa casa em que pudesse haver a presença e o consumo de drogas ilícitas.

Quanto ao pessoal da casa, havia desânimo em relação ao que se via como interesse vampiresco da CryoCare em obter a cabeça de Timothy Leary. O problema só foi exacerbado quando eles souberam que um funcionário da CryoCare que estaria envolvido no processo de decapitação e congelamento, Charles Platt, aceitara escrever sobre a operação para a revista *Wired*. (Platt também enviara e-mails a várias pessoas em que expressava desprezo pela turma da casa e não escondia a impaciência com Leary, por não morrer tão logo quanto se esperava. "Que desejo insano de viver", escreveu numa das mensagens.)

De qualquer maneira, a atitude da CryoCare forçaria Leary a tomar uma decisão: ele podia procurar outra empresa ou aceitar que sua morte seria mesmo final, ou seja, que seu cérebro não seria preservado para uma tentativa de reanimação num futuro indeterminado. No fim, ele se decidiu contra o congelamento. "Não tenho grande interesse em fazer isso", me disse. "Só sentia que era meu dever para com o futurismo e para com o processo de morrer com engenho."

A decisão não foi pouca coisa para Leary. Ele havia me dito certa vez não acreditar que algo no ser humano sobrevivesse à morte, e que se tivéssemos uma alma, esta seria nossa mente, e o cérebro seria o abrigo da alma. Ao descartar o congelamento, Timothy Leary decidia que, mesmo que pudesse, não retornaria. Em vez disso, sua imortalidade estaria em seu trabalho e seu legado, e tinha esperança de que essas coisas permanecessem na internet, que se tornara seu maior interesse em sua última fase.

Não foi muito depois disso que veio o fim. Uma tarde eu tinha que deixar algo na casa de Tim e nós conversamos brevemente. Nunca o tinha visto tão animado e persuasivo. Contou-me uma história tocante sobre sua relação com John Lennon e Yoko Ono: Lennon compusera "Come Together" para ele — que estava pensando em se candidatar para o governo da Califórnia —, mas depois, pensando melhor, guardara a canção para os Beatles. Leary também contou ter avisado Yoko Ono que o edifício Dakota, em Nova York, era um lugar muito arriscado — muito exposto, muito acessível — para um homem como John Lennon morar. "Queria ter errado dessa vez", disse, olhando para uma grande foto sobre a cama, em que estavam ele e Rosemary com Lennon e Yoko durante a gravação de "Give Peace a Chance". Eu saí na expectativa de visitá-lo outras vezes, voltar a conversar com ele.

Poucos dias depois, recebi um telefonema de Zachary. "Parece que ele está chegando ao fim. É melhor você vir aqui se quiser se despedir."

Zach me disse mais tarde: "Tim decidiu que não podia mais viver naquele corpo, queria sair. Teve essa certeza na semana passada quando foi tomar banho e se olhou no espelho, nu. Era tudo o que precisava saber. Estava muito consciente e lúcido, observou seu corpo e se achou patético, abaixo do seu nível de qualidade de vida". Naquela noite Leary reuniu Zach e a turma em torno da mesa e perguntou: "Vocês podem continuar sem mim?".

"Era como se ele estivesse pedindo nossa permissão", disse Zach.

Na manhã em que Zach me ligou, Tim levantou da cama, subiu na cadeira de rodas motorizada e passeou pelos jardins da casa. Parou no quintal para tomar um café, olhando as flores que desabrochavam. Então disse: "Estou cansado. Vou dar um cochilo". E foi para o quarto. Pouco depois, sua enfermeira chamou Zach e disse para ele avisar todos que quisessem vê-lo pela última vez.

Fiquei sentado por cerca de uma hora com outras pessoas naquela tarde e observava Leary enquanto ele dormia. De vez em quando acordava, sorria, chupava um pouco do gelo que a enfermeira lhe dava e uma ou duas vezes tentou dizer alguma coisa. A certa altura, abriu bem os olhos e disse: "Brilho!".

Mais tarde, por volta das nove horas da noite, entrei outra vez no quarto. A única iluminação era um fio com luzinhas de Natal na parede sobre a cama. Zach sentou-se próximo ao padrasto e lhe segurou uma mão. Tim abriu os olhos por um instante, olhou para Zach, sorriu e disse com suavidade: "Bonito".

Foi a última coisa que Timothy Leary disse.

Poucas horas mais tarde, por volta de duas e meia da madrugada, recebi outra ligação me avisando que Tim tinha morrido às 12h45. Voltei para sua casa.

A luminosidade continuava fraca no quarto. Sentada numa cadeira, Trudy Truelove olhava para ele. "Decidi ficar com ele até que seja removido. Vou ser sua guardiã."

Tim estava deitado sobre as costas, vestido de branco, o cobertor vermelho caído. A boca aberta, congelada na última expiração. Parecia chamar alguém em silêncio. Uma grande flor alaranjada fora colocada em suas mãos, as pétalas lhe tocavam o rosto.

Logo o quarto se encheu de gente. Ficamos lá por um bom tempo em silêncio, até nos avisarem que estava na hora da despedida. O pessoal da funerária chegou para retirar o corpo.

Uma a uma, as pessoas no quarto se aproximaram de Tim. Não tinha reparado antes, por causa da escuridão do quarto, mas seus olhos estavam abertos, e quando você olhava para eles era como se eles retribuíssem o olhar. Debrucei-me e lhe dei um beijo, e então me virei e saí do quarto.

Uma noite não muito antes da morte de Leary, tomei LSD pela primeira vez em 25 anos. Acho que fiquei curioso depois de passar tanto tempo ao lado dele, mas também senti que devia isso a mim mesmo. Tinha parado com os psicodélicos depois de uma experiência ruim e isso me incomodava. Já era tempo de, mais uma vez, ver o que eles guardavam para mim, o que poderiam revelar depois de tanto tempo.

Deitei na minha cama no escuro, ouvindo *Variações Goldberg*, de Bach, e novamente a morte veio me visitar. Vi o que pareciam ser milhares de rostos. Estavam todos em agonia, e depois morreram e nadaram em canais encantados. O sofrimento deles, eu percebia, era inevitável. E também a morte deles. E sua libertação. Mais uma vez eu vi a morte perto de mim, através de mim, e dessa vez não tentei me esconder dela. Fiquei lá deitado e chorei e, de alguma maneira, senti grande conforto no que tinha visto.

Pensei nessa experiência enquanto estava sentado no quarto de Leary às três horas da manhã e o observava morto. Como sugeri antes, a morte sempre me aterrorizou — até a presença de um morto me aterrorizava. Quando estive nos velórios do meu pai, da minha mãe, do meu irmão, olhei-os de relance e saí rapidamente. Eu nunca toquei o corpo dos meus familiares no caixão. Acho que não teria conseguido.

Sentado ao lado de Leary, percebi que alguma coisa havia mudado — e talvez fosse um presente de sua parte. Sua grande realização, creio, foi estimular as pessoas que conhecia a não temer o lado mais sombrio delas próprias e querer estar com elas — interagir com elas, conduzi-las — quando lá chegassem. Não sei se alguma vez ele enfrentou seu lado mais sombrio da mesma maneira; talvez isso realmente nunca tenha acontecido até aquele último dia e noite. E, se assim foi, fico feliz que pessoas boas estivessem lá por ele.

Ter estado com Leary me ensinou algo que nunca aprendera: que encontrar a morte não é sempre uma experiência de horror. Mesmo nessas últimas horas, Leary ainda podia ser um bom terapeuta.

Olhei para ele em seu leito de morte, os olhos encovados, a pele da face já afundando, e me lembrei de algo que Rosemary me dissera certa vez. Era uma história sobre uma das últimas vezes que ela vira Leary antes de ele adoecer. "Eu tinha ido para o Novo México com ele", disse. "Tim estava fazendo palestras lá. Quando foi até o bar pegar uns drinques, eu fiquei num lugar mais escuro do salão. Eu o via sob a luz, o rosto iluminado — ele estava tão bonito. E já era um rosto velho, quer dizer, de alguns anos atrás. Não sei explicar. Acho que foi a luz. Ele estava bonito."

Sentado lá no escuro, olhando para Tim Leary, pensei nas palavras de Rosemary.

Ele é bonito, pensei. Mesmo morto, ele é bonito.

O fim de Jerry Garcia e o Grateful Dead

Ele era o mais improvável dos pop stars e o mais reticente dos ícones culturais. No palco, usava roupas comuns — em geral camiseta larga e calça jeans folgada sobre o corpo avantajado — e raramente se dirigia à plateia que acompanhava cada movimento seu. Mesmo os solos de guitarra — complexos, adoráveis, rapsódicos, mas nunca mirabolantes — e o estilo de cantar, com voz tensa e cansada, lhe davam certa moderação e coloquialidade. Fora do palco, preservava-se para a família e os amigos, e quando dava entrevistas sobre sua música notável, frequentemente usava ironias e autodepreciação. "Sigo aos tropeções", disse certa vez, "e muitas pessoas me observam ou tropeçam comigo ou querem que eu tropece por elas." Era como se Jerry Garcia — que, como guitarrista e vocalista do Grateful Dead, viveu no centro de uma das mais extraordinárias aventuras épicas da cultura pop — estivesse atordoado pela própria fama.

E ainda assim, quando ele morreu, em 9 de agosto de 1995, uma semana depois de completar 53 anos, numa clínica de reabilitação em Forest Knolls, na Califórnia, a notícia de sua morte provocou imensas ondas de comoção. Políticos, apresentadores de rádio e TV, poetas e artistas prestaram homenagem ao guitarrista durante todo o dia e noite; fãs de todas as idades se juntaram espontaneamente em parques em todo o país; e nas ruas de Haight-Ashbury, em San Francisco — a vizinhança onde o Grateful Dead viveu no auge da época hippie —, centenas de pessoas em luto se reuniram, cantando músicas, improvisando altares, consolando-se mutuamente e tomando as ruas por vários quarteirões. Do outro lado da cidade de San Francisco, uma bandeira pintada à moda hippie foi hasteada a meio mastro na prefeitura.

É provável que Garcia tivesse se sentido constrangido com tudo isso, talvez até repudiasse tantas homenagens. Não era dado a mitificar a própria reputação. Ao fim de uma entrevista à *Rolling Stone* em 1993, disse: "Espero não deixar nada — que tudo seja queimado junto comigo. [...] Prefiro ter minha imortalidade aqui mesmo, enquanto estou vivo. Não ligo se o que eu fiz vai permanecer depois da minha morte. Preferia até que não".

Jerome John Garcia nasceu em 1942 no distrito Mission de San Francisco. Seu pai, Jose "Joe" Garcia, um imigrante espanhol, tinha sido clarinetista e líder de uma banda de jazz dixieland nos anos 1930 e batizou o filho em homenagem a seu compositor favorito da Broadway, Jerome Kern. Na primavera de 1948, durante uma pescaria, Jerry viu o pai morrer arrastado pelas águas de um rio na Califórnia. "Eu nunca o vi tocar com sua banda", Garcia disse à *Rolling Stone* em 1990, "mas me lembro dele tocando para eu dormir. Mal consigo me lembrar do som."

Depois da morte do pai, Garcia viveu alguns anos com os avós maternos num bairro proletário de San Francisco. Sua avó tinha o hábito de ouvir o programa *Grand Ole Opry*, de uma rádio de Nashville, aos sábados à noite, e foi nessas ocasiões, Garcia diria mais tarde, que ele desenvolveu o gosto por vários tipos de música country — sobretudo o hábil bandolim com inflexões de blues e o estilo vocal marcado pelo lamento e pela melancolia do criador do bluegrass, Bill Monroe. Quando tinha dez anos, Garcia foi morar com a mãe, Ruth, num hotel e bar para marinheiros que ela administrava perto da zona portuária da cidade. Passou boa parte da infância lá, ouvindo fantasiosas histórias de bêbado dos antigos hóspedes ou, sozinho, lendo revistas em quadrinhos, da Disney e de terror, e mergulhando em livros de ficção científica.

Quando Garcia tinha quinze anos, seu irmão mais velho, Tiff — o mesmo que, poucos anos antes, decepara acidentalmente parte do dedo do meio da mão direita de Jerry enquanto eles cortavam madeira —, o apresentou ao rock and roll então nascente e ao rhythm and blues. Garcia foi rapidamente arrastado pela batida simples e pela textura rústica da música, mas o que mais o fascinou foi a sonoridade dos solos de guitarra — sobretudo a suavidade do blues de instrumentistas como T-Bone Walker e Chuck Berry. A música soava como se não fosse deste mundo, diria mais tarde, não era igual a nada que ouvira antes. Garcia decidiu que queria aprender a fazer aqueles sons. Pediu à mãe uma guitarra elétrica de presente de aniversário. "Na realidade", disse mais tarde, "ela me deu um acordeão, e eu fiquei maluco. 'Argh! Não, não, não!' Fiquei furioso, esperneei e finalmente ela devolveu o acordeão e eu consegui uma guitarra e um amplificador numa loja de penhor. Fiquei fora de mim de tanta alegria."

Nesse período, os beats dominavam a cena cultural na baía de San Francisco e tinham grande influência nas escolas de arte de North Beach, onde Garcia fez alguns cursos, e nos cafés da cidade, onde ele ouvia leituras dos ousados trabalhos de poetas como Lawrence Ferlinghetti e Kenneth Rexroth. "Eu era um estudante secundarista e queria ser um beatnik!", disse em 1993. "Rock and roll naquela época não era nem um pouco respeitável. Quer dizer, os beatniks não gostavam de rock and roll. [...] Rock não era legal, mas eu *adorava* rock. Tinha essas fantasias de dizer: 'Quero que o rock seja uma música *respeitável*'. Queria que fosse *arte*. [...] Ficava pensando em maneiras de conseguir isso. Queria algo que tivesse a ver com a arte consciente — 'arte' em oposição a 'cultura pop'. Naquela época nem se falava em cultura pop — quer dizer, o rock não era tão *sem legitimidade*, ninguém prestava atenção nisso. Não sei o que eles pensavam que o rock fosse, uma porcaria de música de branco, uma música de criança."

No início dos anos 1960, Garcia vivia em Palo Alto e se virava tocando em clubes de música folk perto da Universidade Stanford. Também trabalhava meio período na loja de música Dana Morgan's, onde encontrou vários músicos que mais tarde dominariam o ambiente musical de San Francisco. Em 1963, Garcia formou uma banda que usava instrumentos improvisados, Mother McCree's Uptown Jug Champions. Entre os integrantes estavam Bob Weir, jovem violonista que tocava folk, e Ron McKernan, um aficionado por blues que tinha o apelido de "Pigpen" [Chiqueiro], devido à aparência quase sempre descuidada. O grupo tocava blues, country e folk, e Pigpen se tornou o líder, cantando músicas de Jimmy Reed e Lightning' Hopkins.

Então, em fevereiro de 1964, os Beatles fizeram sua histórica aparição no programa *The Ed Sullivan Show*, e de uma hora para outra uma geração inteira de jovens acordou para um novo espírito e com a sensação de que era diferente de tudo que tinha vindo antes. Garcia compreendeu a essência dos Beatles ao assistir ao primeiro filme deles, *A Hard Day's Night* [Os reis do iê-iê-iê]. Pela primeira vez desde Elvis Presley — e pela primeira vez para um público que em grande parte rejeitara o rock por parecer trivial e inconsequente — a música pop apresentava possibilidades ousadas, significativas e animadoras, possibilidades essas que nem a música folk, ultrasséria e socialmente consciente, podia oferecer. Isso ficaria ainda mais claro um ano depois, quando Bob Dylan — que fora o grande herói da cena folk — tocou novas canções, eletrificadas e rebeldes, no Festival Folk de Newport. O resultado foi que o folk puro do Mother McCrees's, de formação apenas acústica, começou a parecer limitado e desinteressante para Garcia e outros membros da banda, e logo eles formaram um grupo eletrificado, os Warlocks. Dois integrantes saíram, dando lugar a um colega de Garcia na loja de música Dana Morgan's, o baterista Bill Kreutzmann, e ao baixista Phil Lash, um músico de formação erudita que, como Garcia, se deixara levar pela música dos Beatles e de Bob Dylan. "A gente tinha grandes ideias", disse Garcia à *Rolling Stone* em 1993. "Na nossa cabeça, seríamos os próximos Beatles, ou alguma coisa do gênero — estávamos na maior viagem. Tínhamos a maior fé em nós mesmos [...]. A primeira vez que tocamos em público juntamos uma multidão na escola, e eles ficaram *malucos*. Da vez seguinte, tinha gente até no telhado. Foi numa pizzaria. Nós chegamos lá e falamos: 'E aí, podemos tocar aqui na quarta-feira? Não vamos incomodar ninguém. A gente se ajeita aqui no canto'. Mas foi o maior *pandemônio*."

Foi por volta dessa época que Garcia e outros membros do grupo começaram experimentos com drogas, o que iria mudar para sempre a natureza da história da banda. Drogas já tinham sido usadas em música como fonte de inspiração e não eram algo sem precedente na cultura americana. Havia décadas muitos músicos de jazz e blues (para não mencionar vários instrumentistas de música country) usavam maconha e outros entorpecentes para turbinar sua arte, e nos anos 1950 os beats louvavam a marijuana como uma afirmação de seu não conformismo. Mas as drogas disseminadas entre jovens em meados dos anos 1960 eram muito diferentes, exóticas. O Hospital dos Veteranos, perto da Universidade Stanford, era o lugar onde se realizavam, com a sanção governamental, os experimentos com LSD — uma droga que produz alucinações e que, para muitos, também provoca experiências próximas da religiosa. Entre os que tomaram droga no hospital estavam Robert Hunter, poeta e letrista de músicas folk que mais tarde se tornaria parceiro de Garcia, e Ken Kesey, autor de *Um estranho no ninho* e *Uma lição para não esquecer*. Kesey tinha a ideia de formar um grupo para experimentar LSD e juntar uma turma de artistas e desajustados, os Merry Prankters, para se dedicar a essa aventura. Entre eles, havia vários intelectuais que, como Kesey, tinham largado o mundo acadêmico, e rebeldes excêntricos, como Neal Cassady (que inspirou o personagem Dean Moriarty de *On the Road: Pé na estrada*, de Jack Kerouac) e Carolyn Adams (mais tarde conhecida como Mountain Girl, futura mulher de Garcia, com quem teria dois filhos).

Quando os Prankters começaram a dar festas em que rolava ácido, numa casa perto de La Honda, na Califórnia, o Grateful Dead — como os Warlocks agora se chamavam — se tornou a banda permanente daqueles experimentos coletivos, conhecidos como *acid tests*. Esses eventos se tornaram o modelo do que logo ficaria conhecido como "Grateful Dead trip". Nos anos seguintes, o Dead nunca abandonaria a filosofia dos *acid tests*. Até o fim, a banda encorajava o público a se envolver com a música e com o sentido de camaradagem que dela emanava e a estimulava. Além disso, mais do que qualquer outra banda daquele tempo, o Grateful Dead conseguiu fazer uma música que parecia ter origem na experiência com alucinógenos — músicas como as do álbum *Aoxomoxoa*, de 1969, que podiam soar tanto frias quanto animadas. Nesse processo, o Dead fez um tipo de música que sintetizou o movimento psicodélico em seus momentos mais cerebrais e vigorosos, e ajudou a viabilizar a fusão da estrutura do jazz e da sensibilidade do blues que mais tarde estaria na base de bandas como o Allman Brothers.

"Queria poder não dizer que essa música foi feita sob influência do ácido", diz Robert Hunter, que escreveu algumas das letras do álbum. "Ao longo dos anos, sempre neguei qualquer influência nesse sentido. Mas à medida que vou envelhecendo começo a entender que a gente narrava o que via e experimentava — como as camadas sob camadas, que para mim se tornaram reais. Eu diria que *Aoxomoxoa* foi um relato sobre o que é estar acima — ou abaixo — dessas camadas. Para ser honesto, acho que é isso. Olhando em retrospecto e analisando a situação, aquela época foi bem esquisita. A gente tinha ido longe demais."

Em 1966, a tendência dos *acid tests* se espalhava pelas ruas e casas noturnas de San Francisco — e não parava por aí. Uma nova comunidade de jovens — a maioria com as mesmas ideias sobre drogas, música, política e sexo — havia tomado o bairro de Haight-Ashbury, onde Garcia e o Grateful Dead dividiam uma casa. Além disso, novas boates — sobretudo o Avalon Ballroom, de Chet Helms, e o Fillmore, de Bill Graham — pipocavam pela cidade, chamando a atenção da imprensa, da polícia e de vários grupos políticos. Em parte, essa notoriedade acabou tornando a vida no bairro difícil e arriscada. Mas também teve seu lado bom: a música e os costumes de San Francisco começaram a interessar músicos britânicos e da Costa Leste dos Estados Unidos, e já tinham algum impacto no pensamento de artistas como os Beatles e Bob Dylan — os mesmos artistas que, apenas um ou dois anos antes, tinham influenciado grupos como o Grateful Dead. Na realidade, as bandas de San Francisco não apenas ditavam a moda na cena pop como influíam na tradição social e até no diálogo político. Várias outras bandas, claro, tinham participado da criação desse ambiente, e algumas delas — como Jefferson Airplane, Quicksilver Messenger Service e Big Brother and the Holding Company, de Janis Joplin — tinham feito uma música tão criativa e memorável como a do Dead.

Devido à reputação de paraíso de jovens, o Haight foi logo invadido por adolescentes fugidos de casa, e surgiram pela primeira vez problemas de saúde e habitação que a comunidade, formada sobretudo por imigrantes brancos de classe média, jamais tinha enfrentado antes. No Verão do Amor de 1967 havia drogas pesadas nas ruas, foram registrados casos de estupros e assassinatos, e recém-chegados de olhos vidrados sem meios de se manter ocupavam a vizinhança esperando tirar sustento do agito. Garcia e o Dead perceberam o problema iminente e ajudaram a cidade a se preparar para a situação. "É possível alimentar uma multidão", disse Garcia mais tarde, "mas até certo ponto. A gente pode dar de comer a mil pessoas, mas não a 20 mil. Não conseguimos convencer as autoridades de San Francisco do que estava prestes a acontecer. Dissemos que o número de pessoas estava além da capacidade da cidade." Pouco depois, os integrantes do Dead saíram de Haight e foram morar em casas separadas em Marin County, ao norte da cidade de San Francisco.

Em 1970, todo aquele idealismo associado à cena musical californiana — e muito da contracultura — tinha em grande parte evaporado. O mundo das drogas se tornara desagradável e arriscado, o movimento pela paz cedera espaço à retórica violenta e o sonho quixotesco da geração de Woodstock, amalgamado pelas virtudes do amor e da música, fora irreparavelmente interrompido, primeiro pelos crimes da família Manson,* no verão de 1969, e, poucos meses depois, pelo evento trágico e brutal no autódromo de Altamont, nas cercanias de San Francisco. Era um show gratuito dos Rolling Stones. Seguindo o exemplo ou o conselho do Grateful Dead (ainda há discordância sobre isso), os Stones contrataram os Hell's Angels para fazer a segurança. Acabou sendo um dia marcado por muita violência. Os Angels espancaram várias pessoas, em geral por qualquer bobagem, e à noite, enquanto os Stones se apresentavam, motoqueiros mataram a facadas um jovem negro em frente ao palco. "Foi algo completamente inesperado", disse Garcia mais tarde. "E o duro — a lição que fica — é que você pode ter boas pessoas, boa energia e se empenhar num projeto legal e ainda assim tudo sair errado. É aquela coisa de achar que a gente sabia mais do que realmente sabia. É a imaturidade dos jovens."

O disco seguinte da banda, *Workingman's Dead*, era uma reflexão sobre essa mudança e o desgastado sentido comunitário na América e na contracultura. Como tal, foi um trabalho de e sobre homens que estavam sendo postos à prova numa hora em que poderiam facilmente ter se afastado de toda aquela loucura, pressão e desapontamento. A música espelhava esse conflito — sobretudo em canções como "Uncle John's Band", uma parábola sobre a América que também era uma confissão de como a banda quase terminou, e "New Speedway Boogie" [O novo negro do autódromo], sobre Altamont. Nessa música, Garcia cantava *"One way or another, this darkness has got to give"* [De um jeito ou de outro, esse tormento tem que passar], com uma voz cheia de medo e fragilidade e uma coragem conquistada a duras penas. *Workingman's Dead* e o álbum seguinte, *American Beauty*, deixaram claro como os membros do Grateful Dead tiveram sensibilidade, coragem e talento para permanecer juntos e fazer dessa associação algo novo e significativo. "Gravar o disco era como ir ao trabalho", disse Garcia. "Era algo que a gente tinha que fazer, e era também algo que a gente fazia para tirar esses problemas da cabeça, embora as músicas tratassem desses problemas."

* Em agosto de 1969, Charles Manson, líder de uma seita que dizia interpretar mensagens subliminares em músicas dos Beatles, esteve à frente de uma série de assassinatos, inclusive de Sharon Tate, mulher do cineasta Roman Polanski. (N. T.)

Como resultado, *Workingman's Dead* e *American Beauty* são álbuns que exploram a ideia de como é possível forjar valores significativos em tempos de desilusão. Robert Hunter deu o seguinte testemunho: "Quando o Jefferson Airplane veio com a ideia de *up against the wall** [pro paredão] eu fiquei contra eles. Pode ter sido verdade, mas olhe o resultado: sangue nas ruas. Parecia que o Airplane estava se dando conta de seu poder de enviar soldados para a guerra, e o que eu queria era escapar das granadas, das facas e do sangue nas ruas. Ficar bem longe de tudo isso. Há caminhos melhores. É preciso haver educação, e a educação deve vir dos poetas e músicos, porque para tocar fundo ela tem que falar mais ao coração do que ao cérebro. Foi uma decisão. Foi uma decisão consciente".

Às vezes, acrescenta Hunter, era difícil manter essa convicção. "Quando *American Beauty* saiu", diz, "tinha uma fotografia prevista para a contracapa que mostrava a banda com revólveres. Eles estavam com essa mania, iam para a fazenda de Mickey para praticar tiro ao alvo. Não era nada revolucionário; estavam apenas se divertindo. Uma vez ganharam um disco de ouro e o utilizaram como alvo.

"Vi a foto e foi uma das poucas vezes em que fui firme com a banda e disse: 'Não, nada de foto com revólveres na contracapa'. Aqueles eram tempos incendiários e revolucionários e eu não queria que a banda ficasse associada a isso. Queria que a gente fosse contra o aumento da violência. Sabia que tínhamos condições de fazer isso; não ousamos fazer o contrário. Nós e o Airplane: a gente podia ter acendido o estopim, e conscientemente fomos pelo caminho oposto."

Além disso, com a sonoridade alegre do country mesclada a elementos do blues, *Workingman's Dead* e *American Beauty* foram tentativas de retornar às fontes musicais que tinham estimulado a banda no começo. "*Workingman's Dead* foi realmente nosso primeiro álbum de estúdio", Garcia me disse em 1987, "pois que chegamos lá e falamos: 'Estas são as nossas limitações como músicos e vamos tocar dentro dessas limitações'. Ou seja, decidimos tocar direto em vez de usar efeitos e aqueles recursos estranhos. Para mim, o modelo era a música de que eu sempre gostei, tocada de maneira simples e eficiente — como nos

---

* A frase consta da canção "We Can Be Together" e tem origem num slogan anarquista pichado em Paris em 1968. (N. T.)

discos de Buck Owens,* de Bakersfield. Aqueles discos eram só rock and roll: música boa, crua, simples, direta, com ótimos vocais e instrumentação substancial, mas sem virtuosismos. *Workingman's Dead* foi nossa maneira de dizer: 'Isso é o que a gente pode fazer — tocar essa música da América profunda. Isso é algo que a gente faz bem'."

Numa conversa que tive com Robert Hunter em 1989, ele revelou algo que pensava ter influenciado a interpretação de Garcia, tornando-a mais comovente. "Não era apenas a consciência do que a gente estava fazendo", disse, "mas a mãe de Jerry tinha morrido num acidente de carro durante as gravações de *American Beauty*, e tem muito sofrimento no disco, especialmente em 'Brokedown Palace', que, imagino, aliviou sua dor naquele momento. A emoção na voz de Jerry nessas canções, acho eu, tem a ver com essa experiência. Quando a emoção está lá, Jerry está no seu melhor. O homem entra naquelas melodias e as vira do avesso, se apropriando das canções. Não há nada que provoque maior emoção do que a ternura amarga, quando ela vem do fundo do coração."

Com *Workingman's Dead* e *American Beauty*, o Grateful Dead atingiu um pico de criatividade e um importante patamar. Para começar, os dois discos venderam mais do que tudo o que o grupo fizera antes e o resultado foi que eles tiveram condições de se livrar das enormes dívidas que tinham contraído. Mas, acima disso, o Dead contava agora com um novo repertório de belas canções para tocar nas apresentações a plateias cada vez maiores. Com o trabalho seguinte, um álbum duplo gravado ao vivo, *Grateful Dead* (o título original, *Skullfuck* [Boquete profundo], foi vetado pela Warner Bros.), a banda mandou um convite aos fãs: "Envie seu nome e endereço e nós o manteremos informados". Era o tipo de iniciativa padrão voltada para fãs-clubes, bastante comum no universo pop, mas a resposta do público foi algo sem precedente: foi a maior e mais prolongada reação da história da música pop. (De acordo com a *New Yorker*, em 1995 havia 110 mil endereços catalogados na lista da banda.) Obviamente, o grupo tinha uma legião de fãs que, mais do que qualquer outra coisa, queria ver o Grateful Dead ao vivo. Um dos slogans daquela época era: "Não há nada como

---

* Buck Owens (1929-2006), cantor e guitarrista de música country que incorporou a linguagem do rock. É a principal referência do que se chama de "som de Bakersfield", cidade da Califórnia que ele adotou. (N. T.)

um show do Grateful Dead". Às vezes a mensagem não correspondia à realidade — como nas ocasiões em que a banda atrasava a apresentação, enrolava a plateia e até desafinava —, mas em geral o aforismo se justificava. Nessas noites, em que a banda estava ligada — embalada pelas baterias de Bill Kretzmann e Mickey Hart e pela vertiginosa comunhão melódica das guitarras de Garcia e Weir e o baixo de Lesh —, a verve e a imaginação do Grateful Dead eram imbatíveis.

A dedicação aos shows e a predileção por excursões incessantes estão na base do extraordinário sucesso do Grateful Dead por um período de mais de vinte anos. Nem mesmo a cara e malsucedida tentativa de criar uma gravadora autônoma para a banda e as mortes consecutivas de três tecladistas — Pigpen McKernan, de cirrose alcoólica, em 1973; Keith Godchaux, num acidente de carro em 1980, um ano depois de deixar a banda; e Brent Mydland, de overdose de morfina e cocaína em 1990 — tiraram o ímpeto das apresentações do Dead. No verão de 1987, quando o grupo emplacou pela primeira e única vez um compacto ("Touch of Grey") e um álbum (*In the Dark*) na lista dos dez mais vendidos, o êxito comercial quase não tinha relação com qualquer avaliação objetiva da estatura da banda. O Grateful Dead já era, havia vários anos, a banda que mais realizava shows na América e provavelmente tinha se apresentado a mais pessoas do que qualquer outro grupo na história. A natureza do sucesso, no entanto, ultrapassava os grandes números e as altas finanças: do final dos anos 1960 a meados dos anos 1990, o Grateful Dead desfrutou de uma ligação inabalável e sem paralelo com os fãs. Na realidade, o Dead e seus seguidores formaram a única associação autossustentável da música pop — uma comunidade que durou mais de um quarto de século.

Ao mesmo tempo, Garcia e os outros membros do Grateful Dead pagaram um preço considerável por essa conquista singular. Ao rejeitar as gravações em estúdio depois dos anos 1970 (a banda lançou apenas dois álbuns só com inéditas entre 1980 e 1995) e não mais compor com o ímpeto que produzira as notáveis canções de *Workingman's Dead* e *American Beauty*, o Dead deixou de interessar ao grande público e às plateias mais antenadas da música pop das últimas duas décadas. Para os fãs, a magia do Dead estava na extravagância dos shows, onde a propensão ao improviso da banda, combinada à obstinada devoção da plateia, provocava um êxtase coletivo que poucos roqueiros conseguiram igualar. Em função disso, por muitos anos, o Dead preferiu ser uma banda de show com poder de atrair uma multidão de aficionados para quem o grupo funcionava como a única força que ainda tinha fé no sonho da utopia coletiva popularizada nos anos 1960. Para os detratores da banda, no entanto, o Grateful Dead era pouco mais que uma relíquia desse período, uma banda congelada na sensibilidade de ideais exauridos, se apresentando para um público crédulo que, como o próprio grupo, não percebera a mudança dos tempos. Ou, como disse um crítico, o Grateful Dead não passava de uma banda de "vendedores de nostalgia [...] oferecendo reminiscências superficiais a fãs sem memória própria".

Garcia e os outros membros do Grateful Dead cansaram de ouvir esse tipo de crítica ao longo dos anos, o que deve ter ferido o orgulho deles. "É humilhante ser considerado 'nostalgia' quando ainda se está tocando", disse Robert Hunter. "Por anos e anos atraímos um público formado por uma molecada de dezenove, vinte anos. É possível sentir nostalgia de um tempo que não se viveu? Acho que algumas das nossas músicas têm apelo para um tipo de idealismo das pessoas, que espero ser suficientemente universal para que essas canções continuem a existir por muitos anos."

Talvez o menosprezo e a ridicularização no mundo pop tenham desanimado vários integrantes da banda. De qualquer maneira, algo começou a pesar em Jerry Garcia em meados dos anos 1980 e, o que quer que tenha sido, nunca o deixou. Em 1984, os fãs — os chamados *deadheads*, a comunidade mais conectada do planeta — começaram a comentar que a guitarra de Garcia perdera graça e força, que sua voz estava apática e que ele enfrentava problemas relacionados com droga. Garcia usava cocaína e heroína havia vários anos — na realidade, ele sofria de dependência — e segundo alguns observadores o vício tinha começado a afetar o ânimo e a unidade da banda. "Ele estava tão imprestável", disse o engenheiro de som do Dead, Dan Healy, "que não estava nem mais tocando. Era como se não estivesse no palco — isso foi devastador."

Observando a situação em sua casa no Wyoming, John Barlow, amigo de Garcia, pensou estar testemunhando o provável fim do Grateful Dead. "Tinha medo de que Garcia fosse morrer. Na verdade, cheguei a imaginar que, qualquer hora, eu ia ligar o rádio e ouvir no noticiário: 'Morreu Jerry Garcia, o famoso roqueiro dos anos 1960'. Não conseguia pensar de outra forma. É uma maneira mórbida de olhar as coisas. Quando você vê uma pessoa numa situação absolutamente crítica e percebe que ela não vai sobreviver, você começa a se distanciar emocionalmente, e foi o que fiz. Por um tempo, não sabia onde isso tudo ia dar.

Quer dizer, eu via as pessoas na plateia se levantarem e irem embora, mas não via nenhum de nós se esforçar o suficiente para tentar superar as dificuldades e fazer a banda valer a pena.

"E não era só Garcia", diz Barlow. "Havia muita coisa errada. Não quero trair a confiança de ninguém, mas acho que o nosso público tem uma noção um pouco idealista sobre nós todos e sobre a realidade do Grateful Dead.

"O que aconteceu com Garcia não foi um caso isolado."

Não muito tempo depois dessa época, tive uma longa conversa com Jerry Garcia. Era um período de grande atividade e de altos riscos para o Grateful Dead. A banda dava os toques finais ao primeiro álbum de inéditas em vários anos, *In the Dark*, cuja música de abertura foi parar na lista dos dez compactos mais vendidos: "Touch of Grey", uma comovente canção sobre envelhecimento, declínio, renascimento e reafirmação de um compromisso. Ao mesmo tempo, o Dead começava a ensaiar com Bob Dylan para uma turnê que levaria país afora shows às vezes caóticos e às vezes de uma ferocidade surpreendente.

Garcia e eu nos encontramos numa noite quente da primavera de 1987 no estúdio da banda em San Rafael. Começamos a conversar depois de assistir a um documentário sobre o grupo, *So Far* [Até aqui], que fora filmado dois anos antes. *So Far* é um trabalho arriscado e impressionante que, em seus melhores momentos, testemunha o clima de comunidade que o Dead compartilha com os fãs. Mas certas passagens dessa produção de uma hora pareciam duras de assistir para Garcia, que durante a projeção dava a impressão de estar pesado e cansado. Na época em que *So Far* foi feito, Garcia estava profundamente envolvido com drogas, o que depois de algum tempo acabou colocando em perigo não apenas sua saúde mas a estabilidade da banda.

Esse fato empresta comovente tensão às melhores performances em *So Far* — em particular, à leitura melancólica que o grupo faz de "Uncle John's Band". A canção de estilo country, sobre pessoas que formam uma corajosa comunidade em tempos assustadores, é uma das assinaturas musicais da banda, mas em *So Far* o Dead a interpreta como se quisesse testar os limites de seu significado. No vídeo, Garcia e o guitarrista Bob Weir aparecem no palco pouco iluminado e entoam a letra com um ar de fraternidade desgastada, como se essa fosse a última chance de aproveitar a promessa referida nos versos, de um vínculo duramente conquistado. "*When life looks like easy street, there is danger at your* door" [Quando a vida parece fácil, o perigo está na esquina], eles cantam um para o outro, e pela maneira com que se olham é impossível dizer se estão mais próximos da união ou da separação.

É uma apresentação imperfeita mas notável, e na ocasião de nosso encontro parece ter deixado Garcia um pouco constrangido. "Tinha tanta gente que se preocupava comigo", ele me diz, "e eu metia os pés pelas mãos. [...] As drogas são um beco sem saída: elas transformam todos os seus problemas em um só. E a partir daí é só você e as drogas."

Está ficando tarde. Os outros integrantes da banda já foram para casa e só dois assistentes ainda estão na sala ao lado acertando detalhes do ensaio do dia seguinte com Dylan. Garcia parece cansado nesta noite — foi um dia longo e o dia seguinte promete ser ainda mais longo —, mas sua voz soa surpreendentemente jovial quando, com um copo de cuba libre na mão, ele começa a falar sobre a dureza dos últimos anos.

"Havia algo nas drogas de que eu precisava, ou achava que precisava", diz sem subterfúgios. "Com as drogas há um toma lá, dá cá — ou pelo menos essa é uma maneira de encarar as drogas. E havia algo lá para mim. Não sei exatamente o quê. Talvez fosse aquela coisa de querer se distanciar do mundo. Mas havia algo lá e eu precisava daquilo por um tempo, e não foi uma experiência totalmente negativa. [...] Mas, depois de um tempo, as drogas é que estavam me conduzindo, e essa é uma situação intolerável.

"Nunca fui o tipo junkie, que toma overdose. Nunca curti os extremos de ficar chapado. Nunca fumei *freebase* até perder o controle.* O que eu gostava era daquele conforto agradável, aquela rotina. Mas, claro, para atingir esse nível você precisa de cada vez mais droga. E aí, depois de alguns anos, você está tomando um monte de drogas e o efeito não é grande coisa. É um buraco negro. Eu caí nesse buraco negro. Por sorte, meus amigos me resgataram. Acho que não teria tido força de sair disso sozinho."

De fato, diz Garcia, foi o Grateful Dead que deu o primeiro passo para que ele enfrentasse o problema das drogas. "A atitude normal da banda sempre foi deixar que cada um fizesse o que quisesse", diz. "Se alguém quisesse beber ou se drogar, desde que isso não prejudicasse os outros nem afetasse a música, o pro-

---

* Em geral aspirada, a cocaína pode ser fumada como *freebase*, uma forma mais pura de crack. (N. T.)

blema era dele. Todos nós entramos nessa. Mas quando eu já não estava nada bem, eles foram à minha casa e disseram: 'Cara, você precisa ir mais devagar; você está começando a assustar a gente'."

O problema se tornou tão grave que um dia, em janeiro de 1985, os integrantes do Grateful Dead visitaram Garcia e lhe disseram que ele estava se matando. E, fato inédito na história da banda, lhe deram um ultimato: ele deveria escolher entre as drogas e o Grateful Dead. Seus amigos queriam que Garcia soubesse que era amado, mas também que tomasse uma posição.

"Garcia era o capitão de seu próprio navio", disse Bob Weir sobre aquele período, "e se ele estivesse a fim de ir embora isso era com ele. Mas, sabe como é, quando alguém se afasta demais da rota não custa dar uma força para a pessoa reencontrar a direção."

Talvez nesse confronto Garcia tenha se lembrado de algo que ele próprio dissera sobre o primeiro vocalista do Grateful Dead, Pigpen, em 1972, depois de saber que o fígado dele estava comprometido por causa da bebida. "Ele sobreviveu", Garcia disse à *Rolling Stone*, "e agora tem que fazer a opção entre ser ou não ser um alcoólatra. Se se entregar à bebida isso significa a morte; ele deve escolher entre viver e morrer. E se eu conheço Pigpen, ele vai escolher viver." No ano seguinte, Pigpen morreu. De acordo com a maioria dos relatos, nunca voltou a beber, mas naquela altura já tinha acabado com seu fígado.

De qualquer maneira, Garcia teria tomado uma decisão: prometeu à banda que largaria as drogas e que, em questão de dias, começaria um tratamento de reabilitação. Mas nunca precisou fazer essa opção. Em 18 de janeiro de 1985, ao estacionar sua BMW no Golden Gate Park, Garcia foi abordado por um guarda que notou que o licenciamento do automóvel estava vencido. O policial se aproximou, sentiu um cheiro forte de fumaça e percebeu que Garcia tentava esconder alguma coisa entre os bancos da frente. Garcia foi obrigado a sair do carro e o guarda viu uma maleta aberta com 23 pacotes com "substâncias branca e marrom".

Garcia foi preso sob suspeita de posse de cocaína e heroína e cerca de um mês mais tarde um juiz municipal concordou que o guitarrista se submetesse a um tratamento de drogas em Marin Country.

Em retrospecto, Garcia estava quase agradecendo: "Sou do tipo", diz, "que vou continuando até que uma coisa me faça parar. Com as drogas foi isso o que aconteceu. Essa experiência foi um lembrete de como um dependente de drogas é vulnerável. Isso me ligou. Eu disse: 'Ah, o.k., é ilegal'. Passar algum tempo na cadeia era a última coisa que eu queria que acontecesse comigo. Foi como se essa experiência estivesse me dizendo que estava na hora de começar a fazer algo diferente. Demorei mais ou menos um ano para me livrar das drogas, mas era uma coisa que tinha que acontecer".

Garcia faz uma pausa para acender um cigarro, o olhar absorto na ponta acesa. "Não posso falar pelos outros", diz depois de um tempo, "e certamente não tenho nenhum conselho a dar sobre drogas. Acho que é uma questão totalmente pessoal. Nesse aspecto, eu não mudei [...]. A dor que causei a meus amigos, a preocupação por que fiz as pessoas passarem, tudo isso é desproporcional ao que eu pensava obter das drogas. Para mim, era um beco sem saída."

Depois do tratamento de Garcia, a banda retomou as turnês, incluindo várias apresentações no verão de 1986 com Bob Dylan e Tom Petty and the Heartbreakers. "Por estranho que possa parecer, eu estava me sentindo bem depois da desintoxicação, até que a turnê teve início", diz Garcia. "E aí, eu não percebia direito, mas estava desidratado, cansado. E isso era tudo o que eu sentia, sério. Não sentia dor nenhuma. Nem ficava enjoado. Só me sentia cansado. Quando voltamos, eu estava exausto. Teve um dia que eu não consegui me mexer, e aí fiquei sentado. Acordei uma semana depois num hospital e não sabia o que tinha acontecido. Estava mesmo muito estranho."

Na realidade, foi bem pior que isso. Embora não houvesse diagnóstico anterior de diabetes, quando Garcia se sentou em sua casa em San Rafael naquela noite de julho de 1986, ele entrou num coma diabético que durou cinco dias e quase o matou. "Em nenhum momento eu senti que estivesse perto de morrer", diz Garcia. "Para mim, foi só uma estranha sensação de apagar. Só mais tarde eu descobri como todo mundo tinha ficado assustado e aí comecei a perceber que a coisa tinha sido feia. Os médicos me disseram que eu estava tão desidratado que meu sangue parecia lama.

"Foi outra coisa que chamou minha atenção. Era como se meu corpo dissesse: 'Você precisa dar um tempo se quiser continuar a viver'." Garcia ainda parece chocado com essa percepção. "Na realidade", diz, "era um pensamento que não entrava na minha cabeça. Tenho sorte de ter uma constituição física excepcionalmente resistente, mas essa coisa de estar envelhecendo e de ter negligenciado a saúde me pegou. E possivelmente a abstinência das drogas deve ter apressado muitas mudanças no meu corpo."

No começo não havia garantia de que Garcia pudesse viver como antes. Havia receio de que pudesse ter lapsos de memória e coordenação motora insuficiente para tocar guitarra. "Quando estava no hospital", diz, "só pensava: 'Meu Deus, me dê apenas a chance de voltar a ser produtivo, de tocar, de fazer o que eu adoro'. E uma das primeiras coisas que fiz — quando voltei a falar de maneira coerente — foi pegar a guitarra e ver se conseguia tocar. Mas foi só começar e pensei: 'Cara, isso aqui vai levar muito tempo e exigir muita paciência'."

Depois de sair do hospital, Garcia passava as tardes tentando recuperar a habilidade musical com um velho amigo, o tecladista Merl Saunders, que tocava jazz e blues em San Francisco. "Eu falava: 'Meu Deus, não consigo fazer isso'", me conta Garcia. "Mas Merl me encorajava. Ficava repassando músicas com mudanças harmônicas sofisticadas, o que me obrigava a pensar. De certa maneira, era como aprender música de novo. Aos poucos fui ganhando confiança, e logo tudo começou a voltar. Foi um processo que demorou três meses até eu sentir que estava pronto para subir ao palco e tocar. As primeiras apresentações não foram lá grande coisa, mas..." A voz de Garcia estava embargada e por um momento ele desviou o olhar. "Ah, porra", diz, "foi incrível. Todo mundo ficou emocionado. Foi demais. Foi simplesmente demais. Eu estava tão feliz de voltar a tocar."

Garcia sorri e meneia a cabeça. "Não que eu tenha fé", diz, "mas a quantidade de mensagens que recebi foi incrível. Fiquei comovido. Os fãs mandavam cartas com conselhos fraternais, maternais, paternais. Vibrações positivas chegavam aos montes ao hospital. Isso é uma coisa que está além da medicina. Quer dizer, os médicos fizeram de tudo para me manter vivo, para descobrir o que havia de errado comigo, para me curar. E depois que eu saí, disseram que minha recuperação tinha sido incrível. Eles nem acreditavam.

"Eu me senti como se os fãs tivessem me devolvido a vida [...] e essa sensação reforçou muita coisa. Foi como se eu falasse para eles: 'Ok, pessoal, passei um tempo fora, mas estou de volta'. Esse tipo de coisa. É muito bom estar envolvido com algo que não prejudica ninguém. E se isso representa melhora ou conforto para outras pessoas, melhor ainda. Portanto, estou pronto para qualquer coisa agora."

Nos anos que se seguiram àquela conversa com Garcia em 1987, o Grateful Dead desfrutou do maior sucesso comercial de sua carreira. Mais importante, no entanto, foi a simbiose entre a banda e os fãs — uma reciprocidade nunca vista na música pop. No centro dessa conexão estavam os próprios integrantes da banda e a organização empresarial que eles montaram, que fazia um trabalho independente de agendar shows e cuidar da produção das incessantes turnês. A empresa também dispensava, na medida do possível, o sistema convencional de bilheteria e vendia diretamente ao público cerca da metade dos ingressos. Esse modelo de cooperativa autônoma ajudou a criar o que talvez seja a maior comunidade alternativa e genuína da história do rock: uma ampla associação de fãs, organizadores e divulgadores informais que cercavam a banda e a promoviam como o centro de uma comunidade mundial de idealistas. Mais do que isso, essa comunidade prosperou sem o envolvimento ou o apoio da indústria e da imprensa especializada.

Qualquer tipo de comunidade cooperativa, no entanto, não está isenta de problemas, e no início dos anos 1990 os *deadheads* se viram cada vez mais envolvidos em sérios dilemas. Desde meados dos anos 1980, os fãs mais inconsequentes e irresponsáveis — sobretudo os que se juntavam em estacionamentos próximos aos shows da banda, pedindo entradas, às vezes vendendo drogas e frequentemente acabando com a tranquilidade e a segurança da vizinhança — tinham se tornado tão predominantes que às vezes as salas de concerto, a polícia e as autoridades municipais não os consideravam bem-vindos. O Grateful Dead com frequência tentava persuadir seus seguidores a não se comportar dessa maneira, mas foi só no verão de 1995 — depois de um incidente que terminou em distúrbio, com muitas garrafas jogadas e portões derrubados — que uma situação de crise provocou forte reação da banda. O Dead divulgou um comunicado, impresso em folhetos, exigindo que os fãs sem ingressos ficassem longe dos locais dos shows e advertindo que em caso de repetição de atos de violência a banda cancelaria apresentações. "Mais algumas cenas como a de domingo à noite", dizia o panfleto, "e nós simplesmente não poderemos mais tocar. [...] E quando você ouvir alguém dizer 'Foda-se, a gente vai fazer o que quiser', lembre-se de uma coisa. Isso se aplica também a nós." Em resposta, Garcia recebeu uma ameaça de morte, que não apenas ele e a banda levaram a sério, mas também as autoridades. Depois de eventos como esse, de acordo com pessoas próximas ao Dead, Garcia e a banda começaram a questionar seriamente se muitos dos fãs para os quais eles tocavam formavam o tipo de comunidade que eles queriam preservar.

Mas havia um problema mais grave a ser resolvido. A saúde de Garcia continuava a preocupar depois do coma de 1986, e, segundo alguns relatos, ele teria voltado às drogas. Seu colapso devido à exaustão em 1992 fez com que o Dead cancelasse muitos shows da turnê. Depois da recuperação, em 1993, Garcia se comprometeu a fazer dieta e exercícios. Num primeiro momento, parecia estar levando o tratamento a sério: perdeu quase trinta dos mais de 130 quilos que estava pesando e no palco dava a impressão de estar mais disposto e focado. Houve outras mudanças positivas: ele tentava se dedicar mais ao filho que tivera havia pouco tempo e, em 1994, se casou pela terceira vez, com a cineasta Deborah Koons. Além disso, para deleite de muitos fãs, recentemente tinha composto algumas de suas melhores canções em vários anos com seu amigo Robert Hunter, em preparação para um novo álbum do Grateful Dead.

Esses foram esforços corajosos para um homem de mais de cinquenta anos, com sérios problemas de saúde e um histórico de problemas com drogas. Mas não foram suficientes. Em meados de julho de 1995, Garcia se internou no Betty Ford Center, em Rancho Mirage, na Califórnia, para mais uma vez tentar se afastar da heroína. Segundo relatos, queria estar livre do vício por ocasião do casamento da filha mais velha, Heather. Alguns dias depois, no entanto, decidiu ir embora para passar o aniversário de 53 anos com a família e amigos, em 1º de agosto. Uma semana mais tarde, foi para outra clínica, a Serenity Knolls, em Marin County. A maioria das fontes dá como certo que ele não estava tomando drogas e queria apenas se recuperar plenamente. Dessa vez, Jerry Garcia não voltaria para o convívio com a banda, os fãs e a família. Às quatro horas da manhã de 9 de agosto de 1995, uma quarta-feira, ele foi encontrado inconsciente. Durante o sono, ao que parece, sofrera um ataque cardíaco. De acordo com sua mulher, ele morreu com um sorriso no rosto.

Jerry Garcia e o Grateful Dead estavam na estrada havia tanto tempo, e eram tão queridos pelos fãs, que todos pareciam estupefatos diante da constatação de que a aventura da banda terminara. Claro que para quem acompanhava os altos e baixos da saúde de Garcia o desfecho não deve ter surpreendido. Ainda assim, é sempre duro encarar o fim.

Nas palavras de John Barlow, "ele era como aquele menino que caiu em descrédito depois de tanto dar alarme falso. Como várias vezes esteve perto da morte", continua Barlow, "acho que as pessoas pensaram que isso iria se repetir, e deixaram de se preocupar seriamente com essa possibilidade. Ou talvez estivéssemos tão certos de que isso ia acabar acontecendo um dia que, como um grupo, preferimos negar coletivamente a ameaça. Vi isso se repetir tantas vezes e temi tanto pelo que pudesse acontecer que estava calejado. E agora que aconteceu estou aqui sem saber o que pensar. Cada versão antes imaginada é agora um obstáculo para eu compreender e avaliar a coisa real.

"A morte dele me afeta em vários níveis. Desde a terrível saudade que vou sentir das conversas com o cara mais inteligente e alegre com quem já cruzei até o fato de que não haverá nunca mais um show do Grateful Dead. Embora nunca tenha me considerado propriamente um fã, essa condição foi parte fundamental da minha vida — de todas as nossas vidas — pelos últimos trinta anos."

Foi de fato um fim grandioso. Ver o Grateful Dead no palco era ver uma banda que tinha total compreensão do que significava tocar em conjunto por tanto tempo. O interessante é que isso não é frequente no rock, visto que o rock é uma forma de arte cujos prazeres mais caros e essenciais — inclusive inspiração, propósito e harmonia — estão na consciência de que tais momentos não duram para sempre. O Grateful Dead, como qualquer outro grande grupo de rock, viveu de acordo com esse ideal, mas também o invalidou, ou pelo menos o distorceu para atender a seus próprios objetivos. Nos melhores momentos, eles eram uma banda capaz de surpreender a si próprios e ao público, enquanto tocavam como se tivessem passado a vida inteira aprendendo a fazer música como uma maneira de conversar entre eles, e como se a música fosse a linguagem da solidariedade e, portanto, de sua história. Não havia dúvida de que fora assim mesmo. O que o Grateful Dead compreendeu — talvez melhor do que qualquer outra banda de música pop — foi que nenhum de seus integrantes poderia ter o mesmo sucesso fora do grupo, e que o grupo não teria êxito sem todos eles. Era uma banda que, para manter o nível de criação, precisava de todos os membros tocando e pensando juntos. Foi igualmente importante eles terem percebido que seus fãs agregavam significado à banda. Na realidade, provavelmente seria justo dizer que nos últimos vinte anos o mérito do Dead deveu-se tanto aos seus fãs quanto à sua música.

Horas depois que soube da morte de Garcia, entrei no Well, um sistema de conversas on-line da região de San Francisco que prosperou em grande parte devido ao grande contingente de fãs do Dead. Eu queria saber o que estavam fazendo, o que diziam da perda. Na maior parte das vezes — pelo menos nas primeiras horas em que fiquei lendo as mensagens —, o que vi foram comentários bem intencionados e alegres, pessoas disparando "*beams*" (votos extrassensoriais positivos) e fantasias de abraços coletivos. São sentimentos que provocariam náuseas em muitas pessoas que conheço, e devo admitir que para mim também soam piegas demais. Ainda assim, uma das coisas que anos atrás tive que reconhecer sobre os fãs do Dead é que se trata de um grupo para quem a animação não é apenas um estado de espírito compartilhado, mas também um ato consciente de dissidência: um protesto contra o rancor e o despeito que parecem caracterizar muito do nosso temperamento social e artístico atual. Os fãs às vezes parecem ingênuos, mas não estou convencido de que sua visão de comunidade seja algo indesejável. Afinal, há visões bem piores por aí — como as das ideologias conservadora e neoconservadora que engendraram um desastre neste país desde os anos 1980 e ainda castigam uma comunidade de desajustados e indefesos.

De qualquer maneira, acho que se prestou pouca atenção — tanto os fãs quanto a imprensa — ao infortúnio que atingiu Garcia e se refletiu na música do Dead, e em como isso foi intenso e interessante. A propósito, há muito mais aspectos sombrios na aventura dos anos 1960 do que a maioria das pessoas reconhece — e não estou me referindo apenas às vítimas das drogas, à ruína política e à violência do período. Havia também um desejo de explorar o arriscado terreno psíquico, uma percepção de que as melhores esperanças podem também custar perdas terríveis, e acho que essas possibilidades estavam presentes na música e na história do Dead.

De fato, a escuridão acompanhou desde cedo a saga da banda. As trevas já se insinuavam no próprio nome [Grateful Dead significa "mortos agradecidos"] — o que para muitos fãs de primeira hora era um sinal perturbador que provocava arrepios. A escuridão também se encontrava enraizada na melhor música da banda — nas estranhas camadas e espirais que fizeram de *Aoxomoxoa* um retrato vívido e assustador da experiência psicodélica e nas meditações sobre a morte e a perda, que a banda transformou num decidido hino de esperança em *Workingman's Dead*. E, claro, também houve infortúnio na história da banda, marcada pela morte de vários de seus integrantes.

Nem toda escuridão é negativa. Às vezes, surgem daí coisas maravilhosas e benévolas, e se havia algo evidente em Jerry Garcia era seu bom humor e generosidade. Ele era muito mais que isso, mas muitas de suas qualidades não apareciam. Numa conversa que tive com Robert Hunter sobre Garcia ele me disse: "Garcia é um cara animado e alegre, mas sempre achei que dentro dessa pessoa calorosa e amiga havia muita desesperança — ou pelo menos o reconhecimento de que há no mundo mais infortúnio, tormento e absurdos do que pode suportar qualquer pessoa sã e que tenha compaixão".

Em sua última entrevista para a *Rolling Stone*, em 1993, Garcia disse o seguinte sobre o seu lado sombrio: "Tenho um componente em minha personalidade que não é bem autodestrutivo, mas certamente é intratável. Chega alguém e diz: 'Procure cuidar da sua saúde'. E eu digo: 'Foda-se, cara'. Não sei de onde vem isso. Sempre fui assim, isso é parte do que faz com que eu seja *eu*. O fato de eu ser anárquico, de ter essa veia anarquista, me serve em outros níveis — certamente no nível artístico. Por isso não quero eliminar esse aspecto de minha personalidade. Mas percebo que em alguns níveis isso me atrapalha.

"São dons, alguns desses aspectos da nossa personalidade. Eles ajudam, são úteis e poderosos, mas também têm esse outro lado. Eles não escolhem. Eles não julgam."

Garcia, claro, fez suas próprias escolhas e, qualquer que tenha sido o custo para ele, acho que foram escolhas corajosas e que valeram a pena. Talvez elas tenham mesmo sido essenciais para o extraordinário produto de uma vida de trabalho. Suas conquistas, na realidade, foram enormes. Ele ajudou a criar e a inspirar uma comunidade que, de um jeito ou de outro, durou trinta anos e pode sobreviver à sua morte; foi o coautor de uma série de belas canções sobre os mitos, os prazeres e os problemas da América; e, como o integrante mais conhecido e querido do Grateful Dead, conquistou algo inédito entre os astros do rock: uma legião de fãs que, entre os anos 1960 e 1990, tornou-se cada vez maior e mais devota. É preciso buscar em carreiras de pessoas como Louis Armstrong, Duke Ellington, Count Basie, Miles Davies ou Charles Mingus o equivalente à longevidade e à produção musical de Garcia na história dos líderes de banda nos Estados Unidos.

Mais importante, no entanto, ele foi um homem que permaneceu fiel a ideais e percepções que muitos de nós descartamos facilmente há muito tempo — e talvez no fim essa seja nossa grande perda, maior até do que a morte de Garcia.

Minha canção favorita da última década do Grateful Dead é "Black Muddy River". É uma música que fala sobre viver a própria vida, apesar de toda dor e devastação que ela pode nos trazer, e em seu verso mais significativo Garcia canta:

> When it seems like the night will last forever/ And there's nothing left to do but count the years/ When the strings of my heart begin to sever/ Stones fall from my eyes instead of tears/ I will walk alone by the black muddy river/ Dream me a dream of my own/ I will walk alone by the black muddy river [...] and sing me a song of my own
> [*Quando parecer que a noite vai durar para sempre/ E não houver nada a fazer a não ser contar os anos/ Quando as cordas do meu coração começarem a se romper/ E pedras, em vez de lágrimas, caírem dos meus olhos/ Caminharei só ao longo do rio negro de lama/ E sonharei para mim um sonho só meu/ Caminharei só ao longo do rio negro de lama [...] e cantarei para mim um canto só meu*].

Essas foram algumas das últimas palavras que Garcia cantou no show do estádio Soldier Field, em Chicago, no início de julho de 1995. Nada mal como despedida ou como resumo dos propósitos de um homem. Quando Garcia morreu, certo mundo se perdeu, um ideal remanescente enfim se foi. Essa esperança de comunidade que ele e o Dead representavam se dissipou rapidamente. O sonho foi um equívoco, claro — pelo menos para alguém desencantado como eu. Ainda assim, trocaria quase tudo para estar de novo no meio daquele paraíso. Foi uma experiência notável demais para ser renegada.

A grande viagem americana de Ken Kesey

É possível que uma das maiores obras literárias americanas dos últimos quarenta anos não tenha sido, afinal, um romance — não pelo menos no sentido convencional. Em vez disso, a grande história — uma narrativa cativante que enriquece o entendimento não apenas de nossa nação, mas também de uma nação de ideias — talvez tenha sido a vida de um escritor, tanto quanto seus livros. Não nos deixemos enganar: Ken Kesey — que morreu em 20 de novembro de 2001, aos 64 anos, depois de complicações derivadas de uma operação para retirar um tumor maligno do fígado — foi um grande romancista americano. Seu primeiro livro celebrado, *Um estranho no ninho*, foi tão criativo quanto inesquecível e antecipou uma grande mudança de perspectiva nacional e geracional. Mas Kesey era mais que um autor: era uma força cultural considerável que ajudou a transformar a história recente tanto pela maneira como ele viveu como pelas palavras que escreveu. Na verdade, depois de sua morte, alguns obituários o descreveram como um homem que trocara seu talento literário pelas aventuras com drogas, em meados dos anos 1960, ao lado dos Merry Pranksters (um grupo de amigos e aventureiros) e do Grateful Dead (seu principal parceiro na famosa série de shows-eventos na Costa Oeste conhecidos como *acid tests*). Em outras palavras, Kesey poderia ter sido um dos grandes autores americanos, mas em algum lugar, de alguma maneira, fez uma escolha diferente: decidiu desafiar o cenário psíquico americano de um modo que colocou em risco não apenas sua reputação mas também nossa sanidade social.

O interessante é que Kesey tinha plena consciência de estar arriscando seu prestígio e parecia tão encantado quanto perplexo com as guinadas que dava em sua vida. Numa carta ao romancista Larry McMurtry, no final dos anos 1960, durante um breve voo para o México, para onde fugiu a fim de não ser preso por causa das drogas, Kesey escreveu: "O que fez um homem em quem se depositavam esperanças tão altas cair tão baixo em tão pouco tempo? Bem, a resposta está numa palavra, meus amigos, numa palavra bem conhecida:

"Drogas!

"E enquanto alguns confusos defensores dessas substâncias químicas podem afirmar que nosso herói é conhecido por ter se entregado às drogas antes de alcançar o sucesso literário, devemos enfatizar que havia evidência de suas habilidades literárias antes do advento dos chamados psicodélicos em sua vida, mas nenhuma evidência do pensamento lunático que surgiu depois!"

A carta aparece em *O teste do ácido do refresco elétrico*, de Tom Wolfe, um registro divertido e meticuloso das aventuras de Kesey. O próprio Wolfe rompia tradições jornalísticas e literárias com sua forma de escrever. Kesey estava entre os que primeiro haviam quebrado a forma, permitindo que escritores como Wolfe explorassem novos estilos e abordassem assuntos delicados. Tom Wolfe teve o bom senso de perceber que a vida de Kesey naquele momento daria um grande romance. Era Kesey, no entanto, quem vivia os riscos de sua fábula.

Kesey foi criado como um típico garoto americano. Nasceu em 17 de setembro de 1935, em La Junta, no Colorado, onde seus pais, Fred e Geneva Kesey, tinham uma fazenda de gado leiteiro. Mais tarde, a família se mudou para Springfield, em Oregon. Fred Kesey — que fundaria uma das maiores cooperativas de laticínios de Oregon — transmitiu aos filhos o amor pela vida ao ar livre (caçadas, descidas pelas corredeiras do rio Willamette) e uma paixão pelos esportes; Kesey era excelente corredor, se destacava no futebol americano e, nos anos do colegial, praticava luta livre. Fred também ensinou ao filho o que se entendia como valores masculinos essenciais: ambição, independência, firmeza e destemor. Em consequência, Kesey cresceu confiante e se tornou um líder natural. No colegial de Springfield foi eleito, entre os formandos, como "aquele com a maior probabilidade de ser bem-sucedido", e na Universidade de Oregon era popular nas fraternidades e fazia sucesso como lutador e ator. Mais tarde, Kesey passou algum tempo em Los Angeles, pensando em se tornar ator, mas o que mais queria era escrever.

Em 1958 fez um curso de redação criativa na Universidade Stanford, e entre seus professores estavam Wallace Stegner e Malcolm Cowley (que fora editor de William Faulkner e de *On the Road: Pé na estrada*, de Jack Kerouac). Kesey e sua mulher, Faye (quem namorava desde os tempos do colegial e com quem se casou em 1956), foram morar numa área em Palo Alto conhecida como Perry Lane, famosa pela vizinhança boêmia. Os modernos e sofisticados de Perry Lane tratavam Kesey como um caipira de Oregon — um moço crescido na fazenda e que não sabia se portar à mesa, ainda que fosse um arguto estudante de literatura. Mas um dos moradores de Perry Lane — um estudante de psicologia, Vic Lovell — percebeu que Kesey tinha uma mente incisiva e interessada. Lovell contou a Kesey sobre a série de experimentos no Hospital dos Veteranos na vizinha Menlo Park: psicólogos e clínicos estavam pagando 75 dólares por sessão a voluntários que tomassem drogas "psicomiméticas", indutoras de breves mas poderosas alterações de consciência — abarcando tudo, de alucinações ao que os médicos chamavam de psicose temporária. Kesey entrou para o programa em 1959, e foi aí que tudo em sua vida começou a mudar, em todos os níveis.

Kesey logo percebeu duas coisas quando começou a tomar drogas (inclusive LSD e peiote, um cacto com gomos usado por índios americanos em rituais religiosos). Uma era que as drogas o deixavam num estado de arrebatamento, de êxtase — uma sensação próxima da loucura, mas também plena de insights que podiam alterar a compreensão da vida e da mente. Outra era que os médicos que administravam essas drogas — aqueles que tentavam avaliar o estado mental checando a pressão sanguínea, tirando a temperatura, fazendo perguntas burocráticas e anotando observações desapaixonadas — não entendiam de verdade o significado de seu próprio experimento, e certamente não percebiam o potencial impacto sociopsicológico de uma droga como o LSD. Os clínicos estavam fora do experimento; Kesey estava *dentro*: ele acreditava observar verdades mais valiosas sobre essas drogas do que os próprios médicos. Acreditava também que essas experiências eram boas demais para serem mantidas em segredo. Elas deveriam ser compartilhadas fora do ambiente hospitalar e liberadas dos controles de psicólogos e estudantes de medicina. De alguma maneira, essas drogas — que logo ficariam genericamente conhecidas como psicodélicas — começaram a sair do Hospital dos Veteranos e passaram a ser usadas pelos amigos de Kesey e seus vizinhos em Perry Lane. A partir daí ninguém mais se referiu a Ken Kesey como caipira. Agora, ele era o cara mais ousado das redondezas, aquele que tinha em seu poder as chaves de um novo reino de inimaginável riqueza. E passou a ser considerado um pioneiro.

Nessa época, Kesey já começara a trabalhar num romance, *Zoo*, sobre a vida beat remanescente no distrito de North Beach, em San Francisco. Arrumou emprego na clínica psiquiátrica Menlo Park, como atendente noturno. O trabalho lhe deu tempo para elaborar o romance e um acesso ainda maior às drogas, que pegava para si próprio e para os amigos. Às vezes, ia trabalhar depois de ter tomado LSD, e sob a influência da droga começou a achar que os médicos e enfermeiros tratavam os internos de maneira errada: praticariam, na verdade, uma antiterapia, que em vez de ajudar só servia para aprofundar os medos e a instabilidade psicológica dos pacientes psiquiátricos. Em decorrência disso alguns pacientes aprenderam que, para serem considerados "sãos", tinham que simular uma versão de saúde mental que fosse compatível com a expectativa social. As experiências com drogas, Kesey disse mais tarde à *Paris Review*, "me deram uma perspectiva diferente sobre as pessoas no hospital psiquiátrico, uma sensação de que talvez não fossem tão malucas ou ruins como o ambiente esterilizado em que viviam".

Essas observações — somadas às experiências com drogas — inspiraram Kesey a deixar de lado o romance que estava escrevendo e começar outro, completamente novo. Escreveu partes dele sob influência de psicodélicos, mas quando o efeito passava, voltava às páginas, mantinha as passagens que revelavam estados mentais distorcidos e limava os excessos provocados pelas drogas. O resultado foi um dos mais fabulosos e influentes romances da última metade do século XX: *Um estranho no ninho*. O livro conta a história de Patrick McMurphy, um rebelde num hospício onde a loucura é a única resposta clara e positiva à tirania desumanizadora de uma figura autoritária como a enfermeira Ratched. O livro foi publicado em fevereiro de 1962, tornando-se um sucesso imediato de público e de crítica. Jack Kerouac chamou Kesey de "um grande romancista americano" e parecia estar passando ao escritor mais jovem o bastão da iconoclastia na ficção americana. (Na realidade, Kesey costuma ser visto como uma figura-chave de transição entre os beats dos anos 1950 e os hippies dos anos 1960.) *Um estranho no ninho* nunca perdeu sua força para os leitores americanos ou para o público: foi adaptado para o palco com absoluto sucesso (a peça foi reencenada com grande êxito por Gary Sinise em 2001) e sua adaptação para o cinema tornou-se o grande vencedor do Oscar de 1975, em um filme dirigido por Milos Forman (embora Kesey tenha odiado o filme). Ao se referir ao livro na resenha que fez sobre o filme para a *New Yorker*, Pauline Kael observou que "o romance precedeu a agitação nas universidades, a guerra do Vietnã, as drogas, a contracultura. Ainda assim, continha a essência profética de todo o período revolucionário, da política às drogas. Muito do que está lá passou a fazer parte da consciência de muitos — possivelmente da maioria — dos americanos".

Kesey já estava trabalhando no segundo grande romance de sua carreira: *Sometimes a Great Notion* — um épico sobre uma família de lenhadores teimosos de Oregon e, de certa maneira, um tributo aos valores que assimilara anos antes com seu pai. Mas algo maior e mais duradouro estava fermentando em sua vida e criatividade. Ele e a família haviam se mudado de Palo Alto para a vizinha La Honda e, graças à sua fama de autor mais promissor dos Estados Unidos e às notícias de sua paixão por drogas que corriam o submundo de intelectuais e artistas experimentais, Kesey começou a atrair uns tipos pitorescos para sua casa, entre eles Neal Cassady.

Quando Kesey terminou *Sometimes a Great Notion*, armou com vários amigos — inclusive Cassady e Ken Babbs, um velho conhecido de Stanford — um plano interessante para celebrar o lançamento do livro. Eles compraram um ônibus escolar de 1939, da International Harvester, que fora adaptado para servir de casa a uma família, pintaram o veículo com cores berrantes, juntaram um bando de novos malucos — um grupo que ficaria conhecido como Merry Prankters — e partiram para Nova York, para chegar a tempo da publicação do livro. Depois das viagens interiores que o LSD proporcionara, Kesey e seus amigos estavam se aventurando em novos territórios: eles descobririam a América — fariam uma leitura de seus valores para saber se a sociedade estava pronta para as mudanças que antecipavam — e ficariam muito, mas muito chapados sempre que surgisse a oportunidade (ou seja, todos os dias). Neal Cassady assumiu a direção, guiando o ônibus com a cabeça nas alturas e o pé afundado no acelerador. Na parte da frente da lataria, Kesey e o grupo pintaram: "*Furthur*".

Na parte de trás, escreveram: "Carga estranha". Foi uma viagem e tanto. Ao longo do caminho, os Merry Pranksters encantaram alguns, desagradaram outros, desnortearam vários policiais e trabalharam naquele que foi o mais espetacular filme nunca exibido do século passado (Kesey estaria trabalhando na edição final na época de sua morte).

O ônibus e os Pranksters chegaram a Nova York no momento em que começavam a ser publicadas as resenhas de *Sometimes a Great Notion*. Os críticos estavam divididos — para alguns, era tão genial quanto *Um estranho no ninho*; para outros, não passava de pretensioso e confuso —, mas Kesey estava cada vez menos interessado no que o livro tinha a oferecer a ele. Começou a se referir à escrita como algo antigo e limitado. Anos mais tarde, disse à *Rolling Stone* ter encontrado o paradigma de sua nova visão em Neal Cassady. "Eu percebi que Cassady faz tudo o que um romance faz, mas ele fez melhor porque estava vivendo aquilo, e não escrevendo sobre aquilo."

Quase no fim da estada na Costa Leste, Kesey e sua turma visitaram Millbrook, a comunidade experimental embalada a drogas no estado de Nova York. Millbrook era liderada pelos ex-professores de Harvard Timothy Leary e Richard Alpert (este conhecido pelo nome de Baba Ram Dass), que tinham ficado involuntariamente famosos por conduzir experimentos com drogas com estudantes, o que os levou a serem afastados da universidade. (Leary havia muito tempo estudava os efeitos terapêuticos dos psicodélicos.) Kesey e os Prankters viam Leary, Alpert e os outros em Millbrook como companheiros de estrada, mas quando o ônibus Furthur entrou na mansão rural, com a turma jogando bombas de fumaça verde, a recepção foi fria. Em parte, isso se deveu ao fato de os dois grupos terem opiniões bem diferentes sobre como os psicodélicos deveriam ser administrados. É verdade que Leary, como Kesey, acreditava que os terapeutas não deveriam administrar drogas aos pacientes e então se sentar para anotar reações, mas sim se empenhar, de fato, em vivenciar o estado mental dos pacientes. Mas ele também era a favor de implementar uma condição ambiental que ficou conhecida como "*set and setting*": se você preparar (*set*) o paciente para que ele tenha um adequado estado de espírito e proporcionar um ambiente (*setting*) tranquilizador, você aumentará significativamente as chances de uma saudável reorganização psicológica. Kesey, em contraste, preferia a maneira desregrada da Costa Oeste: franquear a todos o acesso às drogas, em qualquer ambiente, e pagar para ver. Para resumir, o pessoal de Leary e Alpert em Millbrooks via os Pranksters de Kesey como frívolos e irresponsáveis e lhes deu uma fria recepção. Os visitantes foram informados de que Leary estava no andar superior da mansão dedicado a uma experiência com LSD que levaria três dias e que, por causa disso, não receberia ninguém. Kesey e a turma foram embora amuados, convencidos de que seus colegas da Costa Leste, apesar de todo o ácido na cabeça, eram uns chatos. Ainda assim, Leary e Alpert logo provariam estar com a razão: quando o Furthur chegou de volta a La Honda pelo menos dois da turma estavam sofrendo de angústia profunda e dissociação psicológica, e precisaram de tratamento intenso.

A caravana do Furthur foi um momento decisivo para Kesey — sua primeira tentativa de representar o que seu amigo Robert Stone chamou de "artifício entre o artista e o público". Essa busca, de várias maneiras, seria o norte de Kesey por toda a vida. Ela também lhe renderia fama e problemas com a justiça.

Essa viagem de ônibus seria mitológica para a nação hippie que logo se formaria na América. A caravana também reforçou os laços entre Kesey e os Merry Pranksters. Para eles, Kesey era um guru — o mais importante e inspirado tripulante daquela aventura. Para Kesey, a comunidade experimental dos Prankters se tornou um meio através do qual ele criava a arte-viva e perseguia ambições literárias. Juntos, sentiam estar construindo uma "mente coletiva" que — apesar das inevitáveis tensões e alguns colapsos nervosos — trabalhava com quase unanimidade de instinto, ou pelo menos com tolerância mútua. Hoje, tal descrição provavelmente soaria como receita de um culto potencialmente temerário. Mas Kesey era suficientemente sábio e honesto para minimizar seu papel de líder. Talvez tivesse um quê de egocêntrico, fosse um pouco genioso e às vezes lhe faltasse o juízo, mas dava a entender que não queria ser profeta ou salvador da pátria, mesmo que de vez em quando essa imagem colasse nele. Além disso, Kesey financiava os Pranksters e o filme que estavam rodando com as vendas de seus livros.

De volta a La Honda, as ideias de Kesey e o estilo de vida da comunidade, sempre às voltas com drogas, eram agora de conhecimento público. A vizinhança se alarmou com o que acontecia e autoridades locais passaram a vigiar a casa de Kesey — para diversão dos Pranksters. Numa noite de abril de 1965, a polícia invadiu a casa. Kesey deu um soco no rosto de um policial e foi detido por resistir à prisão. Também foi processado por posse de maconha — acusação que poderia levar a uma pena severa. Nada disso deteria Kesey e os Pranksters. Kesey foi solto sob fiança e poucos meses mais tarde convidou os Hells' Angels para uma festa de três dias em sua casa, com muita cerveja e drogas. A polícia foi posta de sobreaviso, mas tudo transcorreu sem problemas. Os Angels admiravam a determinação e a audácia de Kesey, e Kesey admirava que os Angels se assumissem como foras da lei (uma visão romântica que teria sérias repercussões quando mais tarde os Angels reais — e não os idealizados — deram livre curso à ira no trágico show dos Rolling Stones em Altamont, em fins de 1969).

No outono de 1965, uma organização chamada Comitê Dia do Vietnã preparou uma enorme manifestação pacifista na Universidade da Califórnia, em Berkeley, e convidou Kesey e os Pranksters para participar — mas o resultado não foi o esperado. Quando chegou sua vez de falar, Kesey satirizou os que o haviam precedido no microfone e brincou com o próprio objetivo do ato público, censurando os manifestantes pela beligerância com que julgou estar sendo tratado. "Com manifestações e passeatas", disse, entremeando as palavras com trechos de "Home on the Range"* tocada na gaita, "vocês estão entrando no jogo deles. [...] Só há uma coisa a fazer. [...] Nós devemos olhar a guerra, virar de costas e dizer [...] foda-se a guerra." Os líderes do movimento ficaram escandalizados. "Quem convidou esse filho da puta?", alguém esbravejou. Paul Krassner — editor da *The Realist* e um dos organizadores do evento — conheceu Kesey naquele dia e eles se tornaram amigos para sempre.** Ele se lembra: "Kesey desempenhou um papel incomum, para ele, de baixar a bola da multidão. Eu disse a ele que discordava do que tinha dito, porque eu era um ativista contra a guerra, mas realmente fiquei impressionado com a disposição dele de ser politicamente incorreto, sobretudo diante de uma plateia disposta a sair entusiasticamente em passeata. E aí, na noite seguinte, num show para arrecadar fundos, eu toquei gaita e parodiei a posição dele, e ele estava na plateia e pulou no palco com os olhos faiscantes e disse apenas: 'Protesto'. Ele era um animal político,

---

* Música do folclore americano, sobre o sonho de um lar idealizado em meio à natureza. Composição de Dan Kelley, a partir de um poema de Brewster Highley. (N. T.)
** Paul Krassner é considerado o pai da imprensa alternativa dos Estados Unidos. Entre 1958 e 1974, editou a revista satírica *The Realist*. (N. T.)

mas não doutrinário. [...] Sua campanha a favor das drogas era extremamente política".

Kesey estava a ponto de intensificar essa campanha. Considerando os efeitos potenciais dos psicodélicos, ele disse: "Quando você tem uma coisa como essa, você não pode se sentar sobre ela [...] e possuir essa coisa, você tem que dar isso a outras pessoas". Kesey e os Pranksters — dos quais agora fazia parte Carolyn Adams (também conhecida como Mountain Girl, que mais tarde se casaria com Jerry Garcia) — começaram a imaginar uma maneira de tornar a experiência mais pública, mais acessível. Eles bolaram uma série de festas, que ficariam conhecidas como *acid tests*, e distribuíram panfletos em San Francisco com a pergunta: "*Você* consegue passar no *acid test*?". A ideia era ver o que aconteceria quando pessoas tomassem LSD num ambiente sem regras ou situações predeterminadas. Convidada por Kesey, a banda local Grateful Dead tocou em praticamente todas as festas em que se realizaram experiências coletivas com ácido. O Dead tocava por horas enquanto os Pranksters filmavam tudo — das excentricidades e revelações religiosas ao sexo grupal. Os *acid tests* eram atos de revolta cultural, espiritual e psíquica, e sua relevância para muito do que veio na sequência — o surgimento da comunidade e da cultura hippie, o crescimento e a importância do Grateful Dead e o próprio destino de Kesey — não pode ser subestimada.

Os *acid tests* contrastavam diretamente com a filosofia do *set and setting*, que Timothy Leary, Richard Alpert e outros tinham formulado. Alguns participantes se diziam confusos, e tinham razões para se queixar: vários deles passavam por apuros e experiências assustadoras nos *acid tests*, e nem sempre eram tratados com solidariedade ou consideração. Em consequência, houve violenta reação contra tais eventos tanto entre os que condenavam quanto entre os favoráveis aos psicodélicos. Até essa altura, os psicodélicos continuavam legais — Kesey e os Pranksters não infringiam a lei com os *acid tests* —, mas a publicidade gerada pelas festas logo levou o legislativo da Califórnia a considerar ilegais essas substâncias.

Em janeiro de 1966, Kesey foi sentenciado a três anos de prisão por problemas anteriores com a justiça e, embora beneficiado com a suspensão condicional da pena, acabou sendo preso praticamente em seguida por novas acusações de porte de maconha. Com as penas combinadas — pois a suspensão condicional seria revogada — Kesey ficaria preso por oito anos. Decidiu, então, que não

100

havia alternativa: tornar-se-ia um fugitivo. "Se a sociedade quer que eu seja um fora da lei", disse, "então serei um fora da lei, e dos bons." Com a ajuda de Carolyn Adams e outros amigos, Kesey redigiu uma nota e simulou suicídio — mas não foi suficientemente discreto sobre o ardil. Antes que a nota fosse encontrada, todos — amigos, o FBI e a imprensa — pareciam saber onde Kesey estava: em Puerto Vallarta, no México, onde alguns Pranksters, que às vezes o visitavam, notaram que levava uma vida tensa, evitando qualquer um que lhe dirigisse um olhar suspeito. Numa ocasião, policiais federais do México pararam o carro de Kesey e estavam prestes a detê-lo quando ele pulou num trem em movimento e acabou em Guadalajara. Mas logo Kesey se cansaria da vida de fugitivo. Sentindo estar em dívida com a família e os Pranksters, voltou clandestinamente para San Francisco, onde aparecia em eventos e dava entrevistas. "Pretendo ficar neste país como fugitivo, quero arder como sal nas feridas de John Edgar Hoover", disse ao jornal *San Francisco Chronicle*.

Enquanto isso, os *acid tests* continuavam — alguns na Califórnia e em Oregon, sob a direção de Ken Babb, outros no México, com Kesey. Quando Kesey voltou para San Francisco, a comunidade hippie florescia no bairro de Haight-Ashbury. O ácido corria solto pelas ruas da cidade e vários empresários do rock — inclusive Bill Graham e Chet Helms — promoviam nos fins de semana seus próprios "*trips festivals*", com o Grateful Dead e outras bandas psicodélicas. Em essência, o modelo social de Kesey e dos Pranksters agora se tornara norma para muitos jovens. Como Tom Wolfe escreveu em *O teste do ácido do refresco elétrico*: "De repente foi como se os *acid tests* tivessem se tornado a coisa mais normal do mundo e se incorporado ao estilo de vida". Mas os resultados, de várias maneiras, foram problemáticos: cada vez mais jovens eram presos devido às drogas, crescia o número de desabrigados e de pessoas que passavam fome na cidade e muitos usuários relatavam experiências desagradáveis com psicodélicos. Com esse rumo dos acontecimentos, Kesey começou a mudar de opinião. "Vou dizer a todos para continuar a fazer o que estamos fazendo, mas sem as drogas", anunciou. A guinada chateou muita gente em Haight: eles achavam que Kesey podia estar entregando de bandeja tudo o que tinham feito.

Em 20 de outubro de 1966, agentes do FBI interceptaram Kesey na autoestrada Bayshore e o mandaram encostar o carro. Ele pulou num aterro, mas foi pego. Agora, enfrentava três acusações graves, inclusive a de fuga para evitar condenação. Como Kesey anunciara sua mudança de atitude em relação ao uso abusivo das drogas — "Uma vez que você passou por aquela porta não pode continuar passando por ela indefinidamente", disse —, seus advogados transformaram esse fato em estratégia de defesa: disseram no tribunal que Kesey usaria sua influência para desencorajar experimentos com drogas. No fim, algumas acusações foram retiradas, dois julgamentos terminaram inconclusivos e Kesey, declarando-se culpado de crimes menores, teve a sentença reduzida a noventa dias de prisão e seis meses de trabalho no campo, com sobreposição dos períodos. No Haight, ninguém sabia dizer se Kesey era um vira-casaca ou se agira daquela maneira apenas para se livrar de uma pena pesada. A dúvida só aumentou quando Kesey e os Pranksters organizaram a Cerimônia de Graduação do Ácido. "Chegou a hora de darmos o próximo passo na revolução psicodélica", disse Kesey. "Nós sabemos que atingimos um patamar, mas estamos parados, não estamos criando mais nada, e é por isso que precisamos dar o próximo passo."

Kesey mandou a família para sua cidade natal, Springfield, em Oregon. Depois de cumprir a pena, reencontrou a mulher, e desde então vários Pranksters o visitavam regularmente. Kesey viveu em Springfield até morrer, sempre envolvido em projetos culturais. Tornou-se um dos responsáveis — com Stewart Brand e Paul Krassner — pela edição do *The Whole Earth Catalog*, um popular guia educacional sobre meio ambiente e contracultura (mais tarde citado por Steve Jobs como uma influência no desenvolvimento dos mecanismos de busca na internet e em sua metodologia). Kesey ainda se dedicou regularmente ao jornalismo, tendo publicado textos em vários veículos. Também escreveu mais ficção — *Sailor Song* [Canção do marinheiro] (1992, ambientado no Alasca) e *Last Go Round: A Dime Western* [Último rodeio: um faroeste barato] (livro de 1994 sobre o rodeio em Oregon, escrito com Ken Babbs na forma de folhetim), mas a crítica consensualmente considerou que Kesey desperdiçara os dons literários em muitos anos de drogas e indolência. Em 1990, Kesey admitiu ao *Los Angeles Times* que o uso de drogas pode ter prejudicado sua ficção. "Mas", emendou, "se eu pudesse voltar atrás e abrir mão de algumas experiências em troca dos neurônios provavelmente queimados, essa não seria uma decisão fácil."

Kesey manteve até o fim a convicção de que a mais elevada forma de arte é uma vida bem vivida e permaneceu fiel ao princípio de que é melhor frustrar as expectativas dos admiradores do que se sentir obrigado a corresponder a elas. Contribuiu para a comunidade em que vivia escrevendo para públicos diversos e treinando jovens em luta livre. Também formou uma opinião peculiar sobre políticas libertárias, o que o pôs em aparente conflito com os movimentos feminista e gay, embora ele mesmo não visse maiores divergências. "Kesey me disse ter sido inadvertidamente influenciado pelo movimento feminista quando escreveu *Sometimes a Great Notion*", disse Paul Krassner. "Ele falou: 'O movimento feminista nos alertou por termos debochado da Mãe Natureza. O homem que pode rasgar o solo de Kentucky, devastar a terra para ganhar dinheiro e aí rachar os ganhos com outros, deixando para trás uma terra arruinada para criar seus filhos em meio à prosperidade só é diferente de Hugh Hefner [fundador da *Playboy*] porque o que o excita é o cheiro de diesel.'"

Em 1984, seu filho Jed morreu num acidente de ônibus a caminho de uma competição de luta. Kesey ficou devastado por muito tempo, seus amigos disseram, e a perda pode ter sido um dos motivos que comprometeram *Sailor Song*, seu tão aguardado romance. Mas Kesey usou a tragédia pessoal em favor de uma campanha para incentivar o uso de cintos de segurança nos ônibus escolares de Oregon. "A família era essencial em sua vida", disse Krassner. "A própria família e a família adotada."

"Eu o tenho como um verdadeiro patriota", acrescentou Krassner, "alguém que põe realmente em prática os princípios de liberdade de reunião. Ele usava lenços e outras peças com as estrelas e as faixas da bandeira americana, e isso muito antes da tendência atual de misturar moda e um nacionalismo exacerbado. O patriotismo de Kesey entrelaçou-se com o que ele fez — a viagem de ônibus e tudo o mais que ele acreditava só ser possível fazer neste país. Ele era basicamente americano. Tinha os valores dos fundadores da nação, e sua escrita e suas ações refletiam isso."

O legado de Ken Kesey é provavelmente ambíguo e conflitante, mas também fundamental. Escreveu um grande romance americano, que marcou a crescente rebeldia de uma geração contra uma ética convencional enfraquecida e autoritária, e esteve no centro de um experimento intenso e controverso, transformando os valores de *Um estranho no ninho* em riscos reais. Mais tarde, quando se deparou com os custos de tais riscos — para sua própria vida e para a cultura em torno dele —, voltou-se para uma vida mais privada, imerso nas realidades da terra de suas origens e da família. Isso não quer dizer que tivesse recuado para um estilo de vida mais convencional, da mesma maneira que a iconoclastia anterior também não significava uma tentativa de minar a sociedade. Não foi nada disso. Foi, isto sim, uma tentativa difícil e corajosa de examinar como as pessoas podem ser solidárias em tempos de grandes perigos e grandes possibilidades. Por ter feito esse esforço, ajudou a América a se tornar um lugar diferente. Quer gostemos ou não, ainda vivemos na América de Ken Kesey. É provável que ainda esteja distante o dia em que a influência de sua vida se consolide o suficiente para ser completamente avaliada ou facilmente esquecida.

O verão da perdição no Haight-Ashbury

Na fria e clara manhã de 14 de janeiro de 1967, os poetas americanos Allen Ginsberg e Gary Snyder estavam à frente de uma romaria que se deslocava em sentido horário em torno do campo de polo do Golden Gate Park. Ao caminhar, preparavam o local — abençoando-o num ritual hindu de purificação — para um encontro de peregrinos que ficaria conhecido como Gathering of the Tribes for a Human Be-In [Encontro de tribos por um humano ser], o primeiro grande evento da contracultura hippie. No começo da tarde, o espaço foi tomado por 20 mil festeiros que balançavam ao som da música eletrificada, sob o efeito do LSD e fascinados pela fraternidade recém-descoberta. Os organizadores — sobretudo os editores do *The Oracle*, um jornal underground de San Francisco — queriam que o evento fosse aberto a todos, embora originalmente tivesse sido programado para a comunidade psicodélica do Haight-Ashbury e do vizinho State College. As melhores bandas locais — entre elas Grateful Dead, Jefferson Airplane, Country Joe and the Fish, Big Brother and the Holding Company, Quicksilver Messenger Service e Loading Zone — tocaram de graça. Os organizadores convidaram várias das mais conhecidas figuras da contracultura, como o filósofo e psicólogo Alan Watts, o pacifista Jerry Rubin, os poetas Ginsberg, Snyder, Michael McClure e Lenore Kandel (cujo poema "To Fuck with Love" motivara uma acusação de obscenidade contra ela em San Francisco) e os controversos gurus psicodélicos Timothy Leary e Richard Alpert. O jornal também estendeu o convite aos militantes de esquerda da Universidade da Califórnia, em Berkeley, que por algum tempo consideraram os hippies e sua emergente cultura alternativa como passivos, hedonistas e alienados das questões políticas. Esse evento, assim acreditavam os idealizadores, mostraria que essas duas tribos, diferentes entre si mas solidárias uma com a outra, poderiam encontrar um campo comum e estabelecer um acordo. Allen Cohen, editor do *The Oracle*, disse o que esperava daquele dia: "Uma união entre o amor e a política, antes separados por dogmas categóricos e rótulos exagerados, se dará em êxtase [...] de maneira que uma revolução seja consumada".

Os Diggers — um grupo que misturava artistas de rua e guardiães da comunidade do Haight-Ashbury — serviram sanduíche de peru temperado com LSD, e tanto a carne quanto o ácido foram fornecidos por Owsley Stanley, fabricante dos psicodélicos mais poderosos e refinados da praça. Ele também arranjou para a ocasião grande quantidade de "*white lightning*" [ácido de elevado grau de pureza]. As bandas tocavam com volume e competência; os famigerados Hell's Angels cuidavam das crianças que haviam se perdido na multidão; os líderes espirituais atraíam pouca atenção do público; e no meio de tudo isso, enquanto jovens consumiam abertamente drogas ilegais, dois policiais observavam calmamente o movimento do alto de seus cavalos. O evento durou da uma da tarde às cinco, e quando terminou organizadores e voluntários limparam a área, retirando o lixo. Estavam animados. O encontro havia provado que os jovens rebeldes eram numerosos e pacíficos. Mostrara também que um novo estado de espírito criava raízes e que havia futuro para um sonho coletivo. E, sobretudo, o evento transformou San Francisco em posto avançado da contracultura.

Quem ficou só olhando o desenrolar da festa foi Emmett Grogan, o mais conhecido idealista e doutrinário dos Diggers. E o que viu foi hipocrisia e grandes problemas pela frente. Em sua autobiografia, *Ringolevio*, Grogan disse ter ficado furioso com os organizadores por "atraírem para a cidade um número desproporcional de jovens [...] que caíram no conto do amor e agora queriam viver em confortável pobreza e arranjar um lugar ao sol no distrito do amor". Embora Allen Ginsberg tivesse visto o encontro de maneira mais favorável, houve um momento — ele se lembraria mais tarde — em que, ao olhar a multidão aparentemente incorruptível, um arrepio lhe percorreu a espinha. Ginsberg se virou para o poeta Lawrence Ferlinghetti, dono da livraria City Lights, de San Francisco, e disse: "E se todos nós estivermos errados?".

Aquele era apenas o primeiro mês de um ano em que se esperavam milagres.

Em 1967, a baía de San Francisco seria o epicentro de uma revolução cultural e política que poria em xeque não apenas a percepção dos propósitos e dos padrões da América, mas também a compreensão do sentido da vida, da arte e da mente. Na mitologia e na história americana, a Califórnia era o local em que, havia muito tempo, imigrantes audaciosos e cheios de esperança buscavam um futuro melhor — aquela costa ensolarada onde teriam, ou não, um novo começo, o lugar mais longínquo onde o sonho americano podia ser realizado. San Francisco era um desvio nesse sonho — uma cidade sedutora e de má reputação, que no passado fora marcada por ópio, prostitutas e banditismo. Foi lá que, nos anos 1950, Allen Ginsberg escreveu *Uivo* — um poema épico sobre os excluídos e as promessas descartadas da América e sobre temores passados e futuros — e o declamou pela primeira vez num evento em que estavam presentes Gary Snyder e Jack Kerouac, autor do romance ainda inédito *On the Road: Pé na estrada*. *Uivo* foi um poema escandaloso, uma monumental peça de resistência que deu novas perspectivas à América: não apenas abriu portas da literatura e das artes como golpeou os ideais nacionais de civilização. Como nunca ninguém dissera nada parecido, o poema mudou para sempre o que poderia ser dito. Também ajudou a fazer de North Beach o ponto dos beats — os artistas associados ao movimento literário e filosófico que Ginsberg, Kerouac e William Burroughs ajudaram a definir no final dos anos 1940. North Beach se manteve um enclave de poetas e beats até meados dos anos 1960, quando uma nova juventude — colorida, cabeluda e amante do rock que surgia na esteira dos Beatles — começou a aparecer na área. Os beats ridicularizam os recém-chegados chamando-os de "hippies", que é o diminutivo de "*hipsters*" [o mesmo que *hip*, contestador e antenado]. Os hippies tinham algumas coisas em comum com os beats — inclusive a atitude libertina em relação ao sexo e a predileção por maconha e improvisação musical —, mas eram mais otimistas em relação ao potencial da nova era. Por volta dessa época, à medida que clubes de striptease e novos restaurantes pressionavam os aluguéis em North Beach, os hippies começaram a ir para o Haight-Ashbury, um bairro decadente com muitas casas vitorianas com aluguéis acessíveis, perto do Golden Gate Park e não muito longe do State College de San Francisco.

Dois episódios — ambos com origem fora da cidade de San Francisco — foram decisivos para dar cara e personalidade ao Haight. O primeiro ocorreu em South Bay, em La Honda e Palo Alto, onde em 1965 o autor Ken Kesey promovia festas à base de drogas psicodélicas conhecidas como *acid tests*. Em 1959 Kesey fora um dos voluntários que tomaram parte em programas experimentais no Hospital dos Veteranos, em que se estudavam os efeitos de drogas psicomiméticas — ou seja, drogas que, acreditava-se, induziam a breves e inofensivos surtos psicóticos. Os experimentos familiarizaram Kesey com o LSD, uma droga que, ele acreditava, permitia encarar a vida de maneira radicalmente diferente, de uma perspectiva alucinatória e extasiada. Nos anos seguintes, Kesey se tornou um pioneiro do LSD, e com um grupo de seguidores, os Merry Pranksters, começou a dar grandes festas para ver o que acontecia quando as pessoas tomavam a droga em ambientes não controlados. Os Warlocks — que mais tarde mudariam de nome, para Grateful Dead — se tornaram a banda que animou esses eventos. Nessas horas, Jerry Garcia diria mais tarde, a música do Dead "era proporcional ao evento" — o que significa que às vezes a banda dominava a festa e às vezes servia apenas de trilha sonora para a ação. De um jeito ou de outro, nem os Pranksters nem o Dead eram as estrelas. Em vez disso, a força central das festas era a união entre a música, os músicos e o público, e o espírito e a forma do que rolava a cada momento — ou seja, havia uma zona indefinida entre artistas, plateia e evento.

Kesey realizou *acid tests* em vários locais por um ano (o LSD foi consumido legalmente na Califórnia até outubro de 1966). A partir de fins de 1966, enquanto era julgado por posse de maconha (acabou ficando seis meses na prisão), Kesey anunciou que a contracultura emergente que ele ajudara a criar deveria rejeitar os psicodélicos. No Halloween de 1966, promoveu, com os Pranksters, o Dia da Graduação, evento para consumidores de LSD realizado num depósito em San Francisco. Para a maioria que tomava ácido, Kesey tentava controlar algo que estava fora de seu alcance. O LSD era agora parte vital da crescente comunidade do Haight-Ashbury.

O outro episódio que ajudou a moldar a cara inicial do Haight aconteceu em um um salão de danças à la Velho Oeste, o Red Dog Saloon. Em junho de 1965, uma banda de San Francisco, os Charlatans, passou a se apresentar regularmente na casa. A atitude descuidada do grupo e suas apresentações sinuosas, uma vez que às vezes os músicos tocavam sob influência do LSD, estabeleceram um novo padrão para os encontros psicodélicos, menos tenso e cáustico do que os eventos de Kesey. Em outubro de 1965, dois veteranos do Red Dog, que adotaram o nome de Family Dog, promoveram uma noite dançante com bandas no Longshoreman's Hall. No evento, A Tribute to Dr. Strange, tocaram bandas como Charlatans, Jefferson Airplane e Great Society. Espontaneamente, houve uma fusão entre o espírito de tolerância dos *acid tests* e o foco na dança do Red Dog que seria essencial para a história do movimento psicodélico. Nos dois anos seguintes, os salões de dança — principalmente o Avalon e o Fillmore — tornaram-se não apenas a principal metáfora para a reinvenção da comunidade do Haight-Ashbury, mas também seu estatuto fundamental. "No início", disse mais tarde Sam Andrew, do Big Brother and the Holding Company, "a plateia e as bandas estavam no mesmo barco. [...] Era como se todos se unissem numa corrente elétrica, como se todos fossem parte disso." No livro *Beneath the Diamond Sky: Haight-Ashbury, 1965-1970* [Sob o céu de diamante: Haight-Ashbury, 1965-1970], de Barney Hoskyns, o líder comunitário David Simpson elaborou esta ideia: "É muito importante lembrar como a comunidade alternativa de San Francisco se identificava com a música daquelas bandas. [...] Eram nossas bandas, nossos músicos. A gente não fazia distinção entre público e banda, nem os músicos, e isso dava muita força à música. [...] Isso dava uma maravilhosa sensação de que éramos um só".

As bandas que emergiram nesse cenário — como Jefferson Airplane, Big Brother and the Holding Company, Quicksilver Messenger Service e Country Joe and the Fish — eram constituídas basicamente por músicos que tocavam nas várias casas de folk de San Francisco. Os admiradores do folk desprezavam o rock and roll; viam o gênero como pouco sério e frívolo, sem nenhum compromisso com questões sociais e políticas. Mas, depois da chegada dos Beatles à América em 1964 e da transição de Bob Dylan para a música eletrificada em 1965 — e depois que os Byrds, grupo de Los Angeles, começaram a fazer um harmonioso e vibrante folk rock que também incorporava elementos díspares como os ragas indianos e o jazz modal de John Coltrane —, instrumentistas folk de San Francisco começaram a perceber que a música elétrica admitia temas substantivos e linguagem poética. "Não era uma coisa estimulada por drogas", disse Barry Melton, guitarrista do Country Joe and the Fish, em *Beneath the Diamond Sky*, "mas um grupo de músicos folk, apreciadores do bluegrass e do blues, que se uniu a uma rapaziada dos subúrbios que mascava chiclete e não conseguia juntar duas frases — o pessoal do rock and roll." Mas, à medida que os psicodélicos passaram a dominar a cena musical, as bandas tinham que se adaptar aos efeitos das drogas. O LSD alterou a percepção de sequência lógica dos músicos — um instrumentista podia executar uma melodia sem se importar com sua evolução, alterando a forma e a função da estrutura harmônica e transformando a música num devaneio para improvisações — processo que Jerry Garcia, do Grateful Dead, certa vez descreveu como "um caos ordenado". O LSD também podia mexer com a sensação do passar das horas: a percepção do tempo importava, não sua medição. Nos shows, às vezes tocava-se uma única música por meia hora, ou bem mais.

O melhor lugar para se ouvir esse tipo de música ousada eram as pistas de dança. O promotor de eventos Chet Helms contratou o Family Dog, que se apresentava regularmente no Avalon, e Bill Graham — um empresário mal-humorado que inspirava antipatias, mas que brigava pelo direito da comunidade de se reunir para ouvir música — administrava o Fillmore. Nessas casas, com salões amplos e escuros, o som contagiante nas alturas e a projeção de imagens em movimento proporcionavam um ambiente de imersão. Os famosos jogos de luzes nas pistas de dança — nas quais artistas e técnicos misturavam líquidos coloridos em recipientes de vidro e giravam a mistura em projeções improvisadas ao ritmo da música — constituíam parte integrante da experiência.

Essa música nova e o público que lotava as pistas tiveram papel importante no primeiro momento do Haight-Ashbury, e o sucesso rapidamente se tornou um problema. No final dos anos 1960, o rock era mais do que uma forma musical poderosa e estranha — era o sinal de uma linha divisória sem precedente na cultura, traçada sobretudo da perspectiva geracional. Os pais daquela juventude esperavam que seus filhos endossassem os valores de uma América pós-guerra, baseados na expansão da prosperidade e na derrota do império comunista. Mas os jovens, que pagariam o mais alto preço na guerra do Vietnã, engendravam seus próprios ideais de paz, tolerância, política estética e vida comunitária. Essas ambições se manifestavam na crescente oposição à guerra do Vietnã e no desejo de formar uma nova cultura — a contracultura — com sua própria ética e prática.

As autoridades municipais e a imprensa de San Francisco viam o Haight-Ashbury como um bairro de drogados e traficantes, desertores e aproveitadores — um lugar para ser monitorado, reprimido e condenado. Duas manchetes de jornais locais de 1967 dão ideia do tom de repúdio: "Prefeito adverte hippies para ficarem fora da cidade" e "Supervisor apoia guerra aos hippies". A polícia aumentava a pressão, proibindo sempre que possível eventos no Fillmore e em outros locais, enquanto autoridades municipais tentavam cassar as licenças dos estabelecimentos e conseguiam proibir a entrada de menores de dezoito anos. Ao mesmo tempo, reportagens frequentes retratavam o que, para a imprensa, não passava de esquisitice dos hippies. Finalmente, em outubro de 1966, a posse de LSD foi proibida por lei. O principal ritual da cultura jovem passou à clandestinidade.

Havia aí um paradoxo. San Francisco — tanto no caso do Haight como da música tocada nas pistas — concebia um modelo para uma cultura livre e benéfica. "*Let me see you get together/ Love one another right now*" [Quero ver vocês juntos/ se amarem agora], cantava o Jefferson Airplane em seu primeiro álbum, e não se tratava de um convite à orgia. Mas, por não fazer parte do manual de deveres cívicos nem ter sido sancionado pelas autoridades, esse novo ideal de comunidade foi visto como revolta ameaçadora. O único advogado de defesa importante da comunidade era o crítico de jazz do *San Francisco Chronicle*, Ralph J. Gleason (mais tarde um dos fundadores da *Rolling Stone*), que começou a cobrir a nova música e a contracultura com conhecimento de causa e noticiou a ação da polícia no Fillmore, enquanto o empresário Bill Graham tentava se adaptar à nova regra que proibia a entrada de menores de idade. Gleason escreveu: "Desde que as pistas de dança foram inauguradas — quase um ano atrás —, o único problema nos locais tem sido a polícia. [...] O problema é que esta sociedade tem tanto medo da juventude que tornou as pistas ilegais".

Não faltou ocasião para a sociedade local se sentir ameaçada. O Haight-Ashbury e sua comunidade psicodélica constituíam um experimento numa escala que não se via na América desde que, nos anos 1840, os mórmons transformaram Nauvoo, em Illinois, numa cidade-Estado. Os mórmons foram expulsos do estado por suas crenças, e em 1967 havia muitos que achavam que os hippies do Haight-Ashbury teriam o mesmo fim.

Verdade seja dita, nunca houve um Verão do Amor em 1967 em San Francisco. Se houve tal estação, foi na primavera e no verão de 1966, quando o Haight-Ashbury ganhava contornos de uma vila dentro da cidade, inauguravam-se lojas como a Psychedelic Shop, de Ron e Jay Thelin, e uma população crescente e criativa dava vida nova a um distrito antes decadente. Como escreveu Charles Perry em *The Haight-Ashbury: A History* [O Haight-Ashbury: uma história], "para as pessoas envolvidas com psicodélicos [...] um mundo inteiro agora orbitava e crescia em torno do Haight-Ashbury. [...] O que estava acontecendo era tão grande que eliminaria [...] imperfeições, ou talvez as engolfasse, transformando-as em benefícios inesperados".

Mas em 1967 a história foi diferente. É verdade que o ano começou com o enorme e pacífico encontro do Human Be-In, mas aquele janeiro também foi marcado pela posse do novo governador da Califórnia, Ronald Reagan, que se elegera com uma campanha em grande parte baseada em críticas aos jovens inconformados e em promessas de enquadrá-los com firmeza. Os dois eventos eram promessas que apontavam para direções opostas, mas o que aconteceria com o Haight não tinha nada a ver com promessas. O sonho ameaçava se desmanchar em meio à má-fé. Na realidade, o Haight-Ashbury se tornou objeto de intensos debates depois do Human Be-In. Já nos primeiros meses do ano, a população do distrito se adensou, e entre os recém-chegados havia uma quantidade alarmante de meninos e meninas que aparentemente tinham largado o colegial e fugido de casa. Mas isso ainda não era nada em comparação ao que se antecipava. Tanto os líderes comunitários como a polícia previam um influxo de visitantes entre 50 mil e 200 mil pessoas até o final do verão — o que, independentemente do número exato, poderia significar um desastre.

Os Diggers — que desafiavam a opinião majoritária no Haight — viviam às turras com muitos líderes comunitários havia já algum tempo. A polícia intensificara recentemente as prisões relacionadas a drogas, mas o jornal *The Oracle* e o comércio hippie acreditavam que o diálogo com o chefe da polícia e os guardas de rua aumentaria a empatia mútua e ajudaria a mitigar o problema. Um lojista colocou um cartaz na vitrine: "Convide um tira para jantar". Para os Diggers, isso não passava de uma inútil mensagem de conciliação. Eles distribuíram um panfleto: "Se você é ou não um proprietário, convide um tira para jantar nesta semana e alimente o poder dele de julgar a moralidade de San Francisco". Os Diggers atribuíam grande parte da culpa pela iminente explosão demográfica à associação Proprietários Independentes de Haight (HIP, em inglês), entidade comercial formada em novembro de 1966. Também desaprovavam o jornal da comunidade psicodélica, *The Oracle*, e alguns dos que se consideravam porta-vozes da nova cultura, como Timothy Leary, cujo retumbante apelo para que os jovens abandonassem as obrigações sociais e se ligassem nas iluminações do LSD era, eles acreditavam, irresponsável e intencionalmente ingênuo. Para os Diggers, esses interesses mercantilizavam a comunidade e espoliavam sua proposta original. Emmett Grogan e outros Diggers imaginavam o Haight-Ashbury como uma pequena vila autossustentável, com economia própria e capacidade de se inventar. O *Oracle*, contudo, divisava uma transformação praticamente global (na realidade, o jornal tinha 100 mil leitores no mundo todo), com eventos como o Human Be-In servindo de chamariz para imigrantes de todo o país que, na opinião dos Diggers, destruiriam o Haight-Ashbury e tudo o que sua comunidade vinha tentando conquistar.

Alguns acontecimentos nos meses que antecederam o Verão do Amor tiveram aspectos curiosos, absurdos mesmo. Isso porque a voga psicodélica não apenas dava lucro como influenciava a resposta de empresários às tendências. Em *The Haight-Ashbury*, Charles Perry chama a atenção para o comentário de um publicitário no *Washington Post*: "As pessoas de repente estão se dando conta de um segmento da população que quase controla o que se compra e não se compra — como se o ano passado não tivesse existido. A indústria está animada e se pergunta: 'Como entrar em contato com essa demanda? O que podemos produzir ou copiar?'". O que talvez explique por que a Gray Line Bus Company iniciou a "San Francisco Haight-Ashbury District 'Hippie-Hop Tour'" — "a única excursão para o estrangeiro dentro dos Estados Unidos". No início, os moradores aceitaram a excursão com bom humor, mas logo começaram a se incomodar com turistas embasbacados, que olhavam os hippies como se estivessem no zoológico. Antes disso, os Diggers tinham se apoderado de um dos ônibus de turistas e o desviaram para a casa do Grateful Dead em Ashbury — uma parada que posteriormente foi tornada obrigatória na excursão da Gray Line. Por fim, os moradores passaram a seguir os ônibus, às vezes mostrando espelhos aos turistas, outras vezes atirando tomates nos veículos. Em maio, a Gray Line cancelou as excursões.

Mas o problema de como lidar com a invasão de imigrantes e turistas continuava preocupante. No início de fevereiro, os Diggers e os lojistas hippies tiveram um encontro para discutir a questão. Os Diggers já providenciavam abrigos para acomodar jovens que tivessem largado a escola e outros viajantes, e se surpreenderam ao saber que tudo o que a HIP planejava era dar acesso a assessoria legal gratuita e trabalhos em cooperativas. Isso foi a gota d'água para o líder dos Diggers, Emmett Grogan, que denunciou a entidade por falta de responsabilidade. Os Diggers, no entanto, não estavam sozinhos na tentativa de preparar a cidade para uma invasão. Na primavera, com objetivo de evitar uma crise, ministros episcopais solicitaram a autoridades municipais permissão para que se pudesse acampar no Golden Gate Park. Mas o chefe da polícia de San Francisco, Thomas Cahill (o homem que cunhou a expressão "Geração do Amor"), descartou a possibilidade com o argumento de que "qualquer incentivo [...] que atraia mais pessoas indesejáveis para as áreas problemáticas de San Francisco é um desserviço à comunidade". No dia seguinte, o prefeito John Shelley declarou que os hippies que chegassem à cidade não seriam oficialmente bem-vindos.

Um dos Diggers, Peter Cohon (o ator Peter Coyote), achava que, embora a iminência da chegada dos jovens ao Haight representasse sobrecarga para os recursos dos Diggers, a direção do movimento não tinha alternativa a não ser continuar com seus esforços. "A cidade", Coyote disse mais tarde, "estava [...] dizendo àqueles jovens — que tinham a nossa idade, alguns até eram mais jovens — que se mandassem. Mas eles eram gente como a gente. Aquilo era a América, e aqueles eram os nossos jovens." Os Diggers certamente compreendiam os riscos de dar abrigo a fugitivos: isso poderia expor a vizinhança a uma fiscalização ainda maior da polícia, com perigo de mais prisões por porte de drogas. O ativista radical Abbie Hoffman, que por um tempo se considerou um Digger, certa vez comparou os jovens naquela situação a "escravos fugitivos". Entregá-los significaria solapar todos os princípios da comunidade hippie.

Em maio, foi fundada a Haight-Ashbury Switchboard, uma entidade que dava assistência 24 horas por dia aos recém-chegados, ajudando-os a encontrar lugar para dormir e comer e os orientando durante a crise. No mês seguinte, foi inaugurada a Free Clinic, com trinta médicos voluntários e que também funcionava dia e noite. Ainda assim, as preocupações persistiam. Em meados de abril, Chester Anderson, o "cão de guarda" do Haight, produziu o mais famoso e perturbador panfleto da história da comunidade:

> Uma garota de dezesseis anos, classe média, vem para o Haight para ver o que está rolando por aqui, aí cai nas mãos de um traficante de dezessete anos que dá um monte de bolinha para ela, fora umas trezentas *mikes* [alta dose de LSD], e depois

ainda rifa seu corpo para a maior curra já havida na Haigh Street, isto é, desde a noite anterior.

A política & a ética do êxtase.

Na Haight Street, o estupro é tão comum quanto papo-furado.

Numa ocasião anterior, Anderson escrevera: "Você está ciente de que a Haight Street é tão perigosa quanto os caretas estão dizendo?".

E ainda faltavam algumas semanas para começar o Verão do Amor.

Apesar da crescente sensação de crise, as pistas de dança continuavam cheias e as bandas da nova geração pipocavam em San Francisco. O Jefferson Airplane — em que tocavam instrumentistas de folk e blues sob a liderança do vocalista Marty Balin, que queria fazer uma banda de folk-rock — foi o primeiro grupo realmente de sucesso que emergiu no Haight, tornando-se mais tarde um dos mais estimulantes da região. Em maio, seu segundo álbum, *Surrealistic Pillow* (o primeiro a contar com a voz sublime de Grace Slick, vinda do Great Society, e o melhor da banda ao lado de *Bless its Pointed Little Head*), chegou ao terceiro lugar na lista dos mais vendidos e rendeu dois notáveis compactos, "Somebody to Love" e "White Rabbit" (este, em parte, um hino de celebração aos psicodélicos). Já o Grateful Dead — a banda dos *acid tests* de Ken Kesey — gravou um primeiro disco que, para muitos, ficou aquém das famosas apresentações ao vivo (mais tarde reunidas no memorável *Live Dead*). Ainda assim, esse primeiro álbum, *Grateful Dead*, o único deslavadamente roqueiro da banda, tinha várias músicas que permaneceriam para sempre em seu repertório de shows. Outros grupos também eram presenças obrigatórias. Country Joe and The Fish, de Berkeley, foi a única banda importante a tratar abertamente da militância política radical, e seu primeiro álbum, *Eletric Music for the Mind and Body*, ainda é um dos melhores trabalhos da fase psicodélica de San Francisco. O Quicksilver Messenger Service, embora não tivesse gravado antes de 1968, revelou-se, em suas melhores apresentações, a banda mais arrebatadora de San Francisco, conhecida por longas suítes musicais e hipnóticos trechos instrumentais em que se destacavam a guitarra rápida e sinuosa de John Cipollina e a bateria compulsiva de Greg Elmore. (Em quase todos os casos, bateristas dinâmicos e criativos eram essenciais para o sucesso das bandas da cidade.)

Mas o azarão entre os grupos do Haight acabou sendo o Big Brother and the Holding Company, em que cantava Janis Joplin, como ficou evidente em junho no Festival Pop de Monterey. O festival foi concebido por John Phillips, do The Mamas and the Papas, e pelo produtor de discos Lou Adler como uma mostra das novas sensibilidades da música popular, folk e do rock de vanguarda, mas as bandas de San Francisco se mostraram desconfiadas das intenções dos organizadores baseados em Los Angeles.

Inicialmente, a maioria dos artistas da cidade se recusou a assinar um documento cedendo as imagens das apresentações para um filme. Só o fizeram, durante o festival, depois de compreender que, como o evento não cobraria ingresso, essa seria a única maneira de recuperar parte do investimento. No caso do Big Brother and the Holding Company, a decisão levou a um momento histórico. Embora seus músicos tivessem a fama de fazer apresentações meio desajeitadas, a aparição da banda no filme *Monterey Pop*, de D. A. Pennebaker, é hipnotizante, e a interpretação de Joplin de "Ball and Chain", de Big Mama Thornton, fundindo uma dor profunda e um irresistível erotismo, talvez seja o ponto alto do festival — um momento febril que transformou Joplin instantaneamente na maior estrela do Haight. O curioso era que Joplin desprezava os psicodélicos; ela e outros membros da banda preferiam álcool (referiam-se a si próprios como "alcoodélicos") e heroína. Mais tarde, Joplin mais ou menos repudiou a comunidade que a acolhera. "Esses caras são uma fraude, a porra dessa cultura toda é uma fraude", disse. "Eles ficam aí reclamando de lavagem cerebral por parte dos seus pais e fazem a mesma coisa."

O festival levou muito da culpa por fomentar o estrelato numa comunidade de iguais e desvirtuar o ambiente do rock em San Francisco, mas esse julgamento não é justo nem preciso. Vários artistas — em particular a banda Jefferson Airplane e Janis Joplin — já tinham ambições que iam além do sucesso local, e a maioria se sentia cada vez mais desencorajada pela atmosfera crescentemente corrosiva do Haight. No fim, foi a música gerada na comunidade que permaneceu como o legado mais palpável de todo o experimento. Ela ainda repercute, ainda tem verve e vida, ainda faz lembrar a sensação de confiança com que se apostou no desconhecido.

Na realidade, aquela música tinha tanta força que ajudou a criar e disseminar no mundo a visão do Haight como um centro de epifanias, inconsciente da crise que se aproximava na vizinhança. A propósito, a sombria realidade do Haight não se impôs ao resto de San Francisco, onde muitos outros jovens sentiam de fato estar vivendo o sonho do Verão do Amor. As duas principais casas com pistas de dança, Avalon e Fillmore, se localizavam fora do Haight e atraíam jovens de todas as partes da baía de San Francisco. A experiência nesses lugares levava ao êxtase, como notou Ralph Gleason: "Lá, jovens e adultos chamam a atenção pela paz que transmitem". Essa era também a impressão passada por jovens de fora da Califórnia. A imprensa pintava a cena musical do Haight--Ashbury e de San Francisco como algo ao mesmo tempo deplorável e fascinante, mas o mais significativo era que a própria música propagava os sons e as imagens da transformação. Para muitos, era difícil ouvir a música que surgia em 1967 e não querer ir para San Francisco, com sua promessa aparente de uma comunidade fundada em ideias de esperança e harmonia — aonde a guerra não chegava — e possibilidades de incríveis aventuras psicodélicas e sexuais. Esse era um mundo novo, que estava lá para quem pegasse a estrada.

Dias antes do verão de 1967, o sucesso do cantor folk Scott McKenzie, "San Francisco (Be Sure to Wear Flowers in Your Hair)" [San Francisco (não deixe de pôr flores no seu cabelo)], composta por John Phillips, do The Mamas and the Papas, não parava de tocar nas rádios. A singeleza da promessa de um tempo dourado era exasperante — "*For those who come to San Francisco/ Summertime will be a love-in there/ In the streets of San Francisco/ Gentle people with flowers in their hair*" [Para os que vierem a San Francisco/ O verão será só de amor/ Nas ruas de San Francisco/ Pessoas gentis com flores nos cabelos] — e ainda assim havia algo inegavelmente adorável, assombroso mesmo, a respeito da música. A voz de McKenzie, a maneira com que o som evolui num espaço de gravidade nula enquanto o baixo pulsante prepara o clima onírico da canção, tudo isso agora remete a um passado pungente, o ideal de serenidade descrito na letra. A utopia imaginada na música, como todas as utopias, revelou-se ilusória, mas seu mito era agora inexoravelmente sedutor.

Verdade seja dita, a ideia de uma comunidade formada em torno do LSD constituía, tanto quanto a música, parte essencial do fascínio. O LSD era, antes de tudo, a droga que promovia notáveis encontros interiores e interpessoais. No Haight, o LSD se tornou instrumento de vínculo — uma maneira de afirmar uma nova fraternidade e forjar um novo paradigma, diferente da velha ordem. Essa perspectiva podia fazer com que, sob o efeito da droga, os jovens sentissem compartilhar uma descoberta — sobretudo nas salas escuras, onde se dançava e ouvia música —, mas as viagens de ácido aconteciam na cabeça dos usuários e em geral terminavam lá mesmo. Timothy Leary compreendeu isso, e defendeu que, para uma experiência psicológica saudável, o usuário deveria ter preparo mental e estar num ambiente tranquilizador. Claro, Ken Kesey também gostava da intensa realidade interna do LSD, mas sua intenção era fomentar a perplexidade (ou pior) em ambientes relativamente sem controle. Várias pessoas saíam dos *acids tests* profundamente perturbadas, e muitos achavam que, para Kesey, era esse o ideal.

O modelo de Kesey teve grande peso na conduta dos jovens do Haight, mas o uso de psicodélicos em eventos públicos — mesmo entre amigos — sempre podia acarretar algum perigo. Isso ficou evidente no dia em que o verão começou, em 21 de junho, quando os Diggers fizeram seu próprio evento, uma festividade no solstício de verão que "deixaria aquela coisa de Human Be-in para colegiais, publicitários e jornalistas". Quando o Verão do Amor realmente teve início, drogas mais pesadas começaram a entrar no Haight. O pior aconteceu na festa dos Diggers, de acordo com o relato de Martin Torgoff em *Can't Find My Way Home: America in the Great Stoned Age, 1945-2000* [Não consigo achar o caminho de volta: a América na Idade do Barato, 1945-2000]. Uma nova droga, STP, produzida por Owsley Stanley, começou a circular durante as comemorações do solstício. STP são as iniciais de Serenidade, Tranquilidade e Paz, embora a droga não provoque nada disso: mantém os usuários em estado psicodélico por até três dias, e para muitos não foi uma experiência nada agradável. Pelas contas de Torgoff, 5 mil pessoas tomaram a droga no evento do solstício, e durante três dias os prontos-socorros de San Francisco ficaram lotados com jovens que se deram mal com o STP. Eles receberam doses de Thorazine, um antipsicótico com efeito de calmante normalmente prescrito aos que tomam LSD, mas no caso do STP o remédio não funcionou. Em vez disso, apenas tornou mais intensos os efeitos horríveis do alucinógeno.

O evento pareceu corresponder ao declinante interesse pelos psicodélicos no Haight. Na realidade, muitos dos que chegavam a San Francisco preferiam outras drogas. Jovens no Haight-Ashbury estavam agora tomando metedrina, uma anfetamina. Vários outros experimentavam heroína, às vezes para combater os efeitos das anfetaminas, que deixam a pessoa ligada e agitada. Todas essas drogas tinham uma coisa em comum: eram maneiras de administrar a apreensão e o desolamento que dominavam as ruas e muitas casas do Haight-Ashbury.

Elas também eram perigosas. Drogas injetáveis sempre significam risco de infecção e overdose, e as anfetaminas — as bolinhas — podem também levar à psicose e mesmo à violência mais rapidamente do que os psicodélicos. "A criminalidade estava crescendo e ficava cada vez mais difícil lidar com isso", disse Carolyn Adams (conhecida no Haight como Mountain Girl, a ex-mulher de Jerry Garcia) a Nicholas Von Hoffman em *We Are the People Our Parentes Warned Us Against* [Somos as pessoas sobre quem nossos pais nos advertiram]. "Essa coisa de liberdade estava se tornando liberdade de fazer sexo em público — liberdade de quebrar uma garrafa, liberdade de bater nos outros, liberdade de pisar em alguém no chão. [...] Esses poderosos elementos de destruição tinham de repente entrado na bonita festa ao ar livre que estava rolando desde o Human Be-In." Logo os integrantes do Grateful Dead começaram a procurar um novo lugar para morar com suas famílias.

Naquele mesmo junho em que "San Francisco" fazia sucesso, o *Oracle* publicou um editorial tentando enfrentar as iminentes dificuldades do Verão do Amor. Em março, o jornal perguntara: "O sucesso vai prejudicar o Haight-Ashbury?". O redator respondeu: "Talvez. Provavelmente. [...] Mas não se nós formos muito, muito bons. E cuidadosos". Agora, os editores do *Oracle* admitiam que eles e outros que haviam estado à frente do movimento não tinham sido capazes de obter da cidade a ajuda necessária para dar apoio aos jovens que se aglomeravam não apenas no Haight, mas em toda a baía. Exortaram os leitores a criar suas próprias comunidades alternativas, mas não em San Francisco. Se a sugestão teve algum efeito — e talvez tenha tido — não deu para perceber. As coisas estavam começando a ficar ruins, e não havia sinais de que fossem melhorar.

No auge do verão de 1967 no Haight-Ashbury, vendiam-se e se consumiam drogas pesadas — drogas que não eram o que pareciam ser —, havia espancamentos nas ruas e confrontos com a polícia. Numa noite no início de julho, uma tentativa da polícia de desbloquear um cruzamento se transformou num choque violento. Um homem que passeava com seu cão pastor foi preso, e um policial matou o cachorro com golpes de cassetete. O Haight tornou-se um lugar altamente inflamável, mas, em vez de explodir, o bairro se consumiu nas chamas.

No início de agosto, um traficante foi encontrado morto em seu apartamento perto do Haight. Tinha sido esfaqueado uma dúzia de vezes, e seu braço direito — o braço em que acorrentava sua pasta — fora decepado e levado embora. O homem preso mais tarde pelo assassinato ainda tinha o braço com ele, e disse que, depois de tanto tomar LSD e ter *bad trips*, não sabia explicar por que fizera aquilo. Três dias depois, um segundo homem foi assassinado, dessa vez no condado de Marin. Era um fornecedor de LSD, muito conhecido no Haight-Ashbury. Entre as notícias dos dois assassinatos, uma coisa inusitada aconteceu: o beatle George Harrison e sua mulher, Pattie Boyd, fizeram uma rápida visita ao Haight. Harrison chegou já sob o efeito do LSD e foi passear pela Haight Street em direção a Panhandle. Logo foi reconhecido e lhe pediram para cantar. Dedilhou um violão que colocaram em suas mãos e cantou "Baby You're a Rich Man", mas achou a experiência desconcertante e logo foi embora. Mais tarde, Harrison disse que esperava ter encontrado alguma coisa mais urbana no Haight, algo que lembrasse mais o ambiente psicodélico de Londres. Em vez disso, ficou consternado pelos "repelentes adolescentes cheios de espinhas" que viu ali, e antes de deixar a cidade decidiu não tomar mais LSD. (Apesar dessa experiência, em 1974, Harrison doou 66 mil dólares para a Free Clinic do Haight-Ashbury, evitando que o estabelecimento fechasse as portas.)

Quando terminou o Verão do Amor, em setembro, mais de 75 mil pessoas haviam visitado o Haight-Ashbury. Há muitas estatísticas e relatos subjetivos sobre quantas pessoas tiveram más experiências com drogas ou apresentaram problemas de saúde durante aquele período. Por exemplo, a Free Clinic tratou mais de 12 mil pacientes em três meses e o Hospital Geral de San Francisco registrou, entre fevereiro e julho, cinco vezes mais atendimentos de casos graves relacionados a drogas. Dados de outras organizações variam muito; é difícil obter informações confiáveis sobre o consumo de drogas numa comunidade em que a população é flutuante e desconfiada. Embora seja certo que milhares de pessoas tenham tomado LSD em San Francisco na segunda metade dos anos 1960 (segundo um dado que costuma ser citado, 4 milhões de americanos teriam tomado a droga até 1964, o que parece implausível), não se pode determinar o resultado ou a gravidade desses incidentes. O Haight-Ashbury pode ter sido o maior laboratório de experimentos com drogas na história da América, mas ninguém o monitorava com objetividade. Talvez o pior nunca tenha sido quantificado. No relato de Joan Didion sobre o Haight durante 1967, "Slouching Towards Bethlehem" [Arqueado rumo a Belém], ela conta ter encontrado uma menina de cinco anos, Susan, lendo uma história em quadrinhos, chapada de LSD. A mãe, Didion escreveu, havia um ano dava LSD e peiote para a menina. Era uma visão insuportável de um sonho que, sem que se soubesse quando, se transformara em pesadelo.

Veio outubro, Ron e Jay Thelins fecharam a Psychedelic Shop e deixaram um cartaz na vitrine: "Nebraska precisa mais de você". Nessa altura, moradores saíam do distrito em busca de casas mais seguras, outras comunidades e vida no campo. O Grateful Dead, no entanto, não se mudou rápido o suficiente: em 2 de outubro a polícia entrou na casa deles em Ashbury Street e prendeu dois integrantes (Bob Weir e Pigpen) por posse de droga. Quatro dias mais tarde, os Diggers lideraram uma marcha fúnebre, a Morte do Hippie/Nascimento do Homem Livre, até a esquina da Haight com a Ashbury, carregando um esquife de papelão. Não foram muitos os que aderiram à manifestação. Alguns se perguntavam por que um grupo que atacava qualquer um que estivesse em posição de liderança ainda tentava determinar os pontos de vista da comunidade. Ninguém pensou de verdade que o movimento hippie estivesse realmente morto.

Tanto a prisão dos integrantes do Grateful Dead como a procissão Morte do Hippie tiveram cobertura no primeiro número de uma nova revista, a *Rolling Stone*, com data de 9 de novembro de 1967. A *Rolling Stone* foi fundada por Jann Wenner, que estudara na Universidade da Califórnia, em Berkeley. No início daquele ano, Wenner procurara seu amigo Ralph J. Gleason, colunista do *San Francisco Chronicle* que escrevia sobre a nova música na cidade, com uma ideia: queria lançar uma publicação diferente sobre música — uma revista que desse o devido valor cultural e revolucionário ao rock and roll. "A *Rolling Stone*", Wenner escreveu no primeiro número da revista, "não é apenas sobre música, mas sobre as coisas e as atitudes nela contidas." A revista cobriria a cena cultural de San Francisco de maneira definitiva. Também abordaria notícias e atitudes relativas a drogas ilegais e à nova cultura que tomava — e perturbava — a América. Esse era o terreno que o distrito de Haight tornou promissor para os anos que viriam.

O Haight propriamente, no entanto, tinha acabado. "Era como se alguém tivesse passado pelo bairro com um lança-chamas", disse mais tarde o poeta Michael McClure. Vários moradores passaram a viver em comunidades autossustentáveis, alguns foram para cidades próximas e outros para áreas rurais da Califórnia e de outros estados. (Em 1968, Stewart Brand, que integrou o Merry Pranksters de Ken Kesey e organizou o Trips Festival de 1966 — evento que teve papel central no movimento hippie —, criou o *The Whole Earth Catalog*, uma inovadora e influente fonte de informações para quem desejava morar no campo.) Muitas outras pessoas foram para Berkeley e áreas em torno de Oakland, onde ainda havia aluguéis baratos. Berkeley — que fora, desde o movimento Free Speech de 1964, na Universidade da Califórnia, o centro da militância pelas liberdades civis e do radicalismo político — também testemunhou os extraordinários eventos de 1967, que chegaram ao auge em outubro, quando foram realizadas em Oakland as manifestações contra o alistamento militar, origem do crescente movimento pacifista nos Estados Unidos. Com o tempo, a avenida Telegraph se tornou a nova Haight Street, embora a polícia de Berkeley — que não distinguia entre jovens cabeludos e militantes pacifistas — tenha sido ainda mais implacável ao hostilizar hippies e estudantes. As tensões se intensificaram e atingiram o ponto culminante em maio de 1968, quando houve uma disputa entre a Universidade de Berkeley e os estudantes sobre uma área contestada, o People's Park. A polícia acabou tomando o terreno num confronto violento. O governador Ronald Reagan elogiou a ação da polícia e enviou mil soldados da Guarda Nacional para conter qualquer outra eventual reação. Na essência, foi uma pá de cal naquilo que tinha se tornado o movimento Haight-Ashbury.

Ainda assim, vários moradores do Haight-Ashbury — músicos, ex-líderes comunitários, lojistas — atravessaram a Golden Gate Bridge e se mudaram para os condados ao norte de Marin e Sonoma, com mais espaço disponível e não totalmente urbanizados. Os mais notáveis desses imigrantes foram os membros do Grateful Dead, "a banda da galera", como era chamada no Haight-Ashbury — a banda que se importava com seu público e que frequentemente se apresentava de graça para a comunidade. Quando o auge do Haight ficou para trás, foi o Grateful Dead — e apenas o Dead, de todas as bandas de San Francisco — que carregou os ideais de camaradagem e compaixão que a maioria das bandas nascidas nos anos 1960 tinha abandonado e que muitos roqueiros que surgiram depois repudiaram em favor de ideais mais severos. Embora a banda tenha trocado San Francisco pelo conforto campestre de Marin, seus integrantes levaram consigo um pouco do melhor espírito do Haight, que os acompanhou nas três décadas em que excursionaram pelo mundo. De um modo geral, as pessoas que iam aos shows não eram apenas um público, mas uma sociedade dispersa que, ao se reunir, revivia o ideal das pistas de dança de San Francisco dos anos 1966 e 1967 — uma possibilidade que existiu enquanto o Dead durou.

Quando Jerry Garcia morreu, em agosto de 1995, hasteou-se uma bandeira tingida à moda hippie na prefeitura de San Francisco e as bandeiras próximas foram baixadas a meio mastro. Foi um gesto apropriado de um governo que certa vez temera o movimento e as mudanças sociais que o Haight representara, e que agora não apenas homenageava um grande músico e roqueiro, mas também reconhecia que a aventura no Haight-Ashbury provara ser o capítulo mais notável da história moderna da cidade. Ao longo dos anos, San Francisco incorporou o que de melhor aquela comunidade tinha produzido.

O que deu errado no Haight-Ashbury? Como uma aventura que começou com a exploração de novas formas de criatividade, de vida, de pensamento se transformou num ambiente de horror e decadência? Ou os valores e a avaliação estariam errados desde o começo? Esse debate se dá há mais de quarenta anos.

Parte da ascensão e queda do Haight foram os psicodélicos e a maneira como essas drogas levavam as pessoas a compartilhar experiências extraordinárias. "Em lugares tão públicos como o Haight-Ashbury ou tão privados como as fazendas do Kansas", escreveu David Farber em *The Age of Great Dreams: America in the 1960s* [A era dos grandes sonhos: a América nos anos 1960], "os jovens tomavam ácido, imaginavam o impossível e tentavam vivê-lo." Esse era o milagre das drogas, mas também sua maldição: os efeitos do LSD, no momento, pareciam ter potencial inesgotável para mudar uma vida e virar o mundo de cabeça para baixo. Mas a experiência do LSD não funcionava na escala que teve no Haight. Nem tanto devido ao estrago que a droga parecia causar; apesar de toda a histeria da imprensa e das terríveis histórias contadas, os danos provocados pelo LSD eram bem limitados. Milhões de pessoas tomaram ácido, e as vidas transtornadas pela droga certamente não foram tantas quanto as destruídas por drogas mais pesadas ou pela ruína legalmente permitida do consumo excessivo de álcool.

O LSD, é preciso que se diga, foi uma experiência incrível. Podia ser divertido, ousado e até mesmo assustador. Mas quase todos os que resistimos àquela tempestade cerebral nos recuperamos e seguimos em frente. Se a droga nos acrescentou alguma coisa ou não é outra história. Ainda assim, o LSD era radical. O grande perigo da droga não era a insanidade nem mesmo a sublevação, mas o rompimento das barreiras das possibilidades, o que nem sempre resulta em algo benéfico, como notou Carolyn Adams quando se referiu àquela "coisa de liberdade" que deu errado no Haight. No nível comunitário, de massa, o LSD ajudou a transformar noções familiares de ordem — e na América do final dos anos 1960 quebrar convenções sociais era frequentemente construtivo. Mas a cultura dominante da nação não se mostrava disposta a tolerar as rupturas derivadas dos alucinógenos nos lares, nas escolas e no âmago da mentalidade racional. O LSD era assustador demais para ser aceito socialmente, e a identificação do Haight-Ashbury com a droga repugnava a muitos. Parece distante o tempo em que um bairro tinha o poder de desestabilizar e instigar uma nação inteira. O que aconteceu em San Francisco foi visto como fissura nas convicções modernas — como praga ou prodígio. Desde então, as transformações, não só no Haight e sua vizinhança, mas em cidades e escolas do país, foram denunciadas como fonte de muitos dilemas sociais subsequentes, inclusive problemas com drogas e atividade sexual endêmica dos jovens. O movimento hippie dos anos 1960, como não cansam de repetir os críticos conservadores, degenerou — corrompeu mesmo — a civilização americana: liberou espectros assustadores e poderosos que continuam a nos perseguir e prejudicar, e por isso, dizem os detratores, é preciso resistir à permissividade engendrada pelo movimento e, se possível, revertê-la. A contracultura dos anos 1960 se transformou no bode expiatório da mudança social que, de certa maneira, já estava em andamento, decorrente de um complexo emaranhado de circunstâncias. A verdade é que as drogas legais representavam um flagelo social para a América bem antes da popularidade das drogas ilegais, como a maconha e os psicodélicos, e o fato de a sexualidade ter se tornado mais permissiva foi consequência do advento da pílula anticoncepcional, e não das drogas. De qualquer maneira, a atitude mais liberal em relação ao sexo e à divulgação de ideias controversas foram evidentes avanços para o país.

Outras consequências provaram ser claramente enriquecedoras. A sensação de estar em conexão — as pessoas em Haight sentiam pertencer a um mesmo lugar e ter as mesmas ideias — e a crença cada vez maior dos adeptos da contracultura na primazia do mundo natural sobre o materialismo moderno logo intensificaram o vínculo com o meio ambiente, que a humanidade, dele dependente, tem continuamente deteriorado. Não há dúvida de que as preocupações ambientais já existiam, mas a contracultura ajudou a transformá-las num movimento global que nunca mais perderia o sentido de urgência. Em março de 1970, depois de uma campanha nos Estados Unidos e na ONU, criou-se em San Francisco o Dia da Terra, que desde então vem ganhando importância.

O movimento hippie também teve grande influência sobre como os americanos (e outras nacionalidades ocidentais) viam e julgavam uns aos outros e se toleravam mutuamente — embora essa mudança tenha ocorrido de forma intermitente e complexa. No início, tratava-se mais de questões ligadas à aparência. Mais e mais rapazes, por exemplo, deixavam o cabelo crescer. A moda, claro, tinha começado com a chegada dos Beatles à América em fevereiro de 1964 e continuou em vigor nos anos seguintes; as escolas tentaram proibir o estilo e um sem-número de empresas americanas se recusou a contratar homens com cabelos compridos. Em 1967, os cabelos dos jovens tinham chegado aos ombros e às vezes eram ainda mais longos. A tendência provocou hostilidade e até violência. O comprimento do cabelo masculino não foi questão de somenos importância na moda do século xx — para alguns, anunciava uma efeminação suspeita; para muitos outros, tratava-se do emblema de um ideário radical e de ações vistas como afronta a valores duradouros. Ou seja, cabelos longos — assim como penduricalhos, jeans desbotados e camisetas tingidas — eram considerados um insulto deliberado aos padrões mais comportados do pós-guerra, uma violação das maneiras civilizadas, um repúdio aos valores americanos. (O filme *Easy Rider: Sem destino* era em parte sobre isso: as pessoas arriscavam suas vidas por causa dessas diferenças.) Em pouco tempo, mais pessoas adotaram esse estilo, até que, nos anos 1970, cabelos longos passaram a significar pouco mais do que uma preferência pessoal — mesmo conservadores e reacionários podiam deixar o cabelo crescer sem que isso representasse qualquer perigo. Mais importante foi o fato de que muitas pessoas, mesmo sem nenhuma devoção especial ao ideário hippie e radical, começaram a fumar maconha. Além disso, aceitaram mudanças na moralidade sexual e nas convicções políticas. (Em 1972, essa nova perspectiva em grande parte reformou o Partido Democrata, depois da debacle da Convenção de Chicago de 1968.) Isso seria o progresso? Se não era o progresso, era pelo menos uma grande mudança, e embora desvios de conduta e atitudes não conformistas sejam ainda frequentemente objeto de escárnio, a mentalidade mais aberta e a liberalização social significaram importantes avanços em campos onde nunca mais haveria recuos.

Foi assim que o espírito identificado com 1967 — ou, mais precisamente, o efeito combinado do movimento hippie, das mudanças no mundo do rock e do ativismo político — se espalhou pelo mundo. Foi assim que aquele ano mudou as possibilidades da vida em comunidade e da própria vida, e mostrou como novas formas de democracia podiam surgir das ruas e das periferias da sociedade americana. O Haight e a cultura que esse distrito representou inicialmente influenciaram através da música e do impacto que tiveram em comunidades similares ao redor do país e, mais tarde — de maneira mais duradoura —, através do efeito de suas ideias, atitudes e práticas sociais e pessoais. Esse processo acabou não remodelando instituições, como esperavam alguns gurus da contracultura, nem significou um claro rompimento com o passado. Mas, em grande medida, reconfigurou a cultura e os costumes da América pelos quarenta anos seguintes — e, claro, deu origem à reação conservadora, que tenta fervorosamente anular as forças liberadas naquele tempo.

O que aconteceu em San Francisco e em toda a cultura jovem daquele tempo ainda vive em nós, quer gostemos ou não. Hoje, muito daquilo está assimilado, mas naquele ano, naquele verão, a transformação radical parecia estar em todos os lugares — na música, nas ruas, nos jornais, nas nossas casas — e isso era sensacional e provocador. Aquela atmosfera constituía a dinâmica central de uma guerra de valores que foi a história do fim dos anos 1960 e início dos anos 1970 na América. A aposta era alta dos dois lados — disputava-se nada menos do que o destino da alma da nação. Desde então, a história do nosso tempo tem sido marcada pela reação, pelo esforço para fazer recuar o espírito de transformação e de resistência daquele tempo, e pela tentativa de assegurar que nada daquilo aconteça de novo. Mas a história não pode ser completamente desfeita. Aquele rompimento ainda hoje tem ressonância em quase todas as disputas políticas e rupturas culturais. De uma maneira ou de outra, o debate sobre a San Francisco de 1967 nunca terá fim.

OS BEATLES: O AUGE E O LEGADO

O mistério em George Harrison

"George não é misterioso", disse John Lennon em 1968. "Mas o mistério *em* George é imenso. Observá-lo revelar aos poucos esse mistério é que é interessante."

Quando os Beatles começaram a ganhar fama, George Harrison era o personagem menos conhecido dessa força repentina e inexorável que passava a mudar a cultura e a história — mais tarde, porém, ele parecia ser o mais radical e surpreendente tesouro escondido da banda. Quando os Beatles acabaram, foi Harrison quem, dos quatro, inicialmente emplacou os maiores sucessos na carreira solo. Seu primeiro trabalho pós-Beatles foi épico e adorável e, na sequência, esteve à frente do mais singular concerto da história do rock. Era um homem sincero e de boa vontade. Mas desde meados dos anos 1970 George evitou aparições públicas e se afastou dos holofotes da música pop, recolhendo-se à sua enigmática mansão, onde permaneceu isolado, em meio a supostos temores e mantendo distância deliberada da moda pop contemporânea. Era um recuo ou seria, ao contrário, um meio de alcançar outra forma de realização? Será que Harrison não tinha mais necessidade do mundo que o amara com tanta intensidade, ou teria ele sofrido um desapontamento tão irreparável que fizera com que se tornasse um compositor — por vezes tão comovente — apenas esporádico?

"Ser um Beatle foi um pesadelo, uma história de horror", disse Harrison certa vez. "Não gosto nem de pensar nisso." Os Beatles receberam extraordinário carinho em sua carreira — e cada um deles cantou ao mundo que o amor era a chave da fé e do desejo que poderiam nos salvar e fazer nossas vidas valerem a pena. Como explicar, então, que tal dádiva pudesse se transformar em pesadelo a quem a ofertava? Por mais que isso tenha me intrigado, não encontrei a resposta. A única pessoa que poderia elucidar a questão morreu em 29 de novembro de 2001, depois de uma corajosa e dignificante batalha não apenas com a morte, mas com a vida.

George Harrison às vezes se referia a si próprio e a Ringo Starr como "Beatles de classe econômica". Era uma observação autodepreciativa e mordaz — uma maneira de assinalar que Paul McCartney e John Lennon eram o reconhecido e invejado cerne criativo da mais adorada banda de rock do mundo, além de serem seus integrantes mais ricos. Em contraste, ele e Ringo Starr eram vistos como talentosos e sortudos companheiros de viagem. Mas havia no comentário algo de revelador sobre as origens sociais e históricas dos Beatles. Anos atrás era possível visitar Liverpool e ver as casas e os bairros onde os membros do grupo cresceram, antes que as áreas recebessem melhoramentos e fossem declaradas oficialmente locais de nascimento dos Beatles abertos ao turismo. Uma visita dessas podia ser reveladora das origens dos músicos: John Lennon — o Beatle que mais intensamente alardeou solidariedade e identidade com a classe operária — cresceu em relativo conforto em comparação aos outros, sobretudo George e Ringo, que viveram em áreas mais duras, perigosas e deterioradas, equivalentes a conjuntos habitacionais para a população de baixa renda.

Aparentemente, no entanto, Harrison não sentia que sua infância tivesse sido de privações. Na realidade, de todos os Beatles, ele foi provavelmente o que cresceu no lar mais estruturado, onde sempre encontrava apoio. O pai, Harold Harrison, vinha de uma linhagem operária de Liverpool. Aos catorze anos Harry já se sustentava e aos dezessete trabalhou como camareiro a bordo de um famoso navio. Em maio de 1930 Harry se casou com Louise French. Quando estava prestes a se estabelecer em Liverpool com sua mulher, em 1936, a Grande Depressão que atingira a América chegou à Europa continental e à Inglaterra, arrasando a cidade que um dia fora respeitável. Por mais de um ano, Harry e

Louise dependeram do seguro-desemprego, como muitos outros orgulhosos moradores de Liverpool.

Harry acabou arrumando um emprego de motorista de ônibus e a família foi morar num subúrbio operário. Em 1931, nasceu o primeiro filho, uma menina, que recebeu o nome da mãe, Louise. Em 1934, o casal teve o primeiro menino, Harry, que em 1940 (o mesmo ano em que nasceu John Lennon) ganharia um irmão, Peter. Naqueles dias, a Luftwaffe, comandada por Hermann Goering, bombardeava Liverpool, destruindo as célebres docas da cidade. O medo e o perigo faziam parte do cotidiano dos moradores, como também o alimento racionado, a falta de comodidade e as limitações econômicas que — com guerra ou sem guerra — continuaram a separar partes do norte da Inglaterra de algumas áreas do sul, mais ricas. Foi nessas circunstâncias que, em 25 de fevereiro de 1943, nasceu o último e não planejado filho do casal, George (em homenagem ao rei George VI). Os Harrison passavam por dificuldades econômicas na época e em 1949 a família se mudou para uma casa subsidiada pela prefeitura em Speake, distrito próximo pobre e violento.

Mais tarde, Harrison compararia Liverpool e sua vizinhança ao então bairro barra-pesada de Bowery, em Nova York. Mesmo assim, os Harrison eram uma família unida (a mãe de George descreveu o caçula como "raramente mal comportado, [...] esperto [...] e extremamente independente"). O pai era um homem severo, mas justo (orgulhava-se de ser o melhor motorista de ônibus de Liverpool e se tornaria alto funcionário do sindicato dos condutores da cidade), e Louise tinha reputação de generosa e sociável, mas, como George, não tinha paciência com gente de ar superior. De qualquer maneira, a família não tinha grandes ambições, que eram as típicas de uma família de Liverpool depois da guerra. Os filhos mais velhos, Harry e Peter, largaram a escola cedo. George foi o único menino da família a concluir o equivalente ao ensino fundamental e, em 1954, entrou no colegial. De acordo com todos os relatos — inclusive o dele próprio —, George não se distinguiu nos estudos, embora, como acontecia com muitos jovens na Inglaterra e na América naquela época, o desinteresse por conhecimentos convencionais e padrões sociais fosse mais uma afirmação de seus talentos do que sinal de sua ausência.

Isso porque George Harrison — como os outros jovens com os quais ele logo estabeleceria uma célebre união — estava testemunhando o nascimento de uma revolução social e cultural que ficaria conhecida como rock and roll: o clamor dos jovens que repudiavam o éthos da enfadonha repressão dos anos 1950. De várias maneiras, a Grã-Bretanha estava tão madura para o cataclismo pop como a América estivera para Elvis Presley durante os tediosos anos que se seguiram à Segunda Guerra Mundial. Na Inglaterra — ao captar as reverberações não só de Presley, mas do ambiente do jazz de Miles Davies e da escrita rebelde de Jack Kerouac — os jovens passaram a ser considerados parte de uma enorme classe subcultural: o subproduto da população do pós-guerra, formada predominantemente por adolescentes com menos de dezoito anos. Para eles, a música pop era mais do que simples entretenimento ou revolução estilística: significava a ideia de uma sociedade autônoma. Os adolescentes britânicos não apenas rejeitavam os valores de seus pais — eles os substituíam por outros, embora ainda expressos em termos americanos, como a música de Presley, o rockabilly e a tradição do blues e do jazz.

Liverpool, mais do que a maioria das áreas metropolitanas da Grã-Bretanha, estava pronta para a explosão do rock and roll. Marinheiros americanos a visitavam regularmente por causa do porto e — como os turistas alemães que passavam pela cidade — levavam consigo discos de rhythm and blues. As lojas de Liverpool vendiam músicas americanas novas que, por serem muito barulhentas ou recentes, ainda não tocavam na rádio da BBC. Aos treze anos, George estava seduzido pelo rock, rockabilly e country. Em particular, gostava dos discos de Carl Perkins e Elvis Presley, da gravadora Sun, e achava Little Richard inacreditável.

Nessa época, os meninos britânicos iam para a escola arrumadinhos ou de terno, mas George cismou de usar calças bem apertadas e penteava o cabelo com brilhantina à maneira de outros teddy boys — os rebeldes que adotaram o rockabilly americano como causa. Quando o pai de George se mostrou preocupado com essa aparência delinquente, a mãe apoiou a audácia do caçula. "Já há gado de sobra por aí", ela disse ao marido. "Deixe o menino fazer como ele quer." George disse mais tarde: "Minha mãe sempre me estimulou. Acima de tudo, talvez, por jamais ter me desencorajado quando eu queria fazer alguma coisa. [...] Se você disser para uma criança não fazer algo, no fim ela vai fazer de qualquer maneira. [...] Eles me deixavam passar a noite fora e beber quando eu quisesse". Havia limites, no entanto, para o que seus pais permitiam. Embora George fosse bom em artes, não se saiu bem em nenhuma outra matéria, o que levou o diretor de uma escola a comentar que ele "não contribuiu em nada para a vida escolar". No colegial, que cursou no Instituto Liverpool, George acabou repetindo um ano, o que não contou a seus pais. Aproveitava as tardes nas casas de amigos e nos cinemas. Quando seus pais finalmente descobriram a verdade, não ficaram tão bravos, mas foram práticos: como George não estava mesmo indo à escola nem queria voltar a estudar, e como já tinha idade para ganhar uns trocados, então o melhor era arranjar emprego. Por insistência do pai, George aceitou ser aprendiz de eletricista na Blacker's, uma loja de departamentos de Liverpool.

Ele achou o trabalho entediante. Não queria ser eletricista. Não queria ser trabalhador braçal. Nessa época, um pop star britânico, Lonnie Donegan, dava uma resposta local ao rockabilly americano com uma música chamada skiffle — uma mistura do folk e blues americanos com textura country e uma cadência distintamente britânica. A moda se tornou tão popular que jovens de Liverpool começaram a andar com guitarras a tiracolo pela cidade, mais por causa do visual. Quando a mãe de George percebeu que o filho vivia desenhando guitarras, comprou-lhe um violão acústico barato. Com frequência, ele passava as noites em claro, tentando dominar os acordes, o dedilhado country e frases de rock, e logo compraria um modelo mais profissional, o Hofner. Certo dia, no ônibus do pai, George encontrou outro fã de skiffle e rock, Paul McCartney, um pouco mais velho que ele. McCartney começou a estudar guitarra na casa de George. Estava impressionado com a facilidade de George com o instrumento — tocava rockabilly e country, e McCartney lhe ensinou acordes e fraseados mais complexos de jazz usados pelo legendário violonista Django Reinhardt. Harrison, por sua vez, se impressionou com a extensão e a potência vocal de McCartney — sua habilidade de mimetizar os uivos guturais de Little Richard, bem como seu talento para memorizar e reproduzir melodias de baladas e do repertório pop. Os dois se tornaram grandes amigos, viajavam de carona nos fins de semana com suas guitarras, estavam sempre praticando, às vezes dormiam na areia ou em calçadas depois de longas noites tentando copiar os riffs de Carl Perkins, emular o poderoso e onírico estilo vocal dos Everly Brothers e Buddy Holly. Depois de assistir a um show de Buddy Holly e os Crickets no Empire Theatre de Liverpool, McCartney achou que os dois deveriam formar um duo ou uma banda deles próprios. George, no entanto, estava contente no papel de instrumentista e cantor ocasional.

Nos dois anos seguintes, George tocou em várias bandas locais — os Rebels, um efêmero grupo de skiffle, e o Les Stewart Quartet. Enquanto isso, Mc-Cartney se entusiasmou com outra banda de skiffle, Quarry Men, liderada por um impetuoso e carismático guitarrista e vocalista, John Lennon. Lennon tinha aparência arrogante — era sarcástico, rude mesmo, mas é difícil dizer se essas características eram sinal de confiança ou vulnerabilidade. Também era um conceituado estudante do Art College de Liverpool, embora tivesse pouca paciência com as pretensões da escola de arte. Era um daqueles adolescentes que se vestiam como um teddy boy e passava a impressão de ser alguém que, sem aviso prévio, podia se tornar agressivo, irônico e genioso. Embora tivesse crescido num ambiente de classe média, queria ser visto como um tipo da rua. Paul tinha um comportamento mais convencional e prudente, mas o talento de Lennon e seu domínio de cena o fascinavam, e ele logo foi aceito como integrante do Quarry Men, onde se tornou o segundo em comando.

Com o passar do tempo, McCartney começou a insistir com Lennon para que levassem Harrison ao Quarry Men. Lennon tinha ficado tão impressionado quanto Paul com o desempenho de George na guitarra, mas não estava inclinado a aceitá-lo na banda. Harrison era três anos mais jovem que John, e Lennon disse a Paul que não queria um "bebê" no grupo. Lennon também se irritava com o jeito de Harrison, que, meio deslocado em situações sociais, às vezes aparecia quando não era convidado, como um irmão caçula inoportuno (especialmente quando John ia se encontrar com sua namorada, Cynthia Powell). Mas John começou a gostar dele quando um dia George apareceu na casa onde vivia com sua tia Mimi e ela não permitiu que aquele garoto com roupas surradas entrasse na casa toda arrumada. "Por que não, Mimi?", disse John. "Ele é povão demais para uma aristocrata como a senhora?" Lennon apreciava também o fato de a mãe de George receber os jovens músicos em sua casa para ensaiar, sem reclamar nem tratá-los com condescendência. Além disso, depois que a mãe de John, Julia, morreu atropelada, ele ficou grato a George por tê-lo visitado e consolado. John finalmente cedeu: George foi aceito na banda. Só que nessa época o Quarry Men estava acabando.

No final dos anos 1950 e início dos anos 1960, Liverpool era talvez o centro musical mais promissor da Inglaterra. É verdade que se tratava de uma cidade portuária que se tornara decadente no pós-guerra, e que era vista por londrinos esnobes como um lugar degradado habitado por forasteiros. Mas em uma terra socialmente estratificada que estava cada vez mais distante das questões políticas e culturais contemporâneas, Liverpool tinha uma transbordante cultura pop, com muitas bandas que tocavam um sofisticado rhythm and blues e rock and roll — um movimento que logo ficaria conhecido como a cena pop de Merseyside.* Vários clubes abriram nessa área, em que se apresentavam Billy Fury, Gerry Marsden and the Pacemakers e Rory Storm and the Hurricanes (em que se destacava o baterista Richard Starkey, com o nome artístico de Ringo Starr). Embora o Quarry Men tivesse acabado, John Lennon, Paul McCartney e George Harrison continuavam tocando juntos. Havia outros integrantes que entravam e saíam enquanto a banda procurava um novo nome. Uma possibilidade: Johnny and the Moondogs. Outra: The Silver Beatles. (Lennon preferiu essa grafia peculiar de "*beetles*" [besouros] em parte porque as bandas de Merseyside estavam ficando conhecidas como grupos beat e em parte porque ele, Harrison e McCartney eram fãs de *On the Road: Pé na estrada*, de Jack Kerouac, e do movimento artístico e literário que o livro sintetizava.)

Finalmente, acabaram escolhendo um nome mais curto: The Beatles. Um amigo de John da escola de arte, Stu Sutcliffe, logo se juntou ao grupo como baixista. George e Paul não ficaram animados com a chegada de Sutcliffe: achavam que ele e John davam muita atenção um ao outro e, além disso, o consideravam um músico limitado. Passaram então a defender que Paul assumisse como baixista — mas naquele começo (e ainda por muitos anos), os Beatles eram liderados por John Lennon. Apesar de Sutcliffe, a principal dinâmica musical do grupo estava se desenvolvendo entre Lennon e McCartney: eles cantavam a maioria dos covers do crescente repertório de rock e começaram a compor suas próprias músicas. Na verdade, fizeram um acordo informal: os dois teriam crédito nas canções como Lennon-McCartney, sendo as composições em conjunto ou não. Isso deixava George um pouco de fora; ele tinha sido mais próximo de Paul, mas sabia estar perdendo espaço para John, cujo carisma também o cativara. De qualquer maneira, Harrison não desejava ardentemente se tornar compositor. Lennon permitia que de vez em quando ele cantasse uma música ou solasse, mas George rapidamente se subordinou aos dois companheiros. Quando sua posição na banda mudou, o resultado foi uma mudança nos Beatles e na importância do grupo.

---

* O condado em que Liverpool se localiza, cortado pelo rio Mersey. (N. T.)

Ainda assim, o lugar de Harrison nos Beatles parecia seguro, no mínimo porque nem Paul nem John (nem qualquer músico de Merseyside) tocava guitarra como ele — George sabia instintivamente como chegar à textura sonora ideal das músicas, o que dava inigualável vigor às primeiras apresentações dos Beatles. O resultado foi que se criou certa dinâmica entre os três: Lennon e McCartney, centro das atenções, davam ímpeto à banda, enquanto Harrison inicialmente se via como alguém que estava lá pela diversão e para explorar possibilidades. O grupo encarou a primeira excursão mais séria — na Escócia, em maio de 1960 — como um provável novo patamar, mas quando voltaram e se deram conta de que a melhor apresentação tinha sido um fundo musical para um show de striptease, George ficou desanimado. "Foi um trabalho", disse mais tarde, "mas definitivamente não era o que imaginávamos fazer quando nos juntamos. Quanto a mim, estava certo de que a banda nunca iria acontecer, o que me preocupava bastante. Afinal, a única alternativa razoável era arranjar um emprego de verdade. E, francamente, isso era algo de que a gente tinha horror."

No final de 1960, a sorte dos Beatles melhorou quando finalmente encontraram um baterista consistente, Pete Best. Os Beatles descobriram que as fãs de Liverpool achavam Best o mais sexy dos integrantes da banda; além disso, a mãe dele, Mona, tinha um clube noturno onde podiam tocar sempre que quisessem. Best, no entanto, não tinha tanta sintonia com os outros — não havia em relação a ele a mesma camaradagem com que os outros três se tratavam — e, como Stu, era considerado um músico limitado. Mesmo assim, um baterista era essencial para dar pulso e sensualidade a uma banda beat, e com Best os Beatles já podiam procurar um empresário. No final do verão daquele ano, um empresário de Liverpool, Allan Williams, conseguiu que fizessem uma temporada em clubes de Hamburgo, na Alemanha. Hamburgo era uma cidade agitada em que acontecia de tudo — era cheia de delinquentes, prostitutas e traficantes, mas contava também com um emergente movimento intelectual. Os Beatles, com o que tinham aprendido nas ruas e no meio artístico de Liverpool, foram aceitos por esses dois universos. Do submundo, obtinham sexo e drogas (tocavam oito horas por dia em clubes como o Indra e o Kaiserkeller, e não dispensavam uma mistura de Preludin — um tipo de bolinha — com cerveja alemã, um combustível para as animadas apresentações). E os existencialistas da cidade os acharam ousados e sensacionais. Em particular, dois artistas, Klaus Voorman (que mais tarde fez trabalhos gráficos para os Beatles e tocou baixo em vários projetos solos de seus integrantes) e a fotógrafa Astrid Kirchherr, adotaram a banda. Harrison arrastou as asas para o lado de Astrid, e embora ela o achasse o mais amável dos Beatles, acabou tendo um caso com Sutcliffe. Astrid foi também quem apresentou aos Beatles a moda dos cabelos compridos, adotada primeiro por Stu e George.

Harrison comentou certa vez que a temporada dos Beatles em Hamburgo foi a única "faculdade" que fizera na vida. Além das drogas e do sexo (ambos disponíveis em quantidade e variedade), os Beatles se acostumaram a tocar para um público entusiasmado e violento. Quase todas as noites havia brigas na plateia, e, enquanto testemunhavam pancadarias e esfaqueamentos, os Beatles tratavam de ficar espertos e levar as músicas até o fim. Numa ocasião, uma mesa foi atirada no palco, atingindo Paul. Noutra, viram um coitado na plateia ser jogado para fora do clube depois de ter sido atingido no pescoço com um gancho de pendurar carne. John nem sempre gostava da reação do público, e às vezes se referia aos alemães como "bastardos nazistas", para a satisfação de Harrison.

Enquanto estavam na Alemanha, ampliaram o repertório de rock, mas também aprenderam a intercalar nas apresentações músicas novas como "Sheik of Araby" e standards como "September Song" e "Summertime". Duas outras coisas importantes aconteceram com os Beatles na temporada de Hamburgo. Para começar, compreenderam que para atingir o sucesso precisavam se tornar uma banda mais afiada, e isso passava pelo reconhecimento de que nem o baterista Pete Best nem o baixista Stu Sutcliffe sobreviveriam às ambições de Lennon, McCartney e Harrison. Mais importante, os Beatles acabaram sendo expulsos da Alemanha por causa de George. Quando a banda aceitou o convite para tocar na casa mais badalada da cidade, a Top Ten, o dono do Kaiserkeller alegou que eles tinham contrato de exclusividade e partiu para a retaliação, notificando as autoridades locais que George Harrison era menor de idade e, portanto, tocava ilegalmente num clube para adultos. Em 24 horas, a polícia deu uma incerta, "procurando por um tal de Harrison". Lennon reagiu: "Que porra vocês querem com ele? Ele não fez nada". Harrison foi deportado, e só Astrid Kirchherr e Stu Sutcliffe o acompanharam até a estação de trem. "Ele parecia tão perdido e patético de pé na plataforma segurando a guitarra num estojo surrado", disse Astrid. "As lágrimas brotavam dos seus olhos. [...] Claro que, para alguém orgulhoso como George, a pior coisa que poderia acontecer era ter que voltar para casa dessa maneira. Um fracasso. Ele não tinha nada para mostrar em casa depois de tantos meses de trabalho duro."

Harrison chegou de volta a Liverpool em dezembro de 1960. A cidade estava triste e cinza naquela época do ano e mais tarde ele diria que era assim que se sentia. Harrison não tinha certeza de que John Lennon e Paul McCartney — que se mostravam cada vez mais ambiciosos — iriam mantê-lo na banda. Vagando pelas ruas, sentia-se um completo fiasco — um Beatle derrotado. Apesar de tudo o que aconteceria nos anos seguintes, de certa maneira Harrison nunca se livrou da insegurança e da depressão que o acompanharam na volta para casa naquele Natal.

Lennon, McCartney, Sutcliffe e Best logo se encontraram com Harrison em Mersey — eles também acabaram sendo deportados. McCartney e Best, de acordo com a polícia alemã, tinham colocado fogo numa espelunca em que se hospedaram enquanto tocavam no Kaiserkeller — talvez uma vingança por George ter sido expulso do país. Sutcliffe logo deixou a banda, retornando para Hamburgo e para Astrid, o que permitiu que Paul assumisse seu lugar como baixista. Os Beatles eram agora um quarteto. À medida que George e os outros observavam a cada vez mais agitada cena beat de Liverpool, percebiam que suas perspectivas estavam melhores do que nunca. Não eram mais um grupo de skiffle aspirante; ao contrário, como resultado da temporada em Hamburgo, tinham se transformado na mais vibrante banda de rock de Mersey — apesar das profundas transformações que o rock experimentara recentemente, tanto na América quanto na Inglaterra. No início dos anos 1960, o espírito rebelde do gênero musical passava por uma fase de monotonia, além de ter sido afetado por uma série de reveses, incluindo — nos Estados Unidos — as carreiras de Elvis Presley no cinema e no Exército e a morte de Buddy Holly. Para resumir, houve um declínio: em 1960, a música de Frankie Avalon, Paul Anka, Connie Francis e Mitch Miller (um declarado inimigo do rock and roll) dominava as paradas de sucesso americana e britânica, o que dava a alguns observadores a impressão de que a decência e a ordem estavam de volta à música popular. "Quando o rock morreu", disse George Harrison, de acordo com a biografia *The Quiet One* [O silencioso], de Alan Clayson, "e as baladas e as músicas folk predominaram, nós apenas continuamos a tocar nosso tipo de música. Quando finalmente gravamos nosso primeiro disco, as pessoas estavam prontas para a mudança, e nós acontecemos."

Mais uma vez os Beatles começaram a tocar nos clubes de Liverpool, mas o impacto agora seria bem diferente: a plateia em transe — sobretudo as jovens — acompanhava a banda com devoção. Os Beatles podem ter saído de Hamburgo como uns fracassados, mas em casa estavam arrasando, e logo passaram a ser considerados a melhor banda de Merseyside. O grupo passou a se apresentar no Cavern, um clube de jazz num porão úmido e sem ventilação onde tocavam na hora do almoço e à noite (os Beatles fizeram mais de duzentos shows no Cavern). Em Liverpool, o entusiasmo desmedido por eles não tinha paralelo na história musical da região. Durante uma rápida viagem à Alemanha (depois de George completar dezoito anos e de ter sido esquecida a acusação contra Lennon e McCartney) os Beatles gravaram algumas sessões com Tony Sheridan — um pop star britânico que se apresentava em Hamburgo — e aproveitaram para registrar algumas músicas deles próprios.

Segundo a lenda, numa manhã de sábado de 1961, um jovem entrou na loja de discos NEMS, "a melhor loja de discos de Liverpool", em Whitechapel, uma rua movimentada no centro do imponente bairro comercial da cidade. Ele pediu ao gerente, Brian Epstein, um novo single, "My Bonnie", dos Beatles (o lado B era uma música instrumental, "Cry for a Shadow", de Harrison e McCartney). Epstein disse que não conhecia o disco — na realidade, nunca ouvira falar do grupo, que imaginava ser uma obscura banda pop estrangeira. O jovem, Raymond Jones, apontou através da vitrine a Stanley Street, uma rua que dava numa viela localizada numa área mal iluminada. Perto daquela esquina, na Mathew Street, ele disse a Epstein, os Beatles — que então já eram a banda de rock mais popular de Liverpool — estavam se apresentando à tarde, no Cavern. Poucos dias mais tarde, diante de novos pedidos daquele single, o gerente da loja de discos resolveu pegar a Stanley, dobrar na Mathew e descer os degraus úmidos que levavam ao Cavern. Inicialmente, Epstein — um homem elegante, vestindo terno e gravata — ficou estarrecido com a aparência de arruaceiros dos integrantes da banda (usavam jeans e coletes de couro, fumavam e diziam palavrões no palco) e não entendeu a reação da jovem plateia, beirando a comoção histérica. Mas de repente teve um estalo: essa banda é boa demais, disse a si próprio. E anteviu um futuro, para os Beatles e para si mesmo.

Quando Epstein se dirigiu aos bastidores para conhecer o grupo, George o cumprimentou laconicamente: "O que traz o sr. Epstein a essas bandas?". Eles logo descobririam. Um mês depois, embora tivessem tido outras propostas, os

Beatles passaram a ser empresariados por Brian Epstein. Da mesma forma como ele fizera no trajeto até o Cavern, também a cultura pop dobraria sua mais memorável esquina.

A partir daí, muita coisa aconteceu — e aconteceu de maneira incrivelmente rápida. Nem tudo foi tranquilo: Epstein acabou demitindo Pete Best, o que chocou os fãs do grupo em Liverpool (na realidade, a notícia provocou um verdadeiro tumulto nas ruas). Best foi substituído pelo baterista do Rory Storm, Ringo Starr, que diria ao *New Musical Express* ter tido "sorte de estar na mesma sintonia dos outros. [...] Eu tinha entrado na banda não só como baterista, mas como pessoa". Entre os muitos acontecimentos, uma tragédia: Stu Sutcliffe morreu de hemorragia cerebral em Hamburgo, o que abalou a banda. (George e Paul tinham recentemente retomado o contato com o ex-baixista e o haviam convidado para tocar na Alemanha.) Mas houve também um acaso extraordinário: em julho de 1962, depois de ter tido respostas negativas de várias gravadoras em Londres, Epstein conseguiu um contrato de gravação com o produtor George Martin, do selo Parlophone, da EMI. Em outubro, a banda entrou na parada de sucessos britânica com "Love Me Do". A partir daí, teria fim o domínio americano na lista britânica das músicas pop mais vendidas. Na realidade, quando Brian Epstein viu os Beatles pela primeira vez, conheceu uma banda que não apenas revelava suas predileções americanas com vivacidade contagiante, mas também refletia o prazer dos jovens britânicos por terem despontado na cena cultural e estarem prontos a incorporar tudo que fosse novo, tudo o que a tradicional sociedade inglesa tentava proibir que fizessem. Além disso, Epstein apostava que a cena pop britânica iria reconhecer essas afinidades e se apoderar delas. Como empresário do grupo, Epstein suavizou consideravelmente o visual dos Beatles, mas não interferiu no espírito da banda nem em seu instinto musical, e em pouquíssimo tempo ganhou a aposta.

Um ano depois de "Love Me Do", os Beatles tinham seis músicas na parada de sucessos na mesma semana, das quais três ocupavam as primeiras posições — um feito sem precedentes e que nunca mais se repetiria. Nesse meio-tempo, Lennon e McCartney cresceram muito como compositores — na realidade, já estavam entre os melhores da história pop — e a banda se impôs entre os jovens, ditando a moda dos cabelos compridos e atualizando o rock de batida pesada dos anos 1950. Mas não se tratava meramente de um sucesso pop: os Beatles foram, depois da guerra, a maior explosão da história cultural inglesa.

Em menos de um ano, transformaram a cultura pop britânica — não apenas redefinindo sua intensidade e possibilidades, mas lhe dando um ímpeto nacionalista.

Então, em 9 de fevereiro de 1964, um dia que entraria para a história da música pop, os Beatles apareceram no programa de Ed Sullivan, apresentador do mais popular show de variedades da TV americana. No voo para os Estados Unidos, estavam nervosos, principalmente George Harrison. "A América tem tudo", disse aos outros. "Por que iriam querer a gente?" Quando a banda chegou ao aeroporto de Nova York, o Idlewild (mais tarde rebatizado John F. Kennedy), havia uma multidão tão grande que eles pensaram que o presidente Lyndon Johnson estivesse, por coincidência, chegando na mesma hora. Depois de uma entrevista coletiva maluca e hilária (um repórter perguntou: "Por que você não sorri, George?"; e ele respondeu: "Porque machuca meus lábios"), o assessor de imprensa os levou rapidamente ao hotel. Epstein e os outros estavam preocupados: Harrison estava com forte gripe e talvez não pudesse comparecer ao programa de TV nem participar das poucas apresentações agendadas. Sua irmã Louise, que agora morava nos Estados Unidos, foi até seu quarto no hotel e, com muito chá e vários remédios, conseguiu que ele melhorasse o suficiente para a banda fazer sua estreia na América.

A aparição deles no show de Ed Sullivan — com 70 milhões de espectadores, a maior audiência da TV até então — foi um evento que uniu pessoas de todos os estilos e regiões e marcou o início de uma nova era; um evento que, como Presley, fez o rock and roll parecer irresistível. Em questão de dias estava claro que não apenas o estilo pop, mas toda uma dimensão da juventude fora remodelada, deflagrando uma revolução genuína que oferecia uma distração frenética a um país abalado pelo recente assassinato do presidente Kennedy e renovava o ideal brutalmente ferido de que aos jovens caberia levar adiante a esperança nacional da América. Elvis Presley mostrara como a rebelião poderia se fazer notar por um estilo surpreendente e provocador; os Beatles estavam mostrando como o estilo poderia ter o impacto de uma revelação cultural — ou pelo menos como a percepção pop poderia ser fundida num incontestável consenso. Virtualmente da noite para o dia, a penetração dos Beatles na consciência americana anunciava que não apenas a música e os tempos estavam mudando, mas que *nós* também estávamos mudando. Tudo em relação à banda — o visual, o som, o estilo, a espontaneidade — deixava evidente que entrávamos numa nova era, que os jovens estavam livres para se redefinir em termos completamente novos.

Essa é uma versão da história da origem dos Beatles: a versão do milagre, da banda que saiu da obscuridade para a fama repentina. Não é uma história falsa, mas também não é a história completa. Na verdade, talvez não seja justo chamá-la de *história* dos Beatles — talvez seja mais exato chamá-la de história pública, a *nossa* versão de um conto de fadas. Houve também a experiência interna da aventura, e mais de 45 anos depois ainda surpreende que haja detalhes-chave — sobretudo o panorama físico e emocional — que apenas um número cada vez menor de pessoas conheça de verdade. Como os Beatles sempre gostaram de dizer, ninguém compreendeu sua experiência como eles e, portanto, todas as biografias e ensaios foram, na melhor das hipóteses, especulativos. E, no entanto, nenhum dos quatro que viveram essa façanha sem paralelo no século XX escreveu uma abrangente e reveladora autobiografia. Anos mais tarde, quando McCartney, Harrison e Ringo Starr foram coautores da narrativa autorizada (as informações sobre John Lennon foram colhidas de suas entrevistas) *The Beatles Anthology*, eles claramente deixaram de fora algumas passagens mais sombrias da banda. Talvez a verdade mais dura revelada nesse livro tenha sido a de que havia muito sofrimento envolvido no fato de eles serem os Beatles, e esse sofrimento começou bem antes do que muitos de nós poderíamos ter imaginado. O aspecto da angústia dos Beatles que ganhou mais publicidade foi, claro, a amarga desavença entre Lennon e McCartney quando a banda se separou, mas é provável que, enquanto o grupo ainda estava intacto, nenhum deles tenha tido mais ressentimentos do que George Harrison.

A que se deveu essa mágoa? Em parte, ela tem origem no papel secundário de Harrison em relação a Lennon e McCartney. Embora tenha contribuído de maneira significativa para alguns dos aspectos mais importantes e memoráveis da música dos Beatles — por exemplo, o efeito reverso de guitarra em "I'm Only Sleeping" e o uso criativo do feedback em "I Feel Fine", bem como as frases de cítara que dão a "Norwegian Wood" uma obsessiva e espirituosa qualidade —, Harrison continuou sempre na sombra de McCartney e Lennon, não apenas na opinião dos dois companheiros, mas também para George Martin. No estúdio, o produtor às vezes criticava a afinação e a marcação do tempo de Harrison, mesmo na presença de um repórter. Muito do problema se deveu ao fato de

Harrison ter demorado para amadurecer como compositor. John e Paul não apenas eram os responsáveis pelo repertório essencial da banda, mas — ao lado de George e Ira Gershwin, Duke Ellington e Billy Strayhorn, e Richard Rodgers e seus parceiros Lorenz Hart e Oscar Hammerstein — figuravam entre os maiores e mais profícuos compositores do século. Até *Revolver* — o sétimo álbum dos Beatles —, Harrison tinha feito apenas um punhado de canções e fora o principal vocalista em poucas músicas (Lennon era um dos que achavam que a voz de Harrison não era grande coisa). Mais tarde ele confessaria que relutava em mostrar suas músicas aos dois principais compositores da banda. "Eu sempre me segurava, tinha um problema em mostrar minhas músicas para John e Paul", disse ao *New Musical Express* em 1969, "porque sabia como a música soaria quando estivesse com todo o arranjo, mas tinha que convencê-los de primeira, tocando uma vez só. É por isso que decidi não mostrar muitas das minhas composições. Era um pouco de inibição, de retraimento, e eu sempre escolhi a saída mais fácil." Em outra oportunidade, Harrison justificou sua relutância ao dizer: "Meu papel nos Beatles era esse, nunca quis ser o cara que ficava na frente". Mas mesmo Lennon admitiu que Harrison nunca teve essa chance em mais de uma música ou duas. Lennon disse à *Rolling Stone* que George era "como um moleque que ficava zanzando em torno da gente. Levou alguns anos até que eu começasse a considerá-lo um igual".

Outro fator que fez com que a "beatlemania" fosse tão problemática para George Harrison foi exatamente a mania. Mais do que os outros Beatles, ele passou a desprezar a devoção que os fãs tinham pela banda. Ao final da primeira excursão nos Estados Unidos, de acordo com *Dark Horse: The Life and Art of George Harrison* [Dark Horse: a vida e a arte de George Harrison],* de Geoffrey Giuliano, Harrison estava desiludido com a futilidade da fama. No voo de volta para a Inglaterra, depois de os Beatles terem conquistado o país, George, segundo Giuliano, disse a seus companheiros: "Que coisa mais estúpida. Toda essa controvérsia para a gente acabar como pulgas amestradas". Essa sensação nunca abandonou Harrison. Na *Anthology*, ele relatou que, durante uma tensa apresentação no Japão (onde a banda recebeu até ameaça de morte), cada vez que se ouvia um ruído alto e inesperado, os quatro se olhavam para ter certeza de que nenhum deles tinha levado um tiro. Harrison

---

* *Dark Horse*, o nome de um álbum de Harrison, significa "azarão". (N. T.)

também se mostrava contrariado por eles não controlarem os próprios passos nem a agenda de compromissos durante as confusas excursões, e em 1964 ele insistiu para que os Beatles não desfilassem como celebridades num evento em San Francisco. "Tinha dado apenas um ano do assassinato de Kennedy", disse. "Eu imaginava como as pessoas ainda se sentiam." Anos mais tarde, disse à *Rolling Stone*: "Estava ficando nervoso. [...] Não gostava da ideia de ser popular demais". Depois, quando Harrison começou a sair com a modelo Pattie Boyd, teve que lidar com o ressentimento das fãs que xingavam e agrediam fisicamente sua namorada. Não havia dúvida de que os Beatles estavam no olho do furacão, e embora George tenha dito na *Anthology* que eles eram os mais sãos naquele cenário, é certo também que a fama os isolou, afastando-os do sentido e do prazer da experiência. Para Harrison, o público da banda se tornara uma cerceadora e exigente realidade, sempre querendo mais, às vezes ameaçando, e raramente com delicadeza. "Eles nos usam como pretexto para ficarem malucos; o mundo ficou maluco", ele disse, "e então eles põem a culpa na gente."

Durante as excursões de 1965, nos Estados Unidos e outros países, Harrison começou a defender a ideia de a banda não viajar mais e restringir as apresentações ao vivo. Acreditava ser só uma questão de tempo para que algo irreparável acontecesse. A turnê mundial de 1966 fortaleceria seu argumento. Nas Filipinas, quando não apareceram em uma recepção a que haviam sido convidados pelo presidente Ferdinand Marcos, os Beatles acharam que tiveram sorte de deixar o país ilesos. "Eles estavam esperando a gente reagir", disse George, se referindo aos guardas que os provocaram no aeroporto de Manila, "para que pudessem acabar com a gente. Fiquei apavorado." Mais tarde, numa entrevista coletiva, disse aos repórteres: "Precisamos de umas duas semanas para nos recuperar, antes de viajar de novo para apanhar dos americanos". Quando essa turnê estava para começar, uma declaração que John Lennon fizera no início do ano a um jornalista britânico — de que os Beatles eram "mais populares do que Jesus Cristo" — foi amplamente divulgada nos Estados Unidos, e a resposta do público foi intensa. Brian Epstein chegou a oferecer a devolução do dinheiro da bilheteria, se a excursão fosse cancelada. Também não ajudou a situação o fato de Lennon e Harrison terem criticado em entrevistas o envolvimento dos Estados Unidos no Vietnã, mas nessa altura todos concordavam ser preciso acabar rápido com as apresentações. A banda tocou em público pela última vez em 29 de agosto de 1966, no Candlestick Park, em San Francisco. No voo de volta para a Inglaterra, George sentou na poltrona e anunciou: "Bem, é isso aí. Não sou mais um Beatle". Nem mesmo os três companheiros, as pessoas que mais o conheciam, sabiam dizer se, ao fazer esse comentário, ele estava contente ou triste.

Mas Harrison, claro, ainda era um Beatle. Na verdade, nos dois anos seguintes, ser um Beatle foi uma experiência não apenas mais satisfatória para Harrison como sua influência no crescimento da banda — e no impacto que o grupo provocava — equiparou-se à de Lennon e McCartney.

A primeira manifestação dessa influência — embora involuntária — seria o papel de Harrison ao introduzir os Beatles no mundo do LSD. Numa noite em 1965, George e Pattie e John e Cynthia aceitaram o convite do dentista de George para jantar em sua casa. Depois de servir as bebidas, o dentista revelou que misturara LSD nos drinques. Os dois Beatles e suas mulheres ficaram furiosos e amedrontados, e foram embora. Acabaram a noite em boates e dirigindo sem destino por Londres durante horas. O ácido os assustara, mas Harrison e Lennon também se divertiram, e começaram a tomar LSD mais regularmente. Para eles, foi o início de uma intensa investigação que tinha aspectos espirituais e filosóficos e que causaria imensa influência e controvérsia no universo pop e na cultura jovem. "Até experimentar LSD", Harrison disse à *Rolling Stone*, "nunca tinha percebido que havia algo além deste estado de consciência. [...] A primeira vez que tomei foi como uma explosão. Tive uma sensação irresistível de bem-estar, havia um Deus e eu podia vê-lo em cada folha de relva. Foi como obter cem anos de experiência em doze horas." Harrison logo se casaria com Pattie Boyd, um passo que acreditava ter sido possível só depois do crescimento interior que tivera com os psicodélicos.

A experiência de Harrison com o LSD iria se combinar com outras duas aventuras que ajudariam a transformar o sentido e a história dos Beatles. A primeira foi musical: por sugestão de David Crosby, dos Byrds, Harrison ouviu os discos do mestre indiano da cítara, Ravi Shankar, um virtuoso que às vezes misturava elementos da música ocidental (clássica, blues e jazz) nas estruturas mais antigas do raga. Harrison ficou fascinado e procurou Shankar, a quem pediu para lhe ensinar a tocar o instrumento. Shankar o advertiu sobre a extrema dificuldade do aprendizado e lhe sugeriu, como parte da imersão necessária para dominar a cítara, que passasse um tempo na Índia. Harrison concordou e foi se encontrar com Shankar. Como resultado, não apenas os Beatles mudaram, mas também a música popular moderna. Num artigo no *New York Times*, logo após a morte de Harrison, o compositor Philip Glass escreveu: "George esteve entre os primeiros ocidentais a reconhecer a importância de tradições musicais milenares, com raízes nativas, tanto populares quanto clássicas. Usando sua considerável influência e popularidade, foi um dos poucos que abriram a porta que, até então, impedia o acesso do Ocidente à música produzida em grande parte do mundo. [...] Ele teve papel fundamental em afastar gerações de jovens músicos do estéril e esgotado deserto da música eurocêntrica e direcioná-las a um mundo novo".

O começo de uma amizade para a vida toda com Shankar também lhe deu as bases para mudar sua visão de mundo. Por intermédio de Shankar e da música indiana, George disse, ele descobriu um novo canal para a espiritualidade — especialmente para os antigos ensinamentos hindus. Começou a estudar a literatura mística do legendário Yogi Paramahansa Yogananda e mais tarde daria início ao duradouro relacionamento com Swami Prabhupada e o movimento Consciência Krishna. No final dos anos 1960, com a disseminação da cultura hippie, os interesses espirituais de George foram um rastilho de pólvora, que logo atingiria outros músicos e grupos (incluindo Beach Boys, Mick Jagger e Donovan) e boa parte da juventude americana e britânica. Para muitas pessoas, claro, recitar escrituras antigas como o *Bhagavad Gita* ou *Upanishads* ou cantar o "Hare Krishna" era só uma moda passageira. Mas para Harrison (e, de maneira diferente, para Lennon também) a guinada em direção à espiritualidade seria uma transformação permanente. "A gente tinha a impressão de que a maioria das pessoas estava só flertando com a espiritualidade", disse Mick Jagger à *Rolling Stone* depois da morte de Harrison. "Mas ele foi fundo nas suas convicções. Ficou firme e nunca as rejeitou. E, claro, cometeu erros — qualquer um que fosse o primeiro de uma geração a fazer isso cometeria erros —, mas nenhum erro crasso. Você tem que começar de algum ponto."

A combinação dessas descobertas — a possibilidade de encontrar uma conexão com um Deus em você e no mundo e os prazeres ricos e complexos dos sons indianos — também gerou frutos musicais para Harrison. Ele tocou instrumentos indianos em "Love You To", do álbum *Revolver*, e na faixa mais longa de *Sgt. Pepper's Lonely Hearts Club Band*, "Within You Without You", uma espécie de salmo ("Esqueça a música indiana e ouça a melodia", Paul McCartney disse certa vez sobre essa notável gravação), e em "The Inner Light" (uma música de natureza religiosa lançada no lado B de "Lady Madonna"). Para alguns, essas experiências podem ter sido insuportavelmente empoladas e exóticas, mas o fato é que resistem até hoje não por serem meramente ousadas, mas por transmitirem um prazer musical permanente. A abertura de Harrison para outros sons e texturas criou novas possibilidades para suas composições de rock. O uso de dissonâncias em músicas como "Taxman" e "I Want to Tell You", do álbum *Revolver*, foi revolucionário na música popular — e talvez mais criativo do que os maneirismos que McCartney levou para a banda a partir da música de Stockhausen, Berio, Varèse e Stravinsky no mesmo período.

No verão de 1967, com a contracultura hippie e psicodélica no auge na Inglaterra e nos Estados Unidos, Harrison decidiu visitar o lugar onde aparentemente tudo tinha começado, o Haight-Ashbury, em San Francisco. De acordo com Geoffrey Giuliano, Harrison, Pattie Boyd e o assessor de imprensa dos Beatles tomaram LSD antes de caminhar pelas ruas do bairro — e, embora Harrison tenha sido educado com os jovens que o abordaram, ficou espantado com o que viu. "São uns hipócritas", disse à revista *Creem* sobre sua experiência com os moradores do Haight. "Não dou a mínima se alguém quiser desistir de qualquer outra coisa, mas me incomoda que queiram impor isso aos outros. Percebi que não importa o que você seja, contanto que trabalhe. Na verdade, se desistir, você vai ficar mais distante do seu objetivo na vida do que se continuar trabalhando."

Para Harrison, esse foi o começo do fim do ácido. Ele sabia ter experimentado as maravilhas proporcionadas pela droga, mas testemunhou o estrago que ela podia causar numa comunidade imatura ou ingênua. Harrison agora percebia, ele disse, o enorme efeito dos Beatles na juventude, e queria que essa influência fosse mais positiva. Sua mulher, Pattie, o apresentou aos ensinamentos de Maharishi Mahesh Yogi, que reformulara algumas lições filosóficas (e econômicas) do hinduísmo. Harrison gostava dos preceitos de Maharishi sobre como superar fraquezas humanas através da meditação para alcançar o êxtase, e convenceu os outros Beatles a acompanhá-lo numa das conferências do mestre. Os Beatles ficaram impressionados e aceitaram o convite de Maharishi para assistir a palestras em Bangor, no País de Gales. Mais tarde, foram se encontrar com Maharishi num retiro em Rishikesh, na Índia, para aprofundar os estudos, mas o relacionamento com o guru azedou quando ouviram rumores de que ele tentara forçar uma relação sexual com uma devota. Lennon e Harrison foram tirar satisfação com Maharishi, disseram-lhe que o desprezavam e foram embora, apesar dos pedidos do guru para que reconsiderassem o julgamento que haviam feito dele. (Mais tarde, Harrison e McCartney se reconciliaram com Maharishi, mas Lennon nunca mais se reaproximou dele.)

No entanto, algo mais significativo para o futuro dos Beatles do que a busca da espiritualidade ocorreu naquele primeiro retiro em Bangor. O empresário Brian Epstein tinha agendado uma visita, mas nunca apareceu por lá. Epstein andava deprimido e solitário e, de acordo com os que o conheciam, receava perder seu espaço na banda. Estava tomando mais barbitúricos, exagerando na bebida e tentava em vão sair do estado de depressão. Em 27 de agosto de 1967, enquanto os Beatles assistiam a uma palestra de Maharishi no País de Gales, receberam a notícia de que Epstein fora encontrado morto em Londres, vitimado por uma overdose de tranquilizantes e antidepressivos — para alguns, um suicídio acidental. Numa entrevista coletiva convocada às pressas em Bangor, Harrison disse: "Maharishi nos ensinou a não nos deixar sufocar pela dor. [...] Sinto que o curso de meditação aqui me ajudou a lidar com o pesar". Mas a expressão no rosto dele e dos outros Beatles não transmitia a sensação de que tivessem superado a perda. Como Harrison admitiria mais tarde: "Não sabíamos o que fazer, estávamos perdidos".

É verdade que os Beatles estavam perdidos sem Brian Epstein. No começo, tentaram ser seus próprios empresários. Financiaram e produziram um especial de TV, *Magical Mystery Tour*. Embora tivesse uma ou outra música boa, o filme foi um desastre e, pela primeira vez, a crítica ridicularizou os Beatles (o programa foi considerado tão ruim que nunca seria transmitido nos Estados Unidos). Eles também criaram um selo musical e uma corporação multimídia, a Apple, e assinaram contratos com vários novos artistas. Mas entre tentar criar música, supervisionar os negócios na Apple e a produção de discos de outros artistas, e financiar iniciativas filantrópicas experimentais (e outras ambições não tão filantrópicas, como o projeto fugaz de comprar uma ilha grega, na qual reinariam), os Beatles deram um passo maior que a perna e quase faliram. Era evidente que precisavam de ajuda profissional, e Lennon sugeriu o nome de um empresário do setor de entretenimento que aparentemente ajudara na recuperação dos Rolling Stones: Allen Klein. De novo, esse era um período em que as coisas aconteciam com incrível rapidez na história dos Beatles — mas dessa vez não se tratava de um conto de fadas; estava mais para pesadelo, e o público e a imprensa não perdoavam. Em maio de 1968, John Lennon começou um caso com uma respeitada artista de vanguarda, Yoko Ono. Logo depois, deixou Cynthia, de quem se divorciou, e se tornou inseparável de Yoko, causando grande tensão no mundo dos Beatles.

Além disso, à medida que os integrantes da banda cresciam musicalmente — inclusive George e Ringo — os Beatles não tinham mais o mesmo espaço de antes na vida e na música uns dos outros. O maior exemplo de que o grupo estava se separando veio na forma de presságio, quando gravavam um álbum duplo, que inicialmente seria chamado de *A Doll's House* e mais tarde foi intitulado apenas *The Beatles*, embora seja mais conhecido como Álbum Branco. Nessa altura, em geral cada um deles gravava sua parte individualmente. Harrison tinha composto algumas de suas melhores canções até então — inclusive a adorável "Long Long Long", "All Things Must Pass", "Wah-Wah", "Isn't It a Pity", "Not Guilty", "Something" e "While My Guitar Gently Weeps" —, porém mais uma vez enfrentaria duras críticas por parte de Lennon, McCartney e do produtor George Martin. Martin inicialmente considerou "Something" muito fraca. A música que Harrison achava que entusiasmaria Paul e John, "While My Guitar Gently Weeps", teve recepção fria por parte deles quando Harrison a mostrou numa fita demo (a mesma versão que hoje é considerada a melhor faixa da *Anthology* 3). Harrison estava determinado a incluir essa música no novo álbum e fez planos para que isso acontecesse: convidou seu amigo Eric Clapton para tocar guitarra na gravação. Clapton entrou em pânico. "Não posso", disse. "Nunca ninguém de fora tocou num álbum dos Beatles." Mas diante da insistência de George, concordou. Clapton mais tarde disse que deu para perceber que as coisas não estavam boas entre os Beatles — Lennon nunca aparecia nas gravações —, mas o plano de George deu certo: os outros Beatles não podiam recusar uma faixa com uma contribuição tão notável. "Not Guilty", no entanto, não foi incluída, talvez por estar evidente para todos que Harrison tinha feito a música pensando em Lennon e McCartney.

Os Beatles não sabiam como conseguiriam continuar convivendo uns com os outros. McCartney tentou manter a banda unida. Queria voltar a fazer excursões, mas George e John não queriam nem saber dessa possibilidade. Em vez disso, concordaram em fazer um ensaio filmado para um único show em local não divulgado. Poucos dias depois do início dessas sessões — que resultaram no álbum *Let It Be* — Harrison rompeu com McCartney. Lennon abdicara da liderança e George achou que Paul estava tentando controlar demais a banda, dizendo para ele, desnecessariamente, como deveria tocar a guitarra. Depois de uma discussão entre os dois sobre se os Beatles deveriam tocar num show na Tunísia, George disse a Paul, diante da câmera: "Você é escroto, cara". Harrison, que chegara a deixar a banda, voltou para tocar no improviso ao vivo no teto da sede da Apple, mas a mágica do momento não está presente no álbum *Let It Be*. Havia outras questões difíceis: as prisões de John e Yoko e de George e Pattie, todas por porte de drogas, e o estilo tirânico do novo empresário, Allen Klein (no início, tinha a confiança de John, George e Ringo, e o desprezo de Paul; no fim, acabou processado pelos quatro). O racha decisivo dos Beatles foi provocado, aparentemente, pelo desgaste da relação entre McCartney e Lennon, que discordavam sobre Klein e os rumos da criatividade da banda.

Era só questão de tempo antes que alguém pulasse fora do grupo, e ainda assim, apesar da crescente má vontade, os Beatles concordaram em deixar de lado as divergências e entrar no estúdio juntos pela última vez para gravar um de seus melhores e mais geniais álbuns, *Abbey Road*. George emplacou duas músicas no disco de despedida. "Here Comes the Sun" — composta numa manhã no jardim da casa de Eric Clapton, em reação aos tempos sombrios que os Beatles enfrentavam — tornou-se o equivalente a "Let It Be" ou "Imagine": um encantador hino de esperança em meio a uma realidade difícil. E "Something" finalmente teve sua chance. George Martin admitiu que talvez tivesse subestimado George: "Acho possível que ele se torne um grande músico e compositor. [...] Tem tremenda energia e imaginação, e também a habilidade para se revelar um grande compositor, à altura de Lennon e McCartney". Lennon, embora tenha concordado que "Something" era a melhor música de *Abbey Road*, foi reticente ao falar das qualidades do parceiro a David Sheff numa entrevista à *Playboy*: "Ele trabalhava com dois compositores brilhantes, e aprendeu muito com a gente. Eu não me importaria de ter sido George, o Beatle invisível".

"Something" seria a primeira música de George Harrison a merecer o lado A de um compacto simples dos Beatles e rapidamente encabeçou a lista das mais tocadas nos Estados Unidos. Foi também a única vez que Harrison teve uma música sua incluída num single de sucesso da banda. Em abril de 1970,

Paul McCartney entrou na justiça para dissolver o grupo. Os Beatles não existiam mais. Tinham sido afetados pelo cinismo emergente da era que se seguiria. Consideravam-se criações ditadas pelo modismo. Depois de tudo o que tinham sido — animados, originais, solares — os Beatles terminaram amargos, tratando-se mutuamente como estranhos.

Só quase um quarto de século mais tarde — depois de um excesso de mágoa, raiva, medo e sangue — eles lançariam juntos uma nova música com o nome da mais famosa e adorada banda da história da música pop.

A história popular nos ensina há anos ter sido a crescente rivalidade entre Paul McCartney e John Lennon o que levou à separação dos Beatles: Paul queria dominar a banda, John afastava Paul e os outros devido ao seu intenso amor por Yoko Ono, ou os quatro não teriam mais interesses artísticos em comum, nem precisavam mais uns dos outros. John foi o primeiro a deixar a banda, mas Paul e Allen Klein o persuadiram a não anunciar sua decisão antes do lançamento do último disco. John ficou furioso quando Paul foi mais rápido: na véspera do lançamento de *Let It Be* (gravado antes de *Abbey Road*, mas colocado à venda mais tarde devido aos trabalhos de remixagem e edição), soltou um comunicado anunciando seu primeiro álbum solo, *McCartney*, e o fim dos Beatles, aproveitando para dizer que não sentiria falta de Ringo Starr na bateria. Para Lennon, McCartney traiu todos os Beatles — embora ele também quisesse ter tirado vantagens comerciais da separação da banda. Harrison achava que McCartney tinha sido indelicado, mas se sentiu aliviado com o fim oficial do grupo. "A separação dos Beatles me deu mais satisfação do que qualquer outra coisa em minha carreira", disse mais tarde, de acordo com o biógrafo Geoffrey Giuliano.

É possível, no entanto — se os desentendimentos entre Lennon e McCartney não tivessem sido tão amargos e públicos —, que aquilo que Harrison estava prestes a fazer pudesse ter sido suficiente para que a página dos Beatles fosse virada. Na realidade, tratava-se de algo mais empreendedor do que John e Paul imaginavam para si mesmos. Harrison era considerado um cara de sorte por George Martin, um irmãozinho pentelho mas amado por Lennon e McCartney, e "o Beatle calado" por uma imprensa que parecia não entender suas tiradas secas e zombeteiras e tinha pouca paciência para tentar compreender o sentido real de seu profundo interesse pela filosofia oriental. Na realidade, os erros de percepção favoreceriam Harrison no curto prazo, mas também deixariam feridas profundas e permanentes.

Quando os Beatles estavam a ponto de se separar, Harrison já estava claramente em busca de algo extraordinário. Ele gravara dois trabalhos solos para a Zapple, um selo subsidiário da Apple: *Wonderwall Music*, trilha de um filme raramente exibido, embora a música fosse criativa e o álbum esteja entre os seus melhores, e *Electronic Sounds*, umas gravações que fez casualmente com o primeiro sintetizador Moog importado na Inglaterra — um álbum que mais tarde ele chamaria de "lixo". Harrison gravou vários duetos, originais e covers com Bob Dylan (inclusive um cover de "Yesterday", de Paul McCartney, que parecia querer acabar de vez com a música). Essas gravações nunca foram lançadas, embora Harrison tenha voltado recorrentemente a algumas dessas músicas durante anos.

Mais importante, Harrison tinha considerável repertório de músicas não incluídas em álbuns dos Beatles e continuava compondo. Decidiu que estava na hora de ver se as músicas emplacavam, especialmente fora do contexto dos Beatles. Recrutou um grupo estelar de músicos, incluindo os bateristas Ringo Starr, Jim Gordon e Allan White; os baixistas Klaus Voorman e Carl Radle; os tecladistas Gary Wright, Bobby Whitlock, Billy Preston e Gary Brooker; e o guitarrista Pete Drake. Harrison também convenceu o famoso e idiossincrático produtor Phil Spector (que fizera a remixagem de *Let It Be* e estava trabalhando com John Lennon em seu primeiro álbum pós-Beatles) a supervisionar os trabalhos com o arranjador John Barham. George estava feliz por não ter que submeter as músicas à aprovação de Lennon, McCartney e George Martin. Ele tinha um número suficiente de canções fortes — dizia ter quarenta — para fazer até mais que um álbum, mas queria que algumas faixas fossem maiores, com maior tratamento orquestral (inclusive um robusto naipe de metais), o que teria sido impossível com os Beatles. Harrison desfrutava de sua melhor fase musical e seus novos companheiros o elogiavam e animavam. "Depois de ter tocado com outros músicos", diria à *Melody Maker* anos mais tarde, "passei a achar que os Beatles não eram tão bons assim."

O álbum, no entanto, demorou bem mais para ser gravado do que Harrison tinha imaginado. Sua mãe, Louise, teve um tumor no cérebro, e George a ajudou na recuperação. "O médico era um idiota que dizia: 'Não tem nada de errado com ela; ela está com algum problema psicológico'", ele diria mais tarde à revista *Musician*. "Quando fui vê-la, ela nem mesmo me reconheceu. Expulsei o médico. [...] Ela ficou um pouco melhor por sete meses. E durante esse período, meu pai, que estava tomando conta dela, teve uma úlcera e ficou no mesmo hospital. Eu ficava correndo do hospital para o estúdio para gravar esse disco. [...] Compus a canção ['Deep Blue'] [...] em casa numa manhã em que estava exausto. [...] Ela está repleta de frustração e melancolia de tanto ir ao hospital e sentir a doença que permeava a atmosfera. Não ser capaz de fazer nada para aplacar o sofrimento de um pai, de uma mãe, é uma experiência horrível." Louise Harrison morreu em 7 de julho de 1970, com George ao seu lado, lendo para ela trechos de um texto sobre o *Bhagavad Gita* que comentava a perspectiva do livro sagrado sobre a morte como uma mudança, e não como um fim.

Em fins de novembro, Harrison terminou o álbum *All Things Must Pass*. Foi uma proeza sem precedente — o primeiro álbum com três LPs da história do rock (foi relançado em 2000 numa caixa com dois CDs) — e chegou ao topo da parada de sucessos nos Estados Unidos e na Inglaterra. O álbum continuaria entre os mais vendidos no ano seguinte e foi mais bem recebido pela crítica do que os trabalhos solos de McCartney e Lennon, vistos como superficiais (no caso de Paul), amargos e indulgentes (no caso de John). "Lembro que John estava realmente negativo", Harrison disse à *Crawdaddy*. "John só olhou a capa do álbum e já foi dizendo: 'Ele deve estar maluco para lançar três LPs. E olhe só a foto na capa, parece um Leon Russel asmático.'" É possível que a capa tenha irritado Lennon porque mostrava George num cenário em meio a quatro gnomos preguiçosos, que podiam representar os Beatles decaídos. "Havia muita negatividade", Harrison continuou. "Senti que, o que quer que acontecesse, o álbum podia ser um fracasso ou um sucesso, eu ia fazer as coisas do meu jeito, só para ter um pouco de paz de espírito." *All Things Must Pass* foi um sucesso, apesar de suas extravagâncias. Em termos musicais, contava com muitos recursos, e tematicamente era abrangente — com faixas como "Wah-Wah" e "Isn't It a Pity", que são despedidas carinhosas e melancólicas dos Beatles, "Beware of Darkness", que faz advertências sobre os perigos dos falsos valores, e "I'd Have You Anytime" e "If Not for You", duas colaborações surpreendentemente belas de Dylan. O álbum também rendeu o topo da parada de sucessos do primeiro single de Harrison, a irresistivelmente devota "My Sweet Lord", música que penetrou na consciência dos jovens tanto quanto as melhores coisas que os Beatles fizeram — embora mais tarde a canção tenha contribuído para a desgraça e o reco-lhimento de Harrison.

Tudo somado, como Anthony DeCurtis escreveu em 2000 na *Rolling Stone*, "George Harrison era o que mais tinha a ganhar com a separação dos Beatles" — e ganhou. Ele se tornara o membro mais respeitado da antiga banda. Esbo-çou uma cautelosa e ao mesmo tempo otimista e afetuosa visão de mundo, que contrastava com a problemática dissolução dos Beatles e com o idealismo der-rotado que então caracterizava a cultura do rock. Harrison disse a um jornal britânico acreditar que "a música deveria servir para a percepção de Deus, não para danças extravagantes". Era uma opinião moralizante e um pouco mal co-locada. "Danças extravagantes" podem iluminar as pessoas tanto quanto hinos religiosos e Harrison ultrapassaria sua cota de músicas frívolas nos anos seguin-tes. Mas no período sombrio do final dos anos 1960 e início dos 1970 — depois que o sonho hippie se transformou em cinismo e exploração — era um alívio ouvir um homem que, uma vez considerado mero coadjuvante, cresceu à altura de seu desafio e encontrou uma voz de libertação, desejando enfrentar a "deses-perança" que viu em torno de si "nas altas horas da noite"* e, por um momento sublime, afastou os medos que havia muito tempo o consumiam. George Har-rison tinha saído das sombras — pelo menos naquele momento. Pouco impor-ta o que se diga sobre sua carreira nos anos seguintes, é certo que ele fez alguns dos melhores trabalhos solo produzidos pelos ex-Beatles. E, mais importante, estava a ponto de se superar.

Em março de 1970, George e Pattie compraram Friar Park — uma excên-trica mansão do século XIX esparramada no campo, nos arredores de Henley, na Inglaterra. Harrison mandou construir na casa um estúdio de gravação com os mais modernos recursos, e desenvolveu uma fixação pela propriedade, cuidan-do pessoalmente dos jardins e descobrindo grutas subterrâneas e passagens se-cretas que tinham ficado inacessíveis por boa parte do século XX.

Em 1971, John Lennon (que agora admitia que *All Things Must Pass* não era de todo ruim, e que preferia esse álbum aos que seus antigos parceiros esta-vam fazendo), convidou Harrison para participar das gravações de seu segundo

---

* Referência aos versos de "Beware of Darkness": "*The hopelessness around you/ In the dead of night*" [A desesperança em torno de você/ Nas altas horas da noite.] (N. T.)

e mais ambicioso álbum solo, *Imagine*. Nessa altura, o abismo entre Lennon e McCartney estava ainda mais profundo, e a mordacidade de John desconhecia limites. Duas das canções mais cáusticas de *Imagine* — "Crippled Inside" e "How Do You Sleep?" — tinham sido feitas para Paul. Lennon e Harrison tinham lá suas diferenças, mas ainda gostavam de trabalhar juntos, e formavam uma frente comum contra McCartney. Harrison tocou nas duas diatribes anti-Paul de Lennon, e muitos anos depois disse à *Musician*: "Gostei de 'How Do You Sleep?'. Gostei de participar da gravação, de estar deste lado da música, e não do outro lado, o lado de quem foi objeto da letra".

Em 1971, Ravi Shankar, velho amigo e mestre de Harrison, lhe fez um pedido. Em março daquele ano, o Paquistão Oriental — agora uma nação independente, Bangladesh — fora atingido por um ciclone, e as forças militares muçulmanas do Paquistão tiraram vantagem do desastre para atacar a população hindu que se opunha à ditadura do Paquistão. Entre a guerra e o desastre natural, milhões de hindus se refugiaram na Índia, onde buscaram proteção, mas a Índia não tinha condições de ajudá-los. Entre as vítimas e os refugiados havia membros da própria família de Shankar, que pediu a Harrison para ajudá-lo a achar um meio de arrecadar fundos e chamar a atenção do mundo para a tragédia. Harrison relutava em se apresentar novamente em grandes shows, mas concluiu que a maneira mais rápida e eficaz de levantar o dinheiro e dar publicidade ao fato seria organizar um concerto filantrópico, que renderia também um álbum e um documentário. Ainda assim, para alcançar o que ele e Shankar queriam, seria necessário um show e tanto — algo como a reunião dos Beatles. Harrison deixou de lado as desavenças e tentou promover o reencontro, mas logo percebeu que se tratava de tarefa impossível. Paul teria demorado demais para se comprometer, enquanto John desejava que Yoko Ono se apresentasse com a banda, o que Harrison não queria. Apenas Ringo se mostrou disponível para participar. Harrison então procurou Allen Klein, para que reservasse algumas datas em agosto no Madison Square Garden, de Nova York, e convidou amigos músicos para tomar parte no evento. O ideal, para George, seria juntar um time de artistas famosos e respeitados para tocar canções conhecidas e animadas a todo volume. Acabou formando uma orquestra tão impressionante quanto a que tocou em *All Things Must Pass*. Além de Ringo, George conseguiu a adesão de Eric Clapton, Billy Preston, Leon Russell, Jim Keltner, Klaus Voorman, Badfinger e vários outros músicos e cantores, mais o produtor Phil Spector. Mas a maior esperança de Harrison era obter o envolvimento do mais estimado e intrigante compositor de rock, Bob Dylan, que fizera apenas um concerto desde o anúncio de que não faria mais shows ao vivo, em 1966. Dylan tinha interesse, mas hesitava. Participou dos ensaios, mas se encrespou quando Harrison sugeriu que cantasse um de seus primeiros sucessos, "Blowin' in the Wind". Dylan retrucou: "Por acaso você vai cantar 'I Want to Hold Your Hand'?". E deixou claro que, se fosse cantar, daria preferência a novas canções; como Harrison, ele não queria ser definido pelo seu passado.

Na abertura do primeiro dos dois shows, em 1º de agosto de 1971, Harrison apresentou Shankar para uma seção introdutória de música indiana. Na sequência, o ex-Beatle e sua orquestra entraram no palco e tocaram "Wah-Wah" e "My Sweet Lord". Uma hora mais tarde, depois de uma bela interpretação acústica de "Here Comes the Sun", Harrison olhou para a entrada do palco. Dylan ainda não havia se comprometido a participar, e "até o momento de pisar no palco, eu não tinha certeza de que ele viria", disse Harrison. Trajando uma jaqueta de brim, Dylan entrou portando um suporte para a gaita e um violão. "Gostaria agora de chamar um amigo de todos nós", Harrison disse, obviamente feliz, e, com Harrison na guitarra, Leon Russell no baixo e Ringo Starr no pandeiro, um confiante Dylan fez uma apresentação formidável que incluiu "A Hard Rain's a-Gonna Fall" e "Blowin' in the Wind". Harrison tinha conseguido algo de que ninguém fora capaz: convencer Dylan a revisitar seus antigos sucessos folk numa cidade em que ele tivera seus maiores triunfos; três anos mais tarde, quando Dylan voltou aos palcos com sua própria turnê nacional, tentou emular o profissionalismo que transformara o Concerto para Bangladesh, de Harrison, em triunfo artístico e marco histórico. Nos anos seguintes, haveria outros e maiores concertos do gênero, incluindo o Live Aid, a série Farm Aid e os shows para ajudar as vítimas dos ataques do 11 de Setembro.

Era provável que, mais cedo ou mais tarde, outra figura de projeção do universo pop fizesse coisa semelhante, mas, com esse evento, foi Harrison quem estabeleceu o modelo de como colocar de pé um show beneficente de larga escala que ao mesmo tempo fosse excelente oportunidade de entretenimento. Em retrospecto, parece quase um momento milagroso: uma síntese das melhores esperanças do rock dos anos 1960, uma legitimação do sonho que muitos de nós tivemos a partir dos primeiros ideais dos Beatles. Também foi o fim de um ciclo. Certamente estrelas do rock continuariam a promover grandes concertos filantrópicos nos anos seguintes, mas nenhum evento incorporaria tanta aspiração espiritual ou, caso se prefira assim, tanta ingenuidade. O Concerto para Bangladesh foi um trabalho que gerou alegria e possibilidades — como fora tudo o que os Beatles tinham prometido, apesar da desconfiança mútua entre eles. Considerando-se as incertezas e a solidão que Harrison enfrentou antes de levar a cabo esse gesto inspirador, pode-se dizer que seu trabalho de caridade foi também um trabalho de coragem.

Infelizmente, o Concerto para Bangladesh teve problemas que atrapalharam as melhores intenções de Harrison. George ficou irritado e desconfiado ao perceber que várias partes interessadas postergavam o lançamento enquanto tentavam descobrir meios de lucrar com o que seria um álbum com três LPS. (A Capitol argumentou que os custos de produção tinham sido enormes.) Além disso, os fiscos dos Estados Unidos e da Grã-Bretanha insistiram em tributar a receita das vendas. Ainda demoraria dez anos até que, depois de muitas negociações financeiras e legais, Harrison pudesse entregar ao comitê americano da Unicef um cheque de valor bem menor do que pretendia. Embora tenha considerado o atraso embaraçoso e desencorajador, Harrison disse: "É legal saber que a gente pode conseguir esse tipo de coisa, mesmo que o show tenha acontecido há dez anos e o público tenha esquecido os problemas de Bangladesh. As crianças ainda precisam desesperadamente de ajuda e o dinheiro terá um impacto significativo". No final dos anos 1980, quando Bob Geldof o convidou para participar em Londres dos concertos do Live Aid, Harrison não estava disposto a voltar aos palcos, mas ofereceu ao músico algo que considerou bem mais valioso: informações detalhadas sobre como driblar os sistemas tributário e legal, de maneira que os fundos arrecadados fossem distribuídos de maneira mais eficaz, sem que os doadores tivessem que enfrentar obstáculos burocráticos.

O pântano financeiro que obstruiu as melhores intenções de Harrison em relação ao Concerto para Bangladesh acabou se transformando na primeira grande desilusão na sua carreira pós-Beatles, mas ele também enfrentava outros problemas. Seu casamento passava por dificuldades. Harrison, segundo Pattie, adotara uma visão religiosa de que o sexo deveria ser usado para procriação. Sentindo-se sozinha e mais distante do marido, começou uma relação com Eric Clapton, que mais tarde resultaria numa de suas canções mais fortes e angustiantes, "Layla". De acordo com pessoas que se encontraram com Harrison nessa época, ele parecia só e sem rumo. As coisas não melhoraram quando Harrison, num jantar na casa de Ringo e Maureen Starr, declarou com ousadia estar apaixonado pela mulher do amigo. Pattie deixou a reunião em prantos, e Ringo não sabia o que dizer. Quando os dois supostamente tiveram um caso, John Lennon ficou furioso e reprimiu Harrison, acusando-o de praticar incesto virtual.

Mesmo assim, George e Ringo mantiveram a amizade. Harrison o ajudou consideravelmente em seu álbum mais popular, *Ringo*, compondo o sucesso "Photograph" para o baterista e tocando guitarra na única gravação que juntou novamente os Beatles (embora os quatro tenham gravado separadamente). Na realidade, George, John e Ringo trabalharam tão bem em *Ringo* que, em determinado momento, Harrison sugeriu que os três formassem um grupo permanente. Lennon não se dignou a dar uma resposta — nem mesmo recusou a ideia. Ainda assim, Harrison diria mais tarde: "Eu formaria uma banda com Lennon um dia, mas não com Paul McCartney. Não há nada pessoal nisso, é só uma questão musical". Harrison também continuou amigo de Clapton. Mais tarde, quando ficou evidente que seu casamento acabara e que o coração de Pattie batia mais forte por Clapton, os três se reuniram para resolver a questão. Sob o olhar de Pattie, George disse a Clapton: "Bem, acho que é melhor que eu me divorcie dela". Eric respondeu: "Bem, isso significa que eu tenho que me casar com ela". (Pattie e Eric Clapton se casaram em 1979, tendo como convidados Paul, Ringo e George — que se referiu a si mesmo como "marido-cunhado".* O casal se divorciou mais tarde, e Pattie tentou manter boa amizade com os dois ex-maridos.)

Em 1973, Harrison lançou sua segunda coleção de músicas de estúdio, *Living in the Material World*. O álbum vendeu bem e rendeu um single que chegou ao número um das paradas de sucesso, "Give Me Love (Give Me Peace on Earth)", mas para alguns críticos o trabalho não estava à altura de *All Things Must Pass*, e muitos articulistas desaprovavam o que viam como natureza inflexivelmente devota das letras de Harrison. O ex-Beatle estava preparado para a reação. Tinha declarado à *Melody Maker*: "Eles se sentem ameaçados quando você fala de outras coisas que não seja *be-bop-a-lula*. E se você usar palavras

---

* No original, "husband-in-law", a partir de "brother-in-law" (cunhado) — uma palavra nova para uma situação incomum. (N. T.)

como 'Deus' [...] ou 'Senhor' algumas pessoas ficam de cabelo em pé". Com tudo isso, no entanto — sexo ou abstinência, um orgulho mal compreendido e uma generosidade igualmente mal interpretada —, nem Harrison nem nenhum dos outros Beatles foram capazes de superar seu passado mítico e glorioso e, às vezes, nem de superar a si próprios. John deixou Yoko por um tempo e se dedicou a umas férias etílicas em Los Angeles. Ringo e George também passaram a beber além da conta à medida que seus casamentos desabavam. De acordo com amigos dos Beatles, os quatro queriam saber como os ex-companheiros de banda estavam se saindo. Reservadamente, Paul e John manifestavam pesar pelo fato de a banda ter se separado com tanta determinação, e Paul cogitava a possibilidade de algum dia os dois virem a compor juntos novamente.

Foi nessa época e nesse contexto que George Harrison decidiu ser o primeiro ex-Beatle a fazer uma grande turnê nos Estados Unidos, em 1974. As perspectivas eram animadoras — apesar de seus problemas pessoais, Harrison ainda tinha grande público e apelo comercial —, mas nada sairia como o esperado naquela que ficaria conhecida como a turnê *Dark Horse*. As coisas começaram a dar errado antes mesmo de a excursão começar. Harrison tinha lançado seu próprio selo, o Dark Horse Records (com distribuição da A&M, por causa da insatisfação de Harrison com a EMI, devido à maneira como a gravadora se comportara no caso do Concerto para Bangladesh), e estava muito atarefado, cuidando também da produção e do lado empresarial da turnê. Também tentava terminar um álbum antes da turnê, além de juntar a banda e ensaiar, tudo em cima da hora. "É realmente um teste", Harrison disse à *Melody Maker*. "Ou eu chego ao fim da turnê arrebatadoramente feliz, ou volto para minha caverna por mais cinco anos." Já no primeiro show, em Vancouver, no Canadá, a voz de Harrison soava tensa, e ele não se recuperou. Além disso, alguns fãs e críticos não gostaram da mistura de pop, música indiana e jazz, e se ofenderam com a releitura que Harrison fazia de algumas músicas dos Beatles, inclusive de "In My Life", de John Lennon (cuja letra foi alterada para "*In my Life/ I've loved* God *more*") [Na minha vida/Amei mais a *Deus*].* A imprensa quase consensualmente atacou a turnê, com a *Rolling Stone* emitindo um dos comentários mais depreciativos. "Em defesa de sua turnê", um crítico escreveu, "George Harrison argumentou que 'se você não tem expectativas, a vida é um grande bônus. Mas

---

* O verso original é "*I've loved them all*" [Eu os amei todos.]. (N. T.)

quando você espera alguma coisa, então você pode ficar desapontado'. Então é melhor não esperar nada? É essa a moral de uma carreira arrasada?" Durante a turnê, Harrison oscilou entre ser filosófico e defensivo. Numa entrevista coletiva, disse: "Eu prevejo o momento em que poderei largar toda esta loucura". Em outra ocasião, afirmou: "Gandhi nos diz para criar e preservar a imagem de nossa escolha. A imagem que escolhi não é a do Beatle George. Por que viver no passado? '*Be here now*' [Esteja aqui agora], e agora, quer você goste de mim ou não, é onde eu estou.* Foda-se essa história de 'minha vida me pertence'. Na verdade, não me pertence. Pertence ao [...] senhor Krishna. É assim que eu sinto. Nunca fui tão humilde em toda a minha vida, e me sinto muito bem assim".

Em Washington, em meados de dezembro, Harrison foi convidado para se encontrar com o presidente Gerald Ford na Casa Branca. Foi uma visita tranquila, e Harrison aproveitou para pedir que o presidente considerasse o caso de John Lennon, que desde o governo de Richard Nixon tentava evitar sua extradição dos Estados Unidos. Dois dias depois, Lennon visitou Harrison nos camarins do Nassau Coliseum, em Long Island, onde os dois começaram a discutir, supostamente por coisas do passado, embora seja provável que tenha sido devido à forte tensão a que Harrison estava submetido na época. A discussão terminou com Harrison arrancando os óculos de Lennon e os atirando ao chão. John disse mais tarde: "Percebi que George estava sofrendo, e eu sei que sofrimento é esse, por isso deixei que fizesse aquilo".

Dark Horse, o álbum, saiu na sequência da turnê e recebeu as mais duras críticas dirigidas até então a um ex-Beatle. É interessante que hoje a obra se destaque como uma das mais fascinantes de Harrison — um disco sobre mudanças e perdas, com uma releitura radical de "Bye Bye Love", dos Everly Brothers, que foi a despedida de Harrison de seu casamento. Ainda assim, *Dark Horse* foi um fracasso comercial embaraçoso e, depois da turnê, do fim do casamento e do malogro do álbum, Harrison se recolheu a sua casa. Disse que a desaprovação geral e os problemas todos não o tinham afetado, mas muitos acreditavam que se sentia arrasado. Em 1977, olhando em retrospecto para aquele período de provação, Harrison disse à *Crawdaddy*: "Ou você fica maluco e se suicida, ou vai buscar uma força dentro de você".

---

* Harrison faz referência à sua música, "Be Here Now", do álbum *Living in the Material World*. (N. T.)

George Harrison continuou a lançar álbuns de vez em quando e fazer apresentações ocasionais, mas a crise que enfrentou em meados dos anos 1970 fez com que mudasse. Algumas mudanças foram evidentemente para melhor. Enquanto colocava de pé a Dark Horse Records, Harrison conheceu Olivia Arias, que também tinha interesse em estudos espirituais. Os dois passaram a andar juntos, e mais tarde Olivia o ajudaria a tratar da depressão, que tinha sido exacerbada pelos exageros na bebida e por uma hepatite. Em 1º de agosto de 1978, Olivia deu à luz o único filho de Harrison, Dhani, e eles se casaram no mês seguinte, no dia 2 de setembro, numa cerimônia secreta. "Deixei de ser tão maluco", Harrison disse mais tarde, "porque queria que aquela criança tivesse um pai por mais tempo." (O pai de George, Harry, morrera em maio daquele ano.)

Os dois álbuns seguintes de Harrison — *Extra Texture (Read All About It)* (1975) e *Thirty-three & $\frac{1}{3}$* (1976) — tiveram bons momentos (especialmente o single "You", de *Texture*), mas o contexto e o sentido aparente da música pop estavam mudando. Lançamentos relacionados aos Beatles agora interessavam apenas na medida em que eram uma música agradável; não se tratava mais de influência cultural. Paul McCartney tinha lançado uma série de álbuns bem--sucedidos — *Band on the Run, Venus and Mars, At the Speed of Sound* — e embarcou numa lucrativa e aclamada turnê pelos Estados Unidos com os Wings, sua banda pós-Beatles. De sua parte, John Lennon optou por uma espécie de aposentadoria depois da reconciliação com Yoko e do nascimento do filho do casal, Sean. Enquanto isso, o mundo pop tinha não apenas desistido da esperança de ver os Beatles reunidos, mas também, por um tempo, perdido o interesse em seus trabalhos individuais ou coletivos. O rock and roll ainda tinha o poder de transformar indivíduos e a sociedade, mas no final dos anos 1970, a tocha de esperança que os Beatles um dia tinham sido — e que queimou de forma apoteótica com a transcendência espiritual de *All Things Must Pass*, de Harrison — emitia agora uma luz nostálgica e fraca. Os dois movimentos que mais contribuíram para redefinir a cena pop naquela época — punk e disco (ambos odiados por Harrison) — abordavam realidades e condições sociais distintas, que escapavam à percepção dos Beatles, embora eles também tivessem crescido em meio a privações e incertezas.

Além disso, George enfrentava consideráveis problemas legais, que desencorajaram sua atividade musical. Em 1976, foi processado pela Bright Tunes,

que detinha os direitos autorais de "He's So Fine", da banda feminina Chiffons.*
Segundo a acusação, Harrison plagiara a melodia e o arranjo de "He's So Fine"
em "My Sweet Lord". Para observadores mais sensíveis, aquilo não passava de
um processo ridículo. Compositores populares têm emulado melodias e arranjos por décadas — trata-se de tradição aceita no pop —, mas a justiça entendeu
que Harrison era culpado de "plágio inconsciente" e mandou que ele pagasse à
querelante mais de meio milhão de dólares. Em parte, o que tornou o processo
tão exasperante foi o fato de que, por trás do interesse da Bright Tunes, estava
Allen Klein, ex-empresário dos Beatles, que talvez procurasse matreiramente se
vingar de Lennon, Ringo Starr e George, que finalmente concordaram com Paul
que o empresário não teve escrúpulos ao cuidar dos interesses da banda. Harrison disse que a decisão "fez com que eu ficasse tão paranoico que não queria
nem encostar na guitarra ou no piano, com medo de tocar uma nota de outra
pessoa. Aquela nota podia pertencer a alguém".

Apesar da tardia concordância dos Beatles a respeito de Klein, eles agora
não mantinham relações sociais, a não ser ocasionais encontros de negócios
(nos quais Yoko Ono representava Lennon). George sentia falta da banda. "Se
John, Paul e Ringo estiverem reunidos numa sala, espero ser convidado a me
juntar a eles", disse em 1976. Três anos mais tarde, depois que esses encontros
não se concretizaram, George disse a um jornalista: "Tenho curiosidade em saber se John ainda compõe [...] ou será que esqueceu a música e não toca mais
guitarra?". Um pouco mais tarde, George teve a resposta: John e Yoko trabalhavam num álbum com canções novas, *Double Fantasy*, que seria lançado perto
do Natal. E aí veio a notícia terrível: em 8 de dezembro de 1980 um jovem emergiu das sombras na entrada do prédio Dakota, onde o casal morava em Nova
York, gritou o nome de Lennon e disparou quatro tiros contra ele. Pouco depois, do outro lado do Atlântico, Olivia Harrison foi acordada por um telefonema numa manhã ainda escura e soube da notícia. Acordou George e lhe contou.
"Como ele está?", perguntou. "Está muito ferido?" Olivia então disse o que os
quatro tiros tinham feito: John Lennon, amigo de adolescência de George, estava morto.

---

* O grupo americano fez muito sucesso nos Estados Unidos em meados dos anos 1960 e chegou
ao topo da parada de sucessos americana em 1963 com o single "He's So Fine". Curiosamente,
pouco antes do processo, em 1975, as Chiffons tinham gravado "My Sweet Lord". (N. T.)

George cancelou todos os compromissos profissionais por um tempo. Estava gravando um novo álbum, *Somewhere in England*, e tinha composto uma canção, "All Those Years Ago", para o álbum seguinte de Ringo. Com a anuência de Ringo, George tirou a música do álbum e reescreveu a letra, transformando-a num tributo à estatura do amigo morto, e convocou Ringo e Paul para tocarem nessa faixa. A música fez sucesso imediato nos Estados Unidos, mas não serviu de consolo para Harrison. "O assassinato de John nos deixou muito assustados — eu, Paul e Ringo", George disse ao biógrafo Alan Clayson. "Quando um fã me reconhece e vem em minha direção, isso me deixa nervoso." Depois do assassinato de Lennon, Harrison aumentou a segurança em Friar Park. Não queria que ninguém que não tivesse sido convidado passasse da porteira da mansão rural.

Depois de *Somewhere in England* Harrison gravou mais dois álbuns de estúdio, *Gone Troppo* (1982) e *Cloud Nine* (1988), e estava perto de terminar um outro pouco antes de morrer. Jeff Lynne, ex-líder da Electric Light Orchestra, uma banda bastante influenciada pelos Beatles, trabalhou com Harrison em *Cloud Nine*. Os dois descobriram que curtiam "Got My Mind Set on You", uma obscura música de James Ray, e só de farra resolveram gravá-la. O resultado foi outro single em primeiro lugar nas paradas de sucesso para Harrison. Logo depois, na primavera de 1988, uma gravação casual e de improviso na qual tomaram parte Harrison Lynne, Tom Petty, Roy Orbison e Dylan, num estúdio caseiro do último, em Malibu, na Califórnia, deu origem a uma banda — o único grupo em que Harrison tomou parte depois dos Beatles. O resultado foi o álbum *The Traveling Wilburys* (*Volume 1*), produzido num ambiente alegre e de cooperação e que talvez tenha sido a obra mais bem acabada de Harrison desde *Rubber Soul* e *Revolver*. Harrison planejou uma série de álbuns com os Wilburys — talvez até um documentário —, mas Roy Orbison morreu em dezembro de 1988. Quando Harrison, Dylan, Petty e Lyne se juntaram para prestar uma homenagem a Orbison, em benefício dos órfãos da Romênia, tocaram "Nobody's Child", uma canção que os Beatles costumavam executar com Tony Sheridan em Hamburgo, no início dos anos 1960. Os Wilburys gravaram um segundo álbum em 1990, mas sem Orbison o resultado não ficou tão bom, e Harrison nunca mais reuniu a banda.

Em 1991, Harrison realizou uma turnê no Japão com Eric Clapton e sua banda (documentada no álbum *Live in Japan*, de 1992). Harrison topou a excursão em parte porque, como disse, conseguira finalmente largar o cigarro e queria um pouco de distração e ar fresco. Em outubro de 1995, num show em tributo a Dylan no Madison Square Garden, Harrison apresentou versões sensacionais de "If Not for You" e "Absolutely Sweet Marie", ambas de Dylan. Além disso, durante entrevistas ocasionais para rádios, interpretou "Every Grain of Sand", de Dylan, bem como versões de "Let It Be Me", dos Everly Brothers, e "The Bells of Rhymney", de Pete Seeger. As performances deixaram evidente que, quando queria, Harrison ainda tinha talento de sobra. Mas ele raramente queria. O consenso entre os observadores era que George tinha receio de alguma coisa. Na transcrição de uma conversa em 1966 com Swami Prabhupada, publicada pelo biógrafo Giuliano, Harrison diz: "Sinto um pouco de animosidade nas pessoas. De certa maneira, quanto mais comprometido você é, e mais forte você é no que faz, mais forte é a animosidade. Às vezes, sinto que há uma pessoa para quem isso significa algo".

No que restava dos anos 1990, a principal atividade pública de George Harrison foi se reconciliar com os Beatles, tanto com os ex-integrantes quanto com a história da banda. Em 1989, quando perguntaram a ele mais uma vez se os Beatles ainda poderiam voltar, George Harrison declarou: "No que me diz respeito, não haverá reunião dos Beatles enquanto John Lennon continuar morto". Mas de certa maneira a maior barreira era a relação entre Harrison e McCartney. Paul demonstrou interesse em compor com George, mas George manifestou mágoa por Paul ter demorado tantos anos para fazer tal proposta. Além disso, um dava nos nervos do outro, o que ambos admitiam. De qualquer maneira, McCartney, Harrison e Ringo Starr tinham se comprometido havia algum tempo com o projeto *The Beatles Anthology*, para registrar a própria versão da história deles, com o lançamento de faixas até então inéditas e com a reativação do ainda comercialmente poderoso catálogo de gravações. Yoko Ono cedeu duas faixas inacabadas de Lennon, "Free as a Bird" e "Real Love", para que eles completassem. Embora mais tarde George tenha se referido meio com desdém a essas músicas, o resultado final deu a impressão de que todos os envolvidos trabalharam de forma sincera e meticulosa, e com "Free as a Bird" em especial criaram algo tocante. "*Whatever happened to/ The life we once knew*", McCartney canta na seção do meio da música, "*Can we really live/ Without each other?*" [O que quer que tenha acontecido/ Com a vida que tivemos/ Será que podemos viver/ Uns sem os outros?]. Não era uma declaração nostálgica, mas um comentário sobre as chances e esperanças, todas as possibilidades imensuráveis que se perdem quando pessoas que um dia se amaram decidem se afastar — uma coda precisa sobre o que os Beatles fizeram a si próprios e à sua história (e ao seu público) com a separação. E, após as palavras cantadas por McCartney, Harrison entra com um solo de guitarra que sintetiza um quarto de século de anseio e dor.

Mas haveria mais dor a caminho. Em 1997, depois de trabalhar num novo projeto solo, Harrison se submeteu a uma cirurgia para extirpar um câncer na garganta. O tratamento foi considerado bem-sucedido. Então, às três horas da madrugada de 30 de dezembro de 1999, Olivia Harrison acordou com um forte barulho em Friar Park. Achou que o lustre tivesse caído no chão, mas não tinha certeza. Acordou o marido, que desceu as escadas para ver o que tinha acontecido. Lá embaixo, ele sentiu uma lufada de ar frio que entrou por uma janela quebrada e percebeu o cheiro de fumaça de cigarro. George correu de volta para o quarto e disse a Olivia para entrar em contato com os funcionários da casa e chamar a polícia. Harrison então viu um homem no andar de baixo carregando uma lança que fora retirada de uma estátua da casa. George gritou: "Quem está aí?". E o homem respondeu: "Você sabe. Desça aqui". Harrison se atracou com o homem e os dois rolaram pelo chão. O invasor esfaqueou Harrison. Olivia correu em direção a eles e bateu na cabeça do homem com um abajur pesado. Depois de levar algumas pancadas, ele agrediu Olivia, ferindo-a na cabeça, e voltou a atacar Harrison, que tinha sérios ferimentos no peito e estava perdendo as forças. Ele segurou a faca do homem pela lâmina, e foi então que chegou a polícia e rendeu o invasor. Harrison levara duas facadas fundas no peito. Um pulmão havia sido atingido e a lâmina passou a menos de dois centímetros do coração. O filho de George, Dhani, acordou com a confusão e correu para ficar ao lado do pai. O filho e a polícia notaram que Harrison estava perdendo a consciência e pensaram que estivesse morrendo. "Oh, Dhan", George disse ao filho, "estou apagando." Enquanto Harrison era levado para a ambulância, Dhan o chamou: "Pai! Aguente firme. Tudo vai ficar bem". Harrison deixou a UTI na tarde do dia seguinte.

O jovem que invadiu a casa de Harrison tinha um histórico de esquizofrenia não tratada adequadamente. Disse a seu advogado que os Beatles eram "bruxos" e que ele era o enviado de Deus para matar Harrison. No julgamento, o júri entendeu que devido à insanidade ele não poderia ser considerado culpado, e o magistrado o encaminhou à ala psiquiátrica de um hospital de Merseyside. Ele poderia ser liberado se uma junta médica decidisse que não representava mais ameaça à sociedade. Harrison e sua família solicitaram que fossem avisados em caso da liberação, mas o juiz não atendeu ao pedido.

O ataque a Harrison foi seguido de novas ameaças de morte, e ele e sua família chegaram a pensar em se mudar de Friar Park. Na primavera de 2001, Harrison se submeteu a nova cirurgia para retirar um tumor maligno do pulmão. Seu advogado disse que Harrison estava animado e que o prognóstico era bom. O ex-Beatle falou: "Tive um pequeno câncer na garganta. Removi um pedaço do pulmão. Aí quase fui assassinado. Mas parece que estou mais forte". Em 2001, no entanto, Harrison passou por vários hospitais na Inglaterra e nos Estados Unidos para tratar o câncer, que acabou evoluindo para um tumor cerebral. No dia 29 de novembro de 2001, uma quinta-feira, Harrison sucumbiu à doença às 13h30, em Los Angeles, na casa de Gavin De Becker, um amigo da família e especialista em segurança. Harrison estivera na cidade por duas semanas, mas sua presença havia sido mantida em sigilo. Passou os últimos dias com a família, recebeu poucas visitas e teve a companhia de amigos da comunidade Hare Krishna, que entoaram mantras para ajudá-lo a migrar para a morte. "Ele deixou este mundo da mesma maneira como nele viveu, consciente de Deus, sem medo da morte e em paz, cercado pela família e pelos amigos", segundo o comunicado da família. "Ele sempre dizia: 'Tudo pode esperar, menos a busca por Deus — amemo-nos uns aos outros'."

Depois da cremação, as cinzas de Harrison teriam sido levadas à Índia e espalhadas no rio Ganges e em outros locais sagrados da região.

O segundo filme dos Beatles, *Help!*, nunca alcançou a mesma reputação do primeiro, *A Hard Day's Night*, mas, como já foi notado por outros observadores, contém um momento que capta a centralidade dos Beatles no imaginário contemporâneo. Mais ou menos no começo do filme, uma limusine para numa rua de Londres com várias casas enfileiradas. Os Beatles descem do carro e cada um entra por uma porta, que parecem dar acesso a residências independentes, mas lá dentro vemos que não há paredes entre as casas. George, John, Paul e Ringo vivem numa única casa grande em que há camas, um órgão Wurlitzer, uma faixa de grama, uma estante (em grande parte ocupada por escritos de John

Lennon) e várias máquinas que vendem lanches e refrigerantes. À noite, os Beatles dormem em camas espalhadas no espaçoso ambiente. A mensagem: eram esses a casa e o playground idealizados dos Beatles — o sonho de morar como parceiros que partilhavam tudo, e nada poderia separá-los.

Era um insight esperto e gozador sobre como incontáveis fãs viam os Beatles nos anos 1960: membros de uma família que podia servir de modelo de comunidade para a cultura jovem e para a música pop. De um jeito ou de outro, esse desejo de formar uma comunidade — o sonho de equidade e harmonia num mundo em que se esgarçavam as antigas noções de família — faria parte dos momentos mais significativos do rock dos anos 1960. Tudo indica que, pelo menos por um breve momento, os Beatles também tiveram esse sonho. "Nós éramos muito unidos", Harrison afirma em *The Beatles Anthology*. "Digo isso em nome de nós quatro". Em 1983, no entanto, Harrison teria dito a Geoffrey Giuliano: "Toda essa conversa de que os Beatles seriam capazes de salvar o mundo era pura bobagem. Eu não podia nem mesmo salvar a mim mesmo". Numa outra conversa, com Swami Prabhupada, George disse certa vez que suas meditações o haviam levado a um ponto em que "não conseguia me relacionar com mais ninguém. Nem mesmo [...] com meus amigos, minha mulher, *ninguém!*". Uma declaração curiosa para uma pessoa que acreditava genuinamente em ideais de amor e unidade e que, a despeito disso, por grande parte dos últimos 25 anos de sua vida, manteve cautelosa distância do mundo.

Não há dúvida de que a devoção de Harrison aos ensinamentos e preceitos espirituais indianos era sincera, mesmo que nem sempre ele exercesse a disciplina exigida pela crença hindu. Mas a verdade é que as pessoas mais interessantes entre as que procuram orientação espiritual tendem a ser aquelas que são sábias o suficiente (ou apenas humanas o suficiente) para se desviar do curso por um tempo e buscar a paz interior num esforço persistente. Para Harrison, o hinduísmo — e os ensinamentos de Swami Prabhupada e Paramahansa Yogananda, filósofos realmente perspicazes e singulares — pode ter preenchido o vazio de toda sua vida, que a experiência com os Beatles, em vez de ter mitigado, apenas exacerbou.

Mas há outro aspecto de Harrison que está profundamente associado à história da música que desembocou no rock and roll. Apesar de o blues surpreendentemente estar pouco presente em seu estilo de tocar guitarra e compor (a dissonância ocasional não derivava do blues, mas de sua ira e voluntarismo, ou refletia amargura e solidão, embora mais tarde ele tivesse preferido melodias e harmonias mais suaves), de certa maneira Harrison no fundo era, a exemplo dos amigos Eric Clapton e Bob Dylan, um bluesman que não precisava das escalas formais do blues para transmitir amor e dor. Para resumir, apesar da boa vida familiar na adolescência e de ter tido nos Beatles uma intensa segunda família, Harrison foi um homem que nunca se sentiu à vontade no mundo. Ressentia-se do que identificava como uma ordem social opressiva que testemunhara nos tempos de adolescente em Liverpool: "Odeio que me digam o que devo fazer", disse a Hunter Davies, biógrafo dos Beatles. E mais tarde, quando finalmente teve a fama, o sucesso e as aventuras que buscou nos Beatles, quase imediatamente rechaçou tudo isso. "Depois de pouco tempo", disse numa entrevista em 1988 para divulgar o álbum *Cloud Nine*, "percebemos que afinal não era a fama o que queríamos. [...] Depois que passou toda aquela excitação inicial, eu, por exemplo, fiquei deprimido. Isso é tudo que esperamos da vida? Ser perseguidos por uma multidão de lunáticos berrando a cada vez que mudamos de uma porcaria de um quarto de hotel para outro?"

Harrison estava numa situação estranha — uma situação que Bob Dylan provavelmente compreendia bem, qual seja, o isolamento provocado pelas expectativas do mundo, pelas obrigações de uma celebridade, pelas demandas da audiência de massa — e parecia não haver saída. É verdade que havia a opção de um recolhimento, mas isso apenas projetava a perspectiva de uma vida solitária e limitada. Ao mesmo tempo, a permanência sob os holofotes — levando adiante uma vida de celebridade — também exigia certo afastamento, sob pena de ele se sujeitar a demandas constantes ou de se transformar em depositário de esperanças e desejos alheios. Os dois integrantes dos Beatles que mais ansiaram aumentar o bem-estar no mundo — George Harrison e John Lennon — também foram os dois que mais tentaram se distanciar desse mundo e de tudo aquilo que ele poderia querer deles. A mistura de idealismo e atitude reservada era tão instintiva quanto intensa — e também terrivelmente presciente: ambos foram atacados por fãs mentalmente desequilibrados, portadores de uma obsessão letal provocada pelo fato de esses homens tanto terem feito para transformar o mundo.

É apropriado imaginar George Harrison como um homem que sempre procurou crescer espiritualmente, mas também é possível considerá-lo um bluesman moderno. O bluesman, como o místico, é uma pessoa que aprende a viver só no mundo, não necessariamente feliz, mas com poucas ilusões. Alguns praticantes do hinduísmo seguem um curso semelhante, julgando os prazeres mundanos passageiros e mesmo indignos de confiança. George Harrison, como os outros Beatles, teve muitas oportunidades em sua vida desde a juventude: poderia viajar para onde quisesse, comprar o carro ou a casa de que gostasse, obter sexo ou amor a qualquer hora. E ainda assim havia nele uma carência, um lado sombrio ao qual ele nem sempre tinha acesso. A crença nos preceitos hindus lhe mostrou como viver no mundo, mas ao mesmo tempo como se afastar dele. Uma maneira de experimentar a dor e poder contemplá-la de um ângulo diferente. Ou seja, seu credo religioso lhe permitiu sobreviver aos Beatles enquanto ainda fazia parte da banda e suportar a consciência de que seu envolvimento com o grupo provavelmente eclipsaria tudo o que viesse a fazer depois.

Essa crença não o tornou necessariamente um homem "melhor" — um homem de paz ou pleno de uma benevolência natural. Conhecido pela rispidez e impaciência, Harrison, em várias oportunidades, fez questão de deixar claro que não nutria maiores amores pelos fãs dos Beatles. ("Eles nos deram seu dinheiro e seus gritos, mas os Beatles lhes retribuíram com seu sistema nervoso, o que é algo muito diferente para se dar", disse na *Anthology*.) Na realidade, a crença de Harrison lhe permitiu seguir adiante, apesar de sua convicção de que a vida tinha muito de fútil e infernal. De acordo com alguns relatos, planejava chamar seu último álbum de *Your World is Doomed, Part One* [Seu mundo está condenado, Parte Um], embora a obra tenha sido lançada com o título *Brainwashed* (talvez seu melhor álbum). O título original é uma bela síntese do estilo e das opiniões de Harrison: ele podia se mostrar ao mesmo tempo abatido, engraçado e cruel, e também imensamente majestoso. Era um homem complexo, contraditório mesmo — capaz de gestos de compaixão e generosidade, mas também de se negar ao mundo e às pessoas próximas a ele. Na mansão de Friar Park há vários quadros e esculturas que celebram sua dedicação aos mestres que mais fizeram bem ao mundo. No portão do lado de fora há uma placa com letras caprichadas que aconselha: "Caia fora daqui".

No fim, como seus antigos companheiros de banda, Harrison foi não apenas objeto de intenso amor, mas acreditou que a devoção ao amor está entre os maiores propósitos da vida. Também acreditou, no entanto, que é preciso muito mais do que amor para continuar a viver e a reparar a dor. Às vezes, a escuridão é irrefutável. Nenhum dos Beatles teve mais consciência disso do que ele, um fardo que soube carregar de maneira ardente e honrada. Qualquer que seja o mistério em George Harrison, ele o suportou com um encanto que ainda não deixou este mundo.

Sgt. Pepper's Lonely Hearts Club Band: com Beatles e sem Beatles

No outono de 1966, os Beatles queriam dar os Beatles por encerrados; a fama os havia oprimido e lhes causara toda sorte de problemas. A música ainda mantinha uma aura de efervescência em álbuns como *Beatles for Sale*, *Help* e *Rubber Soul*, mas os temas das canções tinham se tornado mais problemáticos. Era como se a banda tivesse perdido referência — Lennon cantava frequentemente a alienação e a ansiedade; McCartney, as dúvidas do amor — e enquanto as primeiras músicas correspondiam às estruturas familiares do rock and roll dos anos 1950, as músicas mais novas se insinuavam em áreas virgens e incorporavam texturas estranhas. Em primeiro lugar, no entanto, o grupo se sentia esgotado devido à agenda carregada de turnês e gravações, além do tempo investido nas composições. Em agosto de 1966, depois do imbróglio resultante da declaração de Lennon de que os Beatles eram mais populares do que Jesus, e após uma última e desalentadora excursão pelos Estados Unidos (na qual não puderam apresentar as mais ousadas músicas novas), os Beatles desistiram de se apresentar ao vivo. "Estávamos cheios de ser os Beatles", disse McCartney anos mais tarde ao biógrafo Barry Miles. "Simplesmente odiávamos aquela coisa de ser tratados como os quatro cabeludinhos. Não éramos mais meninos, tínhamos crescido. Aquelas coisas de adolescente, a gritaria, nada disso fazia mais sentido, não queríamos mais aquilo."

Não admira que se sentissem assim. Desde fevereiro de 1964, quando os Beatles foram para os Estados Unidos pela primeira vez e apareceram no programa de TV *The Ed Sullivan Show*, obtendo fama instantânea e sem precedente, muito havia mudado no comportamento e na cultura da América e da Inglaterra. No início, essa mudança foi até agradável — a moda dos jovens se tornou mais exuberante — mas à medida que os anos passavam esses mesmos jovens começaram a se envolver em questões políticas e sociais. Faziam campanha pelos direitos civis e pela igualdade econômica e social e, em número crescente, protestavam contra a brutal e infrutífera guerra americana no Vietnã. (Jovens americanos também morriam em número crescente no sudeste asiático: no final foram mais de 55 mil mortos.) O gosto musical dos jovens começou a refletir essa inquietação, primeiro com o ressurgimento da música folk, com Bob Dylan e Joan Baez, mas cada vez mais através do estilo rebelde do rock, que exigia nova conformidade.

Por tudo isso, a influência dos Beatles foi inequívoca. Sua popularidade encorajou a formação de uma miríade de novas bandas na Inglaterra e na América em meados dos anos 1960, mas o grupo logo sentiu a necessidade de acompanhar a tendência da cena pop, que não parava de se renovar com músicas e letras mais ousadas. Em 1966, os Beatles lançaram seu álbum mais inovador, *Revolver*. Estava repleto de uma sonoridade notável — inclusive harmonia e instrumentação não ocidentais, gravação com colagem de trechos em *looping*, responsável pelo clima eletrônico hipnótico, e guitarras feéricas em ondulante efeito reverso — que nunca fora produzida antes por uma banda pop de grande sucesso. Mas, fora do estúdio, as coisas logo começariam a ficar complicadas. Depois da terrível excursão mundial naquele ano — durante a qual foram atacados nas Filipinas e, devido à declaração de John Lennon sobre o cristianismo, sofreram ameaças na América — os Beatles desistiram definitivamente de fazer shows.

Rumores de tensão na banda — bem como boatos de que o grupo estaria se separando — logo se espalharam, alimentados pelo fato de que durante meses eles não produziram novas músicas. Até certa altura, o status dos Beatles era inquestionável; mas agora parecia que poderiam ser superados. Compreenderam, então, que um novo álbum iria restabelecer sua importância ou liquidá-los — não apenas o futuro deles, mas a história que haviam construído. "Na verdade, foi bem legal", McCartney disse à *Rolling Stone* em 2007. "Como a gente não se apresentava mais, a imprensa começou a falar em pasmaceira, em vácuo de criatividade. Os jornalistas diziam: 'Ah, os Beatles já deram o que tinham que dar, não fazem mais nada'. Mas a gente sabia que não era nada disso. Foi muito legal — só a gente sabia o que estava fazendo, e sabia que estava longe de ter secado em termos de inovação. Na verdade, acontecia o oposto: havia uma explosão de forças criativas."

McCartney se referia às gravações do que viria a ser o *Sgt. Pepper's Lonely Hearts Club Band*, a obra que simbolizou — imediatamente — as ambições, as esperanças e os temores da mais controversa geração do século XX em meio a uma época vital, complexa e arriscada. O que começara em 1963 e 1964 como um consenso — em que os Beatles ocupavam posição central — havia se transformado numa visão generalizada. Era um tempo de promessas e perigos. Não havia ainda uma obra única que sintetizasse as ousadas concepções sobre comunidade, arte e novas ideias. Até que surgiu *Sgt. Pepper*. Esse foi o momento em que os Beatles foram renovados nas mentes de todos, quando toda uma geração sentiu-se mais próxima deles que nunca, ao intuir que os Beatles falavam para eles e em nome deles a partir de um acordo elevado. Paradoxalmente, os próprios Beatles nunca haviam se mostrado mais distantes de seus fãs, e em pouco tempo começariam a se distanciar uns dos outros também. *Sgt. Pepper* foi o meio e a razão dessa transformação: foi o mais celebrado momento da história da música popular, mas custou à mais celebrada banda da história da música popular a fraternidade que eles simbolizavam.

Os Beatles estiveram bem mais próximos de se separar depois da turnê de 1966 do que geralmente se acredita. George Harrison, para quem a popularidade da banda era um fardo e uma ameaça, comunicou sem rodeios ao empresário Brian Epstein que estava largando a banda, e em seguida partiu em viagem de cinco semanas com a mulher, Pattie Boyd, para Mumbai, onde estudou a cultura indiana e a música clássica do norte do país com o mestre da cítara Ravi Shankar. Enquanto isso, John Lennon — que criara os Beatles em parte para ter companheiros de viagem — se sentia desolado com a separação da banda. Ele comentou mais tarde que certa noite chegou a cair de joelhos numa reza abjeta: "Deus, Jesus, ou quem quer que porra você seja — onde quer que você esteja — será que por favor, apenas uma vez, você pode me dizer o que eu devo fazer?". Depois da excursão de 1966, houve o primeiro e único hiato na carreira dos

Beatles. Em 24 de novembro de 1966 eles voltaram a se reunir nos estúdios da EMI, na Abbey Road, em Londres, para ver que tipo de música fariam. O vigor que demonstravam foi tão intenso que até eles se surpreenderam. "Strawberry Fields Forever" era meio fantasmagórica, com letras e estrutura estranhas e desconexas, e os arrebatou imediatamente — aí estava um novo rumo. Os Beatles trabalharam na música durante semanas — algo que nunca tinham feito antes. No fim, Lennon incumbiu Martin de juntar duas versões — uma seca e melancólica e a outra orquestrada com violoncelos, metais e inversões rítmicas — em tonalidades diferentes no assombroso trecho final, o que resultou no sucesso mais abstrato da história da música popular. "Não poderíamos ter produzido melhor protótipo para o futuro", George Martin escreveu mais tarde.

Quando Brian Epstein e a EMI Records insistiram em ter material novo para um single dos Beatles, Martin lhes entregou "Strawberry Fields Forever" e a animada "Penny Lane", de McCartney. Embora o produtor tenha mais tarde se arrependido da escolha — porque o novo álbum ficaria privado de duas das mais fortes faixas — elas faziam um belo par. As canções invocavam memórias complementares — uma espectral, a outra nostálgica — de um tempo e um lugar que tinham ficado para trás, e durante muitos anos persistiu o mito de que os Beatles queriam explorar no novo álbum a adolescência passada na Liverpool do pós-guerra. Mais tarde, McCartney negou a lenda. "Não houve nenhuma intenção de lembrar nossa infância", disse à revista *Mojo* em 1995.

Sendo ou não essa a intenção dos Beatles, o fato é que eles buscavam um refúgio ideal, além de um novo paradigma. Queriam se distanciar de sua imagem, e McCartney veio com uma ideia que poderia resolver essa questão: "Pensei que deveríamos deixar de ser nós mesmos". E sugeriu que inventassem uma identidade e criassem o conceito de uma banda alter-ego em processo de gravação de um álbum. "Como tudo sobre o álbum seria imaginado a partir da perspectiva dessas pessoas", disse McCartney, "não havia necessidade de sermos *nós*, de fazermos o nosso tipo de música, podia ser a canção que *elas* quisessem compor." Dar asas a essa banda imaginada significava, claro, que a banda real, os Beatles, poderia tocar o gênero que quisesse, não apenas rock and roll. Poderia, como disse McCartney a Barry Miles, "fazer um pouco de Stockhausen, um pouco de Albert Ayler, um pouco de Ravi Shankar, um pouco de *Pet Sounds*". Para estabelecer essa noção, McCartney — que gostava dos nomes extravagantes das bandas psicodélicas americanas, como Big Brother and the Holding

Company e West Coast Pop Art Experimental Band — propôs que o grupo imaginário se chamasse Sgt. Pepper's Lonely Hearts Club Band, e compôs uma breve canção para apresentar a ficção. Lennon e Harrison teriam tido dúvidas sobre esse faz de conta, mas também não conseguiam pensar em nada melhor para dar unidade à nova música do grupo.

Para McCartney em particular, essa tática abriu um mundo de oportunidades. Embora John Lennon, por ter frequentado uma escola de arte e, mais tarde, trabalhado em experimentalismos com Yoko Ono (como em "Revolution 9", no Álbum Branco, de 1968), tivesse a reputação de ser o vanguardista dos Beatles, foi McCartney o pioneiro a desempenhar esse papel. Já havia algum tempo que se interessava pela música de vanguarda, estudava e ouvia compositores modernistas como Karlheinz Stockhausen, Luciano Berio e John Cage e assistia aos shows do Pink Floyd e do Soft Machine no vigoroso Spontaneous Underground.* Segundo Barry Miles, McCartney contou a Lennon sobre suas extraordinárias ideias musicais e Lennon o estimulou a seguir nessa direção; aquilo soava meio pretensioso, mas também sinalizava audácia. "Mas Paul", observa Miles, "procurava fazer as coisas devagar e tinha cuidado em não afugentar os fãs com muita esquisitice. Contemplava a possibilidade de fazer um álbum solo, com o título *Paul McCartney Goes Too Far* [Paul McCartney vai longe demais], mas nada disso foi concretizado." McCartney estava de fato questionando a divisão entre a alta cultura (no caso, música clássica romântica e moderna) e a cultura de massa (rock e outras formas de música pop), e essa ambição, como tudo o mais em *Sgt. Pepper*, teria consequências significativas.

Com essa iniciativa, McCartney ganhou mais espaço nos Beatles. Ele já fora o responsável pelos toques vanguardistas em *Revolver*, o que ajudou a dar densidade a canções sobre ressentimento, solidão, futilidade, abandono, alienação e morte. Mas, com *Sgt. Pepper*, escreveu o engenheiro de som Geoff Emerick, McCartney emergiu como o "produtor de fato" da banda. Lennon mais tarde concordaria: "Eu estava muito deprimido durante a gravação do *Sgt. Pepper*, e sabia que Paul estava numa boa. Ele se sentia confiante. Eu queria matar o cara". (George Martin também sentiu que Lennon pode ter ficado enciumado por causa da atenção que o produtor dava às ideias e à música de McCartney.) Ape-

---

* Spontaneous Underground era o nome das apresentações dominicais no famoso Marquee Club, que reunia as bandas do circuito mais alternativo da música pop de Londres. (N. T.)

sar da crise pessoal de Lennon — estava insatisfeito com sua vida particular e confuso sobre seus propósitos artísticos —, ele continuava entusiasmado e queria, tanto quanto McCartney, alargar fronteiras conceituais. Richard Lush, na época engenheiro de som nos estúdios da Abbey Road, disse à *Mojo* em 2007 que o que Lennon buscava diariamente no projeto era fugir da normalidade. "Quero um som diferente hoje, nada igual ao que fizemos ontem", dizia, como Lush se recorda. Os Beatles também insistiam em que ninguém tivesse acesso às gravações. Raramente recebiam visitas, com receio de que suas ideias fossem copiadas.

Paul McCartney teve um papel considerável ao dar forma à obra mais conhecida dos Beatles. Os outros três nunca o desculpariam pelo domínio que exerceu em 1967, mesmo que aquele tenha sido o momento mais importante da banda. Anos mais tarde, os Beatles, com exceção de McCartney, se distanciariam de *Sgt. Pepper* de várias maneiras. George Harrison e Ringo Starr disseram que tinham pouco a fazer no estúdio, além de tocar a parte deles (isso apesar de o trabalho de Ringo no álbum ter de fato redefinido o som e a arte da bateria no rock). Quanto a Lennon, foi particularmente veemente, ao comentar, diante de McCartney, que *Sgt. Pepper* era "a maior bobagem que os Beatles já tinham feito". Meses depois da gravação do álbum, Lennon já não queria fazer nada parecido outra vez. Em 1968, ao discutir os métodos de *Sgt. Pepper* com George Martin, Lennon disse: "Para mim, isso aí não é rock, George. Rock é uma coisa mais simples, uma música legal". As músicas de *Sgt. Pepper*, ele tinha decidido, não eram legais, eram desonestas.

Essa dinâmica deu a *Sgt. Pepper* duas vidas imediatas: sua famosa vida pública e uma realidade interna mais complicada, que teria um resultado imprevisto. Havia ainda outros componentes que tornavam a situação mais complexa, e o principal deles foi uma circunstância sobre a qual os Beatles não fizeram alarde. "Quando [George Martin] estava fazendo um programa de TV sobre *Sgt. Pepper*", McCartney disse a Barry Miles, "ele me perguntou: 'Você sabe o que motivou *Sgt. Pepper*?'. Eu disse: 'Em uma palavra: drogas. Maconha'. E George disse: 'Não, não. Vocês não ficavam fumando o tempo inteiro'. 'A gente ficava, sim.' *Sgt. Pepper* foi feito sob a influência de drogas."

Os Beatles tinham fumado um baseado pela primeira vez com Bob Dylan, em 1964, e desde então fizeram uso regular da droga. Mas os psicodélicos —

que agora estavam tomando — ofereciam possibilidades mais intensas. Os dois primeiros membros da banda a tomar LSD — George Harrison e John Lennon — ingeriram a droga sem saber o que estavam fazendo num jantar em 1965. O ácido os havia assustado, mas a experiência não deixou de ser divertida. Lennon em particular achou que, num primeiro momento, suas composições ganharam com as viagens de ácido; "She Said She Said" e "Tomorrow Never Knows", de *Revolver*, e "Strawberry Fields Forever" foram todas feitas num nível de consciência, às vezes perturbador, a que ele chegou com o uso do LSD. Mas na época das gravações de *Sgt. Pepper*, de acordo com vários testemunhos, Lennon estava fazendo um uso tão frequente do LSD, e experimentando seus efeitos de destruição do ego com tal constância, que às vezes imaginava sumir, como se estivesse ausente da banda e dele próprio. George Harrison disse mais tarde: "De certa maneira, como a psiquiatria, o ácido também podia desfazer muita coisa — era *tão* poderoso que bastava *ver*. Mas acho que a gente não percebeu até que ponto John estava mal". O próprio Lennon disse sobre esse período: "A visão psicodélica era uma realidade para mim, e sempre foi assim".

Em contraste, McCartney tinha inicialmente sido cauteloso em relação ao LSD. Uma noite, Lennon teve uma *bad trip*, e não deu para eles continuarem trabalhando. McCartney tinha uma casa nas imediações, levou Lennon para lá e também tomou uma dose de LSD para tentar entrar na mesma sintonia do parceiro. Foi uma noite intensa — eles viram o vínculo de um amor mútuo e viram também as divergências que os separariam. "Foi uma experiência esquisita", disse McCartney anos mais tarde, "fiquei muito doido."

Os efeitos dos psicodélicos em *Sgt. Pepper* deram origem a debates assim que o álbum foi lançado. Para alguns, as sensações provocadas pela droga permeavam o álbum inteiro, da perspectiva ilusória às fantasias, passando pelas estruturas sonoras. Isso era mais óbvio em "Lucy in the Sky with Diamonds", de Lennon, com sua descrição — na música e na letra — de uma viagem, através de uma perspectiva etérea, rumo a uma libertação impossível. Por décadas, todos de alguma forma envolvidos com essa música insistiram em que o fato de o título ter as iniciais LSD era mera coincidência, mas em 2004 McCartney admitiu ser "bastante óbvio" que se tratava de uma música sobre uma viagem de ácido. Além disso, houve também quem visse — frivolamente ou não — referências a drogas em "With a Little Help from My Friends" (drogas estão associadas aos amigos da canção, ou seriam de fato os próprios amigos), "Fixing a Hole" (que alguns moralistas inconformados disseram ser metáfora de injeção de heroína, uma interpretação totalmente descabida), "Getting Better" (aprimoramento pessoal graças ao estado de euforia provocado pela droga), e mesmo "Lovely Rita" e "Being for the Benefit of Mr. Kite", nesses casos devido ao efeito entorpecedor das músicas. Apesar dessas leituras, nenhuma das canções foi um fiasco ou um sucesso apenas devido às alusões psicodélicas, reais ou imaginadas. No fim, o objetivo dos Beatles era a criação. Os alucinógenos podem ter influenciado, mas não mais do que a ambição de liberdade e o experimentalismo — aspirações que foram centrais ao ímpeto dos anos 1960. O produtor George Martin — parceiro fundamental para chegar aos sons quiméricos que os Beatles concebiam — não entendia por que eles tomavam drogas nem ingeria ele próprio qualquer outra substância, mas compreendia que a natureza do momento era criar novas possibilidades.

Ao mesmo tempo, não há dúvida de que as drogas estão associadas à visão que os Beatles tinham então das convenções sociais. Essas preocupações aparecem nas canções mais importantes do álbum, "She's Leaving Home", "Within You Without You" e "A Day in the Life", todas refletindo perspectivas não ortodoxas. "She's Leaving Home", com seu quarteto de cordas neoclássico se insinuando no diálogo de vozes de McCartney e Lennon, é um retrato solidário feito por McCartney de uma garota que foge de casa e dos pais que ela abandona, a única faixa do álbum que aborda diretamente a existência de um colapso social. O mundo para o qual a garota foge tinha se transformado o bastante para tirá-la da futilidade de seu lar, embora para seus pais esse mesmo mundo novo tenha significado a derrota de seus próprios valores e esperanças: ele havia levado embora a criança deles. "Within You Without You" é a única faixa de George Harrison no álbum e mostra outra influência dos Beatles. Harrison desde o começo sempre foi um Beatle singular — suas primeiras composições eram gritos de rebeldia ainda mais altos que os de Lennon — e o primeiro a procurar um sentido fora da banda. Mas suas incursões na filosofia indiana o renovaram — especialmente a doutrina de *Bhagavad Gita*, de se elevar acima do efêmero, e os ensinamentos de Yogi Paramahansa Yoganda, de ver as pessoas além de seus papéis sociais. Agora, *Sgt. Pepper* dava a Harrison uma oportunidade: a crença no transcendentalismo do pensamento oriental vinha bem a calhar para a contracultura emergente, que sofria com as desilusões dos princípios ocidentais modernos. Por anos a fio, "Within You Without You" foi ridicularizada por vários críticos por sua estrutura que lembraria um hino fúnebre (Harrison e sua cítara acompanhados por um *ensemble* do norte da Índia — ao qual se junta mais tarde uma seção de cordas do Ocidente — com nenhum dos Beatles tocando na faixa) e pelo jeito de sermão da letra. E no entanto é difícil imaginar *Sgt. Pepper* sem "Within You Without You". Num álbum que no fundo é sobre ultrapassar limites, a majestosa contribuição de Harrison é a que mais se aproxima de articular aquela aspiração de maneira idealista.

"Within You Without You" e "She's Leaving Home" são essenciais para o que simboliza *Sgt. Pepper* — as músicas transmitem um sentimento de compaixão, de esperança —, mas "A Day in the Life" é mais complexa e perturbadora; ela quase esvazia aquelas perspectivas. Originalmente, era uma composição de John Lennon — apesar de suas dúvidas sobre si próprio e sobre *Sgt. Pepper*, ele acabou sendo o responsável pelo momento mais alto do álbum (embora em outra música, "Good Morning, Good Morning", tratasse mais diretamente do estado crítico em que se encontrava). No original de Lennon, "A Day in the Life" era um agradável e desesperançado solilóquio, mas, como acontecera com "Strawberry Fields Forever", o quinto Beatle, o produtor George Martin, viu a oportunidade de fazer algo sem paralelo. O relato de Lennon sobre um homem tão cansado da vida moderna que sentia pesar por ela é repleto de imagens ambíguas, mas, a reboque de um acalanto musical, a letra evolui com serenidade para uma sensação de horror e epifania. Lennon pediu a McCartney que fizesse a parte intermediária da música; ela precisava de um desvio antes de voltar ao tema central de um anseio desolado. McCartney propôs um fragmento que vinha burilando, mas também pensava numa maneira de introduzir guinadas hipnóticas e desorientadoras: uma orquestra provocando um caos crescente. Lennon adorou a ideia, Martin a achou excessiva, mas no fim a opinião dos compositores prevaleceu, resultando naquilo que pode ser a mais primorosa gravação do catálogo dos Beatles. Em sua colaboração definitiva, Lennon escreveu sua mais significativa canção e McCartney realizou suas melhores ambições vanguardistas.

Embora gravada antes da maioria das faixas do álbum, "A Day in the Life" ficou para o final do disco, depois que a imaginária banda tinha se apresentado e ido embora. Mas a música não era uma coda — era antes um réquiem, tanto para *Sgt. Pepper* como para sua visão de refúgio. No início, Lennon narra a história de um homem que *"blew his mind out in a car"* [estourou os miolos num carro]. Pode ser um suicídio, pode ser uma iluminação induzida pela droga, mas em qualquer hipótese o cantor não consegue desviar o olhar: não é um homem que morre, mas uma era que não subsiste e da qual não podemos nos afastar. A partir daí a música se transforma num turbilhão incipiente, e outra voz, a de McCartney, tenta nos transportar do universo real para o sonho de suportar o cotidiano com sua insensibilidade entorpecedora, mas a interpretação de Lennon não permite uma esperança dissimulada. Ele insiste em decifrar a farsa moderna, e então a orquestra conduz a música para além do universo mapeado do século xx. "A Day in the Life" existe no espaço entre a inconsciência e o desencantamento — o espaço ocupado por aqueles tempos — e termina com o mais famoso momento da música dos anos 1960: um simples acorde tocado por John Lennon, Paul McCartney, Ringo Starr, George Martin e o assistente Mal Evans em vários pianos de uma só vez, e que reverbera longamente, como uma possibilidade sem solução. À medida que esse memorável acorde se prolonga até desaparecer, aglutina uma cultura inteira em seus mistérios, suas implicações, seu sentido de previdência encontrado e perdido. De certa maneira, foi o momento mais arrebatador partilhado pela cultura que eles ajudaram a criar, e o último gesto de genuína unidade que ouviríamos dos Beatles.

Quando os Beatles terminaram *Sgt. Pepper*, no final de abril de 1967, haviam gastado quatro meses e 75 mil dólares no projeto — na época, um investimento sem precedente. Em maio, Brian Epstein reuniu um grupo para uma primeira audição em seu apartamento em Londres. Os Beatles estavam entusiasmados, conscientes de ter criado algo diferente, algo que nunca haviam feito antes.

Ninguém estava preparado para o que aconteceria com *Sgt. Pepper's Lonely Hearts Club Band*. A imprensa especializada britânica publicou as primeiras informações assim que o álbum ficou pronto; depois disso, a demanda foi tão grande que a EMI decidiu antecipar para 1º de junho o lançamento na Grã-Bretanha (nos Estados Unidos, o disco foi colocado à venda no dia seguinte). "Era como se Cristo estivesse chegando a Jerusalém", escreveu o jornalista Robin Richman, da revista *Life*, citado por Steven D. Stark no livro *Meet the Beatles*. Talvez fosse um evento até maior: o álbum vendeu 250 mil cópias na Grã-Bretanha na primeira semana (500 mil até o fim do mês) e 2,5 milhões nos Estados Unidos até fins de agosto. Ficou em primeiro lugar na lista britânica dos álbuns mais vendidos durante 27 semanas, e manteve-se nessa posição nos Estados Unidos por quinze semanas. Isso significa que *Sgt. Pepper* tocou um nervo da cultura popular que nunca fora antes alcançado; definiu uma era, redefiniu uma forma e, intencionalmente ou não, se ajustou perfeitamente à índole de uma geração inteira. A vibrante abertura do álbum, marcada pela guitarra que se sobrepõe a uma antiquada música de bandinha militar, anunciava a mudança: o velho dava lugar ao novo — e, de repente, aquele som, aquele brilho, se espalhou por todos os lugares. "Por um breve momento", escreveu o crítico Langdon Winner, "a irreparavelmente fragmentada consciência do Ocidente se unificou, pelo menos na cabeça dos jovens." Verdade ou não, isso foi visto — e ainda é em grande parte assim lembrado — como um apelo para uma vida em comunidade. De certa maneira, os Beatles representavam esse ideal, se confundiam com os valores da nova geração: desde que apareceram na cena pop, deixaram claro que estávamos entrando numa nova era, que os jovens eram agora livres para se reinventar em termos completamente novos. Com os Beatles, testemunhamos o poder social e cultural que uma banda e seu público poderiam criar e partilhar e, porque *Sgt. Pepper* atingiu o ápice, tudo passou a ser possível. Graças ao impulso dos Beatles, o rock and roll se confundiu com a ruptura social e política dos anos 1960. John Lennon disse mais tarde: "A mudança do estilo de vida e da aparência dos jovens no mundo todo não aconteceu do nada — nós a provocamos: nós sabíamos o que estávamos fazendo".

O resultado foi que *Sgt. Pepper* ajudou a tirar da periferia da sociedade a ética da contracultura e a estética progressista, dando-lhes dimensão mundial, e fez isso de maneira a deixar evidente a independência e a iconoclastia que agora dominavam a cultura jovem. Não se tratava apenas do som do álbum, mas de tudo o que o envolvia. Os Beatles não tinham inventado o movimento psicodélico nem a estética de vanguarda que sua música sintetizava. Muito do clima alucinante e da textura e dos arranjos espalhafatosos derivava em parte das muitas bandas criativas de San Francisco, Los Angeles e Grã-Bretanha, embora várias delas fossem adeptas da improvisação, algo em que os Beatles não se destacavam. Mas com *Sgt. Pepper* os Beatles aprimoraram o que outros grupos tentavam obter, e o fizeram de modo a confirmar sua centralidade. O compositor Brian Wilson contou a Jason Fine, editor da *Rolling Stone*, ter ouvido "Strawberry Fields Forever" pela primeira vez enquanto dirigia para Los Angeles. Ele encostou a carro e chorou, porque os Beatles tinham se antecipado e feito o que ele esperava criar com *Smile*, dos Beach Boys. Brian Wilson demorou 37 anos para terminar o disco.

Além disso, as estruturas ricas e incomuns de *Sgt. Pepper* convenceram a muitos (inclusive *Time* e *Newsweek* e vários músicos clássicos e críticos) que o rock agora era arte e que a arte, mais do que nunca, era de massa. Formas de vanguarda funcionavam em contextos populares, e o rock passou a ser levado a sério. Ao contrário do que muitos críticos achavam, no entanto, o sucesso de McCartney não consistiu em elevar o pop à condição de arte, mas sim eliminar a visão convencional de que a alta cultura é mais importante do que a cultura de massa. Foi um passo democrático que mudou decisivamente a maneira de se encarar a cultura popular. Mais importante, porém, talvez seja o fato de *Sgt. Pepper* ser uma medida: de quão longe foram os Beatles em tão pouco tempo e de quão longe foi a cultura por eles tocada. Tudo havia se redefinido. Esse era um novo território.

E, no entanto, para outros, *Sgt. Peppers* ficou aquém de seu tempo. Em *Magic Circles: The Beatles in Dream and History*, Devin McKinney o descreve como um álbum que se dirige aos hippies, "sobretudo os brancos de classe média, não aos ativistas, mas aos passivistas. [...] Eles se sentavam nas ruas em nome do amor, não contra a guerra do Vietnã; erguiam flores, não punhos cerrados. [...] Até onde é possível dizer que os hippies tinham um programa, o que eles queriam era mudar o mundo através da mudança da consciência individual — uma revolução de dentro para fora". Essa é uma crítica justa. Os Beatles imaginaram *Sgt. Pepper* a partir de uma visão insular, e mesmo que o mundo lá fora também tivesse esse sonho, este mundo estava na verdade se tornando mais ameaçador. Os confrontos ideológicos e geracionais se aprofundavam e se tornavam mais perigosos; a guerra destruía mais lares e futuros; os ideais psicodélicos da comunidade hippie de San Francisco se transformaram num cataclismo — e *Sgt. Pepper* não aborda esse momento político de maneira crítica. Mas o álbum, e todo o fenômeno da história dos Beatles, demonstrou outra verdade sobre o efeito social do rock and roll, a saber, que não teve de articular um programa político ou objetivo para ter consequência política. Desde os anos 1950, o rhythm and blues e o rock ajudaram a criar um senso de espírito e propósito coletivo no público que ia além do simples comportamento de fã. Isso afetou as relações raciais no tempo de Elvis Presley e, nos anos dos Beatles, provocou uma transformação geracional que terminou por desafiar a moral ocidental e os padrões políticos, sobretudo no caso do envolvimento dos Estados Unidos no Vietnã.

Para alguns, no entanto, tudo foi longe demais; o estilo pretensioso do álbum era frio e desagradável. No final do ano, Bob Dylan gravou e lançou *John Wesley Harding*. O álbum era hermético à sua própria maneira. Dylan, que se machucara num acidente de moto, tinha andado mais afastado do público do que os Beatles. Mas a nova música de Dylan refletia profundamente os problemas de seu tempo, e com sua banda quase estoica, de apenas três instrumentistas, fazendo um rock acústico que remetia às gravações do Sun Studios, *John Wesley Harding* também foi recebido como uma crítica ao rock psicodélico. O disco provocou uma reavaliação das formas do rock and roll, reafirmando a importância do blues e do country, e de grupos como The Band, Rolling Stones, The Byrds e vários outros que adotaram essa estética renovada. De uma hora para outra, essa música de raiz se tornou a nova vanguarda do gênero.

O momento de *Sgt. Pepper* não poderia se perpetuar, nem o álbum conseguiria manter os Beatles juntos. O disco apenas fez com que Lennon sentisse ainda mais necessidade de deixar a banda. Ele havia cedido e apoiara o projeto de McCartney, mas também percebeu as crescentes divergências com o parceiro: Lennon continuava devoto do rock mais puro, enquanto o eclético McCartney apreciava tanto o compositor inglês romântico Sir Edward Elgar quanto Little Richard. Lennon também achava que os dois estavam compondo de perspectivas cada vez mais diferentes. As músicas de McCartney narravam momentos da vida do homem comum ou tinham vocação celebratória; já Lennon compunha a partir do que via como um ponto de vista pessoal, mais autêntico e problemático. "Paul escrevia '*Come see the show*' e eu escrevia '*I read the news today, oh boy*'", disse Lennon mais tarde.

Logo depois de *Sgt. Pepper*, os Beatles tiveram um ano ruim. Em agosto de 1967, durante um seminário de meditação com Maharishi Mahesh Yogi, em Bangor, País de Gales, eles receberam a notícia de que seu empresário, Brian Epstein, fora encontrado morto em seu apartamento em Londres aos 32 anos, em decorrência de uma overdose. Em questão de dias, McCartney apresentou seu projeto de fazer um álbum e um filme, *Magical Mystery Tour*. Mais do que nunca, McCartney estava agora no comando dos Beatles. Os outros concordaram com a ideia, mas também perceberam para onde as coisas caminhavam. O cantor e compositor Donovan Leitch disse certa vez que os Beatles se separaram porque McCartney era criativo e produtivo demais. Ainda assim, McCartney precisava de um editor, alguém que o aconselhasse, mas, como Lennon, estava cada vez mais soberano, e via *Magical Mystery Tour* como uma oportunidade de superar *Sgt. Pepper*. Os Beatles ainda gravariam algumas músicas notáveis em 1967 — "All You Need is Love", "Baby You're a Rich Man", "I Am the Walrus" e duas faixas de autoria de Harrison, "It's All Too Much" e "Only a Northern Song" (esta gravada originalmente para *Sgt. Pepper*) — mas no conjunto *Magical Mystery Tour* foi um álbum dispensável, que simplesmente não aconteceu. Quanto ao filme, foi destruído pela crítica. McCartney queria seguir a trilha aberta por *Sgt. Pepper*, mas seus parceiros tinham outra opinião. Em 1968, os Beatles voltaram à essência do rock, com "Lady Madonna" (outra canção de McCartney). Ainda eram uma grande banda, mas tinham perdido a harmonia. (McCartney se referiu ao álbum de 1968, conhecido como Álbum Branco — que por tudo, da descontinuidade musical à capa branca, foi o anti-*Pepper* — como Álbum Tensão). Na época das gravações de *Let It Be*, em 1969, o relacionamento entre os integrantes da banda tinha se desintegrado em desconfiança e antipatia.

Ao longo dos anos, a reputação de *Sgt. Pepper* subiu e desceu e voltou a subir, em parte porque as gerações subsequentes não quiseram ser limitadas pelas vaidades dos anos 1960. Mas também porque, seja isto certo ou errado, *Sgt. Pepper* é agora visto em grande parte como um feito de Paul McCartney, e em recente revisão das opiniões sobre os Beatles, o gênio de McCartney perdeu espaço para o de Lennon. Ainda assim, McCartney teve a última palavra: o final da primeira metade de *Abbey Road*, o derradeiro trabalho deles em estúdio, foi uma verdadeira sequência — uma versão reabilitada das ambições de *Sgt. Pepper*.

A dissolução dos Beatles não rebaixa seu lugar no panteão da cultura pop — a música deles continua enormemente popular e relevante —, mas certamente torna ainda mais indecifrável o enigma em torno de *Sgt. Pepper*. Foi um trabalho positivo, embora o benefício que gerou tenha sido de certa maneira interrompido. Os Beatles queriam nos deixar ligados, mas também queriam nos manter a distância (o que provavelmente era o instinto certo, dado que um fã maluco assassinou John Lennon em 1980 e outro esfaqueou George Harrison no fim de 1999).

Mas os Beatles não podiam evitar sua exposição: afinal, queriam que o mundo ouvisse o que tinham feito. Seu maior talento sempre foi se mostrar à altura do próprio momento na história. Eles nunca fizeram isso de maneira mais memorável ou mais significativa do que em *Sgt. Pepper's Lonely Hearts Club Band*. O álbum não se resumia a novas possibilidades — tinha também a ver com novas impossibilidades. *Sgt. Pepper* foi parte de um momento em que o século passado se abria para revelar a potencialidade do novo século que engendrava, e então, de repente, frustrou tal promessa. O álbum ilustrava esse momento porque *Sgt. Pepper* é também a história do ano em que os Beatles descreveram um lugar além do qual eles não iriam. Nem eles nem ninguém mais. Uma era que não passou de um momento que se perdeu, e nunca mais voltaria.

O mistério em John Lennon

Já faz quase trinta anos, mas ainda estamos perplexos.

A noite tinha sido boa. John Lennon acabara de compor com sua mulher, Yoko Ono, algumas músicas que considerou entre as melhores que já fizera, e não era uma avaliação despropositada. Também tinha sido informado, pouco antes, de que seu novo álbum com Yoko, *Double Fantasy* — o primeiro com músicas inéditas de Lennon em seis anos, depois de um misterioso período sabático —, recebera o disco de ouro. Agora, ele e Yoko voltavam do estúdio para ver Sean, o filho deles de cinco anos a quem Lennon se dedicara mais do que à carreira. O carro parou em frente ao prédio em que viviam em Manhattan, o Dakota, e Lennon desceu. A temperatura estava amena para uma noite de dezembro. Ao caminhar em direção à entrada do Dakota, ouviu uma voz que o chamava.

Isso nunca deveria ter acontecido. John Lennon foi assassinado com quatro tiros nas costas, na presença de sua mulher. Um ato de loucura.

Não apenas um futuro deixou de existir — ele não faria música de novo, não beijaria mais seu filho —, mas, de repente, também o passado não fazia mais sentido. Uma história que havia começado com esperança, que oferecera uma perspectiva a todos que a haviam testemunhado ou nela tomado parte, terminava em sangue. Foi um desfecho horrível — o final arruinou a história. Lennon havia criado os Beatles — a banda que, em seu tempo, significava *tudo* — e depois de deixar o grupo batalhou por uma honestidade e um idealismo raramente vistos no universo do rock and roll. Com isso, não apenas ameaçou as convenções culturais, mas também os poderes estabelecidos, porque tinha uma autoridade incomum: a de quem havia feito a música que mudara o mundo. O fim violento estragou o épico.

Ninguém alargou as possibilidades ou testou os limites do rock and roll mais do que John Lennon, e provavelmente ninguém teve mais importância do que ele na história do gênero. Isso não quer dizer que Lennon tenha sido a principal razão da grandeza dos Beatles, embora não se possa imaginar os Beatles sem ele. Não quer dizer que depois de ter deixado a banda ele necessariamente tenha produzido álbuns melhores do que os outros Beatles — embora tenha feito álbuns mais interessantes e influentes e claramente tenha corrido mais riscos. E não quer dizer também que tenha levado uma vida pautada pela retidão ou pela santidade, porque — é importante dizer — esteve longe disso. Com canções como "Give Peace a Chance" e "Imagine", Lennon idealizou o otimismo e a compaixão, mas esses foram ideais fugazes. Conhecido pela agressividade, nem sempre era justo com as pessoas que o amavam e confiavam nele, e às vezes atacava violentamente um público fiel.

O que John Lennon fez, acima de tudo, foi cuidar de si próprio. Queria amor e reconhecimento, e queria isso em seus próprios termos — os únicos que lhe importavam, e depois que se tornou uma lenda, não havia por que aceitar termos que não fossem os seus. Felizmente para todos nós — felizmente para a história —, os termos de Lennon eram fundados em padrões elevados. Era orgulhoso o bastante para querer aprimorar sua arte, tanto nos Beatles quanto depois, e essa ambição o tornou um artista maior. Também se dava importância o bastante para acreditar que podia enfrentar o mundo em que vivia e fazer diferença — e a diferença que fez foi imensa. Lennon cuidava de si quando produzia grande arte e anunciava esperanças que sobreviveriam a ele. Cuidava de si quando constituiu uma família e a acalentou e preservou como seu legado mais significativo — quando olhava nos olhos de Sean e queria corresponder à veneração que via em seu rosto. Fazia isso quando, depois de toda a droga que consumiu e dos anos de silêncio, acreditou o bastante no que tinha a dizer para começar tudo outra vez.

Talvez seja surpreendente, ou apenas acidental, que tanto interesse próprio tenha afetado nossa história de maneira tão extraordinária e valiosa. Ou talvez não haja nada de acidental nisso. O incrível da história de John Lennon é que tudo o que ele realmente quis foi sua própria paz — ele odiava a dor, e a sentiu por toda a vida —, e para conseguir isso transformou o mundo à sua volta e as possibilidades dos tempos que se seguiram. A fuga da dor o conduziu. Foi o que fez sua história.

"A gente nasce em meio à dor", John Lennon disse à *Rolling Stone* em 1970, "e acho que, quanto maior a dor, de mais deuses precisamos."

A dor de Lennon remonta às suas memórias mais antigas e atravessa toda sua vida. Sem ela, sua criação artística mais memorável e duradoura — os Beatles — provavelmente nunca teria acontecido, ou pelo menos a banda não teria realizado tudo o que realizou.

Lennon nasceu em Liverpool, no norte da Inglaterra, em 9 de outubro de 1940, naqueles dias em que a Grã-Bretanha era a única grande força democrática disposta a enfrentar o avanço do fascismo na Europa. Por ser o principal porto do país — na realidade, um dos maiores da Europa —, Liverpool tornou-se um alvo preferencial dos ataques aéreos nazistas. Na noite em que John Lennon nasceu, as sirenes anunciavam um ataque iminente e a cidade ficou às escuras. Embora Liverpool tenha sido dura e frequentemente atacada, seus habitantes tinham grande capacidade de recuperação. Muitos deles enfrentavam dificuldades típicas da classe operária, e a população era notória pelas maneiras rudes, pelo mau humor e por um orgulho individualista. Eles precisavam ser assim, pois no sul do país — sobretudo em Londres — eram considerados habitantes de um lugarejo atrasado. Lennon não vinha de uma família propriamente operária, mas às vezes assim se sentia, e desprezava a arrogância aristocrática e a atitude condescendente dos ingleses. "Os habitantes do sul da Inglaterra nos olham de cima para baixo, como se fôssemos *animais*", disse à *Rolling Stone* em 1970. "Éramos uns jecas."

Enquanto os outros jovens que se juntariam a Lennon para formar os Beatles — Paul McCartney, George Harrison e Ringo Starr — cresceram em conjuntos habitacionais nas regiões mais pobres e violentas de Liverpool, Lennon foi criado quase sempre em relativo conforto, na casa de sua tia Mimi, em Mendips, um subúrbio de classe média. Mas esse benefício não protegeu o jo-

188

vem de outras privações. O pai, Alfred, trabalhava num navio e gostava de beber; a mãe, Julia, era impulsiva e rebelde — traços que John herdou e manteve durante boa parte de sua vida. Embalados pela paixão, Julia e Alfred se casaram jovens, em 1938, e dois anos mais tarde nasceu John Winston Lennon. Alfred, no entanto, vivia frequentemente a bordo, às vezes por um ano ou mais, e em 1944 Julia engravidou de outro homem. Alfred voltou para casa em 1946 e, diante da impossibilidade de reconstituir a família, disse ao filho de cinco anos para escolher entre o pai e a mãe. John inicialmente escolheu o pai, mas quando percebeu o sofrimento que causava à mãe, se compadeceu e implorou para que ela não o deixasse. John não veria o pai de novo, a não ser depois de famoso como um Beatle, e em 1970, quando cortou relações com Alfred, Lennon ainda demonstrava rancor por sua atitude muitos anos antes. "Você tem alguma ideia do que eu passei por sua causa?", gritou com o pai. "Foi uma terapia sem fim, um dia depois do outro, gritando por meu pai, chorando para você voltar para casa. E você nem se importava, viveu no mar todos esses anos." E no fim não foi criado nem pelo pai nem pela mãe. A família de Julia não aceitava o relacionamento dela com outro homem, e sua irmã Mimi ficou com a custódia do menino. Mimi era inflexível — ao contrário de Julia. Tentou dar a Lennon um lar equilibrado e uma orientação firme, embora com frequência não se mostrasse disposta a tolerar seus entusiasmos juvenis e lhe recusasse afeto, a menos que ele se comportasse como ela queria.

A influência de Julia, por outro lado, era imensa; de certa maneira, foi o que o empurrou para o caminho que viria a seguir. Quer tivesse ou não a intenção, Julia foi para o filho um modelo de rebeldia social; não se sentia obrigada a acatar convenções respeitáveis e morais fáceis, e John agiria da mesma maneira. Ela também encorajou o fervor do filho por algo que surgiu em meados dos anos 1950 e que em breve iria mudar sua vida e salvar seu futuro: o rock and roll. Naquela época, Lennon e boa parte dos jovens ingleses estavam entusiasmados com o skiffle — uma mistura rítmica da tradicional música de salão britânica e do folk americano, cujo melhor exemplo é "Rock Island Line", de Lonnie Donegan —, mas de repente uma batida mais pesada emergiu dos Estados Unidos, tendo à frente músicos de blues como Muddy Waters e Howlin' Wolf, cantores de rhythm and blues como Ray Charles e James Brown e estilistas poderosos como Gene Vincent, Elvis Presley e Chuck Berry. Lennon adorou imediatamente essa música — ele a ouvia nos programas noturnos da rádio

Luxemburgo, um embrião da rádio pirata britânica, que tocava músicas que ainda não tinham chegado à BBC. A tia Mimi, no entanto, do alto de seus valores de classe média, achava que rock and roll era coisa de pobre, e não permitiria que Lennon aprendesse a tocar aquela música em sua casa. Quando, apesar da oposição da tia, John comprou uma guitarra, Julia permitiu que ele a guardasse em sua casa, onde lhe ensinou os primeiros acordes e ritmos e permitiu que o filho usasse um quarto para praticar com os amigos. Ela também gostava dessa música. O rock and roll mudaria a sociedade americana e britânica de forma substantiva. Era também uma música que afrontava muitos britânicos, tanto por sua capacidade de inspirar uma sensibilidade rebelde como por incorporar tradições estrangeiras — como a black music e o country-western — na música popular do país. Lennon logo percebeu o sentido implícito da nova música e se entregou às possibilidades que ela oferecia. Como certa vez notaram os críticos Robert Christgau e John Piccarella, Lennon "achou sua forma (e como) no rock and roll. Essa era a linguagem da geração de John, a linguagem e a geração que ele estava destinado a fazer desabrochar".

Julia morreu em 1958 — foi atropelada por um carro dirigido por um policial bêbado fora do horário de trabalho — e Lennon ficaria para sempre com a sensação de um relacionamento que não se completou e que ele não esqueceria. "Eu a perdi duas vezes", Lennon disse a David Sheff numa longa entrevista à *Playboy* em 1980. "Uma vez quando eu tinha cinco anos e me mudei para a casa de minha tia Mimi. E outra vez [...] quando ela morreu, fisicamente. Minha agressividade ficou *bem* pior. Eu era um roqueiro *e* um estudante de arte *e* minha mãe morreu justo quando eu estava restabelecendo uma relação com ela [...] tudo isso foi *muito* traumático para mim."

A aventura dos Beatles foi forjada pelo temperamento e pelas necessidades de John Lennon. Ele formou a banda para não abrir seu caminho no mundo sozinho, apostando numa parceria capaz de mitigar a sensação de ansiedade e de exclusão. Mais tarde, acabaria com o grupo pelas mesmas razões.

Adolescente, na escola secundária de Quarry Bank e depois na Escola de Arte de Liverpool, Lennon se revelou aluno brilhante, fértil, criativo — e problemático. Tinha talento para escrever e desenhar, mas lhe faltava paciência com as convenções formais e não respeitava a autoridade escolar. Em Quarry Bank, era conhecido pelas transgressões e pela truculência, sendo frequentemente punido com surras de vara. Cynthia Powell o viu pela primeira vez na escola de arte, em 1957, e contaria no documentário *Imagine* a impressão que ele lhe causara: "Ele circulava de óculos, com a guitarra a tiracolo, e tinha uma expressão de que queria matar alguém". Embora muitos o vissem como um adolescente grosseiro, ele também queria se cercar da segurança e do conforto proporcionados pelo amor e pela família. Essa busca ganhou forma romântica em Cynthia — com quem se casou em 1962 e que lhe deu um filho, Julian, no ano seguinte —, mas o maior esforço de Lennon para constituir uma família foram os Beatles, que anos mais tarde ajudariam a inspirar visões comunais numa geração emergente. Na verdade, os Beatles foram a grande história de amor dos anos 1960 — o amor foi seu principal tema, primeiro como ideal romântico, depois como motivação social e política —, mas no fim o amor não salvaria essa família.

O grupo começou em 1962 com "Love Me Do" (uma canção de Paul McCartney) e chegou à parada de sucessos britânica no ano seguinte com "Please Please Me" (uma música de Lennon que também era uma hábil defesa do sexo oral). Em um ano, os Beatles se tornaram o maior evento da sociedade britânica desde a Segunda Guerra Mundial, e por um tempo deram à Grã-Bretanha uma nova sensação de identidade criadora, enquanto ridicularizavam sua rígida estrutura de classes. Em mais um ano, depois que a banda apareceu nos Estados Unidos no programa de TV *The Ed Sullivan Show*, os Beatles se tornaram simplesmente a maior coisa do mundo, depois do medo de uma guerra nuclear. Embora sua estarrecedora popularidade pudesse em parte ser atribuída ao choque do novo — o cabelo, as roupas, a linguagem, os acordes — eles incorporavam uma resposta que ia além da moda. Representavam uma mudança profunda — na música, na cultura, na própria democracia. Nem sempre gostavam que se lhes atribuíssem tal importância. "O povo dizia que os Beatles eram um movimento", Lennon disse mais tarde, "mas nós éramos apenas parte do movimento. Éramos influenciados tanto quanto influenciávamos." É verdade, mas os Beatles constituíam um elemento-chave desse movimento. Representavam a esperança da juventude e o novo poder social que o rock podia alcançar — um poder não apenas de agitar, mas de transformar. O mundo estava mudando — ou pelo menos era isso o que se sentia — e os Beatles foram um emblema dessa mudança.

Por mais que tudo parecesse maravilhoso para os fãs dos Beatles, a realidade interna da banda era bem diferente. Hoje é evidente que havia algo penoso para eles na experiência do grupo. Todos dariam sinais disso mais tarde, mas nenhum de maneira tão clara e veemente quanto Lennon. Ele considerava sua vida nos Beatles "uma armadilha". Em parte, referia-se aos confinamentos e às pressões que vieram junto com a fama, e aos temores — como o horror que viveram durante a excursão pelos Estados Unidos em 1966, sob constantes ameaças de morte depois da controversa declaração de Lennon, de que "os Beatles agora eram mais populares do que Jesus". Dinheiro e fama também eram fonte de diversão para Lennon, e ele claramente não desperdiçava as oportunidades hedonistas nas cidades em que os Beatles se apresentavam, mas logo começou a ficar inquieto. Odiava excursionar. Ressentia-se de tocar para plateias de privilegiados e achava que os concertos não lhe acrescentavam nada musicalmente. Também lamentava que todas essas obrigações o mantivessem afastado da família, roubando o tempo que poderia passar com seu filho, embora, segundo Cynthia, no livro *John*, recentemente publicado, o investimento emocional de seu ex-marido em Julian fosse frequentemente forçado, mesmo na melhor das circunstâncias. A verdade é que Lennon herdara mais do espírito da mãe do que ele próprio suspeitava. Vivia intensamente cada momento: atirava-se em relacionamentos com ardor, mas, quando a paixão acabava, já estava em outra. E não perdia tempo. Não acreditava em constância; não estava convencido de que valia a pena se apegar a tais verdades; não se arrependia. Já em 1965, Lennon procurava algo que transcendesse os Beatles, apesar de continuar aproveitando as oportunidades e a fraternidade que a banda oferecia.

O primeiro desvio foram as drogas, uma experiência que compartilhou com os outros Beatles, mas talvez não com os mesmos objetivos. Em 1964, no primeiro encontro da banda com Bob Dylan, em Londres, o cantor e compositor americano se surpreendeu ao saber que eles nunca haviam usado drogas. Ele os introduziu na maconha, e os Beatles ficaram tão empolgados com os baseados que o álbum seguinte, o brilhante *Rubber Soul*, de 1965, foi profundamente influenciado pela droga, como disseram mais tarde Lennon e McCartney. Quando Lennon experimentou LSD, assustou-se com as alucinações e com os desconhecidos processos mentais induzidos pela droga, mas também ficou fascinado. Passou a tomar ácido com regularidade — segundo seu próprio depoimento, diariamente, o que deu mais de mil vezes — e, embora sua devoção pelos psicodélicos preocupasse sua mulher e alguns amigos, inclusive o produtor dos Beatles, George Martin, e o jornalista Ray Coleman (mais tarde autor da biografia definitiva de Lennon), a experiência com o LSD transformou os Beatles num momento crítico. Eles tinham deixado de excursionar, por insistência de Lennon e Harrison, e pela primeira vez desde o surgimento da banda um novo movimento criativo — uma forma musical inspirada pelos psicodélicos, tocada por bandas de San Francisco e Londres e associada a um estilo de vida experimental e ao misticismo — tinha tomado conta da vanguarda do rock, expandindo trilhas musicais abertas por eles próprios, pelos Rolling Stones e Bob Dylan.

Os Beatles levaram nove meses, entre 1966 e 1967, para refinar seus rumos musicais e artísticos, e emergiram com *Sgt. Pepper's Lonely Hearts Club Band*, um álbum que, como diria mais tarde o produtor George Martin, era "todo ácido". As composições de Lennon se abriam cada vez mais, ficavam mais pessoais e menos ortodoxas, começando por "Norwegian Wood" e "In My Life", em *Rubber Soul*, e se intensificando com "She Said She Said" e "Tomorrow Never Knows", em *Revolver*, de 1967, e no single de 1967 "Strawberry Fields Forever" (que foi o início do projeto *Sgt. Pepper*). Em *Sgt. Pepper*, Lennon foi responsável pelo melhor e mais famoso momento do álbum, a faixa "A Day in the Life", uma adorável e sombria canção sobre caos, morte, desesperança, alienação e estranhamento, que demonstrava sua habilidade de ver sua experiência também como um observador externo — uma perspectiva tornada possível pelo uso do LSD.

Lennon logo deixaria as drogas para trás. Em parte, seguia o curso natural da época. Antigos ideais de sociedade, política, sexo e religião eram confrontados com ousadia e sofriam rápidas transformações, fazendo frequentemente com que, em questão de meses, novas convicções parecessem velhas de anos. Além disso, o rock se transformara num evento cultural e artístico de massa — uma mudança que se deveu sobretudo aos Beatles — e, como tal, tratava das maiores preocupações e interesses de seu tempo, influenciando-os. Em 1967, um desses interesses era o misticismo oriental — uma prática filosófica ou espiritual antes obscura (isto é, para os ocidentais) que agora vinha sendo explorada como análoga à experiência psicodélica. Em agosto de 1967, os Beatles visitaram em Bangor, País de Gales, Maharishi Mahesh Yogi, guru de uma técnica conhecida como meditação transcendental. (Lennon mais tarde o rejeitaria com amargor, depois que os Beatles estudaram com ele em Rishikesh, na Índia.) Durante o seminário de meditação em Bangor, os Beatles souberam que seu empresário, Brian Epstein, fora encontrado morto em seu apartamento em Londres aos 32 anos, de overdose. Epstein era um homem complexo e, embora mais tarde Lennon tenha zombado de suas contribuições, ele foi vital para o estabelecimento dos Beatles. Mas Epstein também tinha suas próprias aflições. Era homossexual num tempo e lugar em que o homossexualismo era ilegal, e passou boa parte da vida como um estrangeiro em seu próprio país. Depois que os Beatles desistiram de fazer excursões, Epstein enfrentou a maior depressão que já tivera na vida e tentou se suicidar pelo menos uma vez. Embora sua morte tenha sido considerada acidental, Lennon se sentiu culpado por tê-lo introduzido às drogas. Sem Epstein, os Beatles começaram a atuar por conta própria e, apesar de todo o sucesso que faziam, não estavam prontos para isso. "Eu sabia que a gente tinha se metido em problemas", Lennon disse em 1970. "Não tinha nenhuma ilusão de que a gente soubesse fazer qualquer outra coisa além de música. E fiquei assustado. Pensei: 'Agora fodeu tudo.'"

Nessa altura, outro evento que mudaria o destino dos Beatles já se tornara público. Em novembro de 1966, antes das gravações de *Sgt. Pepper*, Lennon visitou a galeria Indica, em Londres, onde estava montada uma exposição de Yoko Ono, uma japonesa que tivera importante participação no Fluxus de Nova York, um influente movimento vanguardista do início dos anos 1960 (ela tinha ajudado a conceber a arte performática). Seus trabalhos diferiam de tudo o que Lennon vira até então. Eram ao mesmo tempo divertidos e intelectualizados, e não apenas propunham quebra-cabeças aos observadores, mas os convidavam a participar da arte, interferindo nos quebra-cabeças. Não havia respostas falsas para os enigmas da arte de Yoko. A resposta, na verdade, era o desejo de responder, de se envolver numa troca com a arte e com a artista. Lennon estava confuso, até incomodado com alguns dos desafios do trabalho de Yoko, mas ao mesmo tempo ficou fascinado. Ela representava possibilidades para ele — certamente em termos românticos, mas, mais importante, possibilidades de crescimento como artista, e a perspectiva de um novo tipo de parceria. Em maio de 1968, Lennon mandou Cynthia em viagem de férias para a Grécia, e na véspera de seu retorno convidou Yoko para sua casa de campo em Weybridge. Ele e Yoko conversaram por horas e fizeram uma notável gravação experimental, *Unfinished Music Number 1: Two Virgins*. Ao amanhecer, fizeram amor. Quando Cynthia chegou em casa à tarde, os encontrou sentados, bebendo chá em roupões, e ficou surpresa com a intimidade deles. Disse mais tarde: "Eu imediatamente tive certeza [quando] os vi juntos de que tinham sido feitos um para o outro. Eu sabia que o tinha perdido". De sua parte, Lennon sabia que haveria mais perdas pela frente. "Foi aí que comecei a me libertar dos Beatles", disse. "E foi aí que todo mundo começou a ficar meio chateado."

O que quer que tenha acontecido entre John Lennon e Yoko Ono, o certo é que o relacionamento deles foi genuíno e poderoso e deixou muita gente confusa — a começar pelos próprios Beatles. Yoko vinha de outra cultura; tinha feito arte de vanguarda em Nova York; amava e estudava a música de compositores clássicos de vanguarda como Alban Berg e Anton Webern; no início, não entendia nada do mundo do rock; e não se impressionava particularmente com os Beatles.

Antes de Yoko, a grande parceria de John havia sido com Paul McCartney — mais até do que com Cynthia. Os dois Beatles tinham temperamentos totalmente diferentes, e enfoques divergentes sobre como fazer música. McCartney era organizado e meticuloso e levava a sério a técnica; Lennon era rebelde, não muito inclinado a ficar burilando uma música, e, apesar de toda a arrogância, não tinha a mesma segurança do parceiro em seu trabalho. Na verdade, Lennon rotineiramente usava truques de estúdio para disfarçar o que via como deficiências de sua voz (embora tenha sido, de fato, um dos maiores cantores da história do rock), e às vezes duvidava da qualidade de suas composições para os Beatles (no fim, ele foi responsável pela maior parte das canções que os dois assinaram juntos). Mas a maior diferença entre os dois era que em 1969 McCartney ainda valorizava os Beatles, precisava da banda; Lennon já estava saturado e queria acabar com o grupo. Depois da morte de Epstein, McCartney tentou manter os Beatles unidos e sempre aparecia com um projeto para tentar dar um rumo à banda (como o despropositado filme *Magical Mystery Tour*). Mas, como os outros Beatles — individual ou coletivamente — McCartney não sabia administrar o negócio. A banda tinha fundado uma empresa idealista, a Apple (Lennon certa vez a descreveu como a forma capitalista de um princípio comunista), mas a companhia perdia dinheiro com tanta velocidade que ameaçava levar a banda à falência. Antes disso, Lennon apresentara aos outros integrantes um empresário controverso, Allen Klein, para salvar a fortuna dos Beatles, e McCartney chamara Lee Eastman, respeitado advogado do ramo de entretenimentos e pai de sua mulher, a fotógrafa Linda Eastman. Essas duas saídas sobre como lidar com os negócios dos Beatles provocariam um choque violento entre Lennon e McCartney.

A verdade, porém, é que Lennon queria mesmo deixar os Beatles para trás. Seu relacionamento com Yoko o inspirava a viver novas aventuras e ele achava que os Beatles estavam sufocando esse espírito. "O que eu fiz", admitiu mais tarde, "foi *usar* Yoko [...] era como dizer: agora eu tenho força para deixar os Beatles porque sei que a vida não se resume a isso." Lennon começou a levar Yoko para as gravações do álbum *The Beatles*, popularmente mais conhecido como Álbum Branco, e houve quem visse essa iniciativa como uma violação à regra do grupo de não levar ninguém de fora. É verdade que Lennon não estava sendo totalmente justo com os outros. Os Beatles sempre tinham sido um grupo fechado nos estúdios e nunca deixavam ninguém interferir nas gravações, a não ser George Martin. Mas o fato é que nessa altura os Beatles não eram mais uma unidade integral. Cada um deles agora gravava suas próprias faixas e os outros atuavam como acompanhantes e, no caso de "While My Guitar Gently Weeps", George Harrison recrutou Eric Clapton para fazer o solo de guitarra. Lennon achava que os Beatles e outras pessoas na Apple não gostavam de Yoko por ela ter personalidade forte e ser japonesa, e acreditava que eles a julgavam, "como se fossem um júri". Yoko disse: "Eu fui para a cama com um cara de quem eu gostei e, de repente, na manhã seguinte, me aparecem mais três caras que ficaram lá parados me olhando com um jeito ressentido". A hostilidade que Lennon percebia o magoava e enraivecia, e ele nunca deixou de ruminar sobre isso até seus últimos dias. Em 1969, durante uma reunião sobre o filme e o documentário *Let It Be* — mais um projeto essencialmente dirigido por McCartney — Paul tentou persuadir o grupo a voltar a fazer apresentações ao vivo, talvez um grande show ou uma turnê em locais menores onde tocariam com nomes fictícios. Não era a primeira vez que se fazia essa sugestão, com a qual Lennon e Harrison não concordavam. McCartney estava sonhando tão alto que Lennon achou que deveria abrir o jogo. "Eu não ia te falar agora", disse, "mas estou me desligando da banda." McCartney, que ficou chocado, e Klein, empresário de John, o convenceram a adiar o anúncio da decisão. Eles ainda tinham que terminar *Let It Be*, e havia dois álbuns a serem promovidos, *Hey Jude* e *Abbey Road*. Lennon concordou em não falar nada em público. No dia 10 de abril de 1970, perto da data prevista para o lançamento do álbum *Let It Be* (que o produtor Phil Spector tentou salvar remixando as faixas e acrescentando efeitos de estúdio), Paul McCartney lançou seu primeiro álbum solo, *McCartney*, e divulgou um amargo comunicado à imprensa em que detonava os Beatles e anunciava que estava deixando o grupo e que não sentiria saudades de seus companheiros. Suas declarações renderam manchetes no mundo todo. Lennon ficou espantado e furioso. Tinha segurado o anúncio a pedido de McCartney, e agora o parceiro lhe passava a perna.

O fim dos Beatles levou Lennon a fazer a declaração mais veemente de toda sua vida. Numa longa e famosa entrevista de 1970 a Jann S. Wenner para a *Rolling Stone*, Lennon atribuiu à astúcia de McCartney grande parte da culpa pela disso-lução do grupo, mas também falou bastante sobre os Beatles em geral e sobre seus fãs. Entre outras afirmações, estas: "A gente se vendeu. A música já estava ultrapassada antes mesmo da excursão pela Grã-Bretanha. [...] Os Beatles, como músicos, eram antiquados". "Eu não mudei quando os Beatles fizeram sucesso ou quando as pessoas começaram a ouvir falar em mim, fui sempre assim. Gênio é dor também. É só dor." "As excursões dos Beatles eram como *Satyricon* de Felli-ni. [...] Aonde quer que a gente fosse era sempre uma zona. [...] Elas não eram chamadas de *groupies* naquela época, não sei que nome davam. Mas se não tives-se *groupie*, a gente pegava umas putas, qualquer coisa. O que viesse era com a gente mesmo." "Uns grandes filhos da mãe, é isso o que os Beatles eram. Você tem que ser um cafajeste para agir assim, cara. Isso é fato, e os Beatles eram os maiores filhos da mãe na face da terra." "É preciso se humilhar para ser como os Beatles eram e é isso que me deixa indignado. Eu fiz isso, mas não sabia, não previ isso, apenas foi acontecendo aos poucos até chegar àquela loucura que cercava a gente. E lá está você, fazendo exatamente o que você não quer, com pessoas que você não suporta — as pessoas que você odiava quando tinha dez anos. [...] E esses filhos da mãe estão sugando tudo de você. Tudo o que você pode fazer é se comportar como um animal de circo. Nesse aspecto, eu me res-sinto de ser um artista, me ressinto de fazer show para uns idiotas que não que-rem saber nada — não sabem nada. Porque não sentem nada — quem sente sou eu, porque sou eu que estou expressando o que eles tentam expressar. Eles vivem vicariamente através de mim e de outros artistas."

Com esses comentários incríveis — na verdade, são também chocantes — Lennon procurou diminuir a importância dos Beatles e aumentar a sua pró-pria com o estratagema da dura honestidade. É difícil ler essas palavras e não achar que Lennon estava culpando não apenas a banda, mas todos que a cercavam. Nenhum outro grande artista tentou destruir sua própria imagem de maneira tão devastadora.

No entanto — não surpreendentemente — quando Lennon aplicava sua mágoa e mordacidade à música, o resultado era transcendental. Ele participou em Los Angeles de um grupo de terapia experimental, a terapia primal, desenvolvida pelo psicólogo Arthur Janov. A premissa da terapia é que, para se curar, você deve buscar, de forma catártica, seu interior mais profundo e seus sofrimentos mais reprimidos, e quando chegar ao centro de suas aflições você irá explodir num grito — o grito primal — que fará com que se conheça melhor. Parecia ter sido feito de encomenda para Lennon. "Eu fui um homem que nunca chorei, sabe", disse à *Playboy* em 1980. "Eu nunca teria me interessado por essa terapia se não houvesse a promessa desse grito, esse grito libertador." Lennon levou um pouco dessa prática para seu primeiro álbum solo, *John Lennon/ Plastic Ono Band*, lançado em dezembro de 1970. O cantor recrutou Phil Spector para produzir o disco. Spector era conhecido pelo estilo exuberante e orquestral da Wall of Sound,* técnica que empregou em gravações dos Crystals, Ronettes, Ike e Tina Turner e os Righteous Brothers, e que também usou em parte no *Let It Be*, dos Beatles, e no *All Things Must Pass*, de George Harrison. Lennon, no entanto, queria um som totalmente diferente para o seu primeiro álbum: instrumentação minimalista — apenas guitarra, baixo, bateria, piano e voz. O resultado foi surpreendente: Lennon cantou suas memórias mais doloridas e trouxe à tona temas que até então não abordara — a morte da mãe, a falta de fé, os problemas com a fama, as traições em ideais deslocados —, de tal maneira que não havia nada que acolchoasse a expressão de suas emoções, nem nada que resguardasse o ouvinte da angústia e da cólera crua presentes nas músicas. Ele disse mais tarde ter decidido, para esse álbum, "eliminar toda a retórica, as pretensões poéticas, as ilusões de grandeza. [...] Queria que tudo fosse muito simples, umas rimas, uma levada de rock, para que eu pudesse me expressar da maneira mais direta possível".

O melhor momento do álbum foi "God", uma litania de todas as crenças e mitologias às quais Lennon agora dava as costas enquanto imaginava um novo começo, até no final da música cantar, numa voz mesmerizante e angustiada: "*I*

---

* A técnica consiste em se obter um "paredão sonoro", uma massa de som densa, através do uso de vários instrumentos em uníssono e de uma câmara de eco. (N. T.)

don't believe in Beatles". Pouco depois ele diria a Jann S. Wenner: "Não acredito no mito dos Beatles. Não acredito nos Beatles — não há outra maneira de dizer isso. Não acredito neles e no que quer que eles sejam na cabeça das pessoas, incluindo nossa própria cabeça por um período". Mas Lennon avaliava algo mais que sua antiga banda. A música capta admiravelmente o sentido terrível e maravilhoso de uma geração — romântica, cheia de aflições, abalada pela dissolução das esperanças em torno dela e agora largada à própria sorte. "*The dream is over*" [O sonho acabou], ele canta no fim da música, com a voz mais adorável que já emitiu. "*You'll just have to carry on* [Você terá que seguir em frente]." Poucas canções doeram tanto e soaram tão encorajadoras.

John Lennon/Plastic Ono Band seria o melhor e mais poderoso trabalho da carreira solo de Lennon — talvez um dos álbuns de um ex-Beatle que, no conjunto, seja comparável aos melhores da banda. Não vendeu tão bem, no entanto, quanto qualquer um dos discos dos Beatles, nem tanto quanto os primeiros álbuns solos de McCartney e Harrison. No disco seguinte, *Imagine*, Lennon tentou apresentar suas preocupações de maneira mais acessível. Spector foi novamente o produtor, e dessa vez imprimiu sua marca mais quente e exuberante às novas canções. As letras de Lennon lidavam com temas problemáticos — seu ódio a líderes políticos mentirosos, os ciúmes e as inseguranças de seu casamento, um amargo desdém por seu ex-parceiro (ele adorava bater em McCartney) —, mas mesmo suas ideias mais provocadoras vinham envoltas numa sensibilidade pop que, em vez de afastar os ouvintes, os atraía. A faixa que dá título ao álbum, em particular, defende noções ousadas ao evocar um mundo sem religião ou propriedade ou fronteiras, e o faz de maneira adorável e inesquecível. A canção é uma prece, a prece mais radical já transmitida pelas rádios. "'Imagine', tanto o álbum quanto a música", disse Lennon, "é a mesma coisa que 'Working class hero' do primeiro disco. Mas a primeira gravação era muito realista para as pessoas, então ninguém comprou. [...] 'Imagine' tem a mesma mensagem, mas açucarada. [...] 'Imagine' atira em várias direções — é antirreligiosa, antinacionalista, anticonvencional, anticapitalista, mas porque é açucarada é aceita. Agora eu sei o que tenho que fazer. Pôr um pouco de mel na mensagem política."

O estratagema de Lennon deu certo. *Imagine* chegou ao topo da lista de álbuns mais vendidos da revista *Billboard*, e a faixa-título se transformou num hino não ortodoxo sem equivalente na música popular. Também seria o último grande álbum que John Lennon produziria até as últimas semanas de sua vida.

Em 1971 John Lennon e Yoko Ono se mudaram para Nova York. Lennon se sentia revitalizado pela arte, música e engajamento político na cidade, e pelo fato de tudo isso interagir e florescer na região de West Village. Ele e Yoko se tornaram próximos de importantes ativistas radicais, como Jerry Rubin e Abbie Hoffman, dos Yippies. (Ambos foram condenados no vergonhoso julgamento dos Sete de Chicago, que procurou punir os organizadores dos protestos da explosiva Convenção Democrata de Chicago, de 1968; as condenações seriam mais tarde suspensas.) Lennon já era bastante politizado havia algum tempo. Na turnê dos Beatles nos Estados Unidos em 1966, criticou publicamente a guerra do Vietnã e insistiu para que a banda lançasse a sua "Revolution" — em que se aborrece com as cobranças políticas que vêm junto com a fama — do outro lado do single "Hey Jude".

Quando Lennon e Yoko já moravam em Nova York, ele se tornou mais radical e expunha suas opiniões sem rodeios. Durante anos, desde antes do fim dos Beatles, Lennon e Yoko faziam campanha pela paz com ampla cobertura da imprensa — o que, naquela época, significava em parte defender o fim da guerra do Vietnã, embora eles também promovessem uma política mais abrangente de não violência, baseada em Mahatma Gandhi, da Índia, e no reverendo Martin Luther King Jr. Em março de 1969, depois de se casarem em Gibraltar, eles viajaram para Amsterdam, onde realizaram um "*bed-in for peace*". Por cinco dias permaneceram de pijamas no hotel Hilton e deram centenas de entrevistas em que defendiam a opinião de que a paz começa com uma busca pessoal e falavam sobre as interseções entre ativismo, cultura pop, ideologia, religião oriental e ocidental. Em maio, fizeram algo similar, um "*lie-in for peace*", em Montréal, onde gravaram a desde então popular "Give Peace a Chance" num quarto de hotel cercados de amigos e visitas. Lennon diria mais tarde que tentava se convencer tanto quanto aos outros. "São as pessoas mais violentas que procuram a paz", disse à *Playboy*. "Mas eu sinceramente acredito no amor e na paz. Sou um cara violento que aprendeu a não ser violento e a se arrepender de sua violência."

Depois de chegar a Nova York, o casal participou de alguns shows para angariar fundos para causas políticas na Costa Leste e apareceu em manifestações pela justiça social e contra a guerra, mas eles ainda se recusavam a tomar parte em qualquer coisa que pudesse resultar numa batalha. "Nós não vamos atrair jovens para uma situação que cause violência", Lennon disse certa vez a Rubin e Hoffman. "Você pode derrubar *o quê?* — e substituir isso *pelo quê?*" Lennon e

Yoko coroaram essa atividade política com um álbum duplo, *Some Time in New York City*, que abordava questões como a dura legislação sobre drogas, o feminismo, o conflito irlandês e o direito à justiça da negra radical Angela Davis (uma professora de filosofia julgada e absolvida num caso em que poderia ter sido condenada à pena capital pela morte de um juiz na Califórnia). O álbum é... bem, é simplesmente horrível, o pior da carreira de Lennon. O problema não era sua posição política, mas como a expressava. As canções não tinham a originalidade lírica ou a eficiência das composições anteriores. Mais tarde, ele comentaria que tinha procurado um estilo jornalístico e imediatista para as canções do álbum, mas outros artistas — notadamente Bob Dylan — tinham, com o mesmo enfoque, obtido melhor resultado ao humanizar os assuntos, fazendo retratos de pessoas que incorporavam os sofrimentos da guerra e da injustiça. Pela primeira e única vez em sua carreira, Lennon renegou sua produção. Não havia nada ameaçador ou que servisse como fonte de inspiração em *Some Time in New York City*. Só funcionava como paródia do próprio álbum.

Infelizmente, o governo dos Estados Unidos, na gestão do presidente Richard Nixon, enxergou sério perigo na atividade política de Lennon. Em 1972, um subcomitê de segurança interna do Senado enviou carta ao senador Strom Thurmond a respeito das atividades políticas de Lennon. A carta dava a entender que Lennon tinha intenção de interferir na indicação de Nixon como candidato à reeleição na Convenção Republicana de San Diego. Thurmond, por sua vez, escreveu ao procurador-geral John Mitchell sugerindo que Lennon fosse deportado. O Serviço de Imigração e Naturalização (INS, na sigla em inglês) informou Lennon de que ele deveria deixar o país em duas semanas, por ter se declarado culpado por posse de maconha, numa acusação feita na Inglaterra em 1968. Lennon se defendeu e conseguiu estender a permanência no país, mas o assunto o levou a continuar brigando na justiça por vários anos. O governo estava disposto a ir longe para expulsá-lo. Em 1974, o Comitê de Apelação da Imigração rejeitou uma solicitação de Lennon, e ele foi intimado a sair do país, mas acabou conseguindo nova extensão. O INS então orientou os funcionários regionais da seção de narcóticos a vigiá-lo e, se possível, prendê-lo por posse de drogas ilegais. Lennon processou o governo por supervisão ilegal, preconceito por parte do INS e desrespeito a seus direitos constitucionais. Em 1975 finalmente venceu a batalha judicial e o governo encerrou o caso. Mais tarde, quando o assunto já estava resolvido, e depois que Nixon e boa parte de seu governo foram afastados em decorrência das ações criminosas de Watergate, Lennon disse ao jornalista Pete Hamill, numa entrevista para a *Rolling Stone*, que não queria falar sobre a renúncia de Nixon. "Fico até nervoso de falar sobre política. Essa história me tirou do sério."

Mas Lennon enfrentava outro problema nessa época. Em outubro de 1973, ele e Yoko se separaram depois de quatro anos de casamento. Lennon disse ter sido posto para fora de casa. Yoko disse estar se sentindo perdida como artista. "O que eu podia fazer?", ela disse. "Meu orgulho era ferido o tempo todo." Lennon se mudou para Los Angeles por um tempo, acompanhado pela secretária do casal, May Pang, que se tornou sua amante. No início, Lennon se divertia com a vida de solteiro. Vivia em farras, bebendo pesado com Harry Nilsson (um dos compositores favoritos de Lennon, que morreu de parada cardíaca em 1994), com o baterista do The Who, Keith Moon (que morreu em 1978 devido a um medicamento que tomava para tratar o alcoolismo), e Ringo Starr (que nesse período chegava a ficar inconsciente de tanto beber). Era evidente que, sem Yoko, Lennon se sentia péssimo. Ele ligava — quase sempre várias vezes por dia — implorando para que ela o deixasse voltar para casa, o apartamento em Dakota, mas Yoko não cedia. Dizia não estar preparada. Lennon desmoronou. Não se controlava e, certa vez, quebrou tudo na casa de um amigo que o hospedava. Nilsson mais tarde se lembraria de Lennon bêbado e chorando pela noite, se perguntando o que havia feito de errado.

As bravatas e a depressão de Lennon estão presentes no álbum de 1974, *Walls and Bridges*. O trabalho era essencialmente uma declaração aberta a Yoko — na realidade, algumas faixas, como "Nobody Loves You (When You're Down and Out)" e "Bless You" eram pungentes. É interessante notar que o álbum rendeu a Lennon o primeiro single da carreira solo a chegar ao topo da parada de sucessos, a eletrizante "Whatever Gets You Thru the Night", que ele gravou com Elton John. Em fins de novembro, na véspera do Dia de Ação de Graças, Lennon apareceu no show de Elton John no Madison Square Garden, em Nova York. Foi a primeira vez em anos que se apresentou a um grande público, e foi um triunfo. Yoko assistiu ao show e encontrou nos camarins o marido de quem estava afastada; ela o cumprimentou pela participação. Lennon se mostrou enternecido e grato por Yoko ter ido vê-lo, e poucas semanas depois ela permitiu que ele voltasse para casa. Quase um ano mais tarde, em 7 de outubro de 1975, Lennon finalmente venceu a batalha contra a deportação. Um juiz do Tribunal de Recursos dos Estados Unidos declarou: "A batalha de quatro anos de Lennon para permanecer em nosso país é uma prova de sua fé no sonho americano". Dois dias depois, Yoko Ono — então com 42 anos e após sofrer três abortos naturais com Lennon — deu à luz um filho, Sean. A data coincidiu com o aniversário de 35 anos de Lennon. Seus sonhos finalmente foram concretizados. Foi então que decidiu viver em isolamento.

O filho transformou a vida de John Lennon como nada antes o fizera. Sua mulher havia feito uma proposta: "Eu carrego o bebê por nove meses, e chega. Depois disso, você toma conta".

Lennon levou a sério a tarefa. Dessa vez, sentiu que tinha que fazer isso. Ele já tinha repetido o erro de seus pais uma vez. Da mesma maneira que seu pai e sua mãe, Lennon também abandonou o primeiro filho, Julian, durante os anos dos Beatles, e falou com ele e o viu apenas esporadicamente depois do divórcio com Cynthia. Poucas semanas antes de morrer, Lennon disse à *Newsweek*: "Fui um pai ausente quando Julian era pequeno. Não sei bem como a coisa funciona, mas sei que há um preço pela desatenção com as crianças. Se a gente não der atenção até os cinco anos, terá que dar entre os dezesseis e os vinte, porque os filhos têm direito a isso, é como se fosse uma lei do Universo".

Com Sean, quase certamente, Lennon tentou se redimir. Deixou os negócios nas mãos de Yoko — que se dedicou à administração de sua fortuna como se fosse uma nova forma de arte. Lennon, no entanto, não tinha como encaixar arte no seu dia a dia. Tornou-se o principal responsável pela criação de Sean, com a ajuda de empregados domésticos. Era ele quem decidia a rotina das diversões, a educação cultural e a dieta, e quando aprendeu a assar pão Lennon ficou tão animado com o resultado como ficara antes com os lançamentos dos álbuns dos Beatles. John e Yoko também aderiram à astrologia e à numerologia e passaram a tomar decisões importantes — inclusive sobre relacionamentos ou contatos com a imprensa — com base em estrelas e números. Elliot Mintz, um ex-entrevistador da rádio ABC que se tornou um dos mais próximos amigos de Lennon, conheceu muito da vida privada dele em primeira mão. Embora seus relatos sejam bem-humorados, Mintz de fato acreditava que os rituais e o sistema de crenças da família tinham contribuído para provocar uma metamorfose em Lennon. Em 1981, ele disse a Chet Flippo, da *Rolling Stone*: "Às vezes a gente brincava sobre o paradoxo de, na música

'God', Lennon cantar '*I don't believe in I Ching and I don't believe in magic and I don't believe in Buddha and I don't believe in Krishna*' — porque eu vou te contar uma coisa: ele acreditava em *tudo* isso". Lennon também estudou teoria e história feminista — que lhe interessavam mais do que a Yoko. "Foram os homens que tiveram que percorrer um longo caminho, desde os tempos em que nem ao menos contemplavam a ideia de igualdade", disse a David Sheff. "Eu mesmo percorri um longo caminho. Era um porco chauvinista. E é um alívio não ser mais assim. As pressões para eu me tornar um porco foram enormes. Estavam me matando. Todos esses anos tentando ser um cara durão, um roqueiro da pesada, um mulherengo, um bebum, tudo isso estava me matando. É um alívio não ter mais que fazer isso."

Lennon disse que não ouvia muita música pop nesses anos — certamente, ouvia pouca coisa nova. Em vez disso, tocava discos de Hank William e Bing Crosby, via muito a TV e lia bastante. Nesse período compôs apenas esporadicamente (e mesmo assim duas gravações caseiras, "Free as a Bird" e "Real Love", integraram os dois últimos singles dos Beatles, quando Paul McCartney, George Harrison e Ringo Starr as utilizaram como base no projeto *Beatles Anthology*, de 1995). Um dos poucos músicos com quem Lennon teve contato nesses anos foi Paul McCartney, que às vezes aparecia sem avisar com um violão a tiracolo, e nem por isso Lennon ficava muito chateado. Quando as pendências legais dos Beatles foram acertadas, em 1976, Lennon e McCartney conseguiram restabelecer uma relação cautelosa de mútuo respeito. Um elogiava o trabalho solo do outro e, em uma de suas últimas entrevistas, Lennon fez o maior dos elogios a McCartney. "Em toda minha carreira, escolhi trabalhar [...] apenas com duas pessoas: Paul McCartney e Yoko Ono. Nada mal a seleção, hein?" Com o tempo, Lennon se tornou mais generoso em relação aos Beatles — ele sabia que a banda fora incomparável —, mas nunca chegou a considerar seriamente convites e pressões para uma volta do grupo. "Por que os Beatles têm que dar ainda mais?", disse. "Eles já não deram tudo nesta Terra de Deus por dez anos? Eles não se deram eles próprios? Não deram tudo?"

No verão de 1980, Lennon decidiu de uma hora para outra que ele e Yoko retomariam as gravações. Yoko o tinha despachado para uma viagem de barco para Bermuda, mas uma tempestade de três dias deixou o capitão e seus dois ajudantes de cama enjoados e exaustos. Lennon foi obrigado a segurar o leme por uma noite, mantendo o curso em meio a ondas que castigavam o barco.

Cantarolava cantigas de marinheiros e músicas dos Beatles enquanto agarrava firme o timão. "Cheguei a Bermuda", disse. "Uma vez lá, estava tão centrado depois dessa experiência no mar [...] que todas as músicas me vieram." Ligou para Yoko, que ficara em Nova York. Estava na hora, disse, de gravarem juntos um novo álbum pop. Em agosto, Lennon e Yoko entraram nos estúdios da Hit Factory, em Manhattan, e produziram o álbum. Num certo sentido, as novas composições foram as mais chocantes já feitas por Lennon. Na época dos Beatles tinha feito e gravado algumas das canções mais ousadas dos anos 1960, e assumira riscos na carreira solo e em trabalhos experimentais. Mas *Double Fantasy* foi um desvio inesperado que incomodou e desapontou fãs e críticos. Era uma coletânea de músicas sobre casamento, família, certezas domésticas, e tinha a melhor produção e acabamento musical de todos os seus álbuns. Para alguns, foi como se Lennon tivesse barateado sua música, em termos filosóficos e estéticos. Mas *Double Fantasy* era mais profundo que isso; era, na visão de Lennon, uma obra sobre como o capitalismo moderno acaba minando a família. Para ele e para Yoko, o álbum não era menos contestador do que a música do Clash ou de qualquer banda punk da época. Era uma música sobre um mundo melhor. "Num certo sentido", escreveu o crítico Stephen Holden, "*Double Fantasy* literalmente realiza o sonho de 'Imagine' ao descrever uma utopia real". Ou, dito de outra maneira, John Lennon estava colocando em prática um verso que cantara: "*All you need is love*".

De qualquer maneira, *Double Fantasy* foi um sucesso. Na noite de 8 de dezembro, David Geffen — dirigente do selo com o qual Lennon e Yoko haviam assinado contrato — visitou o casal nos estúdios para lhes comunicar que as vendas do álbum tinham acabado de atingir a marca do disco de ouro. Lennon e Yoko encerraram a noite de trabalho gravando uma faixa que faria parte de um álbum dela, "Walking on Thin Ice", música vibrante e sombria que Lennon considerava a melhor que tinham gravado nessa nova fase. Ao deixar o estúdio, Lennon era um homem feliz — provavelmente nunca estivera tão feliz. Tinha conseguido fazer com que sua vida tivesse satisfação e sentido: constituíra uma família e fazia uma música em que acreditava. Naquela noite, ao chegar ao Dakota com sua mulher, levando nas mãos o tape de "Walking on Thin Ice" e ansioso para ver o filho de cinco anos, Lennon tinha encontrado um equilíbrio. Então, quando se aproximava da entrada do edifício, um homem saiu das sombras, atrás dele, e disse: "*Mr. Lennon*".

Depois da sua morte, as coisas mudaram no mundo. A América entrou na era Ronald Reagan e a Grã-Bretanha, nos anos Margaret Thatcher. A história revertia suas esperanças. O rock e mais tarde o hip-hop ainda enfrentaram a reversão, mas não com o mesmo peso dos tempos de John Lennon. Isso não aconteceu porque Lennon foi assassinado. Resultou, antes, do fato de ele ter vivido. Os Beatles liberaram algo nos anos 1960: um sentido de transformação geracional que rapidamente passou da alegria para a arte e para a política e que, por alguns poucos e notáveis anos, pareceu irrefutável. A história dos nossos tempos desde então tem sido o produto de uma determinação para assegurar que nada daquilo possa acontecer de novo. Embora "Imagine" ainda toque no rádio, por ser familiar e reconfortante, tem pouco a ver — se é que tem a ver — com o universo pop atual. O mercado livre das ideias não está tão livre assim. Um astro tão popular quanto Lennon que hoje difundisse ideias similares correria o risco de ser considerado herético.

Tínhamos algo quando John Lennon estava por aqui, e perdemos isso quando sua voz foi silenciada. Perdemos alguém tão ferrado quanto a gente, que sempre trabalhou para se superar e que, ao fazer isso, nos ajudou com sua criatividade a enfrentar a loucura de nossos dias — pelo menos por um tempo. Por toda a vida, ele nos disse para termos fé, mantermos a coragem, enfrentarmos nossas mágoas, nossos medos, encontrarmos amor e esperança e lutarmos para que essas coisas tenham um sentido.

Eu me lembro de que por cerca de dois anos depois do assassinato de Lennon não podia ouvir "Imagine". A frustrada mensagem soava pungente demais. Em vez disso, preferia ouvir a corajosa interpretação de uma canção que não era dele, "Stand by Me", de Ben E. King, do álbum *Rock 'n' Roll*; a música afirma que as perspectivas mais difíceis da vida são toleráveis se a pessoa citada na letra — o ouvinte, tanto quanto Lennon — apenas tivesse a companhia de alguém que amasse e em quem pudesse confiar.

A montanha ruiu e, claro, nós choramos. Estávamos sozinhos. Já estávamos, havia muito tempo. O sonho tinha acabado.

OS DESLOCADOS

Johnny Cash: quando setembro chegar

A morte de Johnny Cash, em 12 de setembro de 2003, deixou a música americana de luto. Não ficamos tristes apenas porque tínhamos perdido um gigante de uma era passada — a figura mais influente da música country desde que Hank Williams transformara completamente o gênero nos anos 1950. O que mais pesou foi o fato de, aos 71 anos, Cash ainda ser um artista contemporâneo de importância vital. Nos últimos anos, vinha produzindo uma música talvez mais consistente, ousada e instigante do que a de qualquer outro artista contemporâneo, em qualquer gênero ou idioma da música popular. E fez isso apesar de, por várias vezes, ter ficado profundamente debilitado devido a uma doença misteriosa que mudou tudo o que era reconhecível nele, menos a intensidade de sua arte, sua dignidade e sua inconfundível e sonora voz. Cash se manteve na ativa mesmo depois da inesperada morte, em maio de 2003, da mulher que amou por mais de quarenta anos, June Carter, uma lenda do folk e do country. Continuou cantando até seus últimos dias porque cantar era sua maneira de viver e de manter a fé no que a vida lhe ensinara. Manter a fé era importante para ele.

Na realidade, seu primeiro grande sucesso, "I Walk the Line", de 1955, um single gravado na Sun Records, era uma promessa solene — um compromisso de se manter fiel à família, ao amor, à fé e aos seus padrões — bem como uma interpretação meditativa e excepcional. A estranha e modulada sequência harmônica — e a hipnótica justaposição de acordes que ameaçava o equilíbrio que o cantor tentava manter — foi algo único na música popular e country daquele tempo, mesmo no auge dos experimentalismos do rock and roll. Mas a canção também seria um ideal impossível para Cash. A constância não estava entre seus atributos. Na verdade, sempre houve desvios — revoltas, vícios abjetos e ausência de qualquer tipo de fé. Mas foi a maneira como Cash decaiu — e a maneira como descobriu verdades duras — o que proporcionou a ele e à sua música uma rara profundidade, embora a um custo considerável.

"Johnny Cash nunca andou na linha", disse Merle Haggard perto do fim da vida do cantor, em referência ao seu primeiro sucesso. "Era meio ridículo ele cantar 'I Walk the Line'. Ele nunca andou na linha, nem naquela nem em nenhuma outra." É verdade. Mas Cash cumpriu ao menos uma promessa da música: manteve o coração sob controle. Não havia muita opção. Afinal, ele sabia do que era capaz.

A voz de Johnny Cash, sua aparência, o modo de andar, tudo nele indicava que era um homem que enfrentara tempos difíceis. Ele nasceu numa família temente a Deus, que acreditava em sonhos de libertação em outra vida. Sua ascendência remetia à família Caesche, aparentada da antiga realeza escosesa; o lema do clã, ao longo das gerações, era: "Tempos melhores virão". O primeiro ancestral americano de Cash foi um capitão que levou peregrinos para o novo continente antes de se estabelecer em Massachusetts. Seus descendentes migraram para Arkansas, onde William Henry Cash se tornou um fazendeiro e pastor que percorria a região armado. O caçula de William, Ray, seria o pai de Johnny Cash; William morreu quando Ray tinha quinze anos, e Ray sustentou a mãe até a morte dela, alguns anos mais tarde. Ray se casou com Carrie Rivers em 1920 e eles passaram a trabalhar numa fazenda de algodão da família. A família de Carrie também era religiosa. Seu pai, John L. Rivers, era professor de música, cantor e responsável pela música em sua igreja; pessoas da região viajavam quilômetros para ouvi-lo cantar. Ray e Carrie tiveram sete filhos. Johnny Cash foi o quarto. Nasceu em Kingsland, Arkansas, em 26 de fevereiro de 1932, e não tinha nome. Seus pais o chamavam simplesmente de JR. Anos mais tarde, decidiram que o J era de John; mas nunca definiram o nome que começava com R.

Na época em que Cash nasceu, a América vivia o auge da Depressão dos anos 1930. Poucas pessoas foram mais atingidas pela crise do que os fazendeiros do Sul do país. Em seu segundo livro de memórias, *Cash: The Autobiography*, Johnny Cash observou que plantadores de algodão como seus pais, que já viviam na dureza mesmo quando a situação econômica era melhor, foram devastados pela Depressão. Ray passou a fazer bicos, às vezes limpando terreno para a construção de estradas de ferro. Quando não havia trabalho na região, pulava num trem e tentava arranjar emprego em outro lugar. A família morava ao lado de uma estrada de ferro, e Cash mais tarde diria que uma de suas primeiras lembranças era ver o pai pulando de um trem em movimento em frente da casa. Essa imagem e o significado desse tipo de subsistência acompanhariam Cash por toda a vida e estão presentes em sua música. A primeira música que lembra ter ouvido foi "I Am Bound for the Promised Land" [Estou a caminho da terra prometida], que sua mãe cantou numa noite de inverno em fins de 1934, enquanto a família subia na carroceria de um caminhão que a levaria para uma nova comunidade, chamada Dyess, em Arkansas. Dyess era um experimento da política do New Deal do presidente Franklin D. Roosevelt para tentar mitigar a Depressão: tratava-se de uma colônia de poucas famílias de fazendeiros escolhidas pelo governo, onde se trabalhava em esquema de cooperativa. Mais tarde, Cash de vez em quando diria ter "crescido sob o socialismo" e, de fato, essas colônias geravam controvérsias entre proprietários de terras, que viam em lugares como Dyess uma ameaça à agricultura do Sul. Ainda assim, a experiência de Dyess foi bem-sucedida nos primeiros anos. A família de Cash plantava algodão, e todos, dos pais ao filho caçula, participavam do trabalho pesado.

Carrie ensinou os filhos a cantar nos campos de algodão para suportar o trabalho do dia, e mais tarde, à noite, eles cantavam em casa ou na varanda, num ritual que mantinha a família unida na fé. Aos domingos, os Cash frequentavam a capela batista da comunidade; embora Carrie fosse metodista, tocava piano na igreja. Johnny inicialmente não gostava muito da igreja. Os gritos do pastor, as contorções e o choro dos congregados — tudo isso o horrorizava. "Não via graça nenhuma naquilo", disse. Mas as canções o comoviam e foi através delas que começou a compreender as palavras do pastor sobre temor e redenção. Começou a cantar como se fizesse orações, e sua mãe o estimulava; ela ouvia sua própria família na voz do filho. Quando Cash tinha treze anos, um amigo que morava por perto o ensinou a tocar violão, mostrando-lhe como fazer o ritmo usando o polegar, que seria uma marca registrada de Cash. Mais tarde, sua mãe fez trabalhos extras, lavando roupa para poder custear lições de canto para o filho. Mas quando a professora o ouviu cantar "Long Gone Lonesome Blues", disse-lhe: "Nunca estude música. Não deixe que eu ou qualquer outro mude o seu jeito de cantar". O pai de Cash, no entanto, não o encorajava muito: "Você está desperdiçando seu tempo", Ray dizia ao filho. "Isso vai impedir você de ganhar dinheiro para se sustentar. Você não vai fazer nada de bom enquanto não tirar a música da cabeça."

Em entrevistas ao longo de sua vida e em sua primeira autobiografia, *Man in Black*, Cash em geral se referia ao pai como um homem bom, um pai de família dedicado. Mas às vezes contava uma história diferente aos próprios filhos, e em sua segunda autobiografia, de 1997, se abriu com o jornalista e historiador Patrick Carr, que o ajudou a escrever o livro. Seu pai, disse Cash, nunca o encorajara nem expressara orgulho pelo filho, a não ser quando Cash já fazia sucesso. "Ele nunca disse que me amava", Cash se lembra, "e nunca foi carinhoso com nenhum dos filhos." Às vezes, Ray chegava bêbado em casa e esbravejava com a mulher. Um dia tentou bater em Carrie, mas Jack, o irmão mais velho de Cash, interveio. Outra vez, quando Cash tinha cinco anos, o pai matou o cão do filho. Havia muitos cachorros na vizinhança, Ray disse, e além disso a família tinha outro cachorro, também chamado Ray, que ele preferia. "Eu pensei que minha vida tinha acabado naquela manhã, que não havia nada seguro, que a vida não era segura", Cash escreveu. "Foi uma ferida profunda que deixou para sempre uma cicatriz."

A crueldade do pai fez com que Cash se aproximasse cada vez mais do irmão mais velho, Jack, que zelava pela família. Jack queria se tornar pastor e sua devoção pelo bem-estar espiritual do irmão mais novo levou Cash, ainda jovem, a se declarar cristão. À noite, disse Cash, ele e o irmão frequentemente ficavam acordados até tarde ao redor da mesa da cozinha, Jack estudando a Bíblia e Cash ouvindo um rádio comprado pelo catálogo da Sears Roebuck, que ele sintonizava em estações de New Orleans, Chicago, Fort Worth e outros lugares distantes. Foi assim que passou a ouvir músicas de que gostava: as canções de cabaré e as baladas country de Hank Williams, Roy Acuff, Addy Arnold e Ernest Tubb, o gospel-blues de Sister Rosetta Tharpe, o bluegrass gospel dos Louvin Brothers e a música popular suingada de Bing Crosby e das Andrew Sisters. Mas o que mais o arrebatava era a música tocada no programa *Grand Ole Opry*, de Nashville, e as canções inesquecíveis dos primeiros cantores country, a Carter

Family e Jimmie Rodgers, que ajudaram a popularizar as tradições musicais oriundas das montanhas dos Apalaches e do Sul dos Estados Unidos. "Nada foi mais importante para mim do que ouvir essas canções no rádio", Cash escreveu em *Man in Black*. "A música me elevava acima da lama, do trabalho e do sol escaldante." Cash colava o ouvido ao rádio e tentava entender as histórias, as vidas e os lugares cantados por aquelas vozes, até seu pai gritar: "Desliga esse rádio! Você está desperdiçando tempo ouvindo essas gravações velhas".

Uma tarde, quando tinha doze anos, Cash caminhava para casa depois de pescar, quando seu pai e o pastor da igreja passaram pela estrada e lhe disseram para largar a vara e entrar no carro. Cash sabia, pelo jeito do pai, que era algo grave. Jack trabalhava numa loja de produtos agrícolas para aumentar em alguns dólares a renda da família. Estava cortando madeira com uma serra de mesa quando caiu sobre a serra; foi rasgado do peito à virilha. Jack estava inconsciente quando Cash chegou ao hospital, mas acordou alguns dias mais tarde — animado, rindo, fazendo planos para o futuro. Mas sua situação logo se deteriorou e três dias mais tarde, com a família reunida ao seu lado, chamou a mãe, em delírio, descrevendo os lindos anjos que via, e morreu. A filha mais velha de Cash, a cantora Rosanne Cash, disse mais tarde sobre o pai: "Ele não pode ser lido ou compreendido fora do contexto da perda do irmão. Depois disso, ele se deixou dominar pela tristeza". O próprio Cash diria: "Não há como contornar o luto e a perda [...], mais cedo ou mais tarde a gente enfrenta isso. [...] O mundo que você conhece nunca será o mesmo mundo que você deixará".

Durante os anos do colegial em Dyess, no final dos anos 1940, Cash teve os primeiros contatos com o mundo musical. Aos dezoito anos, um professor levou sua classe ao *Grand Ole Opry*. Naquela noite, Cash teve oportunidade de assistir à segunda geração de seu grupo vocal favorito, a Carter Family, tendo à frente Mother Maybelle, da formação original, que agora cantava com as três filhas. Cash tinha uma queda especial pela mais jovem, June. Embora fizesse trejeitos cômicos, cantava num lamento ao mesmo tempo melancólico e malicioso, e era muito bonita. Em outra oportunidade, enquanto ouvia *High Noon Roundup* — um popular show de música country de Memphis —, Cash soube que a dupla Louvin Brothers, sua favorita, se apresentaria no colégio em Dyess. Chegou ao auditório com horas de antecedência e teve a chance de falar com Charlie Louvin. (Para dizer a verdade, Charlie perguntou a ele onde ficava o banheiro.) No show, a dupla cantou uma música pedida por Cash, "The Kneeling Drunkard's Plea", composição de June Carter. Cash diria mais tarde que o show dos Louvin Brothers foi um divisor de águas em sua vida. "Ninguém acreditava quando eu falava que queria estar lá em cima um dia. 'É isso o que eu quero fazer', dizia. Eu não tinha dúvida."

Depois de completar o colegial, Cash viajou de carona rumo ao norte, até Pontiac, em Michigan, para trabalhar numa montadora de automóveis. Odiava o trabalho, odiava as casas conjugadas e odiava os modos dos homens, que xingavam, bebiam e davam em cima das mulheres de modos que contrariavam sua ética religiosa sulista. Algumas semanas mais tarde, voltou para casa de carona, mas não havia futuro lá, mesmo que quisesse trabalhar na agricultura. A terra já não era tão fértil e, com o tempo, os outros membros da família Cash — como muitas outras pessoas daquela comunidade decadente — deixariam a cidade assim que terminassem de pagar as casas ao governo. Sem perspectiva, Cash se alistou na Força Aérea dos Estados Unidos por quatro anos, numa época em que o país lutava na Guerra da Coreia e a Guerra Fria se tornava mais acirrada. Cash foi servir em Landsberg, na Alemanha, onde descobriu ter talento para decifrar rapidamente mensagens em código Morse e interceptar transmissões de rádio dos soviéticos. Na verdade, foi ele quem identificou o sinal do primeiro jato bombardeiro soviético em sua viagem inaugural a partir de Moscou e foi ele também o primeiro ocidental a decifrar a notícia de que o líder soviético, Josef Stálin, morrera de hemorragia cerebral em 5 de março de 1953.

A temporada na Alemanha foi um presságio do futuro de Cash de várias e importantes maneiras. Em primeiro lugar, ele se manteve fiel aos princípios que aprendera em casa e não acompanhava outros soldados nas bebedeiras que se estendiam por três dias. Em vez disso, formou uma banda, os Landsberg Barbarians, com outros jovens alistados. Eles ficavam próximos às barracas, tocando canções country e gospel — como "The Wild Side of Life" e "The Great Speckled Bird" — e Cash se dedicou mais seriamente a aprender violão, concentrando-se em fazer o ritmo com o polegar. Não demorou muito, no entanto, para Cash passar a se comportar como a maioria dos outros soldados, tendo aprendido a "praguejar, conseguir mulheres, beber e brigar". Começou com cerveja: todo mundo na Alemanha bebe cerveja, e ela parecia inofensiva. Aí tomou conhaque alemão, e gostou. Mais tarde parou de frequentar a igreja da base militar e não escreveu mais para a família. No terceiro ano na Alemanha, já se juntava aos outros nas bebedeiras de três dias. Envolveu-se em brigas e arrumou confusão com a polícia local. Trocou socos com um paraquedista que lhe deixou o nariz torto (também tinha uma cicatriz profunda no rosto deixada por um médico alemão bêbado que tentou lhe remover um quisto). Certa vez, Cash nocauteou dois seguranças que tentaram impedir que ele vendesse cigarros no mercado negro. Em outra ocasião, estava datilografando uma letra de música quando de repente começou a chorar e atirou a máquina de escrever pela janela. Um oficial o enviou para o ambulatório para tomar aspirina.

O problema, disse mais tarde, é que se sentia distante de seus valores. Mas ao mesmo tempo estava percebendo que podia pensar e agir por conta própria, o que o fascinava tanto quanto assustava. Ainda na Alemanha começou a compor mais seriamente e, o que é notável, uma de suas primeiras músicas foi "Folsom Prison Blues". Escreveu a canção depois de assistir a um filme sobre a vida real na prisão de Folsom, uma das mais antigas penitenciárias da Califórnia. Decidiu, como disse em *Cash*, "compor da perspectiva de um assassino impenitente. O verso [...] que ainda levanta a audiência — '*I shot a man in Reno just to watch him die*' [Atirei num homem em Reno apenas para vê-lo morrer] — é pura imaginação, não tem nada de autobiográfico. Sentei com a caneta na mão e fiquei tentando imaginar a pior razão pela qual um homem poderia matar, e foi isso o que me veio à mente. E me veio à mente com muita facilidade". Talvez Cash começasse a reconhecer um lado sombrio em seu coração e a perceber aonde esses impulsos poderiam levá-lo.

Pouco antes de embarcar para a Alemanha, Cash patinava num rinque em San Antonio, no Texas, e trombou com uma jovem atraente de cabelos escuros chamada Vivian Liberto. Os dois se corresponderam quase diariamente, vivendo um romance epistolar enquanto Cash servia na Força Aérea. Ele contou que quando voltou aos Estados Unidos, em julho de 1954, o casal sabia duas coisas: eles se casariam e ele seria cantor. No início, a mulher de Cash apoiava suas ambições. Até concordou em se mudar para Memphis, no Tennessee — em parte para que Cash pudesse ficar junto de Roy, seu irmão mais velho, que trabalhava na Automobile Sales Company, mas também porque Memphis era então, para a música, a mais importante cidade do Sul. Sempre fora fundamental, por causa do blues, e por um tempo foi um centro do swing. Em meados dos anos 1950, quando Cash e Vivian se mudaram para lá, a cidade vivia um período de inspirada criatividade cujos efeitos duradouros mudariam o mundo. Cash começou a trabalhar como mascate, vendendo utensílios domésticos de porta em porta, mas não se empenhava no serviço. Às vezes destratava os clientes ou era tão impertinente que eles batiam a porta na sua cara ou ameaçavam chamar a polícia. Em geral, nem saía do carro, ficava lá ouvindo estações de rádio que tocavam rhythm and blues, country e gospel, músicas típicas da Memphis daquele tempo. Cash também passava um bom tempo nos bairros dos negros, ouvindo música religiosa e blues, enquanto pegava umas dicas sobre violão e ganhava uns trocados na Home of the Blues — uma excepcional loja de discos onde ele descobriu a influente coleção de folk e blues de Alan Lomax.

Quando Cash e sua mulher se mudaram para Memphis, o produtor Sam Phillips e seu selo, Sun Records, já eram importantes na cena musical da cidade. Phillips tinha produzido uma plêiade sensacional de cantores negros de blues e rhythm and blues, incluindo Howlin' Wolf, Junior Parker, B. B. King, Bobby "Blue" Bland, Little Milton e Rufus Thomas, e sonhava encontrar um cantor branco que interpretasse um blues urbano para um público maior, mas com autoridade e sem fazer concessões. Phillips realizou esse sonho, claro, ao encontrar Elvis Presley, o prodígio de dezenove anos que ajudou a mesclar o blues e o country num amálgama chamado rockabilly e que seria a ponta de lança da explosão nacional do rock and roll. Cash nunca se viu como um cantor de rockabilly, embora apreciasse a música e, anos mais tarde, tivesse composto algumas canções nesse estilo. Na verdade, ele e Vivian conheceram Presley num dos primeiros shows em Memphis, quando ainda se apresentava em carrocerias de caminhões, e desde então conversavam ocasionalmente. Cash, no entanto, sabia que seu forte eram canções mais melancólicas, marcadas por ritmos intensos que levassem à meditação, e pensou que Phillips poderia ter interesse num tipo de gospel seco e rítmico que fazia. Para o bem ou para o mal, porém, estava enganado.

Há uma lenda — quase certamente apócrifa — segundo a qual Phillips, quando Cash disse a ele que queria cantar gospel, teria lhe respondido: "Vá para casa, cometa alguns pecados e então volte aqui com algo que eu possa vender". De acordo com a maioria dos relatos, o que Phillips disse a Cash foi que, embora gostasse de gospel, não conseguiria vender o suficiente para cobrir os custos de produção e divulgação — e, além disso, estava muito ocupado com Presley para assumir outros compromissos. Cash tentou outras abordagens que também terminaram em rejeição e então, numa manhã, resolveu se sentar nos degraus em frente à Sun Records, violão no colo, e aguardar a chegada de Phillips. Pegou o produtor num dia bom. Phillips disse: "Você não desiste mesmo, não?". Em questão de minutos, Cash estava dentro do estúdio tocando para o produtor versões de canções de Jimmie Rodgers, Carter Family e Hank Snow. O que Phillips notou imediatamente — era inescapável, diria mais tarde — foi a voz de Cash: era grave, sepulcral, absorvente e expressava uma solidão inaudita na música pop ou country. Phillips soube na hora que não queria abrir mão daquela voz; poderia fazer algo com ela se a colocasse na música certa, com os arranjos certos. Pediu a Cash para tocar algo original. Cash cantou a música que, na época, considerava sua melhor composição, "Belshazzar", mas apesar da levada mais animada ainda era uma música religiosa. "O que mais você tem para mostrar?", Phillips perguntou. Com alguma relutância Cash tocou "Hey Porter", um hino sulista que compusera na Alemanha e de que não gostava mais. Phillips decidiu que aquela seria a música. Disse a Cash para aparecer com uma banda no dia seguinte para gravar essa canção.

Cash vinha tocando com alguns músicos que tinham o mesmo gosto dele — o baixista Marshall Grant e os violonistas Luther Perkins e Red Kernodle —, que conhecera por meio de seu irmão Roy na Automobile Sales Company. O próprio Roy tocara em Arkansas num grupo de cordas chamado Dixie Rhythm Ramblers; depois que os membros da banda morreram na Segunda Guerra Mundial, Roy perdeu o interesse na carreira musical, mas sempre encorajou o irmão caçula. Cash reuniu Grant, Perkins e Kernodle, batizou a banda de Tennessee Three e passou a tocar gospel e country em eventos sociais da igreja e na rádio Memphis, com boa repercussão. Quando Cash os levou ao estúdio, no entanto, ficou decepcionado com suas habilidades — percebeu que eram instrumentistas limitados. Kernodle, que tocava um violão com cordas de aço, ficou tão nervoso que abandonou a gravação no meio, e o Tennessee Three virou Tennessee Two. Como a banda não tinha baterista, Cash e Phillips prenderam um pedaço de papel entre as cordas e o braço do violão, e Cash colocou o instrumento bem alto no peito para captar um efeito rítmico mais forte. Phillips depois acrescentou um eco que ressaltava a dinâmica da banda. No fim do dia, Phillips disse a Cash que, como ia lançar "Hey Porter" como single, precisava de outra música para o lado B. Phillips queria uma música mais melancólica para contrastar. Cash voltou no dia seguinte com "Cry, Cry, Cry"; a música era até que animada mas um pouco fraca, e acabou funcionando como par de "Hey

Porter". Phillips lançou o compacto em junho de 1955. O disco liderou a parada country de Memphis e chegou ao décimo quarto lugar da parada nacional country da revista *Billboard*.

Nas primeiras gravações na Sun Records, Johnny Cash e o Tennessee Two — com o auxílio do extraordinário instinto de Sam Phillips — criaram a base do estilo que Cash manteria por praticamente toda a vida. Era caracterizado por uma marcação rítmica uniforme e pouca instrumentação — frequentemente chamado de *boom-chicka-boom* devido ao padrão simples do dedilhado e da cadência —, em que o que sobressaía era a voz de Cash, um padrão incomum na época. Em 1960 integrou-se ao grupo o baterista W. S. "Fluke" Holland, que o acompanharia em shows, e a banda voltaria a se chamar Tennessee Three. Ao longo dos anos, vários críticos — e o próprio Cash — se perguntavam como ele conseguira tanto a partir de tão pouco. Em *Cash*, o cantor nota que Grant e Perkins muitas vezes restringiam seu repertório, e ainda assim a verdade é que essas limitações foram elemento indispensável para Cash inventar o vigor e a permanência dos seus melhores álbuns dos anos 1950 e 1960. Os arranjos enxutos serviam de moldura para a solidão na voz de Cash — uma voz que, mesmo aos 23 anos, transmitia a sensação de assombro e tristeza com rara credibilidade. Teria sido um erro acrescentar floreados e ornamentações que desviariam a atenção do ouvinte da presença daquela voz e das histórias que ela contava. (Essa é a razão pela qual Cash dispensou violões com cordas de aço e violinos em boa parte de suas músicas.) A abordagem direta de Cash acabaria transformando a música country de maneira tão radical quanto as gravações de Presley na Sun Records renovaram a música popular. Por vários anos, boa parte do universo country não perdoaria Cash por sua originalidade.

Em agosto de 1955 Cash fez a primeira grande apresentação de sua carreira ao abrir um show de Elvis Presley. Mais tarde, Cash identificaria nesse concerto as raízes da dissolução de seu casamento. Vivian viu as reações apaixonadas das jovens fãs de Presley e percebeu que seu marido poderia receber as mesmas atenções das mulheres. Depois disso, não o apoiou tanto na carreira. Mais tarde, para mitigar as preocupações da mulher — e provavelmente as suas próprias — começou a compor a canção "Because You're Mine". Estava às voltas com essa música desde os tempos na Alemanha, quando ouviu, numa fita acidentalmente invertida que gravara com os Landsberg Barbarians, uma sequência de acordes de trás para frente que resultava num som incomum e evocativo. Uma noite, Cash estava tocando a nova música para o violonista Carl Perkins, que começara na Sun Records mais ou menos na mesma época de Cash. "*I keep a close watch on this heart of mine*" [Cuido bem desse coração que é meu], Cash cantou. "*Because you are mine, I walk the line*" [Porque você é minha, eu ando na linha]. Cash pediu a opinião de Perkins. "Quer saber, acho que 'I Walk the Line' seria um título melhor", disse Perkins. Cash gravou a música como uma declaração de fidelidade do homem ideal que queria ser, mas o enorme sucesso da canção acabou distanciando-o ainda mais da mulher e da filha pequena, Rosanne.

A verdade é que, nessa altura, Cash tentava andar em mais de uma linha. Seria possível, ele se perguntava, levar uma vida cristã no mundo da música popular, tocando em cabarés onde bebia cada vez mais, enquanto testemunhava brigas de faca e homens casados dando em cima de mulheres? Será que resistiria às tentações? Cash não teve muito tempo para esperar pelas respostas. Logo estava de novo na estrada e cada vez mais aproveitava a farra dos shows — sobretudo com as efusivas reações devido ao lançamento do segundo single, "Folsom Prison Blues". Quando Jerry Lee Lewis passou a gravar na Sun Records, pouco tempo depois, tinha as mesmas perguntas que Cash, só que Lewis — que abandonara um curso sobre a Bíblia antes de entrar na Sun Recods — já sabia as respostas: "Estou aqui fazendo o que Deus não quer que eu faça, e estou encaminhando as pessoas para o inferno", disse a Cash. Não havia como reconciliar os valores da vida cristã com o rock e os cabarés, Lewis insistia. Cash começou a se entediar com os sermões. Por causa do cronograma das turnês, frequentemente não ia mais à igreja. Isso o chateava, mas não havia nada que pudesse fazer. Andar na linha se tornava algo diferente para ele: agora, era uma questão de ser capaz de se manter em curso para atender às demandas das excursões e da vida de músico.

Em 1955 Sam Phillips vendeu o contrato de Elvis Presley para a RCA Records por 35 mil dólares. O produtor pegou o dinheiro e investiu na divulgação de "I Walk the Line" — que seria o maior sucesso de Cash na Sun, tendo chegado ao topo da parada country nacional da *Billboard*. Apesar do sucesso, no entanto, Cash tinha dúvidas sobre seu futuro na Sun Records. Quando um produtor pioneiro da Columbia Records, Don Law (que documentara a música de Robert Johnson e Bob Wills e recentemente tinha trabalhado com Marty Robbins e Left Frizzell), abordou Cash depois de uma aparição no programa de TV *Town Hall Party* em Los Angeles e perguntou se estaria interessado em mudar de gravadora após o fim do seu contrato na Sun Records, Cash imediatamente ficou curioso. Mas então quis saber se a Columbia o deixaria gravar um álbum de música religiosa, uma ideia a que Phillips resistia. Law disse que não haveria nenhum problema. Cash então lhe contou sobre outros projetos mais ambiciosos — álbuns conceituais que sabia que não poderia gravar na Sun Records devido aos recursos limitados da gravadora — e Law se mostrou interessado. Cash assinou um contrato de opção na hora. Quando Phillips desconfiou do acordo, foi procurá-lo, e Cash mentiu: disse não ter assinado nada. Phillips ficou profundamente magoado, e Cash deve ter percebido que, ao enganar Phillips, não estava se comportando de acordo com sua própria ética.

Ao mesmo tempo, Cash achava que Phillips não tinha sido justo com ele. A Sun Records não o deixava gravar muitas músicas e começou a obrigá-lo a usar arranjos pops inadequados. Phillips também não pagava aos artistas os mesmos royalties das outras gravadoras. Mas o principal, Cash diria mais tarde, foi uma pequena desconsideração. "[Phillips] nunca me deu um Cadillac", escreveu em *Cash*. "Ele deu um de presente ao Carl Perkins quando o Carl vendeu 1 milhão de cópias de 'Blue Suede Shoes', mas eu não ganhei nada quando 'I Walk the Line' fez um baita sucesso. [...] Eu ainda acho que tinha direito a um Cadillac." Cash também argumentou que ao estimular seus artistas a pensar em termos independentes, Phillips pode ter, ainda que involuntariamente, os levado a imaginar um futuro além da Sun Records; Cash aprendeu a pensar por si só e ao fazer isso deixou a Sun Records para trás e tudo o que Phillips poderia lhe oferecer. Cash e Phillips mais tarde retomaram a amizade; tinham muito respeito pela criatividade e pelo papel histórico um do outro para guardarem qualquer rancor, embora a história do Cadillac tenha ficado atravessada na garganta de Cash.

Cash se transferiu para a Columbia Records em 1958, ao mesmo tempo que mandou a família — Vivian e as filhas Rosanne, Kathy e Cindy — para Los Angeles, para uma casa em San Fernando Valley que comprou do apresentador de TV Johnny Carson. Cash agora estava livre para gravar suas músicas da maneira como imaginava — inclusive as músicas religiosas que queria ter gravado quando foi procurar a Sun Records. Mas quando começou as gravações de *Hymns by Johnny Cash*, já havia enveredado por um caminho que colocaria sua alma e sua vida em risco. Nos anos seguintes, frequentaria lugares sombrios, onde nem a música nem as preces o afastariam do horror das profundezas para onde ele descia sem parar.

Johnny Cash começou na Columbia em tremenda forma. Seu primeiro álbum com Don Law, *The Fabulous Johnny Cash*, mostrou um cantor cheio de estilo, confiante e original, com poder excepcional de mesclar elementos dos gêneros country, folk e pop. Seu segundo compacto pela nova gravadora, "Don't Take Your Guns to Town", era um retrato seco e vigoroso da morte sem sentido no fatalista Velho Oeste americano; as pausas da música e o crescente suspense que ela provoca devido às sutis mudanças de tom e de compasso eram completamente diferentes de tudo o que tocava nas rádios naquela época. O lado B do compacto, "I Still Miss Someone", era provavelmente a mais adorável — e a que mais resiste ao tempo — canção romântica que Cash compôs. Não havia dúvida: Johnny Cash despontava como um jovem artista que tinha uma nova e rara visão para formatos antigos, além de ter talento de sobra.

À medida que a criatividade de Cash explodia, os problemas apareciam. Na realidade, eles começaram antes do fim de sua carreira na Sun Records. Embora tivesse negado isso durante boa parte de sua vida, o fato é que Cash tinha natureza depressiva. Os anos de penúria em Arkansas, o desgosto devido às privações do pai e a morte do irmão, tudo isso o deixou taciturno, tenso e circunspecto. Havia também causas imediatas, como a exaustão decorrente das viagens e as dificuldades crescentes do seu casamento. Ele havia passado rapidamente de aspirante a artista a cantor de sucesso, transição essa que não se deu sem alguns reveses. O entusiasmo que sentia ao subir no palco e o desânimo que o dominava depois apenas aumentavam a exasperação. Ao escrever sobre Cash em 1974, no livro *The Great American Popular Singers*, o crítico Henry Pleasants disse: "Parece quase uma maldição [...] que, dia após dia, noite após noite, a vida comece quando a cortina se abre e fique em suspensão depois que ela se fecha. [...] O desastre sempre acontecia nas poucas noites em que ele não fazia um show". Uma noite, em 1957, Cash imaginou ter encontrado um remédio para a fadiga e a depressão. Excursionava com Faron Young, Ferlin Husky e vários outros artistas do *Grand Ole Opry*, e se tornara amigo do músico Gordon Terry, da banda de Young. Durante uma longa viagem, Terry notou que Luther Perkins, então ao volante de um dos carros, estava ficando sonolento e lhe deu um comprimido branco para mantê-lo acordado. Cash perguntou o que era aquilo. Terry disse que era "bola", um termo comum para designar a benzedrina e outras anfetaminas populares e acessíveis na época. Cash quis saber se lhe fariam mal. "Nunca me fizeram mal", Terry respondeu. "Tome uma aqui." Cash não dormiu até chegar à cidade seguinte, e então tomou mais um comprimido antes de entrar no palco. Ele não gostava da sensação quando o efeito da droga passava — se sentia ainda mais cansado e deprimido —, mas gostava da animação que experimentava depois de tomá-la. Achava que os comprimidos melhoravam sua performance, escreveu em *Man in Black*. "Minha energia se multiplicava, meu ritmo se aguçava, eu curtia cada uma das canções em todos os shows e tinha muita intensidade nas apresentações. Pensava mais depressa, falava mais depressa." Ele disse a Christopher Wren — autor de uma das primeiras biografias de Cash, *Winners Got Scars Too* [Os vencedores também têm cicatrizes] — que talvez estivesse procurando satisfação espiritual nas drogas.

No início dos anos 1960, Cash já estava completamente viciado em anfetaminas, tendo começado a misturá-las com álcool e barbitúricos (uma combinação potencialmente letal) para rebater o efeito da droga e poder dormir. As drogas já afetavam suas apresentações. O ritmo já não era tão preciso, e, depois de passar dias turbinado, a voz perdia o brilho e sobrevinha a laringite. Em outras vezes, suas atitudes eram simplesmente inexplicáveis. Todos esses problemas se somaram em maio de 1962, quando Cash finalmente teve oportunidade de se apresentar no Carnegie Hall. Ao chegar a Nova York, depois de dias tomando anfetaminas, seus nervos estavam em frangalhos e a capacidade de avaliação, prejudicada. Na época, Cash tinha verdadeira obsessão pela música extraordinária e pelo trágico destino de Jimmie Rodgers — conhecido como "Singing Brakeman", porque da infância ao início da carreira trabalhara numa estrada de ferro; sua saúde precária e morte prematura, de tuberculose, remontavam às condições precárias daqueles tempos.* Naquela noite no Carnegie Hall, Cash subiu ao palco vestindo as roupas de ferroviário que Rogers costumava usar em suas apresentações (que obtivera com a viúva) e com sua lanterna de ferroviário; pretendia surpreender o público cantando apenas músicas de

---

* Pioneiro da fusão entre o country e o western, Jimmie Rodgers (1897-1933) foi um tipo de cowboy urbano de imensa popularidade nos Estados Unidos desde os anos 1920, até morrer aos 35 anos. (N. T.)

Rodgers. A plateia, porém, não entendeu a conexão, nem um aturdido Don Law, que planejara gravar o show para um anunciado álbum ao vivo. O público pediu "Folsom Prison Blues" e quando Cash tentou cantar a música percebeu que perdera a voz. Levou o show adiante como pôde, mas a noite foi um fiasco.

Apesar dos efeitos das drogas — ou talvez por causa deles — Cash fez naqueles anos algumas de suas gravações mais ousadas e originais, que resultaram numa série sem precedente de ambiciosos álbuns conceituais de folk e country, como *Songs of Our Soil* (1959), *Ride This Train* (1960), *Blood Sweat & Tears* (1963), *Bitter Tears (Ballads of the American Indian)* (1964), *Orange Blossom Special* (1965) e *The Ballads of the True West* (1965). São obras que abordam verdades encobertas, e não mitos da história da América. Os álbuns também se dirigiam a populações diversificadas que Cash retratava, inclusive os pobres e os violentos, os trabalhadores explorados e os índios, os xenófobos e os miseráveis. De certa maneira, a série devia algo ao ressurgimento do folk no Greenwich Village de Nova York e em várias universidades dos Estados Unidos, com influência crescente sobre as ideias políticas no país, que se tornavam mais liberais. Cash sempre prestara atenção ao folk — acreditava que os Carters e Jimmie Rodgers tinham emergido dele — e no início dos anos 1960 fez amizade e trabalhou com figuras-chave desse gênero musical no pós-guerra, inclusive Ramblin' Jack Elliot, Pete Seeger e Peter LaFarge (um índio da tribo Hopi, extraordinário e destemido compositor). Quem mais o impressionou, no entanto, foi um jovem de Minnesota, Bob Dylan, que ele considerava o melhor cantor country e o mais original compositor que já ouvira. Nas temporadas em clubes no centro de Las Vegas, ficava até de madrugada tocando músicas de seus álbuns *The Freewheelin' Bob Dylan* e *The Times They are A-changin'*. Cash percebia que, como ele próprio, Dylan tentava fazer algo novo, criar novas liberdades.

O mais controverso álbum de Cash no período (e provavelmente o melhor) foi *Bitter Tears*, um inspirado e colérico tratado sobre os sofrimentos dos índios americanos, vítimas de traições, violência e indiferença. Peter LaFarge (cujo problema com drogas em breve o mataria) ajudou na pesquisa de Cash para o álbum e compôs cinco canções, inclusive a lançada em compacto, "The Ballad of Ira Hayes", a narração da história de um índio da tribo Pima que estava entre os fuzileiros navais considerados heróis por terem ajudado a levantar a bandeira americana depois da sangrenta batalha da Segunda Guerra Mundial em Iwo Jima, e que mais tarde morreria devido à negligência e ao alcoolismo, afogado numa poça de água de cinco centímetros. A canção, que Cash considerava uma de suas melhores gravações, era mais pungente que incendiária, mas as rádios não a tocavam. Cash então desafiou os responsáveis pela programação numa carta aberta publicada em anúncio de uma página na *Billboard*, em que escreveu: "DJs, administradores, donos de rádios etc., vocês não têm colhões? [...] 'The Ballad of Ira Hayes' é uma realidade dura. Da mesma maneira que Rochester-Harlem-Birmingham e o Vietnã. [...] Eu tive que reagir quando percebi que muitas estações estavam com medo de 'Ira Hayes'". A iniciativa gerou protestos entre apreciadores da música country em Nashville. O editor de uma revista, em resposta a Cash, também publicou uma carta aberta em que dizia: "Você e sua turma são inteligentes em demasia para andar com simples caipiras, artistas e DJs country". E exigia que Cash se retirasse da Associação de Música Country. "The Ballad of Ira Hayes" nunca penetrou o universo country, mas isso pouco importava. A canção se tornou um dos compactos de maior sucesso de Cash em meados dos anos 1960.

June Carter começou a se apresentar com Johnny Cash em fins de 1961. Ele a conhecera nos bastidores do Opry em 1956. Foi ao seu encontro e se apresentou. "Eu sei quem você é", ela disse. Anos antes, June excursionara com Elvis Presley, com quem tinha uma relação próxima. Às vezes, quando estavam juntos, Elvis tocava músicas de Johnny Cash para ela. Elvis adorava essas músicas e disse a June que Cash ainda seria um grande astro. Naquela noite no Opry, Cash pegou em suas mãos e disse: "Eu sempre quis conhecer você. Um dia a gente vai se casar". June o olhou e disse: "Mal posso esperar". Ambos eram casados — ela com um cantor de cabaré, Carl Smith, com quem tinha uma filha, Carlene. Depois que seu casamento com Smith terminou, June se casou com Rip Nix e teve uma segunda filha, Rosey (que morreu logo depois de Cash, em 2003).

Nesse meio-tempo, Cash via suas energias se esgotarem devido às drogas — e reagia tomando quantidades ainda maiores. Começou a andar armado e disparava por qualquer coisa. (Chegou a ser expulso de um hotel na Austrália quando ele e Sammy Davis Jr. encenaram um duelo no lobby com balas de festim, afugentando os hóspedes.) Às vezes dava tiros dentro do camarim. Em hotéis, abria portas a golpes de machadinha apenas para acordar os músicos da banda. De vez em quando, depois de uma noite consumindo drogas e bebidas, urinava no aquecedor, infestando o hotel com o mau cheiro que exalava de seu quarto. Outras vezes cismava de serrar as pernas dos móveis do quarto, para que "os baixinhos" pudessem se sentar. Um dia jogou grande quantidade de esterco no saguão de entrada de um hotel. Também arrebentava com todos os seus carros, e teve sorte de sair vivo de alguns acidentes. O ato mais destrutivo daquela época não foi cometido sob a influência de drogas, mas resultou da negligência e do descaso derivados de seu uso. Certo dia, dirigia uma van no Parque Nacional de Los Padres, perto do condado de Ventura, na Califórnia, sabendo que o veículo estava com um eixo rachado, o que acabou provocando um vazamento de óleo sobre a grama quente do sol, que pegou fogo. O vento alastrou as chamas, causando um incêndio de grandes proporções. Antes que a equipe de emergência pudesse controlar as labaredas, a vegetação de três montanhas de uma área de proteção ambiental havia sido destruída e quase todos os 53 condores da área fugiram. O governo abriu processo e Cash prestou depoimento sob o efeito de anfetaminas. Quando um procurador lhe perguntou se se sentia mal pelo que fizera, Cash respondeu: "Bom, no momento eu me sinto muito bem". Quando quiseram saber se não estava arrependido de ter provocado a fuga dos condores, ele disse: "Estou pouco me lixando para esses pássaros nojentos. Por que eu deveria me importar com eles?". Cash acabou se tornando o primeiro cidadão americano a ser processado com êxito pelo governo por ter iniciado um incêndio num parque nacional, e pagou multa de 125 mil dólares.

Cash se importou, porém, com o que aconteceu com ele no *Grand Ole Opry* em 1965. Estava no palco, com os nervos à flor da pele por causa das drogas, e ficou frustrado por não conseguir soltar o microfone do pedestal. "Em meu estado mental na ocasião", escreveu em *Man in Black*, "mesmo um problema tão pequeno quanto esse bastava para eu explodir de raiva. Eu peguei o pedestal, o atirei no chão e o arrastei até a beirada do palco, onde quebrei uns cinquenta ou sessenta holofotes. O vidro quebrado caiu no palco e atingiu o público." Cash interrompeu o show e foi embora. O gerente do *Grand Ole Opry* o encontrou e disse: "Você não precisa mais voltar. Não dá mais para trabalhar com você". Cash diria mais tarde que sempre tivera sentimentos ambíguos sobre o Opry. Quando se apresentou lá pela primeira vez, em meados dos anos 1950, sabia que o lugar tinha prestígio por estar associado com a música nova de Memphis, e algumas figuras da música country estavam descontentes porque artistas ligados ao rockabilly eram convidados para fazer shows em seu reduto mais tradicional. Numa entrevista em 1992, Cash disse a Steve Pond, da

Rolling Stone: "Muitas pessoas apoiaram minha ida a Nashville: Ernest Tubb, Hank Snow, Minnie Pearl. [...] Mas havia outros que faziam questão de soltar comentários quando eu passava. Era a mesma coisa com Elvis, que chamavam de 'branco negro'. E você sabe como é. [...] Eu disse: 'Não quero voltar aqui nunca mais. Não tenho que aguentar esse tipo de coisa'".

Ao deixar o Opry na noite seguinte ao incidente com os holofotes, Cash estava furioso, magoado e humilhado. Pegou um carro e saiu dirigindo. Ele chorava e caía uma tempestade quando bateu num poste e quebrou o nariz. Foi levado a um hospital, onde lhe deram morfina.

O Cadillac novinho ficou destruído, e a mulher a quem o carro pertencia era June Carter — a cantora que ele encontrara anos antes com a Carter Family, no mesmo palco que abandonara na noite anterior. June estava louca da vida com Cash. E também seu marido, Rip Nix, o policial que investigou o acidente.

June tinha uma relação complicada e problemática com Cash. Para começar, estava apaixonada por ele, e bem antes de terminarem seus casamentos, os dois tiveram um caso que era um segredo de polichinelo no universo da música country. June também conhecia Hank Williams — era madrinha de Hank Williams Jr. — e não queria que Cash terminasse como ele, um artista brilhante que se destruiu ainda jovem. A combinação do amor que sentiam um pelo outro com o instinto de autodestruição de Cash tornou o relacionamento deles volátil. June intercedia sempre que possível, às vezes dizendo aos médicos que Cash convidava aos bastidores que não lhe dessem receita para comprar anfetaminas. Também descobriu os lugares onde escondia os comprimidos, e os destruía. Viviam discutindo e Cash jogava fora seus pertences e lhe dizia coisas horríveis, que a magoavam. Certa vez, lhe disse: "Se você não fosse mulher, eu quebrava o seu pescoço". June respondeu de bate-pronto: "Você sentiria saudades de mim". Anos mais tarde, quando escrevia um texto que seria publicado no álbum *Love, God, Murder*, de Cash, June disse sobre o início do relacionamento deles: "Eu soube desde o primeiro momento que ele sofria tanto quanto eu, e me atirei a seus pés sem esperanças, para sentir o fogo, e não há como permanecer naquele inferno nem como extinguir uma chama que não para de queimar". Pensamentos como esse, ela disse, a levaram a compor "Ring of Fire" durante uma noite em que dirigia a esmo. Quando Cash ouviu a canção, soube que se referia ao relacionamento deles, mas preferiu não fazer comentários. Só lhe disse que tivera um sonho com a música. No sonho, ouvia "Ring of Fire" ao som de trompas mexicanas, e cantava. Depois de concretizar esse sonho, em 1963, a canção dominou a parada de sucessos de música country da *Billboard* por sete semanas, tendo chegado ao primeiro lugar.

Vivian tentava fazer Cash voltar para a família na Califórnia e largar as anfetaminas e os barbitúricos. De vez em quando ele passava algumas horas ou um dia inteiro com a mulher e as crianças, mas logo ia embora — numa excursão ou atrás de drogas. Uma ou outra vez, ele admitiu mais tarde, chegou a arrombar farmácias para roubar comprimidos. Em 1965, durante uma parada em El Paso, Cash decidiu cruzar a fronteira com o México e ir até Juarez. Tinha ouvido falar que lá poderia comprar grandes quantidades de comprimidos e, com a ajuda de um motorista de táxi, encheu a mala de frascos. Assim que o avião em que viajava pousou em El Paso, Cash foi preso. Os policiais encontraram 688 cápsulas de Dexedrines e 475 de Equanil (um agente ansiolítico) dentro de um violão mexicano barato e misturadas na roupa da mala, e o prenderam por obtenção ilegal de anfetaminas e barbitúricos. Em entrevista a um repórter depois da prisão, Cash disse: "Não pretendo ser uma coisa que não sou. [...] Sou culpado por tantos erros quanto qualquer um, mas não sou mais culpado do que a média das pessoas. Meus erros podem ser diferentes, mas não em maior quantidade".

Vivian foi a El Paso levar seu apoio depois que Cash saiu da cadeia. Mais tarde, defensores da supremacia branca viram sua foto e não gostaram do tom escuro de sua pele. A Ku Klux Kan passou a fazer manifestações diante de teatros onde Cash se apresentava, chamando-o de "degenerado" por ter filhas mestiças. ("Se tem alguém mestiço aqui sou eu. Sou irlandês e um quarto do meu sangue é cherokee", Cash respondeu, embora a quantidade de sangue indígena fosse bem menor, se é que de fato tinha essa ascendência.) Quando o caso por posse ilegal de drogas foi a julgamento, Cash foi condenado a trinta dias de prisão, com direito a suspensão condicional da pena, e a uma multa de mil dólares, que Don Law pagou.

Em outubro de 1967 Cash chegou ao fundo do poço. Tinha perdido muito peso e não havia quantidade de drogas capaz de aplacar seus medos e o acalmar. Se algum dia acreditou que pudesse encontrar conforto espiritual nas drogas, esse pensamento agora estava distante. Sentia que havia se afastado de Deus e, de certa maneira, isso o fazia sofrer mais do que estar separado da mulher e das quatro filhas. Decidiu entrar na caverna de Nickajack, às margens do rio Tennessee, e ficar lá até morrer. O lugar estava cheio de ossos de soldados da guerra civil, de índios, de exploradores e de pessoas que haviam se perdido naquele labirinto escuro. Cash engatinhou por horas até sua lanterna se apagar e então se deitou, sentindo-se vazio, longe de tudo de bom que conhecera e fizera. Mas de repente, diria mais tarde, foi tomado por uma sensação inesperada. Teve a certeza de que não morreria lá e que não continuaria a se afundar nas drogas e na loucura. Sem luz para se orientar, conseguiu sair da caverna. Lá fora, o esperavam June Carter e a mãe dele. Depois de se tratar por um mês para ficar longe das drogas, Johnny Cash retomou os compromissos com sua vida, música e fé, com ainda maior devoção do que antes. Vivian concordou com o divórcio e, em 1º de março de 1968, depois de vários meses sem ingerir álcool e drogas, ele se casou com June Carter. O casal se instalou na excêntrica mansão rural de Cash em Hendersonville, a pouco mais de trinta quilômetros ao norte de Nashville. Johnny Cash estava prestes a atingir o auge da carreira, e quando esse momento chegou ele estava em condições de aproveitar toda a experiência de quem havia se desencaminhado e chafurdado na lama, sem esperança e sem perdão.

No final dos anos 1960, Don Law — que supervisionara grande parte do brilhante início de carreira de Cash na Columbia e que o apoiou quando ele estava por baixo — decidiu sair da gravadora, e Cash passou a ser assessorado por Bob Johnston, outro produtor de mente independente. Johnston tinha trabalhado com Marty Robbins e Patti Page (de quem produziu a inesquecível "Hush, Hush, Sweet Charlotte"), e mais recentemente tinha acertado a mão ao produzir *Sounds of Silence* e *Parsley, Sage, Rosemary & Thyme*, de Simon e Garfunkel, e *Blonde on Blonde* e *John Wesley Harding*, de Bob Dylan. (Posteriormente, Johnston produziria *Nashville Skyline*, *New Morning* e *Self Portrait*, de Dylan, e *Songs From a Room* e *Songs of Love and Hate*, de Leonard Cohen.) Cash, sentindo-se revigorado depois da recuperação, queria levar adiante um projeto que acalentou por anos e que sempre fora recusado pela Columbia: um álbum ao vivo numa prisão. Queria cantar "Folsom Prison Blues" para os detentos da penitenciária Folsom e queria que a América ouvisse como eles reagiriam a uma voz solidária. Quando Cash disse a Bob Johnston que sempre achara os prisioneiros um público receptivo e entusiasmado, ele respondeu: "Pois essa é a primeira coisa que vamos fazer".

Cash já tocava em prisões por mais de dez anos, desde uma apresentação em Huntsville, em 1957. Pouco antes de morrer, disse numa entrevista ao jornal britânico *Daily Telegraph*: "Sempre fui suscetível à natureza humana em situações difíceis. Não sei por quê, mas sempre fui assim". Na realidade, embora outros artistas, inclusive cantores country, tivessem feito shows em prisões, ninguém se sentia mais à vontade do que Cash em lugares desolados e perigosos como esses, nem captava tão bem quanto ele a cultura desenvolvida atrás das grades. Em 1968, diante do medo crescente devido aos crimes violentos, aos protestos a favor dos direitos civis e à inquietação dos estudantes, os dois candidatos à presidência dos Estados Unidos, George Wallace e Richard Nixon, brandiam o slogan fácil da "lei e da ordem", como medida corretiva e como senha para conter o ativismo e marcar posição, com o objetivo de levar mais eleitores às urnas. Talvez Cash não estivesse pensando em nada disso na época. Talvez simplesmente achasse que cantar para detentos era uma obrigação cristã. Mas foi nesse contexto que, em 13 de janeiro de 1968, o cantor finalmente subiu ao palco na penitenciária Folsom e se apresentou — "Olá, eu sou o Johnny Cash" — emendando "Folsom Prison Blues", para delírio dos detentos que reconheciam as descrições de violência, remorso e rebeldia. O show teve enorme ressonância na cultura pop americana. Comparadas a "Folsom Prison Blues", mesmo canções incendiárias como "Street Fighting Man", dos Rolling Stones, e "Volunteers", do Jefferson Airplane, soavam empoladas. Cash cantou num lugar onde a lei e a ordem da América e o inferno da América se fundiam, e ninguém mais na música popular faria isso com mais coragem e compaixão do que ele.

At Folsom Prison, no entanto, não seria o único álbum do gênero. Em 24 de fevereiro de 1969, ele gravou o segundo disco ao vivo numa prisão, *At San Quentin* (que também rendeu um documentário para a televisão britânica), de onde tirou o compacto de maior sucesso de sua carreira, uma interpretação de uma música nova de Shel Silverstein, "A Boy Named Sue". (Entre as duas apresentações nas prisões, Luther Perkins, violonista de longa data de Cash, sofreu queimaduras fatais. No show de San Quentin foi substituído por Bob Wootton.) Embora o álbum *At Folsom Prison* tenha sido o pioneiro e mais bem trabalhado musicalmente, todos os participantes consideraram o concerto de San Quentin mais arriscado. O ambiente em San Quentin era de desolação. Cash tocara lá anteriormente (inclusive em 1958, show em que estava presente Merle Haggard, na época um detento, que mais tarde o descreveria como "o primeiro raio de sol de minha vida"),* mas por alguma razão a situação estava especialmente tensa no show de 1969. Cash andava a esmo pelo palco naquela noite. Insultou os guardas. Ridicularizou o sistema carcerário e suas autoridades. Solidarizou-se com homens criminosos e violentos e lhes cantou preces, enquanto guardas em passarelas acima da multidão empunhavam metralhadoras carregadas.

No texto da contracapa da versão reeditada de *At San Quentin*, June Carter escreveu: "Alguma energia interna desses homens — os prisioneiros, os guardas e até os agentes penitenciários — resultou em ódio, amor e gargalhadas. [...] Eu nunca tinha visto uma reação como essa. [Por dentro, eu estava exasperada, sentia uma tensão, um perigo no ar. E John começou a cantar tranquilamente: 'San Quentin, you're livin' hell to me...' [San Quentin, para mim, isso aqui é o inferno na Terra...]. 'Vamos lá, Cash, cante! Você conhece isto aqui, cara, você sabe que isto aqui é mesmo um inferno!'. 'É só você mandar, Cash, e a gente dá um cacete neles, só de farra'. Demorou um pouco, talvez uns dez minutos, antes que Cash cantasse de novo os dois primeiros versos da canção que apresentava pela primeira vez, 'San Quentin'.] John mantinha os homens em suspense, eles estavam hipnotizados, e nós também. [...] Ele os manteve sob controle por um fio, e foi esse fio que nos salvou". Mais tarde, Cash diria ao jornalista e escritor Bill Flanagan: "Os guardas estavam mortos de medo. Os prisioneiros ficaram todos em pé sobre as mesas do refeitório. Estavam fora de controle. Na segunda vez que cantei essa música, se eu tivesse gritado 'fujam!', eles teriam se mandado, cara. [...] Os guardas também sabiam disso. Eu fiquei tentado".

Cash às vezes assumia sua identificação com os prisioneiros e com a reforma do sistema carcerário. Numa entrevista à *Country Music* em 1973, ele disse: "As pessoas me perguntam: 'E as vítimas, e aqueles que sofrem?'. Bem, o que eu quero dizer é que minha preocupação sempre foi com as vítimas. Se melhorarmos os homens dentro das prisões, então haverá menos crimes nas ruas, e a minha família e a sua estarão mais seguras quando eles forem soltos".

Anos mais tarde, no Natal de 1982, essas ideias de Cash passaram por um teste difícil. Ele reunira família e amigos para festejar a data numa casa que havia comprado na Jamaica. Quando o grupo jantava, três jovens com meias de nylon

---

* Na época com 21 anos, Merle Haggard se tornaria mais tarde uma das grandes estrelas da música country. (N. T.)

na cabeça — armados com revólver, faca e machadinha — invadiram a casa. Foram grosseiros com as mulheres, meteram o revólver na cabeça do filho de Cash e exigiram 1 milhão de dólares. Nas horas seguintes, Cash conversou com eles calmamente, com um respeito calculado. Convenceu-os de que não haveria como conseguir aquele dinheiro todo na hora. Havia alguns milhares de dólares na casa, que eles poderiam levar. Poderiam também pegar o que houvesse de valor. Os três finalmente decidiram roubar o que era possível e foram embora, deixando Cash e os outros amarrados no porão. Antes de sair da casa, os ladrões permitiram que o grupo terminasse a ceia de Natal que fora interrompida. Na mesma noite, a polícia jamaicana capturou o invasor que estava armado com revólver e o matou. Semanas mais tarde, os outros dois também foram mortos, quando tentavam escapar da prisão. Na autobiografia de 1997, Cash admitiu ter passado um bom tempo tentando assimilar o fato de que uns "garotos junkies sem juízo" que o tinham ameaçado e à sua família "haviam sido executados pelo que fizeram — ou assassinados ou mortos como cães". Cash escreveu: "Não tenho respostas. Minha única certeza é que me angustiam esses jovens desesperados e as sociedades que os produziram, eu sinto como se os conhecesse. Nós tínhamos uma afinidade, eles e eu: eu sabia como pensavam, o que precisavam. Eles eram como eu". E essa compreensão, Cash acreditava, foi o que ajudou a que ninguém do grupo fosse assassinado naquele Natal.

Em fevereiro de 1969, Johnny Cash e Bob Dylan gravaram várias faixas juntos em Nashville, com produção de Bob Johnston. Os dois eram amigos desde o início da década, quando Cash escreveu a Dylan dizendo que gostava muito de sua música. Desde aquela época, Cash era um ardente defensor de Dylan. Em 1964, quando a *Sing Out!* — a revista do movimento folk — publicou uma carta aberta a Dylan querendo que ele fizesse menos músicas de protesto, Cash escreveu para a revista dizendo: "Calem a boca e deixem ele cantar!". Um ano mais tarde, no Festival de Folk de Newport, quando uns puristas tentaram cortar a energia enquanto Dylan tocava rock com uma guitarra elétrica, Cash esteve entre os que impediram a ação. "Eu não acho que ninguém que esteja por aqui hoje tenha dado mais contribuições do que ele", disse a um repórter na época. E apesar disso tudo, em meados de 1969, quando Dylan lançou "Girl From the North Country", um adorável dueto com Cash no álbum *Nashville Skyline*, houve muita gente que ficou chocada, tanto no universo do country quanto do rock. Observadores dos dois lados não entendiam o sentido de tal dupla. Por que Cash cantava com aquele que era considerado o dono da voz mais revolucionária do rock? Por que Dylan se aproximava do country, visto naquele tempo como uma música que transmitia valores conservadores e preconceitos? Há um momento maravilhoso no documentário de Robert Elfstrom, de 1969, *Johnny Cash: The Man, His World, His Music*, durante um dueto numa canção de Dylan, "One Too Many Mornings" (sobre pessoas alheias umas às outras), quando Cash canta para Dylan *"You are right from your side, Bob/ And I am right from mine"* [Bob, você tem razão/ E eu também, não?], e Dylan sorri e responde "I know it". Nesse diálogo, eles reconhecem que, entre pessoas sensatas em tempos difíceis, há espaço para mais do que uma perspectiva complexa.

Claro que, ao abordar, nas canções, ideais e experiências das pessoas, os cantores sempre correm o risco de ter sua arte mal interpretada. Em 1970, Cash recebeu um telefonema do gabinete do presidente Richard Nixon, convidando-o para se apresentar na Casa Branca. O chefe de gabinete de Nixon, Bob Haldeman (que mais tarde renunciaria e passaria dezoito meses na prisão devido ao seu envolvimento no escândalo de Watergate), tinha feito uma lista de canções para Cash cantar. Entre elas, "Okie from Muskogee", um sucesso de Merle Haggard que criticava pacifistas e jovens que se drogavam (Haggard mais tarde diria que a ironia da música não foi entendida), e "Welfare Cadillac", uma canção de Guy Drake que zombava da integridade das pessoas que recebiam benefícios sociais. Cash respeitava o governo Nixon e apoiava o envio de soldados americanos para a guerra do Vietnã (embora, depois do ataque dos Estados Unidos ao Camboja, tenha se referido ao conflito como um terrível desperdício de vidas). Mas não aceitou cantar as músicas solicitadas por Nixon. Para começar, não eram composições suas; e, além disso, tendo crescido em meio à pobreza, não gostava de "Welfare Cadillac", que mais tarde diria que instigava "o preconceito contra os negros". Cash no fim aceitou o convite, mas insistiu em interpretar suas próprias músicas. "O show está pronto", seu secretário disse a Haldeman; ele faria para o presidente mais ou menos a mesma apresentação que fizera para os prisioneiros. Ao apresentar Cash na Casa Branca, o presidente Nixon mostrou ter entendido o recado. "Uma coisa que aprendi sobre Johnny Cash", disse, "é que *não* se diz a ele o que cantar."

É preciso deixar claro que o patriotismo de Johnny Cash era complicado, e essas complicações — como as contradições da própria nação — nunca tiveram fim. Além disso, como escreveu Henry Pleasants, "Cash se preocupa mais com as pessoas do que com as ideias". No início dos anos 1970, Cash fez um show para uma entidade estudantil progressista na Universidade Vanderbilt de Nashville, no auge da guerra do Vietnã, e cantou pela primeira vez a canção que ficaria grudada em sua biografia, "Man in Black": "*I wear the black in mournin' for the lives that could have been/ Each week we lose a hundred fine young men*" [Uso preto em luto por tantas vidas ceifadas/ A cada semana perdemos centenas de jovens bons]. Cerca de quinze anos depois desse show, ele estava diante de um público mais conservador no Nassau Coliseum, em Uniondale, Nova York, e disse: "Dou graças a Deus pelas liberdades que temos neste país. Dou muito valor a essas liberdades — mesmo a liberdade de queimar a bandeira americana. Estou orgulhoso desses direitos. Mas vou dizer uma coisa a vocês, nós também temos...". Ele pausou, porque o público começou a vaiá-lo com estridência, e, confiante, fez com que as pessoas se calassem. "Deixem-me dizer uma coisa — calma, calma — nós também temos o direito de portar armas, e se você queimar a minha bandeira eu te mato. Mas te mato com muito amor, como um bom americano." Foi uma declaração cheia de guinadas incríveis em que Cash mesclou orgulho genuíno e ironia carregada de humor negro — e só ele mesmo para juntar assuntos tão discrepantes com um sarcasmo afetuoso. Tendo proferido tais palavras, Johnny Cash olhou para a América da mesma maneira que olhava para si próprio: com um pesar sem disfarces e uma esperança inflexível.

Em 1969, Johnny Cash estava no auge da popularidade. Em meados do ano, passou a apresentar uma série de verão para a rede de TV ABC, *The Johnny Cash Show*, que tinha convidados como Bob Dylan, Joni Mitchell, Ray Charles, Merle Haggard, Waylon Jennings, Louis Amstrong, James Taylor e Neil Young. O programa — feito no Ryman Auditorium de Nashville, onde desde 1943 era realizado o Grand Ole Opry — teve imediatamente grande audiência e a ABC o colocou na grade fixa da programação. No fim do ano, de acordo com Clive Davis (que era presidente da Columbia Records na época), Cash tinha vendido mais de 6,5 milhões de discos e emplacado sete álbuns na lista dos mais vendidos da *Billboard* — mais do que qualquer outro artista em 1969. No ano seguinte, June Carter Cash deu à luz o único filho do casal, John Carter Cash, o único filho homem de Cash. Pouco tempo depois, no entanto, ao visitar o Vietnã, onde cantou para soldados americanos, Cash voltou a se envolver com drogas. Durou pouco, mas foi uma queda e tanto ("Eu não me lembro de alguma vez ter sido tão mau e negativo", escreveu em *Man in Black*), e essa não seria a última vez. Ele sentia falta das drogas, como admitiu mais tarde, e às vezes precisava de toda sua fé e força de vontade para não sucumbir ao vício.

No início dos anos 1970, tudo mudou — para uma situação que perduraria por longo tempo. Sob o peso do compromisso semanal com a televisão, Cash descuidou da música. Seus álbuns ficaram sem graça, mais negligentes, e as músicas não faziam grande sucesso. Depois de "Flesh and Blood" e "Sunday Morning Coming Down" — ambas de 1970 —, Cash só lançou mais um compacto que teve repercussão na década seguinte, "One Piece at a Time", de 1976. Também estava cansado do show na TV; achava que os executivos da ABC forçavam a participação de artistas que nada tinham a ver com ele e impediam a presença de outros convidados. "Eu quero que eles me digam [...] por que Pete Seeger não pode aparecer no meu show", Cash disse ao diretor do programa, de acordo com um artigo na *New York Times Magazine*. "Pete Seeger é um grande americano, conhecidíssimo na Ásia. Por que não posso convidar meus amigos para o meu show?" (Devido à sua atuação política contra a guerra do Vietnã, Seeger fora duramente criticado pelo Comitê de Atividades Antiamericanas da Câmara — que declarou que ele desacatara o Congresso — e a rede de TV se recusou a escalá-lo para aparecer nos programas.) Em 1971, a ABC não renovou o contrato de Cash e ele se sentiu aliviado. "Sentia que não apenas Johnny Cash era secundário", ele disse à *Rolling Stone* em 1973, "mas sua arte também não tinha a menor importância. [...] A televisão desumaniza as pessoas, esteriliza o que elas têm na cabeça, e eu me ressentia com isso."

À medida que transcorria o ano de 1970, Cash percebia que sua música, um country insurgente com a marca da inovação, perdia o poder de provocar. O movimento Outlaw — que reunia Willie Nelson, Waylon Jennings e Tompall Glaser, entre outros — tinha tomado a dianteira do country ao misturar a sensibilidade para narrar histórias com a ética de cabaré, a rebeldia cowboy e toques do ritmo e da tonalidade do rock. O resultado exasperou os defensores do tradicionalismo, mas também influenciou vários outros cantores de country e rock. Cash não tinha má vontade com o movimento — afinal, ele próprio havia sacudido os padrões artísticos de Nashville anos atrás, e Waylon Jennings era um amigo de longa data, com quem chegara a dividir um quarto. Mas também sabia que, depois de influir por mais de uma década como artista renovador e de sucesso, não era mais uma figura central no universo country. Poucos anos mais tarde, veria sua música ser eclipsada pelo movimento New Traditionalist — que incluía George Strait e Randy Travis — e por membros de sua própria família: a enteada Carlene Carter, a filha mais velha, Rosanne Cash, e seu marido na época, Rodney Crowell, todos deram contribuições vitais e de grande repercussão à música country no final dos anos 1970 e início dos 1980. (Cash e sua mulher tiveram a felicidade — e esse é o termo exato — de estarem presentes quando Carlene Carter disse a uma plateia em Nova York que queria "levar a 'xoxota' de volta à música country".)

Em meados dos anos 1980, Cash se uniu aos dois principais líderes do movimento Outlaw, Willie Nelson e Waylon Jennings, e ao cantor e compositor Kris Kristofferson (que trabalhara como porteiro nos estúdios da Columbia em Nashville, onde Cash gravou nos anos 1960), para formar um grupo temporário de estrelas chamado Highwaymen. Os álbuns foram gravados na base da tentativa e erro (embora *The Highwayman* e *The Road Goes on Forever* tenham tido momentos sensacionais), mas as apresentações eram consistentes e a parceria dos quatro bateu recordes de bilheteria. Mesmo assim, a Columbia Records não apostava muito na criatividade de Cash, e vários executivos e produtores o pressionaram a testar novos estilos que pudessem ter apelo junto ao público do interior, que começava a dar preferência a uma música menos rústica. Cash estava cansado de tentar se ajustar às considerações demográficas da Columbia e em 1986 gravou uma música nova chamada "Chicken in Black",* que veio acompanhada de um vídeo em que ele aparece fantasiado de galinha. A mensagem era que se a gravadora estava sendo covarde, se queriam um covarde como artista, então o melhor seria escancarar essa verdade. A canção, o próprio Cash disse, também era intencionalmente horrível. A Columbia o afastou. Ele não vendia mais e a gravadora não tinha interesse num álbum em que ele cantasse acompanhado só do seu violão, um projeto que tentava viabilizar havia anos. Cash, então, assinou contrato com a Mercury. A gravadora também não queria um álbum só com voz e violão, mas ele gravou dois álbuns razoáveis — *Johnny Cash Is Coming to Town* e *Boom Chicka Boom* — que pouco interessaram à gravadora.

---

* *Chicken*, galinha, na gíria significa "covarde". (N. T.)

Cash disse mais tarde que novamente enfrentava um período complicado. A vida estava de novo ficando difícil. No início dos anos 1980 voltou a tomar drogas e a beber, até que sua família o mandou para a clínica Betty Ford. Em 1989, foi submetido a uma cirurgia cardíaca e quase morreu. No início dos anos 1990, as vendas dos seus álbuns caíram vertiginosamente e a Columbia tirou quase todos eles do catálogo. Cash havia desistido de fazer qualquer acordo com as gravadoras. Resignou-se a tocar em lugares como Branson, em Missouri — um centro de entretenimento onde estrelas do passado tocam para um público que quer apenas o conforto da nostalgia. Cash tinha sido um gigante, mas para o moderno negócio da música já havia encerrado sua história.

O que Cash não sabia — o que ninguém sabia — era que estava prestes a dar início a seu mais surpreendente período de crescimento artístico desde os anos 1960. Mais do que isso, teria o mais extraordinário fim de carreira de qualquer outro grande artista da história da música popular.

Johnny Cash ficou perplexo quando o produtor Rick Rubin o procurou em 1993. Rubin tinha o seu próprio selo, American Recordings, e era conhecido pelo fundamental apoio que dera a artistas do hip-hop e do rock, como Beastie Boys, Danzig, Slayer, Red Hot Chili Peppers e Public Enemy. Cash conhecia um pouco dessa música, ou pelo menos já a ouvira. Em 1980, quando seu filho John ficou arrebatado pelo Metallica, Cash chegou a ir a alguns shows da banda para acompanhá-lo e aprendeu até a apreciar alguma coisa do heavy metal. Mas não tinha a menor ideia de qual seria o interesse de Rubin nele, ou como poderiam trabalhar juntos. "[Rubin] era o último hippie", Cash escreveu em seu segundo livro de memórias, "careca no alto da cabeça, mas com os cabelos no ombro, uma barba que parecia nunca ter sido aparada (nunca foi), e roupas que teriam feito um bebum orgulhoso. [...] Além disso, eu estava cheio de mostrar músicas para produtores, e não tinha nenhum interesse em me adaptar para tocar um tipo de rock." Rubin não via Cash como alguém que precisasse se adaptar ao rock ou a qualquer coisa que fosse. Na realidade, Rubin compreendeu algo sobre o cantor que nenhum outro executivo de gravadora percebera: que Cash era maior do que qualquer tradição — era o arquétipo do outsider, a figura solitária com um lado sombrio, que tornava tudo melhor para os outros e ainda tinha a capacidade de fazer uma música que encorajava algumas pessoas e incomodava outras tantas. O que

Cash precisava fazer, Rubin sabia, era decidir que músicas queria cantar, e então simplesmente cantá-las — acompanhado apenas por seu violão. Não deveria haver nada mais entre ele, com sua voz fascinante, e o ouvinte. "Venha para minha casa", Rubin lhe disse, "traga o violão e cante. Cante o que quiser, e desse repertório nós vamos encontrar uma canção que nos mostre o caminho certo a trilhar. Eu não estou familiarizado com o tipo de música de que você gosta, mas quero ouvir tudo." Escutando Rubin falar, Cash se lembrou da filosofia de trabalho de Sam Phillips nas suas primeiras gravações. E, para ele, aquela parecia ser a oportunidade de fazer o álbum que sempre quisera.

Talvez sua visão de mundo tivesse se tornado tão grave e profunda quanto sua voz. Ou talvez fosse apenas uma demonstração de como a vida dá voltas — ela dá e tira, e depois dá de novo. De qualquer maneira, o primeiro trabalho de Cash com Rubin, *American Recordings*, de 1994 — que também foi seu primeiro álbum totalmente solo —, teve um impacto maior do que qualquer outro disco seu. Era uma coletânea de canções (de compositores como Tom Waits, Glenn Danzig, Kris Kristofferson, Leonard Cohen, Loudon Wainwright e do próprio Cash) sobre traição, assassinato, amor, morte, medo de si próprio, fé, mais morte, ausência de raízes, libertação, morte outra vez e vida e vingança depois da morte. O carro-chefe era a canção "Delia's Gone", uma mórbida e pungente recriação de Cash de um folk blues que remonta pelo menos aos anos 1920, com a versão do cantor sulista Blind Willie McTell. Cash tinha gravado três vezes a música nos anos 1960, mas a versão em *American Recordings* era tão sem adornos e melancólica que a narrativa na primeira pessoa de um homem que mata a mulher que ama chocou alguns ouvintes, sobretudo quando Cash canta: *"I found her in her parlor and I tied her to her chair [...]/ First time I shot her, I shot her in the side/ Hard to watch her suffer but with a second shot she died"* [Eu a encontrei na sala e a amarrei na cadeira [...]/ Da primeira vez que puxei o gatilho, eu a feri/ Foi difícil vê-la sofrer, mas com o segundo tiro ela morreu]. Até a MTV ficou chocada, e se recusou a colocar no ar um clipe em que Cash aparece jogando terra na cova de Delia (interpretada pela modelo Kate Moss). Cash contou ao escritor Nick Tosches que a versão tradicional da música "não era tão sanguinolenta, nem o narrador era um criminoso. Mas quis fazer esse homem que matou Delia um pouco mais perverso do que ele era. Ele a amarra na cadeira antes de atirar. É como se ainda se divertisse um pouco com ela". No fim, Delia se vinga. Na prisão, com a cela trancada, cai a noite, e o assassino, sem conseguir dormir, ouve Delia caminhar ao redor da cama. "Delia's Gone" pode ser uma canção sinistra, mas é um lembrete eficiente de que a música folk — a fonte do blues, do country e do rock — é no fundo uma música estranha e assustadora, cheia de segredos americanos sombrios que se revelam continuamente e que, ainda assim, nunca são totalmente mostrados.

American Recordings vendeu mais cópias do que qualquer outro álbum de Cash em vários anos, recebeu excelentes avaliações críticas nas listas de fim de ano e conquistou uma audiência mais jovem, que não se incomodava com devaneios macabros e que via Cash como raro exemplo de integridade e autenticidade. Nos anos seguintes, esse novo público — em que se incluíam fãs de todo tipo de música alternativa — seria tão leal a Cash e a seus álbuns quanto a audiência rural e operária de décadas passadas. Enquanto isso, *American Recordings* praticamente não foi tocada em rádios de música country e não recebeu indicações para prêmios da Associação de Música Country. Na realidade, a única vez em que Cash obteve algum reconhecimento da associação (antes de uma homenagem tardia e transbordante de sentimentalismo no show da entrega de prêmios em 2003) foi em 1969. Embora Cash tivesse sido sempre apreciado por muitos no universo country, outros tantos se sentiam desconfortáveis com seu espírito renegado e com suas ideias livres sobre problemas sociais, e os programadores das rádios em particular decididamente não gostavam do estilo seco e inquietante de sua música nova. Portanto, nos anos 1990, eles o tratavam como um artista cuja música não tinha mais importância. Em 1998, quando *Unchained* ganhou o Grammy de melhor álbum country, Cash publicou outro anúncio de página inteira na *Billboard*. O anúncio dizia: "A American Recordings e Johnny Cash gostariam de deixar registrado o apoio do establishment musical de Nashville e das rádios de música country". As palavras foram publicadas ao lado de uma conhecida foto de 1969, em que Cash aparece com as sobrancelhas franzidas e mostrando o dedo do meio para a câmera, como se dissesse "fodam-se".

Cash, no entanto, não pôde aparecer na cerimônia do Grammy para receber o prêmio por *Unchained*, o segundo de uma série de álbuns com Rubin. Em outubro de 1997, ao caminhar pela Madison Avenue em Nova York, percebeu que estava caindo para trás. Foi se consultar com um médico e recebeu a recomendação de voltar para Nashville e se tratar num hospital. Ele contraíra pneumonia dupla, o que o levou, durante dez dias, à beira da morte. Ao se recuperar, soube que o diagnóstico havia sido o de um distúrbio neurológico conhecido como síndrome Shy-Drager, uma doença mais grave do que o mal de Parkinson. Cash se recuperou a ponto de voltar a se apresentar. Mas uma noite, enquanto tocava em Flint, em Michigan, a palheta caiu de sua mão. Ele se abaixou para pegá-la e se desequilibrou. A plateia não tinha certeza sobre o que estava acontecendo. Algumas pessoas riram — e então Cash disse que sofria de mal de Parkinson. "Não é nada engraçado", disse. "Mas está tudo bem. Eu me recuso a deixar de fazer as coisas por causa disso." Os diagnósticos de síndrome de Shy-Drager e do mal de Parkinson, afinal, estavam errados — na verdade, Cash tinha neuropatia autonômica, um distúrbio do sistema nervoso. E na época do Grammy de 1998 ele não podia mais aparecer em público nem fazer as excursões que o haviam mantido na estrada por 42 anos. Além disso, era improvável que voltasse a gravar. Alguns médicos lhe deram menos de um ano de vida. Mas Cash e Rubin faziam gravações sempre que possível. O trabalho era intermitente, com interrupções causadas pela pneumonia, pelos problemas decorrentes da diabetes e por um coma de dez dias, do qual ninguém acreditava que ele sairia.

Contra todas as probabilidades, os dois últimos álbuns que Cash lançou em vida, *American III: Solitary Man* (2000) e *American IV: The Man Comes Around* (2003), estão entre seus melhores trabalhos — e certamente são os mais corajosos e arrepiantes. A voz de Cash denuncia a idade e a vulnerabilidade, mas raramente soa frágil. Na realidade, em algumas faixas de *Solitary Man* sua voz é surpreendente. Em suas versões de "I See a Darkness", de Will Oldham, e "The Mercy Seat", de Nick Cave, ele canta como um homem que faz sua prece mais desesperada, descobrindo uma voz que não sabia ter, que era uma demonstração de força, embora seu coração e sua mente afundassem em desespero e caos (no caso de "The Mercy Seat", Cash cantava com uma voz que narrava a aproximação da morte e a libertação do inferno). Mas em suas gravações para a American Recordings, não há nada tão revelador quanto sua versão de "Hurt", lançada pela banda Nine Inch Nails, do álbum *The Man Comes Around*. "Hurt" é a história de um homem que sofre mais por fazer os outros sofrerem. Na verdade, é uma canção sobre um viciado diante da mais dura verdade com que já foi confrontado: o abismo do seu próprio coração. *"What have I become, my sweetest friend [...]/ I will let you down, I will make you hurt"* [Em que eu me transformei, meu caro amigo [...]/ Vou te desapontar, te fazer sofrer]. Cash conhecia bem esse território. Tinha-o mapeado, rebuscado e até tentado morrer em suas cavernas, e agora descrevia cruelmente o que aprendera sobre si mesmo em seus recônditos mais sombrios.

No fim, a série *American Recordings* ficaria entre o que há de melhor na obra de Cash, no mesmo nível de suas melhores gravações para a Sun Records nos anos 1950 e para a Columbia nos anos 1960. É uma música rica, que aborda em detalhe como um homem amadurece e se deteriora ao mesmo tempo, enquanto testemunha tudo o que é doloroso e promissor no mundo em que está vivendo e morrendo. E isso é ainda mais notável dado que, enquanto gravava essas músicas, tudo escapava de Cash — tudo menos sua integridade e o amor da mulher que não perdeu a fé no marido, mesmo quando ele não suportava mais seu próprio coração, e que fez tudo o que pôde para mantê-lo vivo. "Ela [...] certamente me fez esquecer da dor por um longo tempo, por muitas vezes", escreveu certa vez. "Quando escurece, e todos vão para suas casas e as luzes se apagam, somos só eu e ela."

E um dia, era só ele.

Durante anos, June Carter Cash foi considerada o equilíbrio necessário na vida do marido — a mulher que defendeu seu valor intrínseco, que o apoiou na vida profissional e pessoal, contrabalançando sua imagem sombria com um jeito desbocado de falar. Também deu um toque de sexualidade à sua música. A famosa música que ela fez sobre o caso deles, "Ring of Fire", está repleta de uma mistura incomum de cenas bíblicas e metáforas de luxúria. E quando os dois cantavam "Jackson" em dueto nos shows, transformavam a história da canção, sobre o tédio no amor, numa cena de intenso erotismo.

June Carter nunca fez objeção à imagem de mulher que fica em segundo plano para cuidar do marido. "Escolhi ser a senhora Johnny Cash", disse em 1999. "Decidi que permitiria a ele ser Moisés e que eu seria Aarão, irmão de Moisés, dando-lhe o braço e o acompanhando em sua caminhada." E no entanto June Carter Cash era uma artista formidável, com méritos próprios — não apenas como herdeira da tradição da Carter Family, mas como uma cantora e compositora que expandiu essa tradição. A canção "The Kneeling Drunkard's Prayer", de que ela é coautora, serviu como modelo para o tipo de música inspiradora de compaixão que seu próprio marido sempre quis compor. Certa vez, Cash observou: "Ela começou aos nove anos e passou mais tempo na estrada do que Bill Monroe em toda sua vida. Infelizmente, acho que sua contribuição à música country provavelmente não será reconhecida simplesmente porque ela é minha mulher; até agora tem sido assim. Isso é lamentável — na verdade, é a única coisa que lamento por ter casado com ela".

No álbum *Press On*, de 1999, o primeiro disco solo de June em décadas, há uma faixa fascinante, "I Used to Be Somebody", na qual ela fala sobre sua amizade com James Dean, Tennessee Williams e Hank Williams e menciona os rumores de um caso com Elvis Presley. À medida que a canção se desdobra, ela parece compreender tudo o que deixou para trás para se tornar a mulher de um homem tão irresistível quanto Cash. "*Well, I used to be somebody, Lord*", cantava, "*I used to have a friend* [...]/ *I used to be somebody, dear Lord, where I have been/ I ain't ever gonna see Elvis again*" [Bem, eu fui alguém na vida, Deus/ Naquele tempo eu tinha um amigo [...]/ Eu fui alguém na vida, meu Deus/ E onde agora me encontro/ nunca mais verei Elvis outra vez]. Não há dúvida de que June estava resolvida e satisfeita com sua escolha, embora ter sido casada com Johnny Cash nem sempre tenha sido fácil. Em 2000 ela escreveu: "Eu ainda procuro no fundo da alma desse homem a luz que brilha em algum lugar dentro dele" — mas talvez June também tivesse seu lado um pouco sombrio, sem o que não poderia ter atraído e suportado Cash. O casamento deles era completo: havia paixão, volatilidade, mágoas secretas, fervor na intimidade do lar e juras infinitas de que ficariam juntos para sempre.

Em 7 de maio de 2003, June Carter Cash submeteu-se a uma cirurgia no hospital batista de Nashville para recolocar uma válvula no coração. Houve sérias complicações pós-operatórias e em 15 de maio ela morreu, aos 73 anos. Muitos de nós nos acostumamos a prestar tanta atenção à saúde de Cash que parecia improvável que June morresse antes dele. Ela própria, no entanto, quase chegou a sugerir, no álbum *Wildwood Flower*, de 2003, que ela poderia ir antes do marido. Em sua versão da música "Will You Miss Me When I'm Gone?", gravada anteriormente pela Carter Family, ela cantou: "*When death shall close these eyelids/ And this heart shall cease to beat* [...]/ *Will you miss me — miss me when I'm gone?*" [Quando a morte cerrar estas pálpebras/ E este coração deixar de bater [...]/ Você sentirá saudades de mim — você sentirá saudades quando eu me for?]. Era uma reflexão triste e adorável sobre uma das mais pungentes perguntas que se pode fazer às portas da morte, e não havia a menor dúvida sobre a resposta.

No funeral de June, Cash recebeu ajuda para se levantar da cadeira de rodas e olhar pela última vez o rosto da mulher. Num encontro de família, ele disse: "Eu nem sei o que falar esta noite, eu aqui sem ela. A dor é tão grande que não há como descrevê-la". Poucos dias depois do enterro de June, Cash chamou Rick Rubin e lhe disse que queria voltar a gravar assim que possível. "Não quero fazer nada deste mundo", disse. "Quero fazer música, e fazer da melhor maneira que conseguir. Era isso que ela queria que eu fizesse e é isso o que eu quero." Nos meses seguintes, Cash gravou mais de cinquenta faixas, inclusive canções novas e versões de música gospel, como "John the Revelator", de Blind Willie Johnson.

Apesar de sua determinação e de trabalhar com afinco, Cash não se recuperou da morte da mulher. O guitarrista e cantor Marty Stuart — amigo íntimo de Cash e seu ex-genro (fora casado com Cindy, uma de suas filhas) — disse à *Time* que nos últimos meses Cash às vezes chorava aos soluços e dizia: "Cara, eu sinto tanta falta dela". Stuart também disse ao *USA Today* que nesse período dois urubus passaram a pousar do lado de fora da janela do escritório do cantor na mansão em Hendersonville e não tiravam os olhos de Cash, que também os ficava encarando. Em fins de agosto, Cash pretendia ir a Nova York para uma cerimônia de entrega de prêmios de clipes da MTV, categoria em que "Hurt" recebera seis indicações, inclusive para o Vídeo do Ano, mas sua saúde não lhe permitiu fazer a viagem. Quando o prêmio máximo foi anunciado para Justin Timberlake por "Cry Me a River", o jovem cantor disse à plateia: "Isso é uma distorção. [...] O meu avô me criou ouvindo Johnny Cash e acho que hoje ele merece esse prêmio mais do que qualquer um de nós". Alguns dias mais tarde, Cash sofreu um problema respiratório e foi levado ao hospital batista. No dia 12 de setembro de 2003, depois de uma carreira de quase 53 anos, Cash deu seu último suspiro, aos 71 anos, devido à falência respiratória decorrente da diabetes. Três parentes e três de seus cinco filhos estavam ao seu lado. Uma das últimas gravações que fez foi um dueto com sua filha Rosanne.

Eu nunca me encontrei com Johnny Cash, mas falei com ele uma única vez, no pior dia da minha vida.

Cresci numa família em que havia pouca convergência de opiniões — sobretudo quando se tratava de amar ou respeitar uns aos outros —, mas se havia algo que compartilhávamos era o amor por Johnny Cash e sua música. Minha mãe crescera ouvindo música country, meus irmãos mais velhos atingiram a maioridade escutando o rock dos primeiros anos, meu pai se refugiava na ópera e eu tinha paixão por Bob Dylan, Beatles e Miles Davis — e, apesar dessas diferenças, alguma coisa na voz de Cash e nas histórias de suas canções nos falava a todos. Tenho certeza de que isso tinha a ver com sua imagem de músico country irado e com o fato de que ele defendia os oprimidos.

Eu tinha um irmão chamado Gary — dez anos mais velho que eu. Desde os catorze anos, entrava e saía de reformatórios e, com exceção de alguns meses, passou toda a vida adulta preso por assalto à mão armada. Não era sempre que me sentia próximo dele. Às vezes ele me assustava. Às vezes eu o odiava. E, pior, às vezes eu o amava. Em 1968, quando Cash lançou *At Folsom Prison*, não pude deixar de pensar em meu irmão e em como ele amava Cash mais do que todos nós. Também me fez pensar em como seria o dia a dia dele atrás das grades. Tentei mandar para ele uma cópia de *At Folsom Prison* no Natal daquele ano, mas as autoridades carcerárias não permitiram.

No verão de 1976, em liberdade condicional, Gary estava em Utah e, em duas noites consecutivas, dopado e embriagado, assaltou dois homens e os assassinou com fúria e frieza. Foi preso, julgado, condenado à morte e exigiu que o Estado cumprisse a sentença. Ninguém era executado nos Estados Unidos em quase dez anos. Isso significava que, se o desejo de Gary fosse atendido, a América estaria de volta aos tempos em que criminosos selecionados eram executados. Johnny Cash era um crítico da pena de morte. Não chegava a fazer campanha, mas não escondia sua opinião. Quando soube que meu irmão era seu fã, enviou-lhe um pedido grave para que reconsiderasse a decisão. Também lhe mandou uma cópia de sua autobiografia, *Man in Black*, junto com uma carta em que reforçou o pedido. "Eles já mataram muitos de nós", escreveu, opinando sobre o sistema carcerário e as execuções. Gary apreciou a atenção de Cash, mas estava mesmo determinado a morrer. Na última noite de sua vida, meu irmão recebeu um telefone do seu cantor favorito. Mais tarde naquela noite, em minha última conversa com Gary, perguntei o que Cash lhe dissera. Gary disse: "Quando eu atendi o telefone, disse: 'Você é o Johnny Cash de verdade?' E ele disse: 'Sou'. E eu disse: 'Bem, eu sou o Gary Gilmore de verdade'".

No dia seguinte, nas horas que se seguiram à execução, eu não saí de casa, fiquei pensando em como poderia conviver com as coisas horríveis que meu irmão tinha feito e com a maneira horrível como tinha morrido. Naquela época eu já tinha escrito alguns artigos para a *Rolling Stone* e meu editor, Ben Fong-Torres, me chamou naquela tarde e disse: "Johnny Cash está querendo falar com você". Liguei para o número que Fong-Torres me deu; era de um estúdio em Nashville. Cash logo atendeu, com aquela voz grave familiar. Eu disse: "Eu só queria te agradecer, em nome do meu irmão e em meu nome, pela ajuda e conforto que você ofereceu a ele. Eu sei que isso o ajudou muito no fim. Eu só queria...". E aí não consegui falar mais nada. Estava péssimo, me sentia constrangido, tinha medo de desmoronar. "Está tudo bem, filho", ele disse com a voz baixa do outro lado da linha. "Eu sei que você e sua mãe tentaram. Todos nós tentamos. Sinto muito pelo que aconteceu. Sei que agora você deve estar arrasado, mas espero que com o tempo você encontre alguma paz. Rezarei por você."

Não sei se algum dia encontrei a paz que Cash me desejou naquele dia, mas sei que naqueles momentos que falamos encontrei algo que fez tanta diferença quanto qualquer coisa poderia ter feito naquele dia impossível: ouvi uma voz generosa — de um homem que, para minha família, sempre representara coragem e dignidade — oferecer compreensão para um estranho, sem fazer julgamentos. Aquilo foi de uma gentileza que eu não esperava, ou talvez nem merecesse, da parte de alguém que não era meu amigo, e sempre fui grato a ele por isso.

Cash não tinha obrigação de me procurar naquele dia. Não tinha que se dirigir a nenhum de nós, americanos, para comentar sobre essas forças ou impulsos que nos ferem e nos deixam perplexos. Mas quis falar comigo, e não porque isso faria dele uma pessoa melhor, mas antes porque nem sempre ele era um homem bom, e sabia que tinha que compreender o significado dessa verdade pelo menos tanto quanto entendia o significado da fé e da piedade. Para que algo de bom emergisse a cada vez que afundava, a cada vez que arriscava a saúde, a sanidade, a alma, a cada vez que desapontava os que o amavam, nele confiavam e dele precisavam, Cash tinha que compreender sua história e seus sentimentos. Em 1994 ele disse: "Acho que qualquer um que não reconheça que tem um lado sombrio, um lado que não é realmente bom, está cometendo um erro". Ao reconhecer seu lado sombrio, Cash também compreendeu como outras pessoas que se perdem na vida, ou simplesmente se sentem ferradas, podem ter feito as piores escolhas de suas vidas. Ele fez isso em parte para achar uma maneira de controlar seu lado pernicioso, mas também como meio de falar para e sobre outras pessoas com uma voz que poderia fazer a diferença.

Johnny Cash não precisa mais tentar iluminar seu lado sombrio — ele agora está em plena escuridão, qualquer que seja ela, a de Deus ou a do nada.

Está com muitos homens e mulheres bons e maus, com os espectros de poetas e fugitivos e todos aqueles que se situam entre eles. Tinha um jeito de falar para todos eles.

Não haverá outro Johnny Cash, sabemos disso. Provavelmente estamos longe demais das histórias e das condições e das experiências que o forjaram e a outros como ele. Aquela velha América se esvaneceu em fábula. Mas ainda temos a voz de Cash — aquela voz profunda, imperfeita e reveladora. Ela continuará a cantar para nós e a nos ajudar de tempos em tempos à medida que conhecermos recônditos sombrios em nossos corações e caminharmos pelas intranquilas noites americanas que teremos pela frente.

O inferno terreno de Bob Marley

Bob Marley já estava morrendo quando subiu ao palco em Pittsburgh naquela noite, em setembro de 1980. A maior estrela mundial do reggae tinha desenvolvido um melanoma maligno — na época um câncer incurável — que deixara progredir sem tratamento, por razões que ele mesmo provavelmente não compreenderia naquele momento. Era um homem que lhe via fugir o tempo para cumprir uma missão que ninguém antes se impusera na música popular. Nos últimos anos, conseguira popularizar o reggae — uma música que por muitos anos soou estranha a ouvidos estrangeiros — e levar a uma audiência de massa as verdades sobre seu problemático país, a Jamaica. Agora, buscava encontrar os meios para expor as verdades sobre pessoas de outras partes do mundo, além da Jamaica, da América, da Inglaterra e de toda a Europa. Queria falar do mundo sombrio além das fronteiras familiares, um mundo que seu público pouco conhecia.

Ele não concretizaria esse sonho. Em menos de um ano estaria morto, o corpo lacrado num mausoléu naquele seu problemático país.

Mas algo fascinante aconteceu desde que Bob Marley morreu 28 anos atrás: ele continua presente. Não porque seus discos ainda vendam bem (embora isso seja verdade), mas porque sua missão ainda pode ter uma chance. Marley não cantava sobre como seria fácil obter a paz no mundo, mas antes sobre como é fácil o caminho que leva muitos de nós ao inferno na Terra. Ele conhecia as circunstâncias sobre as quais cantava. Suas canções não eram sobre teorias ou conjecturas, ou uma compaixão fácil, a distância: suas canções eram suas memórias; ele viveu com desventurados, viu opressores e suas vítimas, levou um tiro e provavelmente levaria outros. Sua habilidade única em descrever tudo isso de maneira palpável e autêntica era o que prendia nossa atenção e dava sustentação a sua obra.

Bob Marley deu harmonia ao inferno, como ninguém mais tinha feito, nem faria.

A história de Bob Marley é repleta de acontecimentos, alguns terríveis, outros notáveis. O verdadeiro triunfo de sua vida — que se mantém até hoje — foi ter transformado sua origem pobre numa arte que chegou ao mundo todo, sobretudo aos oprimidos, e ter feito isso contra todas as probabilidades e em pouco tempo.

Robert Nesta Marley nasceu em Nine Miles, uma pequena vila jamaicana. O pai, capitão Norval Marley, era branco, superintendente de terras a serviço do governo britânico, que colonizou a Jamaica desde 1660. A mãe, Cedella, era uma jovem negra, descendente da tribo dos Cromantee, que, escravizada, tinha se insurgido na mais sangrenta rebelião da ilha. O capitão Marley seduziu Cedella lhe prometendo casamento e, assim, reencenou a velha história da dominação dos brancos. Quando Cedella engravidou, o capitão manteve sua palavra — porém partiu no dia seguinte. Sua família ameaçou deserdá-lo.

O único filho do casal nasceu no início de 1945, quando a Segunda Guerra Mundial estava perto do fim. Ninguém sabe a data ao certo — no passaporte de Bob Marley constava 6 de abril, mas Cedella tem certeza de que ele nascera dois meses antes. Levou um bom tempo para que ela o registrasse; tinha medo, como disse mais tarde, de enfrentar problemas por ter tido um filho com um branco. Embora casais inter-raciais não fossem raros, não eram bem vistos e em geral os filhos dessas uniões acabavam sendo motivo de escárnio. Bunny Wailer, amigo de infância de Bob Marley e integrante original dos Wailers, diz que seu nascimento foi considerado "condenável"; a sociedade não aceitava crianças mestiças. Mas a herança mestiça lhe deu valiosa perspectiva. Embora tenha dedicado a vida à denúncia da diáspora negra — a população espalhada pelo mundo em decorrência do comércio escravista e do imperialismo —, Bob Marley nunca expressou ódio pelos brancos; o que odiava era o imerecido poder de alguns povos de subjugar outros. Sabia que as lutas por justiça e poder eram necessárias, ainda que resultassem em derramamento de sangue, mas tinha a convicção de que se a humanidade não conseguisse se unir ela também não conseguiria sobreviver.

Nos anos 1950, Cedella se mudou para Kingston — o único lugar na Jamaica onde era perceptível alguma possibilidade de futuro — e mais tarde levou o filho. Foram morar num abrigo do governo, uma área populosa onde viviam os pobres, quase todos negros. O lugar, Trenchtown, consistia em fileiras intermináveis de barracos de zinco ondulado e papelão alcatroado, em geral sem saneamento básico. Era um ambiente em que os sonhos podiam libertar ou matar, mas qualquer que fosse o caso era preciso ser duro. Cedella se afligia porque o filho começou a se enturmar — ele se sentia parte da comunidade e vivia em meio a condições adversas e na companhia de desordeiros, inclusive gangues de rua. Essas gangues logo se envolveriam com uma facção chamada Rude Boys, adolescentes e jovens que se vestiam de acordo com a moda, eram insolentes e sabiam brigar. Em Kingston, os Rude Boys eram odiados, e a polícia e os políticos tinham prometido erradicá-los da cidade.

Foi nesse lugar desolador que Bob Marley cruzou com aquilo que o tiraria de lá e daria sentido à sua vida: o animado e excêntrico reduto do rhythm and blues de Kingston. No final dos anos 1940, os jovens jamaicanos começavam a ser embalados pela música popular americana — em particular, gostavam do som simples e polirrítmico do blues de New Orleans. Nos anos 1960, já havia produção de rhythm and blues em Kingston: uma música enérgica, intensa, manhosa, marcada pela ênfase no tempo fraco — quase uma inversão do rock e do funk americanos. Essa nova música pop jamaicana era, a exemplo do rhythm and blues, o resultado de longo prazo de como a música negra sobreviveu e se desenvolveu, ajudando a manter viva a comunidade num ambiente hostil. Através da música, aquela população se expressava sobre suas vidas, perdas, paixões, sonhos, esperanças e sofrimentos. Às vezes, faziam os sofrimentos soar exultantes; era uma maneira de declarar vitória sobre a miséria diária, ou pelo menos um meio de obter uma trégua.

No caso da Jamaica, as formas de música popular no último século — do calipso ao mento — sempre serviram para narrar o declínio moral dos vizinhos ou a má-fé da sociedade dos senhores. As letras eram inteligentes e implacáveis, e a música que Bob Marley começou a tocar tinha um ritmo que sustentava tais propósitos. Chamava-se ska (uma onomatopeia do som da percussão) e, da mesma maneira que o rhythm and blues e o rock eram vistos nos Estados Unidos como algo destrutivo e imoral, os políticos e a imprensa da Jamaica consideravam esse novo gênero um lixo: uma perigosa e degradada música do gueto, que estimulava a violência dos Rude Boys. Mas os Rude Boys logo receberiam inesperada legitimação.

Cedella Marley se preocupava com o filho por ele ter crescido tão integrado à vida do gueto e sempre na companhia dos Rude Boys. Era uma convivência arriscada — havia brigas frequentes e esfaqueamentos nas ruas de Trenchtown e nas festas ao som de ska.

Bob Marley, embora magro e de baixa estatura, era considerado uma força em Trenchtown. Tinha até um nome de guerra: Tuff Gong. Mas não queria saber de banditismo. "Não se preocupe", disse à mãe. "Eu não trabalho para eles." Na verdade, Bob Marley identificava qualidades naquele lugar; havia coragem, honestidade impiedosa e beleza em estado bruto em Trenchtown, e ele não queria necessariamente deixar a comunidade para trás nem escapar de lá. Queria, em vez disso, descrever suas realidades, falar àquelas pessoas tão destituídas quanto facilmente condenáveis. Bob Marley também não gostava de ver os pobres se matando uns aos outros em busca da sobrevivência nas margens da sociedade. Já tinha composto uma música sobre o moralismo barato, "Judge Not", gravada com um dos principais produtores de Kingston, Leslie Kong, e lançada em 1963 — o mesmo ano em que despontavam os Beatles e Bob Dylan. Nesse ano, Bob Marley formou um grupo vocal com alguns amigos, Neville Livingston (filho de um namorado de Cedella, mais tarde conhecido como Bunny Wailer) e Peter McIntosh, um guitarrista alto que mais tarde abreviaria seu nome para Peter Tosh. O grupo passou um bom tempo ensaiando harmonias vocais com o cantor Joe Higgs. Higgs havia trabalhado para Clement "Coxsone" Dodd, o maior produtor musical de Kingston, que também administrava o estúdio de maior sucesso da cidade, o Studio One. Além disso, Dodd era dono do sistema de som mais popular da ilha — um tipo de cabine de DJ sobre rodas que tocava a nova música americana e jamaicana em danceterias improvisadas, até a polícia chegar, acabar com a festa e revistar os Rude Boys, que podiam ter nos bolsos facas e maconha (droga que havia em profusão na Jamaica).

Bob Marley e seus companheiros apresentaram várias músicas originais a Dodd em 1963, inclusive "Simmer Down", que ele havia composto tendo em mente as preocupações da mãe. Era um recado para as gangues locais deixarem de lado a violência, ou acabariam provocando uma reação nefasta por parte das autoridades, mas a música tinha uma batida agressiva, que podia estimular o tipo de agitação que a letra desaprovava. Dodd gravou a canção no dia seguinte com os melhores músicos do estúdio, a banda Skatalites, e na mesma noite tocou o disco no seu sistema de som. O público pediu para tocar de novo, um bis atrás do outro. Foi um sucesso imediato, e por uma boa razão: pela primeira vez, uma voz do gueto se dirigia aos que lá moravam, reconhecendo sua existência e verbalizando seus problemas. A novidade teve efeito transformador para a nova música jamaicana e para Bob Marley e seu grupo, que viria a se chamar Wailing Wailers e, mais tarde, simplesmente The Wailers. O nome [que poderia ser traduzido como Os Plangentes] se refere aos lamentos ouvidos no gueto — de uma vítima, de uma testemunha — e vários dos primeiros compactos continuaram a bater na tecla da questão social. Bob Marley já havia encontrado um dos grandes temas que marcariam suas composições por toda a vida.

Dodd ficou tão bem impressionado com a disciplina musical e ética profissional de Bob Marley que o encarregou de ensaiar outros grupos vocais do Studio One, inclusive as Soulettes — um trio feminino em que se destacava Rita Anderson, uma mãe solteira adolescente que estudava enfermagem e tinha o sonho de se tornar conhecida como a Diana Ross da Jamaica. Bob Marley prestava atenção em várias garotas naquele tempo — ele sempre prestaria atenção nas mulheres —, mas teve uma queda por Rita devido à sua devoção como mãe. Ela, por sua vez, se sentia protetora de Bob Marley, que na época morava nos fundos do estúdio, desde que a mãe, cansada da vida em Kingston, se mudara para Delaware, nos Estados Unidos. Rita e Bob Marley se casaram em 1966, dias antes de ele ceder à incansável insistência da mãe para que a visitasse e tentasse se estabelecer nos Estados Unidos. Os Wailers continuaram a gravar sem ele — às vezes com Rita ajudando nos vocais —, mas não eram mais os mesmos sem as composições de Bob Marley e sua voz vigorosa que transmitia um sentido de urgência.

Bob Marley não ficaria por muito tempo nos Estados Unidos. Não gostou do ritmo da vida lá, nem do tipo de oportunidade de emprego que sobrava para os negros. Aliás, não tinha grandes planos para a vida profissional; não se imaginava como médico ou funcionário bem remunerado, conforme diria mais tarde. O que queria fazer era música; e também sentia saudades da mulher e de casa. Enquanto estava fora, porém, algo significativo aconteceu na Jamaica que mudaria totalmente sua vida e seu destino: um deus em carne e osso visitara a ilha e pisara seu solo.

O deus se chamava Hailé Selassié, imperador da Etiópia, produto de um complicado pedaço da história que marcou Bob Marley e a Jamaica. A importância de Selassié para os jamaicanos começou com a vida de outro homem, Marcus Garvey, ativista do início do século XX que encorajava os negros a buscarem suas origens africanas e criar, a partir dessa herança cultural, seus próprios destinos, diferentes daquele imposto pelo colonialismo europeu e americano. De acordo com um mito persistente, em 1927 Garvey instruiu seus seguidores a prestar atenção na África, pois a coroação de um rei negro seria o sinal de que um messias estava a caminho. Na realidade, Garvey nunca fez tal profecia, que até hoje lhe é atribuída. Em 1930, quando o jovem Ras Tafari foi coroado rei da Etiópia, realizou-se, para muitos, a profecia que Garvey não fez. Selassié era o deus reencarnado, o verdadeiro Jeová na Terra, um raio de esperança àqueles que por tanto tempo vinham sofrendo com a diáspora negra.

Na Jamaica, com base nessa crença, disseminou-se a partir dos anos 1930 um culto chamado Ras Tafari. O rastafarianismo consiste numa fé judeo-cristã mística que vê a África, e a Etiópia em particular, como a verdadeira Sião. Além dessa ideia, o movimento rastafári nunca desenvolveu uma verdadeira doutrina, mas apenas um conjunto de sabedorias populares e uma visão de mundo. Uma das crenças é que a marijuana — que os rastafáris chamam de ganja — é uma erva sagrada que franqueia a seus usuários profundo conhecimento de si próprios. Mais importante, os rastafáris têm uma visão apocalíptica. Veem a sociedade ocidental como um moderno reino da Babilônia, corrupto e assassino, que se beneficia do sofrimento dos oprimidos do mundo. Os rastafáris acreditam em justiça social e creem que o reino da Babilônia deve cair — mas eles mesmos não pegariam em armas para derrubá-lo; só Deus tem direito à violência. Enquanto a Babilônia não cair, de acordo com a lenda, os rastafáris não cortarão seus cabelos. Eles os usam longos, com aparência desgrenhada, presos em dreadlocks. Os rastafáris viviam como um povo pacífico, que não trabalhava no sistema econômico da Babilônia nem votava em seus políticos. A sociedade jamaicana, no entanto, vislumbrava um elemento de revolta nos rastafáris e por décadas eles foram tratados como a população mais desprezada da ilha.

Em 1966, enquanto Bob Marley visitava a mãe em Delaware, Selassié fez uma visita oficial à Jamaica. Uma multidão de centenas de milhares de pessoas foi recebê-lo no aeroporto de Kingston. Rita Marley viu a comitiva passar pelas ruas da cidade e, quando ele estava próximo, ela acreditou ter visto chagas nas palmas de suas mãos, um sinal de que se tratava de Deus encarnado. Depois disso, Rita aderiu à crença e aos costumes do movimento rastafári e deixou o cabelo crescer. Quando Bob Marley reencontrou a mulher, se espantou: "O que você fez com seu cabelo?". Ficou desconcertado com a mudança repentina de Rita e com a força de sua fé. Na realidade, um dos maiores mistérios sobre a vida de Bob Marley é quando, exatamente, ele se tornou rastafári. Segundo alguns relatos, ele adotou a religião logo depois de ter voltado para a Jamaica, entre 1967 e 1968. Mas, de acordo com a cuidadosa biografia de Timothy White, *Queimando tudo*, sua conversão completa só aconteceu perto do lançamento de *Natty Dread*, em 1974.

Pelo menos isto, no entanto, é certo: nos anos que se seguiram à visita de Selassié a Kingston, Bob Marley não apenas se envolveu com o movimento rastafári como o personificou como ninguém mais. E a fé, por sua vez, o ajudaria a tornar sua música mais profunda e a fundir seus melhores ideais. O movimento rastafári — especialmente sua crença na justiça social e sua crítica ao Ocidente, equiparado, com seu sistema econômico e suas classes sociais, a uma Babilônia moderna — seria um elemento-chave para a projeção mundial de Bob Marley.

A época em que isso aconteceu não poderia ter sido mais oportuna. Em 1966 e 1967, quando Bob Marley e os Wailers voltaram a gravar, a cena musical jamaicana passava por uma mudança crucial. O ska havia perdido a força — por várias razões, inclusive sociais. A vida em Kingston estava cada vez mais difícil e havia menos interesse em se dançar uma música exuberante. A desaceleração do ska abriu espaço para um gênero efêmero, o rocksteady; não era música para pular, mas para sentir a pulsação. Em 1968, no entanto, o ska e o rocksteady cederam terreno para uma música suficientemente fluida e animada para incorporar andamentos mais lentos ou acelerados. O novo estilo era o reggae, assim chamado devido à cadência sincopada [*ragged*]. Nenhum outro gênero traduz melhor a cultura musical jamaicana do que o reggae, e seus atributos rítmicos e hipnóticos pareceram especialmente apropriados para as novas dimensões narrativas e a crítica social. Mais importante, o reggae acolhia vozes anteriormente banidas. O rastafarianismo exercia influência crescente sobre as artes na Jamaica, mais ou menos da mesma maneira que o ideário dos hippies penetrava na cultura pop americana. Embora as rádios de Kingston não tocassem o reggae, o ritmo imediatamente se transformou numa revigorante manifestação cultural. A música, criativa e irresistivelmente dançante, passou a funcionar como forma alternativa de informação sobre questões sociais, visto que veiculava narrativas e opiniões que não apareciam na imprensa jamaicana.

Bob Marley aderiu ao reggae. O gênero lhe dava nova visão e ambição: ele queria fazer uma música que, mais do que apenas agradar, retratasse sua terra natal e também fosse acessível a uma audiência mundial. Depois de uma série de êxitos (como a gravação de algumas das melhores músicas da banda com o criativo produtor Lee Perry no início dos anos 1970) e de um ou dois reveses (inclusive a produção de um álbum muito fraco para o mercado jamaicano e a assinatura de um acordo problemático com a CBS), Bob Marley e os Wailers foram procurar Chris Blackwell, conterrâneo deles, que chefiava o Island Records, na Inglaterra. Na época, o Island Records era provavelmente o selo mais respeitado do mundo na área do rock, com um elenco de peso em que figuravam Roxy Music, Traffic, King Crimson, Jethro Tull, Emerson, Lake and Palmer, Fairport Convention, Richard and Linda Thompson, Cat Stevens e Nick Drake, mas o que Blackwell mais gostava era de música jamaicana. Havia anos ele fazia a distribuição de reggae no Reino Unido através do selo Trojan e tinha investido no filme *Balada sangrenta*, sobre um cantor Rude Boy que se transforma num fora da lei. Quando conheceu os Wailers, comentou: "A impressão que passavam era a de que eram rebeldes autênticos". Blakwell, no entanto, fora advertido sobre a má reputação da banda. Mesmo Lee Perry dizia que eles "não prestavam e eram grosseiros". Ainda assim Blackwell decidiu correr o risco. Deu-lhes pequeno adiantamento e grande liberdade para que fizessem um álbum.

O resultado foi *Catch a Fire*, um marco na história do reggae: o primeiro álbum com toda a coerência intrínseca do gênero, que, para muitos críticos, imediatamente catapultou Bob Marley para o primeiro time da música popular. As vendas, porém, não foram expressivas. Embora Blackwell tivesse introduzido elementos de rock (solos de guitarra e um teclado vibrante), o ritmo diferente do reggae e o forte sotaque de Bob Marley ainda soavam estrangeiros demais para serem palatáveis ao público de rock e black music. Foi só depois do grande sucesso de Eric Clapton com sua versão de "I Shot the Sheriff", em 1974, que muita gente começou a prestar atenção em Bob Marley e em sua música.

A lenta aceitação de Bob Marley no mundo da música popular, no entanto, não teve efeito sobre seu trabalho; em 1973, ele já era um completo e extraordinário compositor e líder de banda. Mesmo assim, essa aceitação coincidiu com um período em que os Wailers fizeram seus melhores álbuns. *Catch a Fire, Burnin'*, de 1973 (o último disco com Peter Tosh e Bunny Livingston, integrantes da formação original que deixaram a banda depois que ela passou a se chamar Bob Marley and the Wailers), *Natty Dread* (1974), *Live!* (1975) e *Rastaman Vibration* (1976) formam um dos mais essenciais conjuntos de obras já produzidos pela música popular. Da mesma maneira que os álbuns marcantes dos Beatles, de Bob Dylan, Jimi Hendrix, Rolling Stones, Marvin Gaye, Sly Stone, Stevie Wonder ou Bruce Springsteen, esses discos criaram uma nova sonoridade e mudaram nossa maneira de ouvir música. Os álbuns também anunciavam Bob Marley como uma figura musical superior: embora na época não vendesse milhões de cópias, ele rapidamente passou a ser visto como um artista extraordinariamente criativo e dotado de corajosa integridade. Em suma, Bob Marley se tornou uma força musical notável e amplamente reconhecida, e vários artistas nos anos 1970, de Paul McCartney e Stevie Wonder a Elvis Costello e o Police, refletiam essa influência ao trilhar caminhos abertos por sua música.

Mas os álbuns de Bob Marley para a Island Records na primeira metade dos anos 1970 eram bem mais do que entretenimento pioneiro: eles transmitiam uma visão intransigente e chocante de uma sociedade conturbada e em ponto de explosão. Canções como "Burnin' and Lootin'", "Small Axe", "Concrete Jungle", "Revolution", "Them Belly Full" e "War" — sobretudo "War", que conclamava a um conflito mundial — misturavam imagens perturbadoras e palavras incendiárias que provavelmente estão entre as mais autênticas da música moderna.

Esse tipo de trabalho não é isento de risco — e um risco muito maior do que qualquer eventual censura. O inferno jamaicano que Bob Marley descrevia vivamente em suas músicas era um lugar perigoso, e muitos poderosos por lá não queriam saber das mudanças sociais e econômicas que o compositor entendia serem necessárias. Em grande parte, a violência atribuída aos criminosos dos guetos em Kingston derivava na realidade das autoridades e das forças policiais. A independência da Jamaica, em 1962, não tivera consequência política para a população negra. As duas principais legendas, o Partido Nacional do Povo (PNP) e o Partido Trabalhista Jamaicano (JLP, na sigla em inglês), eram dominadas pelos brancos, que agiam com determinação para manter o poder. O PNP era liderado por um socialista inteligente, Michel Manley, que muitos temiam que fosse esquerdista demais para governar. O conservador JLP era mais implacável. O líder do partido, Edward Seaga (que fora produtor musical em Kingston), nascera em Boston e era visto favoravelmente pelos Estados Unidos, que, conforme se acreditava, tratava das questões políticas da região com mão pesada.

Em 1976, Bob Marley foi reconhecido por ambos os partidos como força política. Apesar da amizade de alguns anos com Manley, o cantor manifestou neutralidade nas eleições que seriam realizadas em dezembro. Políticos, disse, eram coisa do demônio. Os dois partidos, no entanto, achavam que poderiam ser ajudados ou prejudicados por Marley. Sua fama crescente — não apenas entre os fãs de música do mundo todo, mas também entre ativistas dos direitos civis, militantes políticos e até guerrilheiros africanos — tinha transformado Bob Marley no jamaicano mais admirado do mundo, e em sua terra natal ele era visto como verdadeiro líder moral, para desgosto dos que odiavam sua identidade rastafári de radical do gueto. À medida que as eleições se aproximavam, a violência ficava fora de controle; Kingston tinha se tornado um lugar tão tenso que as pessoas iam direto do trabalho para casa e procuravam ficar longe das ruas. Foi então que representantes do PNP visitaram Bob Marley em sua casa em Kingston, na Hope Road, onde vivia e ensaiava com sua banda, e o pressionaram a participar do show Smile Jamaica em 5 de dezembro, para ajudar a manter a cidade sob controle até a eleição.

Bob Marley concordou em participar e até compôs uma música para a ocasião, "Smile Jamaica"; ele também achava que a tensão estava tão alta que a situação poderia se tornar explosiva. Mas, apesar da declarada neutralidade, havia a percepção generalizada de que Marley simpatizava com Manley e torcia para que ele se elegesse primeiro-ministro. De acordo com alguns relatos, o cantor recebeu várias ameaças nos dias que antecederam o concerto — inclusive uma advertência que teria sido feita pela CIA americana. Pessoas ligadas a ele deixaram a cidade — algumas até saíram do país. Um grupo de vigilantes se ofereceu para tomar conta da casa do cantor, mas no início da noite de 3 de dezembro, uma sexta-feira, os voluntários desapareceram. Por volta das oito e meia, Bob Marley e os músicos resolveram dar uma parada no ensaio. Pouco tempo depois, dois pequenos carros brancos estacionaram em frente da casa e vários homens armados com rifles desceram. Alguns cercaram a propriedade enquanto outros se dirigiram para a entrada e abriram fogo. Quando a artilharia cessou, 83 tiros haviam sido disparados. Rita Marley foi atingida na cabeça enquanto tentava fugir, e a bala ficou alojada entre o couro cabeludo e o crânio; o empresário de Bob Marley na época, Don Taylor, levou cinco tiros, um deles próximo à base da espinha; e Bob Marley foi ferido no braço pelo mesmo projétil que o pegou no peito de raspão e que fora disparado para lhe acertar o coração.

Ninguém morreu naquela noite, mas a tensão na Jamaica aumentou ainda mais. Bob Marley foi levado para uma propriedade segura de Chris Blackwell, protegida por rastafáris armados com facões. Mas decidiu não se dobrar às ameaças e, duas noites depois, se apresentou no show, numa tentativa de contribuir para manter a paz na ilha. No fim da apresentação, Bob Marley levantou a camisa e exibiu os ferimentos. Brincando com a plateia, encenou o papel de bandido com um revólver na mão, jogou a cabeça para trás, soltou uma gargalhada — e foi embora. Passou um longo tempo longe da ilha, deprimido com o fato de compatriotas terem tentado matá-lo, e de certa maneira a Jamaica nunca mais seria um lar para ele. Por um tempo, seu paradeiro era desconhecido; nunca dizia onde morava. Mais tarde, passou uma temporada visitando parentes americanos em Delaware e Miami e depois foi para a Inglaterra, onde Lee Perry o apresentou a bandas punks, entre as quais o Clash. No início de 1978, voltaria à Jamaica para tocar em mais um concerto destinado a manter a paz em Kingston. Em 22 de abril, no show *One Love One Peace*, Bob Marley conseguiu persuadir Michel Manley e Edward Seaga a subir no palco e dar as mãos num gesto de coexistência pacífica. Os dois não pareciam nada à vontade. Pouca coisa, no entanto, mudou na Jamaica. Manley vencera a eleição, enquanto a violência política continuava fazendo estragos, ferindo alguns, matando outros e assustando todos. E os pobres continuavam mantidos num inferno, com os portões trancados.

Nunca ninguém foi preso pelas tentativas de assassinato na casa de Bob Marley. Também nunca houve uma explicação para o que aconteceu. Rumores davam conta de que o JLP devia estar por trás do atentado e vários jornalistas e documentaristas veicularam informações de que teria havido também envolvimento da CIA, o que em parte foi confirmado por um ex-agente do órgão americano. A polícia nunca apresentou nenhum suspeito e o caso foi abandonado. A justiça nunca foi feita — pelo menos não a justiça oficial.

Bob Marley diria mais tarde que acreditava que Hailé Selassié o protegera naquela noite. Selassié agora estava morto — fora deposto durante uma rebelião em 1974 e, confinado em seu palácio, morreu em agosto de 1975. Para Bob Marley e a maioria dos rastafáris, no entanto, Selassié continuava um deus vivo, ainda que transfigurado. Selassié desviara a bala, Bob Marley acreditava, porque o compositor ainda tinha um trabalho a ser feito, e somente Deus, nunca um homem, poderia lhe tirar a vida. Mesmo assim, Bob Marley teria que trabalhar sem parar. Ele dizia aos amigos que não esperava passar dos 36 anos.

É certo que havia urgência e obsessão nos últimos anos de Bob Marley. Compunha sempre que encontrava tempo, vivia na estrada em excursões, fazia amor com as mulheres que desejava e nas quais confiava, e frequentemente só ia dormir ao amanhecer. "O sono é uma fuga para os tolos", dizia. Também havia nisso tudo uma mistura imprudente de bravata e medo. Em 1975, durante uma pelada com amigos (ele jogava futebol desde criança em Trenchtown), Bob Marley machucou feio o dedão do pé direito. Os médicos lhe disseram para não mais jogar, mas ele ignorou o conselho. Continuou pulando no palco e jogando bola; não acreditava que um pé machucado era algo suficientemente grave para deixar de fazer o que gostava. Em maio de 1977, durante um show em Paris, machucou de novo o dedão — e dessa vez foi bem pior. A unha foi arrancada e a ferida não sarava. Meses mais tarde, quando andava mancando de dor, foi ver um médico em Londres, que lhe disse que seu pé tinha piorado tanto que o dedão podia desenvolver um câncer e precisava ser amputado. Bob Marley não quis nem ouvir. Achava que os médicos estavam mentindo. "Um rastafári não se submete a amputações", lhes disse. Em vez disso, consultou-se com um cirurgião ortopedista em Miami que lhe fez um enxerto e garantiu que o tratamento tinha sido um sucesso. De acordo com Rita Marley, em sua autobiografia de 2004, *No Woman No Cry: My Life with Bob Marley*, a reação do marido teve menos a ver com dúvidas religiosas do que com sua preocupação com a aparência. "Como eu poderia me movimentar no palco?", diria mais tarde. "Eles não vão ficar olhando para um aleijado." Rita tentou convencê-lo a cuidar de sua saúde, mas também receava debilitá-lo durante um período de intensa criatividade. Cindy Breakspeare, ex-Miss Universo e uma das amantes de Bob Marley nos últimos anos de sua vida, também insistiu para que ele levasse a sério o problema, mas ele se irritava quando o assunto vinha à tona. "Você quer que eu tenha câncer?", perguntava. Para alguns, a recusa de Bob Marley em se tratar tinha a ver com coragem e fé cega; mas é igualmente provável que sua atitude se devesse a um medo real. Bob Marley não queria encarar o fato de que pudesse ter dentro dele algo que o mataria. Em vez disso, concentrou-se em fazer o que dava mais sentido à sua vida: compor músicas que pudessem ajudar a melhorar o mundo que ele deixaria para trás.

Os últimos álbuns de Bob Marley, da mesma maneira que os primeiros, formam um conjunto de trabalhos que guardam progressiva relação uns com os outros, embora sejam muito diferentes dos da primeira fase. Os primeiros discos traziam músicas adoráveis com narrativas de realidades intoleráveis. Em contraste, os últimos álbuns de estúdio — *Exodus* (1977), *Kaya* (1978), *Survival* (1979), *Uprising* (1980) e o póstumo *Confrontation* (1983) — mostravam muito de sua resistência nos títulos, enquanto os temas apenas ocasionalmente eram sobre conflitos e rebeliões; ao contrário, boa parte das músicas versava sobre a conservação de esperanças, os pequenos prazeres e o conforto do amor. Ao serem lançados, esses álbuns tiveram mais sucesso comercial do que aqueles que queriam mudar o mundo, mas para muitos críticos a nova safra tinha pouco foco e muito apelo pop. Alguns álbuns receberam críticas devastadoras — sobretudo na *Rolling Stone*. Naquela época, quando bandas punks influenciadas pelo reggae, como o Clash, queriam virar tudo de cabeça para baixo, aquelas críticas pareciam fazer sentido. Ouvidos hoje, no entanto, os últimos discos são admiráveis; as melodias de infinita beleza estão envoltas num lamento profundo que contrabalança seu encanto. Ao escrever sobre *Kaya* no *Village Voice*, o crítico Robert Christgau anotou: "[Bob Marley] não abandonou sua visão apocalíptica — apenas a encaixou num contexto do dia a dia, só isso".

Quando Bob Marley terminou de gravar as faixas de *Uprising* e *Confrontation*, em 1979, o dia a dia era tudo que lhe restava, embora ninguém parecesse perceber isso. Em 1980, Bob Marley começou uma longa excursão, oficialmente para promover o álbum *Uprising*, mas que na realidade tinha o objetivo de alcançar a audiência negra americana, que lhe era relativamente indiferente. Em 20 de setembro de 1980, um sábado, no Madison Square Garden de Nova York, Bob Marley estava exausto e quase desmaiou no palco. Acordou no dia seguinte se sentindo confuso, incapaz de se lembrar exatamente o que acontecera na noite anterior. Naquela manhã praticou corrida com um amigo no Central Park, quando de repente apagou e desabou no chão. Mais tarde, um médico lhe deu a notícia devastadora que tanto temeu ouvir: ele perdera a consciência devido a um tumor no cérebro. Exames realizados posteriormente mostraram que o câncer se alastrara, atingindo também os pulmões e o fígado, e que a metástase continuaria; naquele estágio, a doença era incurável. Ele provavelmente teria mais dez semanas de vida.

Ninguém falou nada a Rita Marley sobre a queda do marido no Central Park, nem sobre o diagnóstico de tumor. Como sempre, ela o acompanhava como líder do grupo harmônico I-Threes, que fazia o *backing vocal*, mas eles não viajavam juntos. Ela só foi vê-lo dois dias mais tarde, antes do show seguinte, em Pittsburgh; parecia que em poucos dias ele havia envelhecido e emagrecido incrivelmente. Quando Bob Marley lhe deu a notícia ela insistiu para que a excursão fosse cancelada imediatamente, mas, segundo o relato de Thimothy White, alguém da trupe ponderou que, como ele iria morrer de qualquer maneira, era melhor simplesmente continuar a excursão. Bob Marley subiu ao palco naquela noite e levou o show até o fim, mas não conseguiria repetir o esforço. Aquela foi sua última apresentação. Depois de se consultar com oncologistas em Nova York, Miami e Cidade do México, viajou para a Baviera, na Alemanha, para se submeter ao tratamento do doutor Josef Issels, cuja terapia era considerada controversa. Bob Marley viveu mais oito meses — muito mais do que todas as previsões.

Rita Marley esteve junto ao marido durante todo esse tempo. O casamento deles não tinha sido simples ou sem sofrimentos para ela. Bob Marley passou a se distanciar cada vez mais da mulher a partir do início dos anos 1970, exatamente quando sua carreira decolava. Andava com várias mulheres e teve pelo menos sete filhos fora do casamento. (Bob Marley e Rita tiveram quatro filhos.) Mesmo assim, era muito possessivo; numa ocasião, Rita revelou em *No Woman No Cry*, ele quase a estuprou quando ela se recusou a fazer sexo. Rita chegou a pensar em se divorciar, mas acreditava que eles tinham laços profundos e que

Bob Marley ainda precisava de sua proteção. Próximo do fim, Marley se encontrava tão exaurido pela doença que implorou: "Deus, por favor, me leve de uma vez". Rita contou que o abraçou e cantou até que começou a chorar. Bob Marley a olhou e, com um fiapo de voz, disse: "Não chore. Continue cantando".

Bob Marley morreu em Miami, na Flórida, em 11 de maio de 1981. Tinha 36 anos. Seu corpo foi levado para a Jamaica, onde o primeiro-ministro Edward Seaga — que havia um mês lhe concedera a Ordem do Mérito, a maior honraria da Jamaica — providenciou um funeral de Estado. Foi um gesto tardio de respeito de um governo que nunca respeitara nem o homem nem suas ideias, e que nunca gostara de sua música. Mas qualquer coisa menos do que isso teria sido impensável.

Em 20 de maio, um dia nacional de luto, 12 mil pessoas se aglomeraram no ginásio National Arena, em Kingston, onde ficou exposto o corpo de Bob Marley, enquanto outras 10 mil esperavam do lado de fora. No dia seguinte, o ginásio lotou novamente para o funeral. Um veículo funerário levou o corpo para a cidade natal do cantor, Nine Miles, e foi seguido por centenas de carros. Milhares de jamaicanos — não apenas rastafáris — se postaram ao longo da estrada por onde passou o cortejo. De acordo com um relato de Isaac Fergusson, em 1982, no *Village Voice*, o caixão, colocado num mausoléu no alto de uma colina em Nine Miles, recebeu um selo sagrado. O túmulo foi cimentado para proteger o corpo. Dez mil vozes o saudaram, numa ladainha ininterrupta com votos para que fosse louvado. A noite caiu e nos alto-falantes se ouviu uma música que se espalhava por colinas e vales. Era "Redemption Song", de Bob Marley, tocada em tributo à terra e às pessoas às quais ele se dirigira.

Nos anos que se seguiram à morte de Bob Marley, seu legado só fez crescer, embora também tenha sido objeto de muitos problemas. Nos últimos 27 anos, a impressão que se tem é a de que em algum momento todos os que lhe foram próximos se processaram mutuamente ou trocaram indelicadezas. Em seu livro, Rita Marley conta sua versão de um incidente em que Peter Tosh e Bunny Wailer — que não procuraram seu marido no fim da vida nem foram ao seu funeral — recusaram a proposta dela para que participassem do espólio de seu ex-parceiro, alegando que os pecados de Bob Marley haviam provocado sua morte. (Em 1987 Peter Tosh foi morto durante um assalto à sua casa. Tinha 42 anos.)

Os vários processos agora parecem em grande parte estar resolvidos. A família de Bob Marley controla os direitos autorais das composições e a gravadora Island Def Jam está fazendo um esplêndido trabalho ao reeditar, como CDs duplos, os álbuns de Bob Marley e os Wailers dos anos 1970 e 1980. Mas a controvérsia sobre a lenda do reggae continua: no início de 2005, Rita Marley anunciou a intenção de levar os restos mortais do marido para a Etiópia. A decisão provocou forte hostilidade na Jamaica e levantou uma questão interessante: afinal, a quem pertence o legado de Bob Marley?

Parte desse legado, claro, tem herdeiros naturais. A mensagem de resistência de Bob Marley, a de que a espiritualidade é capaz de derrotar a opressão e garantir direitos inalienáveis do homem, é claramente sua herança mais importante. É verdade que muitos outros na música popular tiveram a mesma preocupação, inclusive Bob Dylan, John Lennon, Marvin Gaye, Bruce Springsteen e Tupac Shakur. Mas, com exceção de Tupac Shakur, esses artistas denunciaram a injustiça, a intolerância, a miséria e a opressão sem terem vivenciado tais experiências. Bob Marley se arriscou para falar sobre aquilo em que acreditava, e sua arte e seu exemplo animaram e estimularam outros — sobretudo negros da diáspora — em culturas nas quais nenhum outro pop star ocidental entrou com tanta autenticidade. Nestes últimos anos, apenas o hip-hop teve o mesmo impacto internacional.

Claro que o que fez a mensagem de Bob Marley tão eficiente e duradoura foi sua arte. Compositor soberbo — são dele algumas das mais competentes e sugestivas canções que grudaram em nossa memória nos últimos trinta anos —, Bob Marley criava refrões que atraíam o ouvinte para as realidades que descrevia. É um expediente maravilhoso, mas subversivo: ele cantava sobre a tirania e o ódio, a brutalidade e o apocalipse, mas de forma sedutora. Suas melodias ressoam em nossas cabeças, em nossas vidas, e através delas acabamos atentando para o sentido das letras. "One Love", que a BBC britânica considerou a Canção do Milênio, é um bom exemplo de seu método. À primeira audição, soa como uma enternecedora canção sobre a capacidade do amor de unir as pessoas, mas logo percebemos que não se trata só disso: é também sobre a guerra, sobre a condenação eterna, sobre um deus vingativo em Armagedom e sobre aqueles que foram tão perversos ao oprimirem a humanidade que não terão como escapar do fogo do inferno. O que fisga o ouvinte é justamente o refrão "*one love*". E então, uma vez que não podemos deixar de ouvir a canção, percebemos do que ela realmente trata: um inferno. E ainda assim, às vezes nos pegamos cantarolando sozinhos a música. Não tem jeito. Seus filhos farão o mesmo, confie em mim. Duvido que tenha havido alguém melhor do que Bob Marley nessa arte. Ele foi o mestre da insurgência melíflua.

Eu poderia listar uma série de músicas que se encaixam nessa maneira de ouvir Bob Marley, mas uma que recentemente me surpreendeu foi "I Shot the Sheriff", que em 1974 dominou as paradas de sucesso na versão de Eric Clapton. A canção aborda a injustiça e seus efeitos. É quase como um filme de faroeste: um xerife persegue um homem que representa alguma coisa — talvez uma raça, talvez uma classe social — que ele não tolera. Quer matar o homem, até que o oprimido narrador da história reage. Mata o xerife — é tudo o que pode fazer — mas não mata seu assistente; ele sabe que a culpa é individual. Foi assim que sempre ouvi "I Shot the Sheriff", como uma parábola de justiça e compaixão, até perceber que a canção pode ter um significado completamente diferente. Ele não matou o assistente apenas porque aquele não era o momento. Mas a hora dele um dia vai chegar. Não se engane.

Ao começar este artigo, me perguntei se a visão de mundo de Bob Marley sobreviveria a ele. Muita coisa mudou nos últimos anos — hoje se debate de maneira apaixonada quem é o oprimido e quem é o opressor, e o custo de tal divergência não será pequeno. Como a música de Bob Marley será ouvida nesta nova realidade? Então me deixei levar por "One Love", fiquei entre o conforto das palavras de amor e o terror do contexto, e percebi que as expressões de medo e sofrimento são perfeitas para hoje. A canção pode ser profética e é difícil dizer o que seria pior: a realização ou a prevenção da profecia. De qualquer maneira, a música ainda nos toca — ela pode confundir noções fáceis sobre o que é certo e o que é errado; ela ainda é uma ameaça. E ainda simboliza o que Bob Marley representa para nós.

A música foi o que salvou Bob Marley. Ele sabia disso. A música precedeu sua fé e sua visão de mundo e com o tempo todos esses elementos se amalgamaram num só. A música também deu a Bob Marley os meios para que ele fizesse o melhor de sua vida, e finalmente foi através dela que enfrentou a própria morte.

Uma das últimas músicas que Bob Marley compôs foi "Redemption Song". Foi também a última música que cantou em público, sentado num banquinho naquele palco de Pittsburgh em 22 de setembro de 1980, acompanhado apenas pelo próprio violão. Abatido, ciente do fim próximo, sozinho sob os holofotes e com o suor lhe escorrendo no rosto, Bob Marley buscou sua voz mais fascinante e cantou uma prece pessoal que nos convidava: "*Won't you help to sing, these songs of freedom/ 'Cause all I ever had, redemptions songs*" [Me ajudem a cantar estas canções de liberdade/ Pois são tudo o que tive, canções de redenção].

Devia ter a consciência de estar cantando seu epitáfio. Era possível ver o sofrimento em seu rosto, ouvir a compaixão, a resignação, o amor aflito em sua voz, e a vontade era lhe dizer: "Não chore. Continue cantando".

Mas não havia necessidade. Foi isso o que Bob Marley fez a vida toda, até a última nota.

GÊNIOS, INTOXICAÇÃO, RUÍNA
E DIFÍCEIS REGENERAÇÕES

A fábula da ruína americana de Phil Ochs

Sometimes I feel that the world isn't mine,
It feeds on my hunger and tears on my time,
And I'm tired, yes I'm tired.

Às vezes sinto que o mundo não me pertence
Ele se nutre da minha fome e me rouba o tempo
E estou cansado, sim, eu estou cansado.

Phil Ochs, "I'm tired"

Em 1997, a gravadora Rhino Records lançou *Farewells & Fantasies*, um tardio mas bem-vindo tributo a uma das maiores vozes da América. Phil Ochs — cantor folk de primeira grandeza, contemporâneo de Bob Dylan — passou os melhores anos de sua carreira compondo canções de esperança colérica e humor vigoroso, canções que alimentaram os sonhos idiossincráticos de uma cultura melhor e mais ética. Ao mesmo tempo, algumas de suas mais memoráveis obras também irradiavam imagens comoventes e originais de angústia e loucura, até que em meados dos anos 1970 — depois que suas cordas vocais foram seriamente afetadas numa tentativa de assalto na África e sua carreira entrou em declínio — a agonia se tornou intolerável. Em abril de 1976, Phil Ochs se enforcou na casa de sua irmã em Far Rockaway, em Nova York, e a música popular perdeu um de seus representantes mais conscienciosos e compassivos.

Farewells & Fantasies, um álbum com três CDs, cobre a difícil transição de Phil Ochs dos sonhos de esperança aos sonhos de morte. A maior parte dos primeiros dois CDs é um verdadeiro painel histórico das trajetórias da terrível eclosão da Guerra do Vietnã e da luta pelos direitos civis e dos negros, e também aborda como essas rupturas transformaram os sonhos e os destinos americanos e revelaram o horror e a bravura da alma da nação. Com a notável exceção de Bob Dylan, poucos compositores dos anos 1960 escreveram de maneira mais tocante e inteligente sobre o período do que Phil Ochs. Embora as melhores canções políticas de Dylan sejam mais melodiosas e visionárias, as de Phil Ochs têm maior poder de apreensão das forças históricas e emocionais que conduziram a nação àquele período horrível, e também tratam — de maneira resoluta — de suas consequências. Canções como "Power and the Glory", "Love Me, I'm a Liberal", "Here's to the State of Mississippi", "I Ain't Marching Anymore" e "There But for Fortune" expressam sentimentos profundos e ainda estimulam a consciência, mas não integram a obra política de Phil Ochs. Na realidade, com essas músicas, e com outras de uma safra posterior, como "When in Rome" e "Pretty Smart on My Part", Phil Ochs tratava de algo mais formidável e assustador do que uma causa: ele refletia sobre o que a América estava fazendo dela própria. Essas composições estão entre as mais pungentes da produção de folk e rock das últimas quatro décadas — canções que contam histórias do assassinato da América e de sua ruína — e, com essas fábulas, Phil Ochs deixa claro que o lugar horrível e violento que o país ameaçava se tornar estava sendo moldado no tumulto e nas traições do final dos anos 1960.

De acordo com Mark Kemp, ex-editor de música da *Rolling Stone*, Phil Ochs se desiludiu e ficou profundamente deprimido pelos confrontos brutais entre jovens manifestantes e a polícia durante a Convenção Democrata de Chicago de 1968 (ele ajudara a organizar os protestos, junto com Jerry Rubin e Abbie Hoffman). Mas nessa época Ochs já tinha começado a explorar estilos diferentes de compor e gravar. Estava entusiasmado com as texturas criativas da música dos Beatles e impressionado com as complexas orquestrações nos arranjos do compositor clássico americano Charles Ives e de Brian Wilson, do

Beach Boys, e incorporou algumas dessas novidades em *Pleasures of the Harbor*, álbum épico de 1967. Para mim, esse é o início do período mais interessante e complicado de Phil Ochs: em *Pleasures of the Harbor* (e nos subsequentes *Tape from California* e *Rehearsals for Retirement*), ele misturou beleza e dissonância, esperança e terror, fervor e desespero, vida e morte. E, no entanto, é nesse período que *Farewells & Fantasies* enfrenta as maiores dificuldades. Às vezes, os responsáveis pela coletânea optaram por versões ao vivo ou "demos" de canções que eram melhores nas versões originais ("Tape from California" e "Cross My Heart") e, em um caso específico, essa substituição foi quase trágica. "Crucifixion" (de *Pleasures of the Harbor*) talvez seja a mais sensacional e inesquecível música de Phil Ochs — um terrível relato do assassinato de John F. Kennedy e seu reflexo sobre o fim de algumas possibilidades para a América e o início de outras. Na forma original, "Crucifixion" não era uma música fácil de ouvir, de suportar (sons eletrônicos grotescos permeavam o conto de terror na voz de Phil Ochs — mas em meio à cacofonia era possível distinguir as bênçãos e a história da América), e os antologistas resolveram colocar em seu lugar uma versão acústica ao vivo, mais simples, o que dissolveu uma das obras mais brilhantes do compositor. Foi como se, no fim, tivessem receado seguir Phil Ochs tão de perto rumo à escuridão que ele via claramente.

Talvez seja assim mesmo que deveria ser. Certamente, o declínio de Phil Ochs, às voltas com alcoolismo, depressão, paranoia e solidão, foi uma vereda dolorosa e, de certa maneira, continua a ser um dos mistérios mais melancólicos da música popular: como um homem tão cheio de esperança veio a se perder? A opinião convencional é que havia um lado sombrio e maníaco em Phil Ochs que o levou a acabar com sua vida. No entanto, também é possível ouvir em sua música a expressão inspiradora de um homem que desejava viver — muito, muito — e que queria que seu país cumprisse suas maiores promessas. Talvez, ao perceber que tudo parecia perdido, para ele e para a nação, Phil Ochs não pôde suportar com sanidade tamanha dor. Certa vez, quase chegou a dizer isso: "Basicamente, eu e meu país estamos deteriorando simultaneamente".

Phil Ochs se foi e não vai voltar — como aquele momento da América que ele documentou de maneira incomparável. Mas ainda temos seus sons e memórias. *Farewells & Fantasies* é uma bela lembrança de tudo o que agora está abandonado, embora os álbuns a partir de 1967 sejam ainda melhores. Que essa perda povoe nossos sonhos.

Hunter S. Thompson: o último fora da lei

Hunter S. Thompson tinha 64 anos quando se sentou diante da máquina de escrever pela última vez, em 20 de fevereiro de 2005, em Woody Creek, no estado do Colorado. Era quase noite. Passara a tarde deprimido, contaria mais tarde sua mulher, Anita. Os dois haviam discutido e ele a expulsara da cozinha, seu local de trabalho. "Ele nunca havia feito isso antes", disse ela, e acrescentou que o marido estava com uma expressão estranha. Thompson queria que Anita ficasse com o filho dele, Juan, em outro lugar da casa, mas ela se recusou. Pegou a sacola e disse que estava de saída para a academia. "Não quero que você vá", Thompson disse. Mas ela foi.

Juan estava por perto, no escritório da casa. A nora de Thompson, Winkel, encontrava-se numa sala adjacente brincando com o filho de seis anos.

Thompson tinha ao alcance da mão um copo de Chivas Regal. Ao lado da máquina de escrever, um revólver calibre 45. Às 17h16, Anita telefonou da academia para o marido. Queria se reconciliar. Conversaram por cerca de dez minutos e ela comentou depois que a conversa tinha sido boa. Thompson lhe pediu que voltasse para casa depois da ginástica. Queria ajuda para escrever seu artigo semanal para o site da ESPN. Então ela ouviu um *clic*. Pensou que talvez ele tivesse colocado o fone na mesa ou ligado a televisão. Talvez fosse o barulho de uma tecla da máquina de escrever. Esperou um minuto. Ele não voltou a falar.

Às 17h42, Juan e sua mulher ouviram um forte barulho. Acharam que era o barulho de um livro que tivesse caído. De certa maneira, estavam certos. O barulho que o casal ouviu veio do colapso de uma vida que, havia muito tempo, se tornara objeto de literatura.

Provavelmente nenhum outro escritor do século XX foi tão inseparável de suas próprias histórias como Hunter S. Thompson. Seu trabalho mais conhecido, *Medo e delírio em Las Vegas*, é um marco, uma obra que definiu um estilo. Como *Moby Dick*, de Herman Melville, *As aventuras de Huckleberry Finn*, de Mark Twain, ou *O grande Gatsby*, de F. Scott Fitzgerald, perscruta os melhores e os piores mistérios da alma americana. Mas *Medo e delírio* também é a história do tipo de vida que Hunter Thompson viveu. As drogas e a bebida, que poderiam tê-lo matado, e a cólera que o consumiu, tudo isso contribuiu para o modo como ele morreu naquela noite em fevereiro. Mas Thompson nunca se arrependeu da maneira como viveu. Seu estilo de vida foi essencial para que fizesse o trabalho que fez. Em tempos sombrios, procurou compreender como o sonho americano ameaçou se desfazer. Ninguém na literatura moderna chegou mais perto de responder a essa questão e no fim talvez Thompson tenha se aproximado demais da resposta. Não poderia fazer de outra maneira. Nunca vacilou, nem mesmo em seus últimos momentos.

Hunter Stockton Thompson nasceu em Louisville, no estado de Kentucky, em 18 de julho de 1937. Foi o primogênito de três filhos. O pai, Jack R. Thompson, era corretor de seguros, e a mãe, Virginia Ray, bibliotecária. A família era de classe média, mas não afluente como as famílias dos amigos que Hunter com frequência escolhia.

Thompson nunca falou muito sobre os pais — certa vez, quando perguntado sobre o pai numa entrevista à *Esquire*, Thompson apenas encarou o entrevistador em silêncio. O pouco que se sabe sobre eles se deve a um de seus irmãos, Davidson, e a alguns amigos de infância e adolescência. O pai, de acordo com os biógrafos, era um homem tranquilo que gostava de beisebol e política, e Thompson o respeitava profundamente. A mãe, por sua vez, era sensível à volatilidade e às inseguranças do filho — sua aparente necessidade de testar limites e fazer coisas marcantes para ganhar respeito. Essas necessidades eram naturais, mas Thompson com frequência parecia trabalhar contra seus próprios desejos. Criança, gostava de causar problemas e se ressentia quando lhe chamavam a atenção. Quando tinha oito anos, a polícia o fichou por ter participado de uma briga violenta, em que bolas de beisebol foram usadas como objetos de agressão, e por ter vandalizado um parque. Um padrão começou a ser definido: ele atraía pessoas com seu comportamento e carisma, mas então forçava os limites delas e às vezes as repelia.

No último ano do ginásio, percebia-se em Thompson um gosto incomum pela literatura, mas também se suspeitava que liderasse um bando de delinquentes autodenominado Wreckers [Destruidores], que invadia escolas e igrejas, provocando grandes estragos. No início do colegial, segundo o biógrafo Paul Perry, ele descobriu a euforia da bebida — e nunca mais a abandonou. Costumava faltar às aulas na segunda-feira, com ressaca das bebedeiras do fim de semana. Depois de ser preso por posse de bebida alcoólica, demonstrou ressentimento se embebedando com amigos durante 26 noites seguidas. Mas ao mesmo tempo também se tornou membro ativo e respeitado da prestigiosa Sociedade Literária Ateneu de Louisville — algo digno de nota no caso de Thompson, uma vez que todos os outros membros do grupo vinham de famílias ricas e poderosas da cidade. Nos encontros de fim de semana na sociedade, Thompson se sentia à vontade para professar profunda admiração por Ernest Hemingway, que emprestara vigor à literatura americana do século XX, e F. Scott Fitzgerald. Achava que os melhores personagens de Fitzgerald exemplificavam algo vital no espírito da América: eram pessoas fundamentalmente à parte da sociedade, mesmo pertencendo a ela — deslocadas por uma obstinação sombria e pela percepção da ruína social. Foi na *Athenaeum Literary Journal* que Thompson publicou seus primeiros ensaios — ridicularizando os valores de uma vida plácida e conformista — e foi escrevendo para a revista que aprendeu a beber durante a noite toda, se mantendo acordado para não perder os prazos.

As coisas azedaram quando Thompson cursava o fim do colegial, em junho de 1955. O pai morrera, deixando a família sem dinheiro, e Thompson — já conhecido por ser temperamental — parecia aos amigos ainda mais raivoso. Numa noite, na véspera da formatura, ele e dois amigos ricos foram presos sob a acusação de roubo a mão armada. Seus amigos desfrutavam de privilégios suficientes para evitar punições, mas, devido à sua reputação, Thompson foi condenado a passar sessenta dias numa instituição para delinquentes juvenis, apesar dos apelos de sua mãe. Para seus amigos, ele havia sido o bode expiatório

— o depoimento de um dos garotos presos o inocentou —, mas o estrago estava feito. Assustado e ressentido, Thompson ficou detido por trinta dias e ao ser solto os colegas se preparavam para a vida universitária e se distanciaram dele. Em *Fear and Loathing: The Strange and Terrible Saga of Hunter S. Thompson*, Paul Perry citou um dos estudantes que ficaram indignados com Thompson e queriam expulsá-lo da Sociedade Literária Ateneu: "Tudo o que ele fazia feria as convenções. Entre escritores, essa atitude é bem-vista. Mas para nós ele havia passado dos limites. [...] Não queríamos quebrar as convenções. Queríamos nos sentir incluídos".

Ao ser solto, Thompson comprou uma caixa de cerveja e foi até a casa de uma das pessoas que o haviam criticado: o superintendente da escola. Thompson atirou as garrafas nas janelas. "Isso vai servir de lição ao filho da mãe por ter me suspendido da escola", disse.

A sentença de Thompson também exigia que, depois de ser solto, ele fosse transferido para um reformatório ou se alistasse. Escolheu se alistar, e em poucas semanas viajou para a base da Força Aérea de Kelly, em San Antonio, no Texas. Ao desembarcar e ser recebido por dois sargentos, estava tão bêbado que vomitou na estrada e perdeu os sentidos. Logo seria encaminhado para a base da Força Aérea de Eglin, na Flórida.

Foi na Força Aérea que, em 1957, começou a carreira jornalística de Thompson, e foi lá também que aprendeu a tirar vantagem de seus exageros. No início, não gostava de ser um militar. Na realidade, nunca gostou; não tolerava receber ordens. Mas quando o jornal da base precisou de um novo editor de esportes, Thompson decidiu pegar o emprego. Nunca tinha estudado jornalismo, mas depois de passar duas noites estudando o assunto na biblioteca — e aprendendo a dar um título e hierarquizar os parágrafos — convenceu os responsáveis na base a lhe dar a posição. Mas Thompson não tinha jeito: passou a escrever também uma coluna de esportes para um jornal das redondezas, algo que era estritamente proibido para os militares. Outros comportamentos característicos também começavam a tomar forma: ele nem sempre usava uniforme para trabalhar, às vezes saía da base sem permissão e sempre criava suas próprias regras jornalísticas. Certa noite, fez uma mudança em cima da hora do fechamento da edição para incluir, na primeira página, uma reportagem sobre uma dispensa imprópria, concedida na base, para ajudar a carreira profissional de um astro do futebol americano. Seus superiores ficaram lívidos. Um deles disse: "[Esse] militar é talentoso, mas não aceita regras, nem conselho pessoal ou orientação. Às vezes tem atitude rebelde e age como se fosse superior a outros militares e funcionários. Não tem consideração pela postura militar nem pelo uniforme, parece não gostar do serviço e quer sair o quanto antes". O editor do jornal, um sargento, providenciou para que Thompson fosse dispensado de maneira digna no outono de 1957. Mesmo assim, Thompson não deixaria o emprego sem antes criar um caso: em sua última reportagem, descreveu um distúrbio fictício provocado por bêbados na base de Eglin, o que teria resultado na explosão de aviões e no estupro de algumas cadetes — coisas que nunca aconteceram. Também escreveu um comunicado à imprensa, caracterizando sua saída não como uma dispensa, mas como uma fuga por um portão arrombado em um carro em alta velocidade, enquanto ele arremessava um coquetel Molotov. Encerrou o comunicado citando um capitão inexistente, para quem Thompson seria "um dos militares mais furiosos e anormais com quem já cruzei".

Thompson foi trabalhar num pequeno jornal da Pennsylvania, mas não por muito tempo. Fugiu depois de se envolver num acidente com o carro de um editor. Foi parar em Nova York, onde conseguiu emprego de auxiliar na revista *Time*. No tempo livre, lia os poetas e escritores beat, Jack Kerouac, William Burroughs, Allen Ginsberg e Gregory Corso. Admirava sobretudo Kerouac, cuja obra não apenas mudava a forma de dizer coisas na literatura americana, mas definia o que então se podia dizer. Seu mais conhecido livro, *On the Road: Pé na estrada*, abordava a liberdade individual numa sociedade limitada por convenções e contribuiu para estimular as aspirações de Thompson. Mas a única vez que assistiu a uma leitura de Kerouac, em Nova York, ao lado de Gregory Corso, o escritor estava bêbado a ponto de se tornar quase incoerente, e Thompson se sentiu constrangido por ele. Minutos depois, quando chegou a vez de Corso fazer a leitura, Thompson — que talvez também tivesse bebido além da conta — descontou o desapontamento no poeta, chutando latas de cerveja ruidosamente, até que Corso interrompeu a apresentação e, dirigindo-se a Thompson, disse: "Ei, você — você é um puta de um babaca".

Thompson começou a se entediar com o trabalho na *Time*; achava que estava aquém de suas possibilidades. Pediu aos editores para trabalhar como repórter, talvez como correspondente estrangeiro, mas as coisas não eram resolvidas assim tão facilmente na *Time*. Então se aborreceu. Mostrou-se ressentido. Passou a demorar a entregar textos que os redatores mandavam aos editores — algo inaceitável. A *Time* o demitiu. Thompson se tornou cada vez mais desregrado, passava as noites acordado, bebendo e escrevendo um romance, *Prince Jellyfish*. Terminou a primeira versão no início de 1959, mas sabia que não tinha ficado bom. Naquele mesmo ano conheceu Sandy Dawn — a primeira garota que namorou a sério. Arranjou um trabalho numa revista de esportes em Porto Rico, levou Sandy com ele, mas escreveu o menos possível ao descobrir que lhe haviam reservado a cobertura de *bowls*.* Nos anos seguintes, circulou bastante — às vezes com Sandy (com quem se casaria em 1963, cedendo às pressões da mãe), às vezes só. Com frequência descontava suas frustrações em Sandy com rispidez e saía com outras mulheres sempre que surgia uma oportunidade. Estava cada vez mais irritado por não conseguir que seu livro fosse publicado. Começou a mexer com armas — aparentemente não era bom em matar animais, mas se divertia atirando em garrafas, carcaças de carros e outros alvos grandes que produzissem muito barulho. Tiro ao alvo se tornou um passatempo favorito. Em 1961, viu como uma arma também poderia ser horrível, quando foi noticiado que Ernest Hemingway, um gigante da literatura americana — e um dos heróis de Thompson —, tinha se matado com um tiro aos 61 anos em Ketchum, no estado de Idaho. Thompson ficou chocado. "Acho que ele se matou por não conseguir mais escrever", diria mais tarde. "Simplesmente não conseguia, então decidiu pôr um fim à vida."

A morte de Hemingway teve forte impacto em Thompson. Ele percebeu que não tinha um tempo ilimitado para produzir uma obra e deixar sua marca. Em 1962, começou a escrever para o *National Observer*, de Nova York — então o jornal mais ousado da América. Enviou várias reportagens da América do Sul. Algumas eram tão estranhas que pareciam ter sido inventadas (os editores nunca conseguiram checar a precisão das informações), enquanto outras — sobre a pobreza e abusos contra a vida e a justiça no Brasil — se mostravam assustadoramente fiéis aos fatos. Não passaria muito tempo da América do Sul — era um dos principais repórteres e o jornal o enviava a várias regiões —, mas algo vital no desenvolvimento de Thompson como escritor aconteceu enquanto estava no continente: ele começou a tomar drogas. Com disenteria, o que significava que

---

* Um tipo de bocha jogado sobre a grama com bolas levemente achatadas. (N. T.)

não podia beber muito, começou a ingerir vários estimulantes, de folhas de coca a anfetaminas. Drogou-se tanto que, na época, perdeu o cabelo. As drogas o exauriam — sobretudo quando não as tinha —, mas paradoxalmente também lhe davam energia. No fim, Thompson acabou decidindo que as drogas certas, somadas ao volume certo de álcool, o ajudariam a produzir uma quantidade prodigiosa — e, por um tempo, incrivelmente inspirada — de literatura.

À medida que a escrita de Thompson decolava, ele se tornava mais destemido, mas também menos paciente. Demitiu-se do *National Observer* em 1964, depois que o jornal se recusou a publicar uma resenha elogiosa que fizera sobre o livro *O teste do ácido do refresco elétrico*, de Tom Wolfe (o Novo Jornalismo estava em ascensão e a grande imprensa hesitava em saudar o novo estilo). Em 1964, Thompson e Sandy se mudaram para o bairro de Haight-Ashbury, em San Francisco, onde uma comunidade de jovens — atraída em parte pelo criativo rock local — fermentava um novo conjunto de ideias sobre uso de drogas, relações sexuais e oposição ao envolvimento cada vez mais letal dos Estados Unidos no Vietnã. Thompson simpatizava com aqueles jovens, mas achava seu idealismo muito ingênuo e vulnerável a perigos e desencantos. Em 1965, escreveu um artigo para a revista *The Nation* sobre os Hell's Angels de San Francisco, conhecidos pelas barulhentas e assustadoras motocicletas Harley-Davidson e pela violência mítica e extravagante. Thompson redigiu uma história singular, contada a partir da vivência com os Hell's Angels, que tiveram a atitude delinquente colocada num contexto humano: tratava-se de jovens perdidos, ferrados e sem esperança, que encontravam sentido na vida numa obstinada solidariedade — mas também eram membros de uma gangue que representava uma subcultura perigosa. Thompson descobriria mais tarde quão perigosa quando ampliou o artigo, transformando-o em livro para a editora Random House. Ficou preocupado com o que alguns Angels disseram que fariam à sua jovem e atraente mulher e ao filho deles, Juan Fitzgerald, dependendo de como fossem retratados no livro. Ao final da associação de um ano com a gangue dos motoqueiros, durante uma manifestação, Thompson caiu na besteira de dizer a um integrante do grupo que ele, o escritor, tinha uma moto mais veloz que a do Angel. Os Angels o espancaram, quebraram seu nariz e, não fosse a intervenção de um dos líderes, teriam esmagado seu crânio. Assustador e absorvente, *Hell's Angels: Medo e delírio sobre duas rodas* foi o primeiro grande livro de Thompson.

"A linguagem é brilhante", avaliou o *The New York Times Book Review,* "seu olho é notável, e a perspectiva lembra a de Huck Finn. Ele presta atenção em tudo, com uma integridade que não faz concessões. De alguma maneira, sua exuberância e inocência não são afetadas pelo que ele observa."

A inocência de Thompson, no entanto, logo seria estilhaçada. Com Sandy e o filho, foi embora do Haight em 1967 e comprou uma casa em Woody Creek, no estado do Colorado, oito quilômetros a noroeste de Aspen. Adorava o isolamento e o fato de poder se sentar do lado de fora da casa durante a noite, tomando drogas e ouvindo Bob Dylan no volume máximo. No ano seguinte, Thompson viajou para Chicago para escrever sobre a Convenção Nacional Democrata. Seria um evento histórico — todos no país sabiam disso e, no entanto, ficaram chocados com o que aconteceu. Aquele já tinha sido um ano de muitas convulsões e mortes — um dos piores da história americana. Meses antes, à medida que a oposição à guerra do Vietnã deixava de ser feita apenas por jovens vulneráveis e alcançava outros setores da sociedade, a credibilidade do presidente Lyndon Johnson ficou tão debilitada que o levou a anunciar que não disputaria a reeleição. Por um breve momento, vislumbrou-se a possibilidade de o país dar uma guinada — o senador Robert F. Kennedy, comprometido com o fim da guerra, seria o novo candidato dos democratas. Mas, pouco antes da convenção, Kennedy foi assassinado. O vice-presidente de Johnson, Hubert Humphrey — que concordava com a guerra —, foi repentinamente guindado para a disputa; parecia que nada iria melhorar. Era esse o pano de fundo quando policiais violentos e manifestantes enraivecidos se encontraram em Chicago. Ao entrar no recinto da convenção, Thompson viu a multidão de militantes confrontar a polícia de Chicago — a força que agia de acordo com os interesses dos que apoiavam a guerra. Thompson se aproximava quando teve início um choque violento: policiais batiam com cassetetes e usavam gás lacrimogêneo nos jovens, muitos dos quais ficaram seriamente feridos. Embora Thompson tivesse credencial de jornalista — e portanto estivesse fora do alcance da polícia — um guarda o atingiu no estômago com um cassetete e o empurrou através de uma divisória de vidro. Esticado no chão, observou outros manifestantes receberem tratamento ainda mais duro.

Thompson disse certa vez que tinha despertado para a política nos anos 1960, durante a disputa eleitoral entre John F. Kennedy e Richard Nixon, mas não havia nenhuma obsessão com política em seus primeiros escritos. Seria naquela noite em Chicago, quando as esperanças americanas foram devastadas para além de qualquer possibilidade de reparação, que Hunter Thompson — o grande escritor americano — finalmente nasceria. Ele vira algo horrível de perto — e soube que os homens violentos que detinham o poder real da nação preferiam bater em jovens a aceitar suas esperanças. Thompson voltou para casa em Woody Creek e durante semanas não conseguiu falar sobre aquela noite sem chorar. "Para mim", disse mais tarde à *Rolling Stone*, "aquela semana em Chicago foi muito pior do que a pior viagem de ácido de que já ouvi falar. Aqueles dias alteraram permanentemente minha química cerebral e minha primeira reação — quando por fim me acalmei — foi firmar a convicção absoluta de que não haveria possibilidade de trégua pessoal, para mim, numa nação que gestava e se orgulhava de um monstro maligno como Chicago. De repente, pareceu-me imperativo compreender aqueles que, de alguma maneira, estavam no poder e provocaram aqueles acontecimentos."

Consequentemente, Thompson via Aspen e os detentores do poder na cidade — que queriam transformá-la em destino turístico para ricos, inacessível aos jovens cabeludos — com olhos críticos. Organizou um partido político local, o Freak Party [Partido Esquisito], que chegou a ter candidato numa eleição para prefeito; o próprio Thompson mais tarde disputaria o cargo de xerife. Fez algumas promessas interessantes: disse que mudaria o nome de Aspen para Fat City [Cidade Gorda]; jurou que tomaria psicodélicos no gabinete do xerife; garantiu que os traficantes seriam honestos. "A sorte está lançada", disse. "E a única dúvida é saber quantos esquisitos, drogados, criminosos, anarquistas, beatniks, larápios, revolucionários, motoqueiros e Pessoas de Crenças Fantásticas sairão de suas tocas para votar em mim." Não esperava vencer — *não queria* vencer, insistia —, mas desejava dar um susto na arrogante plutocracia local, mostrar a eles que democracia tem a ver com números e que, com os números certos, é possível virar a mesa. Teve bom espaço na imprensa nacional — o enfoque, principalmente de desdém e desprezo, passou a ser de espanto quando Thompson quase venceu.

Em 1970 Thompson pediu a uma revista obscura, a *Scanlan's Monthly*, que o mandasse cobrir a corrida de cavalos de Kentucky daquele ano, realizada na cidade natal do escritor, Louisville. A revista queria enviar um fotógrafo para acompanhá-lo, mas Thompson insistiu num desconhecido mas brilhante ilustrador britânico, Ralph Steadman. O artigo que escreveu foi totalmente inesperado — até para o próprio Thompson. Ele e Steadman passaram dias perambulando pela velha Louisville, bebendo e, inadvertidamente, ofendendo pessoas enquanto Thompson tomava notas. Passada a corrida, os editores da *Scanlan's* enviaram Thompson para Nova York, onde escreveria o artigo. Ele se sentou na frente da máquina de escrever no quarto do hotel durante dias, olhando a página em branco. Tomou drogas. Bebeu uísque. Não saía nada. Os editores estavam impacientes. Aflito, Thompson destacou algumas páginas do caderno de notas, enviou-as para a revista e aguardou o comunicado de demissão. O artigo era apenas aquilo: um monte de notas justapostas. Thompson estava envergonhado, mas, quando o artigo foi publicado, editores em todo o país o consideraram um marco da escrita moderna. "Eu tinha certeza de que estava liquidado", Thompson disse numa entrevista em 1974. "Tinha fundido meus neurônios, não conseguia trabalhar. [...] E aí, quando o artigo saiu [...] eu pensei: 'Pô, se eu escrevo um troço desses e consigo me safar, para que tentar escrever como o *New York Times*?' Foi como cair num poço de elevador e aterrissar numa piscina de sereias." É uma grande história, mítica — e sem dúvida verdadeira. Mas embora o artigo, "O Derby de Kentucky é decadente e depravado", dê ao leitor a impressão de ser uma coisa solta, não há nada de acidental no texto. A escrita está *bem ali*, na página — confeccionada de modo original, surpreendente e extraordinário.

Thompson encontrara não apenas um estilo, mas uma voz: ele era parte da história — documentava as próprias reações, estados mentais, se deixava levar por digressões até que elas fossem dar em inesperados poços de revelação —, mas também estava, em outro nível, deslocado das cenas sobre as quais escrevia; ou seja, era um desajustado fazendo crônicas de um sistema de valores socialmente aceitos que realmente não tinham valor nenhum. "Esqueça toda essa merda que você já escreveu", lhe disse um editor, "o negócio é este aqui; isso aqui é puro *gonzo*. Se isso é um começo, vá em frente." Thompson gostou do termo — *jornalismo gonzo* — e seguiu o conselho. Ele já publicara na *Rolling Stone*, em 1970, um texto sobre sua campanha política em Aspen e também tinha escrito um longo artigo sobre um episódio em Los Angeles, quando a polícia atirou num jornalista hispânico. Agora a revista lhe tinha encomendado a cobertura da convenção da polícia em Las Vegas. Coincidentemente, a *Sports Illustrated* o contratou para visitar a mesma cidade e escrever pequenos textos para as legendas das fotos da corrida Mint 400.* Thompson levou consigo o amigo Oscar Zeta Acosta, advogado em Los Angeles e defensor dos direitos humanos, que conhecera no ano anterior durante as apurações para o texto da *Rolling Stone* sobre o assassinato, pela polícia, do jornalista hispânico Ruben Salazar. Thompson e Acosta se esbaldaram em Las Vegas, ingerindo grande quantidade de bolas e LSD, e fizeram elevadas despesas no hotel. Quando ficou sóbrio, Acosta foi embora, deixando para trás o amigo e as contas, enquanto Thompson, sozinho no quarto, tentava mais uma vez dar sentido ao monte de anotações. Sua ideia, escreveu mais tarde, era que "os olhos & a mente funcionassem como uma câmera. O texto seria seletivo & necessariamente interpretativo — mas, uma vez definida a imagem, as palavras não seriam mais mudadas". Ao mesmo tempo, tentava escrever enquanto bebia e tomava anfetaminas, que também tinham impacto no seu método. Thompson estava produzindo um material transgressor e alucinatório, e a *Sports Illustrated* não queria se envolver nisso — o que lhe deixou como única opção a *Rolling Stone*. O artigo saía em espasmos — páginas e páginas seguidas de uma ansiedade inflexível — quando a revista o enviou de volta a Las Vegas para cobrir a terceira reunião anual da Associação Nacional dos Promotores Regionais sobre Narcóticos e Drogas Perigosas. Thompson voltou à cidade, mais uma vez com Acosta, e dessa vez os dois se superaram, bateram carros alugados, acionaram o serviço de quarto para pedir armas, perturbaram e assustaram muitas pessoas e se embebedaram durante a convenção sobre lei e ordem depois de terem tomado fenomenal quantidade de drogas.

A reportagem "Medo e delírio em Las Vegas: uma jornada selvagem ao coração do sonho americano" — publicada em duas edições consecutivas da *Rolling Stone* em novembro de 1971 e reunida em livro no ano seguinte** — não foi escrita rapidamente. Thompson trabalhou nela mais de seis meses, burilando cuidadosamente a loucura do texto, e o resultado foi uma obra com mais urgência, vitalidade, humor e sentido do que talvez qualquer outra coisa publicada naquela década. "Estávamos em algum lugar perto de Barstow, na beira do

---

* Tradicional prova no deserto de Nevada, em que participam motocicletas e veículos off-road. Patrocinada entre 1968 e 1988 pelo hotel e cassino Mint, de Las Vegas, tinha percurso de 643 quilômetros. (N. T.)

** *Fear and Loathing in Las Vegas.* Há tradução brasileira: *Medo e delírio em Las Vegas: uma jornada selvagem ao coração do sonho americano.* Tradução de Daniel Pelizzari. São Paulo: Conrad, 2007. (N. T.)

deserto, quando as drogas começaram a fazer efeito" — é assim que a história começa. "E de repente ouvimos um estrondo terrível e o céu se encheu do que pareciam morcegos gigantes que guinchavam e davam mergulhos, sempre sobrevoando o carro a mais de 160 quilômetros por hora com a capota rebaixada rumo a Las Vegas. E uma voz gritava: 'Meu Deus do céu! Que porra de bichos são esses?'"

A voz, claro, era a do próprio escritor.

Muito se falou sobre como Thompson introduzia sua própria personalidade nos artigos, de maneira que o narrador, o fio da história e seu autor de verdade fossem todos um só — o que é verdade, até certo ponto. Mas o medo e o delírio sobre os quais Thompson tentava escrever — o horror aos demônios interiores e à paisagem psíquica da nação à sua volta — não eram apenas dele. Ele dava voz ao estado mental de uma geração que acalentara ideais elevados e agora batia de frente no muro da realidade americana. "Medo e delírio em Las Vegas" foi um réquiem — louco, furioso, engraçado, e nada bonito. "[O que] é a sanidade?", Thompson escreveu quase no fim do artigo. "Especialmente aqui 'em nosso país' — nesta era de perdição de Nixon. Estamos agora confinados a uma faixa de sobrevivência. Não há mais o agito dos anos 1960. Ninguém mais curte anfetaminas. [...] Todos aqueles doidões patéticos ligados em ácido achando que poderiam comprar Paz e Compreensão por três dólares a dose. Mas a perdição e o fracasso deles são nossos também, [...] uma geração de estropiados permanentes, de pensadores frustrados, que nunca entenderam a antiga-mística falácia da Cultura do Ácido: a suposição insensata de que alguém — ou pelo menos alguma força — está cuidando da Luz no fim do túnel. [...] O que quer que venda hoje é Aquilo Que Te Fode — o que quer que provoque curto-circuito em seu cérebro e o desligue pelo maior tempo possível." O medo e o delírio de Thompson estão associados à desilusão — a sensação que nos atormenta depois do revés de um sonho que no fim não passou de uma alucinação. Estão associados também ao terror de perder aquela ilusão e não ter onde se refugiar. Mais tarde Thompson diria a Paul Terry: "Foi uma celebração estranha para uma era que eu imaginei que estivesse acabando. Supus que fosse algo como um último estrebucho; que Nixon e Mitchell e todas aquelas pessoas tornariam impossível para qualquer um se comportar daquela maneira e se safar. Não seria uma questão de pagar uma pequena multa. A sua cabeça seria cortada".

"Medo e delírio em Las Vegas" foi um texto que chacoalhou os leitores — ainda tem esse efeito —, mas era uma história periférica. A reportagem seguinte para a *Rolling Stone* foi sobre o fato mais importante do momento, a campanha presidencial de 1972, na qual se enfrentaram o presidente republicano Richard Nixon e o senador democrata George McGovern. Havia riscos maiores do que na empreitada anterior. O Vietnã se tornara um sumidouro de jovens soldados e fuzileiros navais mortos; milhares e milhares de americanos protestavam contra a guerra; estudantes haviam sido espancados e até mortos devido às manifestações. Thompson partiu para cobrir a campanha como um incógnito na mídia americana; a maioria dos poucos repórteres políticos e assessores que o conheciam não gostava dele, nem tinha por ele respeito ou confiança, e a *Rolling Stone* — uma revista de rock e contracultura — não tinha a menor tradição em política eleitoral. Na realidade, em 1972, a cobertura política era feita da mesma maneira que hoje; com imerecida seriedade e deferência. Mas essa não seria a abordagem de Thompson. "Quando fui para Washington", disse mais tarde, "fui com a mesma atitude que tinha em qualquer lugar como jornalista: martelo e pinça — e misericórdia divina para quem estivesse no caminho." Sua cobertura da eleição — mais tarde reunida no livro *Fear and Loathing: On the Campaign Trail '72* [Medo e delírio: na campanha de 72] — chocou pela hilaridade e irreverência. Ele foi tão duro com os democratas — sobretudo com o ex-vice-presidente Hubert Humphrey (que perdera a eleição de 1968) e o senador Edmund Muskie — quanto com Nixon, cujos poderes insanos se revelaram letais, insaciáveis e criminosos. Thompson também viu o que quase ninguém mais percebeu na imprensa política: que o senador George McGovern seria o indicado como candidato democrata, apesar de sua decência inata. A eleição, Thompson acreditava, seria única na era moderna: uma clara disputa entre o bem e o mal, e no fim o mal venceu. A nação escolheu Nixon, uma vitória acachapante que abriu caminho para o terrível destino contra o qual a América pode ainda estar em rota de colisão. "A tragédia disso tudo", Thompson escreveu, "é que George McGovern [...] é um dos poucos homens que já disputaram a presidência dos Estados Unidos neste século que realmente compreendem o fantástico monumento aos melhores instintos da raça humana que este país poderia ter sido, se ao menos pudéssemos mantê-lo fora do alcance de punguistas gananciosos como Richard Nixon."

Ao final da campanha, Thompson ficou conhecido por ter escrito alguns dos comentários e reportagens mais iconoclastas e efetivos já produzidos pelo jornalismo político americano. Fez seu nome — era agora uma superestrela, uma lenda da literatura inovadora, e em sua associação com a *Rolling Stone*, tanto a revista quanto o escritor atingiram novas alturas. Mas o pioneirismo teve um custo real. Em "Medo e delírio em Las Vegas" ele vasculhou o que se esfumara no sonho americano; em *Campaign Trail '72*, focou o abismo do futuro — certamente o da nação, e talvez o dele próprio também. Por trás disso tudo, Thompson era um homem de moral implacável e firmes ideais. Acreditava que a América poderia ser liderada de maneira a reafirmar seus melhores princípios e verdades. Depois de 1972, perdida essa ilusão, quase tudo o que fez e escreveu — ou, igualmente importante, o que *não* escreveu — foi uma maneira de enfrentar esse terrível fato.

Depois de sua cobertura da eleição de 1972, Thompson chegou a pensar por um momento na hipótese de se mudar para Washington, para trabalhar como jornalista em período integral. Os grupos de jornalistas e assessores de políticos que antes o desprezavam agora lhe abriam as portas. Incrivelmente, até algumas pessoas do círculo de Richard Nixon tentaram persuadi-lo a ajudar na reabilitação da imagem do presidente entre os jovens. Em vez disso, Thompson reuniu e editou em livro seu material da cobertura da campanha e parecia apenas refletir sobre o que faria dali para frente. Vários amigos e conhecidos acharam que Thompson parecia confuso, perdido mesmo, provavelmente esgotado. Por muito tempo, funcionou à base de uma combinação de drogas e álcool — as drogas o mantinham em atividade, o álcool era para relaxar —, ingerindo quantidades tão impressionantes que superava qualquer outra pessoa em sua companhia. Mas os excessos começavam a cobrar a conta. Ele começou a cobrir as audições do caso Watergate, que investigava as atividades criminosas de Nixon, mas os novos artigos eram menos inspirados. No final do verão de 1974, quando parecia certo que Nixon renunciaria, a *Rolling Stone* lhe encomendou uma reportagem sobre a queda do presidente. Seria algo natural para Thompson — abordar a ruína de um homem funesto e mentiroso —, mas ele não conseguiu. Sentou-se em frente à máquina de escrever e não saiu uma palavra. Alguns amigos, preocupados, sugeriram que tirasse um período de descanso para recarregar a bateria. Um editor o aconselhou a abandonar o estilo gonzo, antes que acabasse caindo na armadilha dos seus próprios maneirismos. Sua resposta: tirou da carteira uma dose de LSD, engoliu-a na frente do editor e o deixou falando sozinho.

Nos anos seguintes, Thompson fez coberturas ambiciosas — escreveu sobre a queda do Vietnã do Sul, visitou em 1974 o Zaire, na África, para contar a histórica luta de boxe entre Muhammad Ali e George Foreman pela disputa do título dos pesos pesados — e ainda assim não fez nada de valor, além de gastos ridiculamente altos. Tornou-se um palestrante bem remunerado, mas chegava atrasado aos compromissos, com garrafas de uísque debaixo do braço e pouco a dizer; às vezes arremessava uma garrafa (pelo menos uma vez atirou uma pela janela) e era convidado a se retirar do palco. Os maus modos apenas tonificavam o mito e às vezes se confundiam com sua arte. Seus demônios não deram trégua e, em 1979, Sandy se cansou deles, do seu temperamento ruim e de sua infidelidade, e pediu o divórcio, o que deixou Thompson arrasado por um tempo.

Apesar das fraquezas, nunca faltaram a Thompson coragem e uma integridade obstinada. Não abandonou os maus hábitos, não se absteve nem se desculpou por eles. "Eu gosto de drogas", disse à *Playboy* em 1974, e apesar da cultura que o cercava ser intolerante com esse tipo de postura, apesar de governo, empresas e escolas proibirem estritamente o uso de drogas e apesar de poucos políticos e até artistas ousarem admitir o uso de drogas, Thompson nunca recuou. Difícil dizer até que ponto a atitude resultava da autodeterminação ou do vício — e podia também ser simplesmente uma máscara. Não ajudava o fato de seu estilo às vezes ser caricatural — literalmente, no caso do personagem Duke, da tirinha *Doonesbury*, de Garry Trudeau, inspirado em Thompson — ou que os dois filmes sobre ele, *Uma espécie em extinção* e *Medo e delírio*, captassem apenas sua cômica complacência e não a profundidade de sua angústia. Também não ajudou muito quando, em 1990, uma ex-produtora de filmes pornográficos, Gail Palmer-Slater, o acusou de assédio sexual. Thompson negou com veemência a acusação, mas o promotor de Aspen o considerou um descontrolado de longa data e mandou a polícia revistar sua casa. Depois de onze horas de busca, os policiais acharam um grama de cocaína, um punhado de maconha, várias doses de LSD, bananas de dinamite e cartuchos de balas, o que levou o promotor a abrir processo por assédio sexual e posse de explosivos. (De acordo com o livro de Paul Perry, a polícia local também relatou que Thompson atirou num porco-espinho com uma metralhadora e disparou tiros em bolas de golfe no campo de Aspen — ele diria mais tarde que estava tentando criar um novo tipo de esporte.) A promotoria acabou retirando a acusação de assédio sexual e oferecer a Thompson a suspensão condicional da pena no caso das drogas — mas ele não quis nem ouvir a proposta. Instruiu seu advogado a tratar o caso com base na quarta emenda constitucional — alegando a ilegalidade da revista e das apreensões — e acabou vencendo. A promotoria retirou todas as acusações e foi severamente criticada pelo juiz que cuidou do caso.

Apesar das armadilhas da *persona* de Thompson — que um escritor chamou de imagem de "monstro sagrado" —, ele continuou escrevendo periodicamente; a maioria dos textos eram colunas curtas (para o *San Francisco Examiner* nos anos 1980 e para o site da ESPN em seus últimos anos). Publicou duas coletâneas de cartas que cativaram os leitores, cobrindo os anos de 1955 a 1976 (*The Proud Highway* e *Fear and Loathing in America*). Além disso, Thompson mostrou ser capaz, de tempos em tempos, de praticar um jornalismo de nível e fôlego, sem par nos Estados Unidos. Em particular, alguns leitores consideram que "Um cachorro tomou meu lugar", o relato de um famoso divórcio em Palm Beach, na Flórida, nos anos 1980, publicado na *Rolling Stone*, e outros dois textos para a revista nos anos 1990 — "Medo e delírio em Elko" (um conto engraçadíssimo em que um imaginário juiz Clarence Thomas é flagrado numa orgia com duas prostitutas em Nevada)* e "Polo é minha vida" (a respeito da breve obsessão do autor pela arte e a futilidade do esporte para pessoas afluentes) — estejam entre as melhores coisas que já escreveu. Mesmo assim, são desfavoravelmente comparados aos textos anteriores que lhe renderam fama. Faltava aos novos artigos aquela atitude de fúria diante do mundo que caracterizou os primeiros trabalhos; sobretudo, como notaram os críticos, Thompson não pretendia mais captar o espírito da época. As comparações, no entanto, não são totalmente justas. Os textos de *Medo e delírio* eram verdadeiros *tours de force* em termos estilísticos e temáticos. Seria muito difícil para Thompson se manter nessas alturas: o esforço poderia descambar para a autoparódia ou provocar um colapso mental. Talvez tenha sido mesmo melhor ele não tentar se superar.

---

* A história é inventada, mas o personagem é real. Clarence Thomas é juiz da Suprema Corte americana, indicado pelo presidente George Bush e um dos mais conservadores daquele tribunal. Foi acusado de assédio sexual por uma ex-colaboradora. Elko é uma cidadezinha de Nevada. (N. T.)

Ainda assim, há nesses últimos trabalhos momentos em que Thompson enfrenta verdades difíceis de maneira impiedosa, como nenhum outro autor ousaria fazer. Quando Richard Nixon morreu em 1994, a maioria da imprensa e mesmo antigos adversários fizeram tributos respeitosos. Mas não Thompson. "[Nixon] não passa de um reles escroque", escreveu, "e um implacável criminoso de guerra que, ao bombardear o Laos e o Camboja, matou mais pessoas do que as que morreram no Exército americano durante a Segunda Guerra Mundial, e nunca admitiu isso. Quando estudantes da Kent State University, em Ohio, protestaram contra os bombardeios, ele atuou por baixo dos panos para que fossem atacados e mortos por soldados da Guarda Nacional. Alguns dirão que palavras como *rebotalho* e *vagabundo* não devem ser usadas no Jornalismo Objetivo — é verdade, mas essas pessoas não percebem que a questão não é essa. Foram os pontos cegos das regras e dogmas desse jornalismo que, em primeiro lugar, permitiram que Nixon se esgueirasse até a Casa Branca."

Além disso, talvez ninguém, no calor do momento, tenha escrito de maneira tão perceptiva e profética sobre os horrores do 11 de Setembro como Thompson fez em sua coluna no dia seguinte no site da ESPN. "As torres não existem mais, foram reduzidas a destroços junto com todas as esperanças de Paz em Nosso Tempo, nos Estados Unidos ou em qualquer outro país. Não duvidem disto: Estamos em Guerra agora — contra alguém — e continuaremos Em Guerra contra esse inimigo misterioso pelo resto da vida. Será uma Guerra Religiosa, uma espécie de Jihad Cristã movida a ódio religioso e chefiada por fanáticos impiedosos nos dois lados. Será um confronto de guerrilha de proporções globais, sem linha de frente e sem um inimigo identificável. [...] Vamos punir alguém por esse ataque, mas é difícil dizer exatamente quem ou o que será explodido em pedacinhos por isso. Talvez o Afeganistão, talvez o Paquistão ou o Iraque, ou possivelmente os três ao mesmo tempo. [...] A vitória não está garantida — para ninguém, e com certeza não para alguém tão aturdido como George W. Bush. [...] Ele vai declarar uma Emergência de Segurança Nacional e cair Duro em cima de Todo Mundo, não importa onde viva ou por quê. Se os culpados não erguerem as mãos e confessarem, ele e os Generais os arrancarão da toca à força. [...] A tarefa que ele tem pela frente é profundamente difícil — na situação em que está, sem uma Inteligência Militar convincente, sem testemunhas e com apenas o fantasma de Bin Laden para culpar pela tragédia."*

A valiosa voz que ele nos legou agora não existe mais. Hoje, não há tantos autores assim na imprensa nacional dispostos a nos dizer duras realidades, e certamente não há ninguém para chamar as coisas pelo nome, sem eufemismos. Resgatamos o decoro que Hunter Thompson atacou ferozmente, e não estamos em melhor situação por isso.

Nos dias que se seguiram à morte de Thompson, muitas pessoas que o conheceram comentaram estranhar que ele não tivesse morrido muito antes. Quanto aos membros da família — o filho, Juan Thompson, o primeiro a ver o corpo do pai, e sua segunda mulher, Anita —, disseram que o escritor tinha deixado claro havia algum tempo que provavelmente se mataria algum dia, mas não esperavam que fosse tão logo. "Ele sente que está no auge", Anita disse a um repórter, que notou que ela ainda usava os verbos no tempo presente. "[Ele] tem muito sucesso na carreira. Se parar agora, vai se sentir um campeão."

Segundo outros relatos, no entanto, Thompson certamente não se sentia tão bem assim perto do fim da vida. Nos últimos dois anos havia se submetido a uma cirurgia na espinha, além de ter quebrado a bacia e uma perna. Frequentemente tinha que andar em cadeira de rodas e sentia dores tão intensas que nenhum analgésico aliviava. Dizia-se também que estava de novo com dificuldade para escrever. Uma grande revista lhe encomendara um artigo de fôlego, mas as palavras simplesmente não saíam. Mais uma vez, voltava a olhar para a página em branco, e não há nada pior para um escritor do que isso — nem mesmo uma resenha demolidora. A página em branco é um indício do estado da sua mente e imaginação, e depois de olhá-la tantas vezes por tantos anos, ela se torna terrivelmente assustadora e deprimente.

No fim, provavelmente havia pouco que Thompson ainda pudesse dizer com palavras escritas. Já documentara o inferno como poucos escritores. Mais importante, lançara sobre ele um olhar crítico e escreveu sobre isso também — sobre como manter a coragem quando os sonhos à nossa volta se esvanecem.

---

* Hunter S. Thompson, *Reino do medo: segredos abomináveis de um filho desventurado nos dias finais do século americano*. Tradução de Daniel Galera, São Paulo: Companhia das Letras, 2007, pp. 237-9. (N. T.)

Não tinha mais nada a dizer sobre isso, e nada mais a dizer sobre si próprio. Naquela noite fria de fevereiro de 2005, Hunter Thompson olhou fixamente para a máquina de escrever, pegou o revólver calibre 45, colocou-o na boca e acabou sua história.

Jim Morrison e os Doors: as virtudes do desperdício

Naquele ano estranho e maravilhoso que foi 1967, quando o rock tentava se definir como força unificadora da juventude, Jim Morrison, dos Doors, proclamava a quem estivesse ouvindo: "*Can you picture what will be/ So limitless and free* [...]/ *And all the children are insane*" [Você imagina o que será?/ Tão sem limite e livre [...]/ E todos os jovens estão loucos]. Ao escutar esses versos — em "The End", a longa e sensacional faixa que encerra o primeiro álbum da banda —, ou você entendia a letra como a confirmação de seus piores temores ou se animava com as promessas lá contidas. Se você estivesse preocupado com os rumos da cultura adolescente, "todos os jovens estão loucos" provavelmente soaria como ameaça. Mas se você era um daqueles jovens que Morrison cantava (é o meu caso, eu tinha dezesseis anos), então você ouvia uma voz que o reconhecia e acolhia, uma voz que dava apoio implícito à sua "loucura". De maneira estranha e mistificadora, isso também era uma afirmação de amor — embora não como faziam os Beatles ou o Jefferson Airplane, que tentavam levar ideais de esperança e de vida comunitária para seu público. Os Doors, na verdade, se afirmavam como a banda arquetípica do apocalipse americano que nem sabíamos que rastejava sobre nós. Em sua época — os impetuosos e incertos fins dos anos 1960 e início dos 1970 —, a banda desfrutou da fama oriunda dessa percepção, mas os excessos lhe custaram tudo, inclusive a reputação e a viabilidade comercial e crítica. E, para um deles, custaria até mesmo a vida.

Passaram-se mais de 37 anos desde que Jim Morrison morreu em Paris, em 3 de julho de 1971, aos 27 anos, aparentemente vítima de falência cardíaca e de desapontamentos pessoais e artísticos que se manifestaram em intenso e sistemático alcoolismo. Jimi Hendrix e Janis Joplin morreram menos de um ano antes de Morrison — ambos também aos 27 anos. Apesar de Hendrix e Joplin terem morrido de overdose e serem conhecidos por se entregar às drogas, a morte deles chocou o mundo do rock; ambos eram artistas plenos de vida e de possibilidades criativas. O triste fim de Morrison, em contraste, não causou maiores surpresas. Havia muito tempo ele era visto — pela imprensa, pelos fãs e até por amigos próximos — como alguém que consumira seus devaneios de excesso com tal voracidade que pouco lhe restava em termos de experiências e tempo de vida. E, no entanto, aqui estamos mais uma vez tentando avaliar a vida e as perdas de Morrison e seu duradouro legado. Teria ele sido um visionário, como diziam muitos de seus amigos e fanáticos que o adoravam, ou, em vez disso, teria sido "um palhaço bêbado metido numa roupa de couro", como afirmou um de seus detratores? Será que as notórias atitudes destrutivas de Morrison e os impulsos que ameaçavam sua vida e a reputação da banda valeram o que custaram — para ele e para aqueles que trabalhavam e se preocupavam com ele? Sua morte poderia ter sido evitada? Ele poderia ter recebido ajuda para se recuperar de sua autodestruição? Ou todos os excessos seriam na realidade a perfeita extensão — e o fim lógico — de seu poder de imaginação inflexível e intoxicado?

A verdade é que não podemos responder a essas perguntas — da mesma maneira que não podemos deixar de fazê-las. Por um lado, há algo sobre a história de Morrison que não faz sentido: de onde veio a combinação de talento extraordinário e determinação autodestrutiva que nos deixa perplexos? Ao mesmo tempo, também há certa lógica em sua ascensão e fim. Alguns vivem vidas relativamente breves e criam obras intensas, e quando atingem seus próprios limites deixam de viver. Nesse sentido, a morte foi a melhor amiga de Morrison: ela interrompeu o declínio do cantor antes que ele pudesse piorar seu comportamento ou arte, e em grande medida também o ajudou a ser absolvido pelo malogro de seus últimos anos. Mas a verdadeira questão não é se é possível encontrar virtude na arte de Jim Morrison apesar do desperdício de sua vida. A questão é: é possível separar as duas coisas? E se não, o que pensar disso?

É improvável que quem conheceu James Douglas Morrison em seus primeiros anos pudesse prever que ele seria um titã do rock e um grande poeta libertino de longa sobrevida, para o bem e para o mal.

Ele nasceu em meio à Segunda Guerra Mundial, em Melbourne, na Flórida, em 8 de dezembro de 1943, o primeiro dos três filhos de Steve e Clara Morrison. O pai fez carreira na Marinha dos Estados Unidos alcançando a patente de almirante. Consequentemente, durante a infância de Jim, a família se mudou várias vezes para lugares distantes uns dos outros — da Flórida para a capital, Washington, do Novo México para o sul da Califórnia, e então para a Virgínia. De acordo com todos os relatos, os pais de Morisson nunca bateram nos filhos, embora fossem duros com eles, e o pai queria impor na casa um estilo militar de disciplina. Jim, em particular, se ressentia dessa tentativa. Começou a se rebelar contra o autoritarismo paterno e essa dinâmica se incorporou à sua vida. Alguns biógrafos de Morrison conjecturam que o menino também sentia as longas ausências do pai, que comandava forças navais em alto-mar. De qualquer maneira, Morrison era uma criança extremamente inteligente — alcançou o grau de "gênio" no teste de QI em sua escola — e leitor voraz. No sexto ano, escreveu o primeiro poema, "The Pony Express", e no colegial escreveu a letra de "Horse Latitudes" (que integraria o segundo álbum dos Doors). "Sempre quis escrever", disse em 1969 ao jornalista Jerry Hopkins, numa entrevista à *Rolling Stone*, "mas achava que não valeria a pena, a menos que, de alguma maneira, a mão pegasse a caneta e começasse a se movimentar sem que eu tivesse qualquer coisa a ver com aquilo."

Há muita coisa que não se sabe sobre a infância de Morrison e sua vida familiar. Por causa disso, especula-se que teria havido alguma desavença na família. Aparentemente, os pais de Morrison se opuseram ao seu desejo de estudar cinema na Universidade da Califórnia, em Los Angeles, em 1963. Quando Morrison decidiu que faria isso de qualquer maneira, não contou com o apoio da família. O pai o teria renegado nessa ocasião. Nas primeiras entrevistas dos Doors, ele dizia que seus pais haviam morrido num terrível desastre de automóvel. (Morrison, quando criança, tinha testemunhado um acidente automobilístico fatal que ficara impregnado em sua imaginação.) Mais tarde, disse a Jerry Hopkins: "Não queria envolvê-los". Quando sua mãe apareceu de surpresa num show na cidade de Washington, em 1967, ele se recusou a vê-la e aparentemente nunca mais falou com ela.

Quaisquer que tenham sido as razões da ruptura com a família, o afastamento nunca foi explicado ou documentado por Morrison. Esse é um dos pontos-chave de sua biografia que, mesmo depois desses anos todos, continuam envoltos em mistério. Ainda assim, Jim Morrison claramente fixou certas impressões e experiências da infância em sua obra. Muitos trechos de letras e poemas fazem referência a casas abandonadas e a destinos achados ou perdidos no mar. Seu comentário mais perverso sobre a família aparece na canção "The End", do álbum *The Doors*, de 1967, em que Morrison descreve a descida ao saguão da casa, de madrugada, em antecipação a um momento de assassinato e libertação. Mais tarde, diria se tratar de uma metáfora de despedida da infância e início da própria vida. Não que essa seja uma interpretação desinteressante ou improvável — sobretudo dada a quantidade de jovens que partilhavam de perspectiva semelhante nos anos 1960 —, mas o relato detalhado da letra também parece indicar uma fúria letal e danos psíquicos que possivelmente nem mesmo Morrison queria investigar mais a fundo.

Morrison não se destacou entre os colegas da universidade. Fez um filme experimental (que se perdeu) sobre neurose sexual e histeria em massa; foi zombado pelos estudantes, mas seguiu em frente e se formou em cinematografia. Além de se interessar por cinema, continuou a ler com afinco filosofia, literatura, poesia e história. Gostava particularmente dos controversos textos de Friedrich Nietzsche sobre estética e moral, da arte e dos versos visionários de William Blake, da escrita fatalista de Franz Kafka e da revolucionária poesia de Arthur Rimbaud, e tinha adquirido profundo conhecimento sobre o teatro grego. Além disso, Morrison considerava *Um sonho americano*, o poderoso romance de assassinato existencial, de Norman Mailer, uma obra exemplar da moderna ficção americana. Por toda a vida — mesmo quando bêbado (estado em que se encontrava boa parte do tempo) — Morrison apreciava as vezes em que, tarde da noite, podia conversar com amigos ou estranhos sobre poetas e filósofos. Sentimos ocasionalmente algo de sua predileção pelo mundo das ideias na linguagem que empregava nas entrevistas à imprensa e certamente em sua poesia — embora também seja possível perceber, nas canções e apresentações perturbadoras e na intranquilidade de sua vida, que Morrison tinha mais confiança em sua própria versão da ética e da metafísica.

Quando Morrison se formou na universidade, em 1965, disse aos amigos que planejava viver em Nova York. Identificava uma explosão criativa na cidade e nutria esperança de se estabelecer lá como poeta ou dramaturgo — ou mesmo como sociólogo-filósofo. Em vez disso, acabou passando o verão no sótão de um prédio de escritórios abandonado no balneário de Venice, em Los Angeles. Lá, tentou saber se era possível ficar sob efeito de LSD por dias seguidos e começou a escrever poesia a sério. Era o auge da transformação do rock: os Beatles, que antes faziam hinos pops exuberantes, compunham então músicas mais complexas; os Rolling Stones mesclavam blues e libido com um efeito formidável; Bob Dylan transformava rapidamente, com suas canções, todas as possibilidades da linguagem e das metáforas; e uma vibrante cultura jovem — repleta de bandas como Byrds, Buffalo Springfield e Love — florescia em Sunset Strip, Los Angeles, em clubes de dança e cafés. E mais: inovadores do jazz, como John Coltrane, Ornette Coleman e Miles Davis, criavam novas perspectivas para a música americana e internacional. Inteligente e atento à imprensa, Morrison acompanhava, com maior ou menor intensidade, essas tendências, mas sempre insistiu que não foi fisgado pelo desejo de se tornar roqueiro. Enquanto passava as noites naquele sótão em Venice e tentava encontrar palavras para as impressões que afluíam à sua mente, no entanto, Morrison achou que começava a escrever poemas que tinham melodias e cadências. Em outras palavras, tornara-se involuntariamente um compositor. Mais tarde, diria: "Eu apenas tomava notas no fantástico show de rock que acontecia na minha cabeça. E, uma vez que eu tinha escrito as músicas, tinha de cantá-las".

Numa tarde daquele verão, Jim Morrison desceu do sótão para dar um passeio na cidade e topou com Ray Manzarek, um conhecido da escola de cinema. Manzarek era um pianista com formação clássica entusiasmado com o blues e com o jazz progressivo de pianistas como Bill Evans e Lennie Tristano, mas, como tantos jovens músicos daquela época, gostava do estilo protopsicodélico do rock de garagem que estava dominando a cena musical pop americana e britânica. Ele tinha até um pequeno grupo, o Ray Daniels and The Ravens. Morrison disse a Manzarek que tinha umas composições e cantou *a cappella* uma delas, "Moonlight Drive". Manzarek gostou do jeito estranho da música e percebeu uma qualidade natural dramática — até fantasmagórica — na voz não trabalhada de barítono de Morrison. Os dois combinaram tocar juntos para ver o que acontecia. Nas semanas seguintes, Manzarek recrutou John Densmore — um baterista que se mirava no jazz de expoentes como Art Blakey e Elvin Jones — e Robby Krieger — um violonista clássico que dominava a linguagem do blues. Em março de 1966, a banda — chamada de Doors por Morrison em referência a uma frase do poeta inglês William Blake (*"If the doors of perception were cleansed every thing would appear to man as it is, infinite"* [Se as portas da percepção estivessem desobstruídas, tudo se mostraria ao homem tal como é, infinito]) — tocava regularmente num bar em Sunset Strip.

Inicialmente, Morrison era tímido de doer no palco. Frequentemente cantava de costas para o público e, quando resolvia se virar em direção aos poucos que assistiam ao show, fechava bem os olhos. Morrison queria imitar o estilo coloquial de seu cantor favorito, Frank Sinatra, enquanto Manzarek tentava fazer com que ele adotasse uma entonação mais crua, influenciada pelo blues. Com o tempo, o uso regular de drogas, associado ao ímpeto musical da banda, aumentou sua confiança — na verdade, lhe deu tamanha ousadia que em breve os Doors ganharam a reputação de ser uma banda essencial na cena do rock em Los Angeles.

Logo os Doors garantiram a posição de banda da casa do clube mais badalado da Sunset Strip, Whisky a Go Go. Foi nesse período que Morrison e os Doors começaram a forjar um som singular — baseado na mistura da tensa e dura estrutura do rock com a inventividade do free jazz e potencializado pela propensão crescente de Morrison para improvisar. Numa noite, supostamente sob o efeito de uma dose cavalar de LSD, Morrison começou a contar uma história durante a apresentação de "The End" — a triste canção atonal que ele vinha compondo sobre o fim de um relacionamento. Manzarek, Densmore e Krieger perceberam que Morrison trilhava um caminho diferente — e interessante. A música começou a se dissolver, sem ritmo previsível, e, enquanto Morrison avançava por um território lírico cada vez mais estranho, diz a lenda, o público e os empregados do clube ficaram petrificados pelo clima de encantamento que o cantor e a banda estabeleceram. Quando Morrison chegou à passagem sobre o assassino e sua aventura edipiana, o cantor provocou o público com pausas bem calculadas na narrativa: "Mother?", disse calmamente, e então gritou: "*I want to fuck you*". E repetiu a frase com arrebatamento cada vez maior enquanto a banda tocava freneticamente. O administrador do clube demitiu os Doors na hora. Foi a primeira vez que Morrison encontrou resistência em relação ao que queria fazer no palco — e a primeira vez que foi repreendido por dirigir obscenidades ao público americano. Conflitos semelhantes tinham acontecido em nichos literários em outras épocas. No final dos anos 1950, Lawrence Ferlinghetti foi processado em San Francisco por publicar *Uivo*, o poema épico de Allen Ginsberg, e mesmo nos anos 1960 não se encontravam facilmente nos Estados Unidos vários livros conhecidos de Henry Miller, embora tivessem sido escritos havia muitos anos. Pouco antes, a Universidade da Califórnia, em Berkeley, tinha sido palco de manifestações históricas a favor da liberdade de expressão nos *campi* universitários. Na mesma época, no East Village de Nova York, uma banda folk chamada Fugs tocava músicas sobre sexo e política e um dos vocalistas às vezes se apresentava com a calça aberta e o pinto para fora (uma prática que parecia não incomodar os frequentadores).

Mas naquela noite, no Whisky a Go Go, Morrison cruzou uma linha decisiva no campo de batalha do rock. Enquanto nos anos 1950 Elvis Presley escandalizava com requebrados sugestivos (e com a mistura de estilos musicais branco e negro) em cadeia nacional de TV, e enquanto em anos mais recentes as canções políticas e as referências a drogas de Bob Dylan e as insinuações sexuais dos Rolling Stones geravam protestos previsíveis, Jim Morrison concentrava todas as transgressões. Ele arrombou a parede do seu tempo, e ainda hoje há quem atravesse a fenda aberta, para a irritação de vários críticos sociais.

A insistência de Morrison em testar limites e dar vazão a seus impulsos mais exagerados iria, em menos tempo do que se poderia imaginar, começar a provocar sua própria devastação. "Todos os jovens estão loucos", Morrison cantava, pouco antes de lançar a bomba do assassínio do pai e do sexo com a mãe. Talvez a intenção de Jim Morrison não tenha sido a de celebrar tamanha insanidade geracional, mas apenas achar seu próprio espaço nas promessas e perigos que viabilizaram tal ambição. Foi um momento de liberação, mas a força liberada teria um preço considerável.

Em meados dos anos 1960, a Elektra, uma gravadora independente de música folk, tentava abrir o leque agregando bandas de rock. A empresa já contratara a Butterfield Blues Band e outro grupo de Sunset Strip, Love, que fizeram sucesso com "Little Red Book" e "7 & 7 Is". Apesar da resistência inicial do presidente da Elektra, Jac Holzman, em 1966 ele assinou um contrato com os Doors para a gravação de vários álbuns e designou Paul Rothchild como produtor do grupo. (Rothchild ajudara Bob Dylan a montar sua banda eletrificada para o Festival Newport de Folk, estava produzindo Butterfield Blues Band, Love e Tim Buckley para a Elektra e mais tarde seria o produtor de Janis Joplin.) Rothchild queria registrar o som dos Doors numa produção minimalista, sem os efeitos de estúdio usados por outros grupos psicodélicos. Acreditava que essa seria a melhor maneira de obter uma gravação que não fosse descartável. O desafio de Rothchild, porém, era convencer Morrison de que não poderia usar palavras como "*fuck*" numa gravação, nem fazer referências explícitas ao uso de drogas.

Rothchild também percebeu que, apesar da impressionante habilidade musical dos três integrantes da banda (que, à sua maneira, poderiam se equiparar a outros grupos de improvisadores da região, como Jefferson Airplane, Grateful Dead e Quicksilver Messenger Service), a mágica dos Doors dependia em grande parte de Morrison — quer dizer, nas ocasiões em que a "musa", como Rothchild o chamava, aparecia no estúdio. Naqueles dias, a musa apareceu com frequência na gravadora — e estava inspirada. Ao se lembrar da noite em que a banda gravou "The End", Rothchild disse: "Já tinham rolado uns seis minutos da música quando eu me virei para o Bruce Botnick [o engenheiro de som dos Doors] e comentei: 'Você tem ideia do que está acontecendo aqui? Este é um dos momentos mais importantes do rock and roll. [...], Jim [...] me disse venha comigo e eu fui. E foi um choque quando a música acabou. [...] Eu senti como se fosse mesmo o fim, uma declaração de que não se poderia ir além". Depois que todos tinham saído, Morrison voltou e acionou o extintor de incêndio no estúdio. Estava bêbado, como admitiria mais tarde, e achava que, a menos que extinguisse o fogo que tinha acendido naquela noite, não conseguiria descansar.

O álbum de estreia dos Doors, intitulado *The Doors*, foi lançado em janeiro de 1967 — o início de um dos anos mais memoráveis da história da música popular. O primeiro compacto, "Break On Through (to the Other Side)", teve aceitação apenas moderada nas rádios. Mas meses depois, na primavera, os programadores das FMS começaram a tocar a versão completa, jazzística, de "Light My Fire". A gravadora tinha cortado as partes mais improvisadas da faixa e a música obteve enorme sucesso. Na realidade, "Light My Fire" foi a trilha sonora do verão de 1967, e seu poder de imaginação urgente — até alucinado — de desejos, prazeres e uma fúria impetuosa e insensata a transformaram numa daquelas canções que definem uma geração. Em 29 de julho de 1967, "Light My Fire" chegou ao topo da parada pop de sucesso e alavancou a venda do álbum, que alcançou o segundo lugar nacional da *Billboard*, atrás de *Sgt. Pepper's Lonely Hearts Club Band*, dos Beatles.

Em pouco tempo, o impacto dos Doors em 1967 se revelou gigantesco — e singular. Os Beatles, da mesma maneira que muitas bandas de San Francisco, promoviam uma fusão de música, drogas e idealismo que deveria reformar e redimir uma época problemática — e, por melhores que fossem as intenções, ainda desagradavam a vários observadores. Os Doors, em contraste, faziam canções que abordavam o hedonismo e a violência, a revolta e o caos, e se entregavam a essas perspectivas sem temor. Obviamente, Jim Morrison compreendia uma verdade que escapava a muitos artistas pop: ele sabia que aqueles eram tempos perigosos — e não apenas porque a cultura jovem se encontrava sob pressão por ter rompido com as convenções e as aspirações estabelecidas. Em algum nível, Morrison percebia que o perigo também era interno — que a "geração do amor" também tinha seus impulsos sombrios. Na realidade, Morrison parecia entender que qualquer geração disposta a ir tão longe também estava disposta à destruição, e aparentemente essa compreensão lhe valeu prazer e o direito de abusar da liberdade — e, claro, lhe definiu o destino.

Consequentemente, naquele trecho de "The End" em que Morrison canta sobre querer destruir o pai e estuprar a mãe, ele soa não apenas convincente, mas também, de alguma maneira, *justo*. Mais do que as letras de Bob Dylan ou dos Rolling Stones, as de Jim Morrison refletem a perspectiva de que a geração mais velha traíra seus filhos e que essa traição exigia amarga retaliação. Afinal, se os seus pais e a poderosa e exigente sociedade adulta em torno de você estavam cada vez mais tratando a parcela mais audaciosa da juventude como uma força alienada e hostil incrustada na sociedade, então por que não matar esses "pais" — mesmo que apenas num rompante metafórico? É significativo e nada surpreendente que a música dos Doors ("The End" em particular) tenha se tornado uma das favoritas entre os jovens que lutavam no Vietnã, uma guerra para a qual haviam sido enviados para matar ou morrer em nome de ideais desastrosos da geração mais velha. Outras bandas tentavam preparar seu público para um mundo de esperança e de paz; os Doors, enquanto isso, faziam música para tempos de ganância e de assassinatos e, em seus melhores momentos, produziam um efeito profundamente assustador e estimulante.

O segundo álbum da banda, *Strange Days* (lançado em setembro de 1967), era musicalmente menos vigoroso, mas tinha um clima ainda mais intenso. Muitas de suas melhores canções meditavam sobre horror, perda e aberração, e até os títulos de algumas faixas — como "I Can't See Your Face in My Mind", "You Are a Lost Little Girl", "People Are Strange" e "Unhappy Girl" — passam mensagens de alienação e incerteza. Agora, aproximava-se o fim de 1967. O verão tinha acabado e as alegres esperanças que aparentemente ele oferecera não poderiam durar para sempre. Nos meses seguintes — durante o tumultuado ano de 1968 — a guerra do Vietnã se tornaria mais letal, causando mais divisões na sociedade americana. Martin Luther King Jr., o líder dos direitos civis, seria assassinado em Memphis, provocando uma onda de distúrbios no país. Robert F. Kennedy, candidato democrata à presidência, seria morto a tiros em Los Angeles quando estava prestes a obter a possível indicação do partido para disputar a eleição; na sequência, a esperança destruída de milhões de americanos resultou na erupção da violência durante a Convenção Nacional Democrata de Chicago, em que a polícia espancou jovens. E a desalentadora ressurreição política de um astuto Richard Nixon o levaria a ser eleito presidente. Em meio a isso tudo, o rock — como muita coisa mais nos Estados Unidos — estava se transformando num campo de difíceis opções e duros debates.

Certamente os Doors não eram a única banda que fazia música implacável para tempos inclementes. O Velvet Underground, os Stooges, de Iggy Pop, e o MC5 também deixavam claro que, sob o verniz do altruísmo e do idealismo, a cultura jovem dos anos 1960 estava debilitada por descontentamentos e realidades sombrias. Cada vez mais, a melhor música do final dos anos 1960 versava sobre medo, incerteza e a possibilidade do apocalipse. Consequentemente, quando Jim Morrison faz uma pausa perto do fim da ambiciosa última faixa de *Strange Days*, "When the Music's Over", e anuncia *We want the world and we want it... now/ Now?/ Now* [Nós queremos o mundo e queremos o mundo... agora / Agora?/ *Agora*], ele encoraja seu público. Mas não se engane: os Doors não eram uma banda politizada. Os Beatles, os Rolling Stones, o Jefferson Airplane faziam declarações mais explícitas e complexas sobre a necessidade ou a sabedoria da revolução e da resistência. Mas, no final dos anos 1960, ninguém parecia incorporar o presságio daqueles tempos de forma mais palpável do que os Doors — ou pelo menos do que Jim Morrison. Um amigo de Morrison, Robert Gover, escreveu mais tarde: "Seu carisma era tão grande que o mais comum representante da ordem estabelecida ficaria furioso só de vê-lo caminhar pelas ruas — sem ligar para o que estava ao seu redor, mas... bem, havia algo invisível nele, algo que sugeria revolução, desordem e caos".

É nesse ponto que parece terminar uma parte da história dos Doors: eles gravaram dois álbuns memoráveis, criativos e de grande sucesso, e no final de 1967 se tornaram a maior banda de rock dos Estados Unidos. Além disso, tinham a reputação de fazer brilhantes apresentações ao vivo. Mesmo que boa parte do público fosse aos shows sobretudo para ver Jim Morrison, o volátil símbolo sexual, os músicos não deixavam de fazer o som que identificava a banda. Vale lembrar que os Doors eram aficionados por jazz e conheciam as contribuições dos grandes revolucionários do gênero. Manzarek, Densmore e Krieger podiam dizer, sem exagerar, que haviam criado um amálgama do jazz e do rock.

Então os Doors entraram num declínio desconcertante, cataclísmico. E é aqui que começa um capítulo igualmente importante, e mais problemático, da história da banda: como e por que a deterioração aconteceu e qual foi seu efeito na posição da banda e de seus integrantes — em particular, Jim Morrison.

Nos dois primeiros álbuns, os Doors gravaram boa parte do material lapidado que vinham desenvolvendo desde a criação do grupo. Quando chegou a hora de gravar o terceiro álbum, *Waiting for the Sun*, eles já tinham esgotado suas melhores reservas e sentiram a pressão de ter que produzir uma obra que, como se constataria, não estava pronta para se materializar. Na verdade, o poema musical em grande escala que tinham planejado, "The Celebration of the Lizard", não funcionou no estúdio. Morrison aos poucos perdeu interesse em completar o projeto e não demonstrava a concentração e a paixão que haviam dado unidade a "The End" e "When the Music's Over", apesar da longa duração das faixas. Quando *Waiting for the Sun* finalmente foi lançado, em julho de 1968, a maioria dos críticos apontou intenções não concretizadas e ausência de foco. A banda também foi muito criticada pelo evidente apelo comercial do compacto "Hello, I Love You", que para boa parte dos ouvintes não passava de imitação barata de "All Day and All of the Night", dos Kinks (embora ouvida hoje "Hello, I Love You" mantenha um frescor pop). A melhor faixa do álbum é

"Five to One"; canção violenta sobre o fim de um relacionamento e a perigosa desintegração de um país, "Five to One" é a mais clara afirmação de ameaça em *Waiting for the Sun*.

Mas problemas mais graves começaram a se acumular. Morrison havia consumido até a última migalha de inspiração que acreditava obter dos alucinógenos, e se entregou a uma nova droga: o álcool, preferido desde sempre por muitos escritores e poetas. Na realidade, Morrison bebia regularmente quantidades industriais e estava se tornando conhecido pelo comportamento extravagante — como se dependurar em prédios ou caminhar em muretas de edifícios altos num estado de embriaguez que impediria a maioria dos bebuns até de parar em pé. Também passou a fazer gravações sob efeito do álcool, o que provocava tensão com outros integrantes da banda e causava desperdício de tempo. (Paul Rothchild disse mais tarde que depois dos primeiros dois álbuns, o vocal de Morrison se tornou tão irregular que eles tinham que pinçar palavras e frases de vários *takes* para montar uma versão final aceitável.) Na verdade, Morrison estava rapidamente se complicando com o abuso do álcool e com o mau comportamento em público, o que no fim acabou sendo desastroso para ele e para os que dele dependiam. De certa maneira, esse era o tipo de comportamento que se esperava de um novo herói do rock: no contexto do final dos anos 1960 e de sua ruptura geracional, os jovens astros se gabavam de usar drogas e zombavam da moralidade vigente. "Eu obedeço aos impulsos que todos têm, mas não admitem", disse Morrison à revista *Creem*. No caso de Morrison, o atrevimento às vezes era apenas exibicionista, ou ingênuo, embora em algumas ocasiões — como no incidente no show de New Haven, em dezembro de 1967 — esses gestos tenham contribuído para incitar (e justificar) um espírito de rebeldia no público. Em New Haven, um policial com quem Morrison discutiu borrifou gás no cantor antes que ele entrasse no palco. Durante o show, ele narrou ao público o que tinha acontecido e foi preso no ato por policiais que o obrigaram a encerrar a apresentação (foi a primeira vez que um cantor de rock foi preso durante um show). Na sequência, longe do olhar dos fãs, vários policiais deram socos e pontapés em Morrison.

Com alguma frequência, no entanto, muitos observadores começaram a suspeitar de que as desordens promovidas por Morrison eram menos demonstração de ousadia contracultural do que indício do desregramento do cantor. Em março de 1969, numa famosa apresentação em Miami, esse fato veio à tona com resultados catastróficos. O show tinha atrasado cerca de uma hora devido a desentendimentos com os organizadores. Quando o grupo entrou no palco, Morrison tinha bebido muito além da conta. Depois que a música já tinha começado, ele interrompeu um número e começou a implicar com a plateia. "Vocês são um bando de idiotas", disse. "São paus-mandados. Deixam que os outros tomem as rédeas de suas vidas. Quanto tempo vocês acham que isso vai durar? [...] Acho que vocês gostam de ser puxa-sacos. [...] Vocês são um bando de escravos [...] que gostam de receber ordens. O que vocês vão fazer em relação a isso?" E aí ele e a banda engataram na "Five to One". Mais tarde, Morrison disse: "Quero ver ação aí. Quero que as pessoas subam aqui e se divirtam. [...] Sem limites. Sem leis. [...] Não estou falando de armas e distúrbios, estou falando de amor. [...] Tirem suas roupas e se amem". E então, arriscando tudo, Morrison abriu o blusão de jeans e soltou: "Vocês querem ver meu pau?". É estranho, mas depois de cerca de quarenta anos dessa cena, presenciada por mais de 10 mil pessoas — incluindo os integrantes da banda e policiais no palco — nunca ficou totalmente claro se Morrison se expôs naquela noite. Por fim, quando o show estava quase terminando, Morrison convidou jovens da plateia a subir ao palco, que ficou apinhado de gente. A plataforma começou a ceder e houve pancadaria entre seguranças, policiais e fãs.

A maioria das pessoas envolvidas com a banda ficou desconcertada com o episódio e teve certeza de que quando Morrison subia ao palco bêbado o resultado era imprevisível. (Em 1968, Morrison apareceu bêbado num clube em que Jimi Hendrix tocava. No meio de um dos solos de Hendrix, Morrison se arrastou até o palco, se enroscou nas pernas do guitarrista e anunciou: "Eu quero chupar seu pau". O ponto culminante da cena foi quando Janis Joplin subiu ao palco, partiu para cima de Morrison usando uma garrafa como porrete e os três rolaram no chão, engalfinhados numa briga. Noutro dia, naquele mesmo ano, em Amsterdam, Morrison apareceu no meio de um show do Jefferson Airplane e começou a dançar e a girar até se espatifar no chão, perdendo os sentidos de tão bêbado, o que provocou risadas convulsivas nos cantores Grace Slick e Marty Balin, que desaprovaram a atitude.) Sobre Miami, Morrison diria mais tarde que seu comportamento naquela noite foi uma reação ao que ele percebeu estar acontecendo com as apresentações ao vivo. Na época em que tocava em clubes, a banda tinha espaço para experimentações mais intelectualizadas, que demandavam a participação do público. Os Doors agora se apresentavam em grandes teatros, cercados no palco por policiais que estavam lá não para protegê-los, mas para conter a banda. Morrison admitiu que via essas apresentações como oportunidades para provocações — embora também as encarasse como rituais de criatividade inútil. Morrison disse mais tarde à *Rolling Stone*: "Acho que esse foi o ápice de nossa carreira de grandes concertos. Inconscientemente, acho que eu estava tentando impressionar a plateia — estava tentando reduzir o show a uma coisa absurda, e isso funcionou bem demais".

Seria difícil superestimar a importância do evento de Miami para a história dos Doors — e no estado mental de Morrison. Dias depois do show, o jornal *Miami Herald* e representantes da lei e da cidade, movidos por interesses políticos, transformaram o triste fiasco em grave afronta à moral de Miami e da nação; além disso, Morrison foi acusado de simbolizar a atitude jovem desses tempos, indecente e arrogante. A turnê dos Doors foi imediatamente interrompida e parecia que a carreira de apresentações ao vivo da banda tinha acabado. É interessante notar que, em meio a toda a controvérsia que se seguiu, quase ninguém percebeu uma verdade infeliz confirmada naquela noite: o vocalista dos Doors — que apenas dois anos antes era o mais inteligente, temível e sexy dos heróis do rock — era agora um alcoólatra de partir o coração, com pouco controle sobre seu problema e praticamente sem a memória de seus piores efeitos (o próprio Morrison não tinha ideia se naquela noite chegou mesmo a expor o pênis). Morrison precisava de ajuda; não merecia a punição terrível e moralista que o estado da Flórida queria lhe impor.

O castigo pretendido seria exemplar. Morrison foi acusado de conduta obscena, uso de linguagem indecorosa, exibição indecente e bebedeira em público, e poderia ser condenado a três anos e meio de encarceramento na penitenciária estadual de Raiford, uma das prisões mais duras do sul dos Estados Unidos. Morrison disse a vários amigos que essa possível sentença equivaleria a uma virtual pena de morte. Durante as seis semanas que durou o julgamento (entre agosto e setembro de 1970), o juiz Murray Goodman admitiu aos advogados de Morrison (sem que o júri pudesse ouvi-lo) que eles tinham "provado que o sr. Morrison não se expôs em público". Ainda assim, o juiz não instruiu o júri sobre esse ponto, e Morrison acabou condenado por comportamento obsceno e lascivo e uso de linguagem indecorosa. Um tribunal de recurso quase certamente teria derrubado o veredicto, de acordo com observadores do judiciário — portanto, num certo sentido, Morrison ganhou o caso, apesar dos danos duradouros.

Ainda que os Doors tenham continuado a fazer apresentações inspiradas (como provam algumas gravações reunidas em *The Doors Box Set*, de 1997, e a série de álbuns lançados pelo selo da banda na internet, Bright Midnight Records, em conjunto com a Rhino Handmade), o grupo nunca se livrou da expectativa de que seus shows causariam choque, e as pressões provocadas pela experiência penosa de Miami certamente pesaram na natureza confusa do álbum de 1969, *The Soft Parade* (embora esse também seja um trabalho que cresceu com o tempo). Mais desalentador foi o fato surpreendente de Morrison quase não ter recebido apoio da comunidade do rock nem da imprensa especializada. O julgamento de Miami, de um modo geral, não foi visto como um debate sobre a liberdade de expressão (embora evidentemente esse fosse o aspecto central do caso), nem Morrison foi identificado como alguém visado por moralistas da lei, como ocorrera com o comediante Lenny Bruce, que fora perseguido poucos anos antes.* Aparentemente, Morrison tinha afastado muitas pessoas com as bebedeiras e a má qualidade dos álbuns recentes. Nessa época, tinha engordado devido ao consumo diário de álcool e deixara a barba crescer. Parecia mais um lenhador ou um motorista de caminhão do que o lúgubre e misterioso astro do rock que personificou em 1967. De certa maneira, essa transformação era o que Morrison queria — ou pelo menos ele se convenceu de que era o que queria. Em fins de 1969, na entrevista a Jerry Hopkins, Morrison sugeriu discutir as virtudes de sua submissão ao álcool. "Quando você bebe você tem controle total até certo ponto", disse. "A escolha é sua, cada vez que dá um gole. Você tem muitas pequenas opções. É como... eu acho que é a diferença entre o suicídio e a lenta capitulação." Num de seus poemas, escreveu: "*I drink so/ I can talk to assholes./ This includes me*" [Bebo porque assim/ Posso falar com os babacas./ Eu inclusive].

É notável que, depois disso tudo, as últimas gravações dos Doors como quarteto tenham tido grande êxito. Em fevereiro de 1970, a banda voltou a crescer artisticamente com *Morrison Hotel* — obra influenciada pelo jazz, compos-

---

* Lenny Bruce, comediante americano especializado na arte do stand up, foi acusado de obscenidade em 1961. Inocentado, passou a ser seguido pela polícia, que o deteve várias vezes. Em 1964 foi finalmente condenado, apesar do protesto de intelectuais e artistas influentes. Chegou a ficar quatro meses num reformatório, até que pagou fiança para recorrer em liberdade. Morreu em 1966, aos quarenta anos, sem ter o recurso julgado. Em 2003, foi inocentado postumamente. (N. T.)

ta basicamente por Morrison. Na abertura do álbum ("Roadhouse Blues"), Morrison se descreve como alguém que acorda, pega uma cerveja e espera a morte chegar. O álbum seguinte, *L. A. Woman*, de 1971, era ainda mais forte: tão sombrio e criativo quanto os primeiros álbuns da banda, mas com uma força musical nova que surpreendeu os críticos. Também é uma mostra fascinante da dissolução. Enquanto *The Doors* e *Strange Days* abordavam sobretudo temor e perda, *L. A. Woman* parecia pertencer a esses estados mentais. E ainda assim, como acontece no melhor blues, expressava o horror com tamanha energia que ao mesmo tempo o afastava. Em canções como a que dá título ao álbum, a voz de Morrison, agressiva e frágil, ganha nova credibilidade pelo esforço de não se desintegrar. Morrison sempre disse que Frank Sinatra foi o cantor que mais o influenciou, e pelo menos em *L. A. Woman* essa influência transparece em sua determinação de cantar como se aquele momento fosse um fim de noite e ele compartilhasse as últimas palavras com amigos solidários. No caso de Sinatra, ele levou anos para alcançar aquela emissão que traduz um sentimento de cansaço do mundo. Morrison, no entanto, levou quatro curtos anos, que devem ter parecido a ele uma vida inteira.

As pressões e os excessos daqueles últimos anos tiveram um custo alto para Morrison. De acordo com amigos, a experiência em Miami o deixou muito abatido e ele passou a beber ainda mais. Nessa época, já havia publicado alguma poesia (seu maior sonho, disse várias vezes, era ser considerado um poeta sério) e gravara um disco com declamações (que foi parcialmente lançado anos mais tarde em *The American Prayer*). Além disso, estava cada vez mais desiludido com sua vida em Los Angeles — e nos Estados Unidos. Queria dedicar mais tempo e atenção à poesia e tinha alguma esperança de dar uma guinada em sua vida. Enquanto *L. A. Woman* estava em processo de mixagem ele anunciou que estava se afastando temporariamente da banda e que não sabia quando ou se voltaria. Na primavera de 1971, junto com sua companheira de muitos anos, Pamela Courson, ele se mudou para Paris — a cidade que, desde a época do romantismo, abrigou alguns dos mais respeitados escritores, poetas, filósofos e músicos, e que também foi o lar de muitos escritores americanos do começo do século xx. Morrison tinha certeza de uma coisa: ele iria se distanciar das demandas do rock e refazer sua vida, de um jeito ou de outro.

O breve tempo que Jim Morrison passou em Paris encapsula o misterioso período final de sua vida. De várias maneiras, as verdades dessa fase são tão elusivas quanto as da sua infância. Segundo conhecidos, Morrison, vivendo com Pamela num apartamento na margem direita do Sena, estava inspirado para escrever e decidido a enfrentar o alcoolismo. Outras pessoas, no entanto, diziam que estava bebendo ainda mais — e preocupado, achando que não havia mais saída para ele — e que sua produção literária não avançava da maneira que gostaria. As melhores informações indicam que Morrison caiu em profunda depressão por não mais conseguir evocar sua musa poética, e em vez disso escrevia notas de desespero. Num caderno, rabiscou em páginas após páginas: "Deus me ajude".

Também há relatos divergentes sobre suas últimas horas. Segundo Pamela Courson, Morrison tinha estado doente, com um problema respiratório — provavelmente causado por uma queda antes de deixar Los Angeles. Pamela disse que na noite de 2 de julho de 1971, Morrison assistiu ao filme *Sua única saída*, com Robert Mitchum, voltou para casa tarde da noite e foi dormir. Às quatro horas da madrugada, acordou, vomitou sangue, reclamou de dores e foi tomar banho. Mas, de acordo com relatos que aparecem em *Break on Through: The Life and Death of Jim Morrison*, de James Riordan e Jerry Prochnicky, Morrison pode ter começado a tomar heroína nessa época. (Morrison nunca abusou de narcóticos nem tomava drogas injetáveis, algo que Pamela fazia.) De acordo com um rumor, Morrison foi parar num clube parisiense naquela noite, onde cheirou heroína e teve imediatamente uma overdose. Segundo essa versão, Pamela e outras pessoas teriam levado Morrison secretamente de volta para o apartamento, onde Pamela o colocou numa banheira de gelo para tentar reanimá-lo. Mais recentemente, o biógrafo Stephen Davis construiu um relato das últimas horas de Morrison em *Jim Morrison: Life, Death, Legend*. De acordo com Davis, Morrison e Pamela cheiraram heroína depois da meia-noite no apartamento em que moravam. Pamela deu uma apagada, mas Morrison começou a passar mal e vomitou sangue. Ela conseguiu colocá-lo numa banheira de água, talvez com a ajuda de outra pessoa. Quando, às sete e meia da manhã, ela e seu amigo, o traficante Jean de Breteuil, entraram no banheiro forçando a porta que tinha sido trancada, Morrison estava morto na banheira cheia de sangue. Através de várias manobras e beneficiada pelas brechas da lei francesa, Pamela convenceu as autoridades parisienses a declarar que Morrison morrera de ataque cardíaco. O médico que examinou o corpo naquela manhã ficou chocado ao saber que Morrison tinha apenas 27 anos. "Eu ia escrever 57", disse.

Talvez rumores e mitos fiquem sempre associados à morte de Morrison. Diz-se com frequência, por exemplo, que Pamela foi a única pessoa a ter visto o corpo de Morrison, embora ele tenha sido examinado por policiais e por um médico. Além disso, um agente funerário deixou o corpo de Morrison em contato com gelo nos dois dias seguintes devido a uma onda de calor (o corpo continuou no apartamento até pouco antes do enterro). De qualquer maneira, nunca foi feita uma autópsia. Pamela disse que não havia necessidade (certamente temia que se descobrisse que o casal usava heroína), e os pais de Morrison também não solicitaram o procedimento. Inicialmente, Pamela negou os rumores de que Morrison morrera. Seu objetivo, ao que parece, era que Morrison fosse enterrado no cemitério parisiense de Père-Lachaise sem cobertura de imprensa ou espetáculo público. Mas afinal, veio o anúncio oficial: James Douglas Morrison estava morto.

Nos anos que se seguiram à morte de Morrison, a tristeza de Pamela só fez aumentar. Da mesma maneira que seus problemas com drogas. No fim, ela acabou voltando para Los Angeles e, em 25 de abril de 1974, morreu em seu apartamento em Hollywood, de overdose de heroína, também aos 27 anos. É possível que Pamela tenha levado consigo algum segredo sobre os últimos anos de Morrison, mas é inegável que a angústia que a consumiu nos anos seguintes atesta a verdade inescapável: Jim Morrison morreu do coração em 3 de julho de 1971, em Paris, sorrindo de frente para um vazio que havia muito tempo se aproximava lentamente e que ele decidira, muitos tempo antes, ser a mais reconfortante certeza de sua vida. Um dia depois de sua morte, Pamela Courson teria achado um poema entre os últimos escritos de Morrison. O poema acabava assim: "*Last words, last words/ out*" [Última palavras, últimas palavras/ fim].

Ao ouvir de novo os álbuns dos Doors e me aprofundar na leitura sobre a história da banda, várias vezes eu topei com aquelas inevitáveis declarações de tributo e desdém que marcaram a vida e a morte de Jim Morrison. Acabei relendo até um artigo que eu mesmo tinha escrito para a *Rolling Stone* em 1991, por ocasião do lançamento do filme *The Doors*, de Oliver Stone. Na época, escrevi: "É quase como se, em algum lugar, de alguma maneira, tivesse havido um pacto macabro: se Morrison simplesmente fizesse a gentileza de morrer, então nós nos lembraríamos dele como um poeta jovem, capaz e bonito; perdoaríamos seus atos de desconsideração e crueldade e suas bebedeiras, e fixaríamos a imagem não de um sociopata lambendo a sarjeta, mas de um místico penetrante e visionário".

Bem, o tempo pode mudar muitas coisas — mas certamente não reduziu a estatura dos Doors na história do rock and roll. De tempos em tempos — primeiro com a ajuda do uso incendiário de sua música por Francis Ford Coppola em *Apocalypse Now*, depois no final dos anos 1970 pelos punks de Los Angeles, que se consideravam seus herdeiros — os Doors experimentaram momentos de ressurgimento cultural. Além disso, várias iniciativas do selo da banda e de ex-integrantes e associados tentaram reafirmar a longevidade do grupo na história do rock e no mercado pop. Mais importante, vários dos temas que marcaram a banda ainda são debatidos na cultura pop e na imprensa — por exemplo, a contínua apreensão de muitos pais de que seus filhos, afinal, podem estar mesmo loucos. Alguns críticos sociais dizem que não há como comparar a cultura jovem dos anos 1960 com a de hoje; para eles, os perigos atuais têm diferentes contextos e causas. Mas em parte o que é diferente é que vivemos num tempo em que a mídia e a sociedade infantilizaram os adolescentes; quer dizer, os jovens hoje são considerados mais crianças suscetíveis do que quase adultos. Essa tática pode ter a intenção de proteger os adultos, mais do que os adolescentes. É improvável que a sociedade americana algum dia deseje permitir outra vez que os adolescentes tenham o tipo de domínio que tiveram brevemente nos anos 1960 e 1970. Em vez disso, o poder da juventude hoje é em grande parte apenas um poder de marketing — embora, para muitos, isso também seja preocupante. Quando os jovens aplaudem artistas do hip-hop cujo trabalho é considerado vulgar ou com apelo à violência, ou quando eles popularizam videogames perturbadores, ouvem-se na mídia e entre políticos alarmes sobre o que está acontecendo com nossos jovens. Será que se tornaram perigosos? Será que estão ficando... *loucos*?

Uma coisa, no entanto, *realmente* mudou: hoje em dia a cultura nunca toleraria a idealização de um famoso consumidor de drogas ou bebidas como Jim Morrison. Recuperação (ou abstinência), não indulgência, é hoje um padrão de vida — o que, claro, muitos de nós consideramos uma guinada saudável. Como alguém que teve de descobrir por si próprio a ruína que resulta do abuso desenfreado do álcool, eu só posso ser solidário e esperançoso em relação às pessoas que tentam viver de maneira mais saudável, em benefício delas próprias e dos que se preocupam com elas.

Mas antigamente dizia-se uma coisa que vale a pena lembrar nesta altura: a compreensão tardia do que devia ter sido feito é uma merda. Em outras palavras, deixadas de lado as preocupações de hoje e os ideais, as coisas não funcionaram daquela maneira para Jim Morrison. Ele não se recuperou. Não se afastou do abismo, como fizeram Bob Dylan ou Eric Clapton. Morrison se rendeu ao vazio — ele quis isso — e essa verdade é inseparável de qualquer avaliação significativa de sua vida e obra, independentemente de nosso julgamento final. Morrison, claramente, encontrava algo na submissão ao alcoolismo — alguma coisa além da própria morte (embora talvez isso fosse parte do que ele procurava). Qualquer um que beba muito regularmente o faz por várias razões. Pode ser uma inclinação genética ou um transtorno emocional, problemas aos quais a bebida parece dar uma trégua rápida. Mas há outras razões: a bebida — como as drogas — oferece inspiração, se consumida em doses moderadas. Além disso, a bebida — como as drogas — dá a sensação de uma aventura selvagem ou audaciosa. Ela lhe dá permissão para qualquer tipo de comportamento — às vezes engraçado ou bobo, às vezes tão horrível que chega a ser inacreditável. O problema é que essas vantagens têm vida curta, cada vez mais curta à medida que as noites passam, da mesma maneira como se reduz a expectativa de vida de quem bebe muito. Como disse Jim Morrison, "é a diferença entre o suicídio e a lenta capitulação".

Naturalmente, só posso desejar que Morrison tenha evitado a lenta capitulação. Apesar de todas as bravatas e do péssimo comportamento, acho que no fundo ele era não apenas impetuoso, mas terno e compassível. Morrison tinha o mesmo tipo de humanidade improvável que encontramos na obra de Louis-Ferdinand Céline ou Jean Genet: por trás de uma escrita que parece niilista, há o reconhecimento de que fazer emergir o inominável pode ajudar a nos livrar de nossos medos e crueldades. De qualquer maneira, Morrison tinha a grande capacidade para cantar por aqueles que se sentiam instáveis, áridos e coléricos — na verdade, foi intrépido ao decidir até onde ir para fazer isso.

Foi destemido, e também um pouco tolo, pois no fim Morrison não conseguiu estabelecer uma distinção compensadora entre a genialidade de sua arte e a intensidade de sua vida. Por isso, em última análise, o poder de sua imaginação ajudou a destruí-lo. Ele deve ter compreendido que caminhava para isso; certamente, disse a várias pessoas que não esperava uma vida longa. Nas músicas de Morrison com os Doors, é possível ouvir promessas nascerem e possibilidades se perderem — às vezes no mesmo verso. Mas mesmo quando o álcool e outros excessos causavam danos, Morrison ainda sabia bem o sentido das experiências que descrevia, e havia coragem e dignidade ao revelá-las.

Morrison, é verdade, poderia ter tido uma vida mais longa, mas não foi isso o que escolheu. Ele resistiu a tudo que pudesse conter seu vigor, e decidiu crescer se negando a si próprio. Algumas pessoas, como muitos de nós aprendemos, simplesmente não podem ser salvas de si próprias. O declínio se torna parte dos desígnios de sua vida. Da mesma maneira, Jim Morrison teve a determinação de superar a autonegação através de uma obra bela e sombria, que, passados mais de 35 anos de sua morte, ainda tem boas razões para resistir e comover. Que se dê a ele esse crédito, mesmo que alimentemos a esperança de um fim mais ameno. Afinal, ele teve o mérito de cantar para os jovens num tempo em que eles eram tratados como loucos, precisando desesperadamente da ajuda de um estranho.

The Allman Brothers Band: vínculos musicais e elegíacos

Alguns diziam haver uma alma penada. Rumores davam conta de que um espírito sinistro, com um rastro sombrio de mortes e más notícias, havia dominado a Allman Brothers Band, como um cão inclemente no encalço da presa, até transformar os sonhos da banda num punhado de pó.

Talvez o grupo tivesse atraído tal espírito numa daquelas madrugadas muitos anos antes, quando vários de seus integrantes costumavam se reunir no cemitério de Rose Hill, próximo de onde viviam os Allman Brothers, em Macon, na Georgia. Conta-se que lá eles bebiam vinho e uísque, fumavam maconha, ingeriam psicodélicos, tocavam e compunham blues lúgubres e obsessivos e se deitavam com suas namoradas sobre as lápides lisas nas noites quentes e úmidas do Sul dos Estados Unidos. Talvez, numa dessas ocasiões, o coquetel de sexo, alucinações e blues tenha involuntariamente evocado um espectro insaciável que decidiu ficar por perto daquelas almas problemáticas e vulneráveis que o despertaram. Ou talvez algo mais antigo e perverso tenha atravessado o caminho dos Allmans — algo tão antigo quanto os diabretes e demônios que assombravam as encruzilhadas rurais do Sul em noites sem lua.

Sim, alguns diziam haver uma alma penada. Alguns até a tinham visto — ou, pelo menos, testemunhado como ela era perceptível para aqueles que tiveram que conviver com os efeitos de suas assombrações. Há muitas histórias sobre devaneios nas madrugadas do início dos anos 1970, quando o integrante mais famoso da banda passava as noites em claro ruminando pensamentos em quartos de hotel iluminados apenas pela luz da televisão. Nessa época, a Allman Brothers Band já era o grupo pop de maior sucesso da América — na verdade, a banda se apresentara para a maior plateia da história do país. Mas talvez o sucesso nunca tenha sido suficiente para afastar os temores de que havia ainda muitas coisas que a banda estava destinada a perder.

Naquelas sessões de madrugada, o vocalista se sentava na frente da televisão sem som e assistia a filmes de terror. Às vezes, tinha ao lado uma cadeira vazia. A pelo menos um visitante, o vocalista disse que um espírito estava sentado naquela cadeira — e que ele o conhecia bem. Na verdade, disse, ele e o espírito eram irmãos.

Entre numa sala para conhecer os integrantes da formação original da Allman Brothers Band e você estará entrando num universo de histórias complexas e interligadas. É uma fantasmagórica e gótica história de laços de família — de irmãos de sangue e de amigos fraternos — e também de incríveis prodígios atormentados por uma espantosa falta de sorte. Na realidade, os quatro que lá encontraremos — o tecladista Gregg Allman, o guitarrista Dickey Betts e os bateristas Jai Jaimoe e Butch Trucks — são homens que *fizeram* história: houve um dia em que personificaram os limites do rock e do blues em termos de criatividade musical, além de terem tido papel significativo na história política e social do Sul dos Estados Unidos. Mas, como qualquer um que tenha feito história nessa área, os membros da Allman Brothers também não saíram impunemente da experiência. Eles não parecem arrogantes ou orgulhosos; em vez disso, dão a impressão de ter aprendido que momentos de orgulho podem mais tarde se transformar em memórias de indelével angústia.

Os músicos não gravavam juntos havia vários anos, mas nessa tarde abafada de meados da primavera, reunidos no estúdio Criteria, em Miami, estavam finalizando o trabalho de *Seven Turns* — um álbum que, audaciosamente, consideravam o mais importante desde *Brothers and Sisters*, de 1973. Essa é uma aventura que nunca acharam que fossem viver. Em 1982, depois de uma agitada carreira de catorze anos, os Allman Brothers se dissolveram nas extravagâncias da história pop. A banda havia se separado antes — em meados dos anos 1970, em meio a rancores —, mas dessa vez resolveram acabar com o grupo porque não eram mais requisitados pelo mundo pop. "Nós éramos considerados a principal banda de rock", diz Dickey Betts, puxando nervosamente o bigode enquanto observa os outros rostos na sala. "De repente, os empresários e o pessoal da gravadora começaram a nos dizer que não deveríamos falar em 'rock sulista' nem usar chapéus e botas no palco, alegando que não pegaria bem com o público moderno. Finalmente, decidimos que não dava para nos adaptar às novas tendências — se tentássemos, íamos fazer papel de bobos e arruinar qualquer vestígio de integridade que tivesse sobrado. Pensando bem, a separação foi a melhor coisa que poderíamos ter feito. Se continuássemos, teríamos acabado com qualquer imagem positiva que as pessoas tinham de nós."

Cada um dos integrantes da banda seguiu seu próprio caminho. Allman e Betts excursionaram esporadicamente com suas próprias bandas, tocando sobretudo em clubes e pequenos teatros, e até se juntaram para uma ou duas turnês. Butch Trucks voltou a estudar, abriu um estúdio de gravação em Tallahassee, dedicou-se à família e se envolveu, na Flórida, com o difícil combate à política de colar adesivos de advertência aos pais em álbuns com letras consideradas impróprias. Jai Jaimoe colocou a bateria no seu Toyota e ficou alguns anos viajando pelo Sul, tocando em bandas de jazz, rhythm and blues e pop. Ocasionalmente, os ex-integrantes dos Allmans se reuniam para dar uma canja, mas nenhum deles falava muito sobre o sonho que uma vez tinham partilhado. Obviamente, os dias gloriosos haviam ficado para trás, e não havia razão para falar sobre isso a vida toda.

Então, em fins dos anos 1980, a música pop entrou numa daquelas fases periódicas de revisão. Artistas do neoblues, como Stevie Ray Vaughan e Robert Cray, começaram a atrair grandes audiências; cantores country, como Lyle Lovett e K. D. Lang passaram a atrair um público maior que o alternativo; e Bonnie Raitt, que tivera sérios reveses na vida pessoal e profissional, protagonizou um verdadeiro renascimento musical ao se render, surpreendentemente, ao blues e ao rhythm and blues. O resultado de tudo isso foi que Dickey Betts recebeu um telefonema da Epic Records: ele estaria interessado em gravar um LP de rock sulista? Betts pensou se tratar de uma brincadeira, mas nada disso — a gravadora queria que ele formasse uma banda com duas guitarras e, sim, se realmente fizesse questão, poderia usar sua roupa de cowboy no palco. Betts partiu para um projeto solo e mais tarde ele e Trucks foram sondados sobre uma volta da Allman Brothers Band. Inicialmente, Jaimoe e Trucks se mostraram reticentes; Gregg

Allman não se livrara dos notórios problemas com drogas e álcool e eles tinham dúvidas sobre se queriam excursionar ou tocar com ele nessas circunstâncias. Mas Betts, que se encontrara várias vezes com Allman nos últimos anos, disse que Gregg estava em boa forma e cantando como nunca e que, como os outros, também sentia saudades da música que faziam. Então, Betts ligou para a Epic e perguntou: já que queriam uma banda de rock sulista, por que não *a* banda de rock sulista, a Allman Brothers Band? O pessoal da gravadora se animou — até saber que a banda planejava uma excursão antes de gravar um álbum.

"Eles tinham medo que nos separássemos outra vez antes de terminar a excursão", disse Betts, rindo, durante as sessões da gravação, em 1990. Na realidade, a ideia de excursionar seria parte de um acordo entre os integrantes da banda para testar Gregg Allman: antes de entrar no estúdio para gravar material novo, eles queriam saber como Gregg se comportaria na estrada; na verdade, queriam saber como *todos* se sairiam tocando juntos outra vez. Queriam, sobretudo, saber se soariam como nos velhos tempos, ou se pareceriam uma imitação.

"Teria sido lamentável reunir a banda apenas para passar vergonha", disse Betts. "Acho que não suportaríamos isso. O problema é que já tínhamos sido comparados a nós mesmos várias vezes, e nem sempre de forma favorável."

Mas o momento acabou se revelando bom: outras bandas e roqueiros — inclusive Rolling Stones, The Who, Jefferson Airplane, Ringo Starr e Paul McCartney — estavam voltando a se apresentar em 1989 em excursões principalmente retrospectivas, e a PolyGram também preparava um lançamento histórico cobrindo a carreira dos Allmans. Pela primeira vez em quase uma década, os Allmans tinham um contexto para aproveitar. Betts e Allman recrutaram novos integrantes — o guitarrista Warren Haynes, o baixista Allen Woody e o tecladista Johnny Neel — e a Allman Brothers Band ressurgiu. Mais importante, novamente eles mostraram ser uma banda vigorosa nas apresentações ao vivo, mesclando a vitalidade do rock e a improvisação do blues, da mesma maneira como faziam no início dos anos 1970. "Mais uma vez, estamos sendo comparados a nós mesmos", diz Betts, "mas desta vez de forma favorável. O ideal, claro, seria se todos os membros originais da banda pudessem estar conosco, mas não deu. Mas eu digo o seguinte: esta é a primeira formação, desde que Duane Allman e Berry Oakley entraram na banda, que tem o mesmo espírito que tínhamos naquele tempo."

Butch Trucks — o mais paternal integrante da banda e também aquele com maior traquejo em entrevistas — tem uma visão diferente. "É como se fosse o Allman Brothers outra vez", ele diz, "e fazia muito, muito tempo que eu não sentia assim. Eu gosto disso."

Periodicamente, como afirmam Betts e Trucks, Gregg Allman tenta parecer interessado na conversa. Inclina-se para frente, junta as mãos, parece ter algo a dizer... mas nunca responde voluntariamente a nenhuma pergunta. Depois de um tempo, ele se afunda outra vez no sofá e simplesmente passa a impressão de estar em seu próprio mundo. Fica muito tempo imerso em si próprio, com o olhar perdido em algum lugar privado e inviolável. Em toda a conversa, diz apenas uma sentença completa: "É difícil viver esses dez ou vinte anos, e então tentar começar tudo de novo com outra banda".

Gregg se levanta abruptamente e se desculpa. Hoje é dia de colocar os últimos vocais nas gravações e ele está irrequieto, querendo começar logo. Quando questionado sobre a possibilidade de se assistir à gravação, Gregg visivelmente congela. "Humm, Gregg não deixa *ninguém* entrar no estúdio quando está cantando", diz Betts, socorrendo Allman. "Cantar é uma coisa muito pessoal, sabe? Você está lá em pé, nu."

"É isso aí, com o pinto de fora", diz Trucks. Gregg sai da sala e Trucks acrescenta: "Nunca vi ninguém ficar tão nervoso de ser ouvido por outras pessoas".

Havia alguma preocupação em relação à voz de Gregg. Tom Dowd — produtor de clássicos como *At Fillmore* e *Eat a Peach*, que trabalhava em *Seven Turns* — receava não salvar nada da performance de Allman e ter que fundir o vocal com versões anteriores ainda não editadas. Ninguém sabia, no momento, se Gregg corresponderia à expectativa — na verdade, qualquer reunião dos Allmans não daria certo sem a marca registrada da voz rosnada de Gregg — e ninguém tinha certeza do impacto do desconforto de Gregg sobre a excursão daquele verão.

"É difícil ficar sóbrio de novo depois de todos esses anos", diz Trucks, que também passou por um período de desintoxicação de álcool. "Numa hora como essa, Gregg provavelmente nem sabe se conseguirá falar com as pessoas, quanto mais cantar. Mas a questão é que ele fez isso por muitos anos e vai chegar lá."

Por volta da meia-noite, uma chuvarada de noite quente de primavera desaba sobre o norte de Miami. O baterista Jai Jaimoe (que já foi chamado de

Jai Johanny Johanson, mas que agora prefere simplesmente Jaimoe) se encontra no saguão principal do Criteria Studios, alisando com carinho os novos e brilhantes pratos da bateria que são retirados de um caixote. Está usando um gorro africano tricotado em rosa, azul e verde, calças largas e brilhantes e uma camiseta preta que lhe desce até os joelhos com a inscrição: "Os objetos sob esta camiseta são menores do que parecem".

No fundo do saguão, Gregg Allman esquenta a voz cantando trechos de "Good Clean Fun" e, pelo que se pode ouvir, está cada vez mais animado e confiante. A poucos metros, Dickey Betts dedilha um violão com amigos em volta e canta "Seven Turns" — uma inesquecível canção que compôs sobre os reveses e as esperanças dos Allman Brothers. Na sala principal, Butch Trucks está sentado diante da TV assistindo a um torneio de golfe e tenta explicar à sua mulher o princípio zen do esporte. Mulheres e namoradas dos integrantes da banda — inclusive a nova mulher de Gregg, Danielle — circulam no recinto, algumas conversam, outras leem livros sobre crimes, e os cachorros de Dickey e Gregg perambulam de um lado para o outro, cheirando embalagens de comida vazias e olhando perplexamente a tempestade lá fora. Quem também não para são o produtor Tom Dowd — sempre com um ar professoral, preocupado — e o conhecido *roadie* dos Allmans, Red Dog, um mulherengo charmoso, grande contador de piadas sujas e o mais devoto fã da banda. A cena deve parecer com os velhos tempos, apenas mais tranquila. "Eu sentia falta de tocar com esse pessoal", diz Jaimoe. "Nós tínhamos alguma coisa que eu nunca vi em outras bandas."

Entre uma e outra pancada de chuva, Jaimoe sugere uma caminhada através do estacionamento até um estúdio próximo, onde será possível conversar com mais calma. Os amigos frequentemente brincam com Jaimoe: dizem que por décadas ele tem sido recluso, inescrutável e que vive no mundo da lua. Mas também admiram seu conhecimento enciclopédico de artistas e estilos de jazz e rhythm and blues, e certamente não passaria pela cabeça de ninguém reunir os Allmans sem o seu envolvimento. Na verdade, a piada entre eles é que Jaimoe era *o* membro original da banda — ou, pelo menos, ele era aquele que sempre tinha esperado a formação de um grupo como os Allmans. "Por toda a vida eu sempre quis tocar num conjunto de jazz", diz Jaimoe, acomodando-se num sofá no mal iluminado cubículo de controle do estúdio. "Então eu toquei com Duane Allman."

Como Allman, Jaimoe tinha paixão especial pelos estilos musicais do Sul dos Estados Unidos. Em meados dos anos 1960, era baterista contratado do Fame Studio, em Muscle Shoals, Alabama — onde se gravava a melhor música soul da época — e tocava com vários artistas de rhythm and blues e blues, como Percy Sledge, Otis Redding, Joe Tex e Clifton Chenier. "Acho que, mesmo sem saber, eu vinha me preparando para tocar nesta banda", diz Jaimoe, se ajeitando no sofá. "Foi trabalhando com aquele pessoal que aprendi a tocar com o ímpeto que as pessoas hoje identificam na minha música."

Durante o trabalho no estúdio, Jaimoe cruzou com duas pessoas que seriam as principais forças da Allman Brothers Band: Duane Allman e Phil Walden, um empresário novato. Walden nasceu e cresceu em Macon, Georgia, uma cidade média cuja economia depende até hoje da agricultura e que ainda mantém, em grande parte, a arquitetura do período anterior à Guerra Civil (o general Sherman deve ter considerado a cidade muito insignificante para ser saqueada ou destruída). Nos anos 1950, Walden curtia o rock de Memphis e, em particular, cantores negros de rhythm and blues que integravam bandas como Hank Ballard and the Midnighters e "5" Royales, e em meados dos anos 1960 se tornou empresário de vários astros, inclusive Sam and Dave, Percy Sledge, Al Green, Johnny Taylor, Joe Tex, Arthur Conley e o mais famoso de todos, Otis Redding.

A predileção de Walden pela black music era condenada por muitos dos principais empresários e religiosos da cidade. Walden não se considerava um ativista dos direitos civis, mas encrespava com o racismo provinciano e não aceitava se submeter a pressões locais. O Sul, ele costumava dizer a seus críticos, teria de mudar de atitude, e, mais importante, a popularidade do novo soul seria um arauto da mudança. "Eu acredito que o rhythm and blues teve muito a ver com a mudança das relações raciais na região", diria mais tarde numa entrevista. "Quando as pessoas se juntam e ouvem a mesma música, é mais difícil que se odeiem."

Mas o envolvimento de Walden com o rhythm and blues foi interrompido brutalmente em pouco tempo. Em dezembro de 1967, Otis Redding — alguns meses depois de sua apresentação triunfal no Festival Pop Internacional de Monterey e no limiar de atingir o grande público — voava num pequeno bimotor de Cleveland para Madison, em Wisconsin, quando o avião caiu no lago Wisconsin, matando Redding e quatro integrantes da sua banda, a Bar-Kays. Walden era conhecido como um homem altivo, ambicioso e inteligente — indômito mesmo —, mas para ele a morte de Redding significou mais do que a perda de um ótimo cliente e mais do que o fim da carreira mais brilhante e promissora daquele período. Foi também uma perda pessoal devastadora e, de acordo com muitas pessoas que o conheceram, Walden depois disso se distanciou emocionalmente de seus clientes.

Duane Allman também teve a sua vida transtornada por uma morte repentina. Em 1949, quando ele tinha três anos e seu irmão Gregory, dois, a família vivia em Nashville, no Tennessee. Naquele Natal, o pai dos meninos, um tenente do Exército, estava de licença da Guerra da Coreia. Um dia depois do Natal, ele deu carona a um homem que o assassinou. A mãe, Geraldine, acabou matriculando as crianças na academia militar de Lebanon, no Tennessee, antes de se mudar com a família para Daytona Beach, na Flórida. Adolescentes, os irmãos pouco falavam sobre a morte do pai — eram muito pequenos para tê-lo conhecido bem — e se comportavam como outros garotos da mesma idade: Duane odiava a escola, que abandonou em várias ocasiões em explosões de raiva, e no tempo livre cuidava da sua Harley-Davidson 165. Gregg, enquanto isso, não deixou de estudar e teria sido um bom aluno e atleta, embora considerasse a escola uma experiência penosa.

Desde cedo, Duane e Gregg foram atraídos por aquela música de perdição e desejo — particularmente pelo lamento pungente da country music e pela paixão obsessiva do blues urbano e rural. Gregg foi o primeiro a ser seduzido: ouvira um vizinho cantar antigas canções country ao som do violão e, aos treze anos, trabalhou como entregador de jornais e economizou dinheiro para comprar um violão na Sears and Roebuck local. Enquanto Gregg estava na escola, Duane começou a tocar o instrumento do irmão — e para sua surpresa, e chateação inicial de Gregg, descobriu que tinha talento para a música. Logo, Duane e Gregg teriam cada um sua guitarra, e Duane se isolou por dias com o instrumento, aprendendo a tocar a partir dos modelos do violonista de blues Robert Johnson e do guitarrista de jazz Kenny Burrell. Naquela época, Duane e Gregg assistiram a um show de B. B. King em Nashville, o que foi decisivo para Duane: ele e seu irmão formariam uma banda de blues; na verdade, se dedicariam totalmente à música. Duane continuou estudando o estilo de vários guitarristas, inclusive B. B. King, Muddy Waters, Hubert Sumlin (que tocava com Howlin' Wolf), Elmore James e o prodígio do jazz francês, Django Reinhardt, bem como novos guitarristas do rock britânico — especialmente um jovem incendiário, Eric Clapton — e os que acompanhavam cantores de soul, como James Brown e Jackie Wilson. Duane também começou a prestar atenção a saxofonistas como John Coltrane, para aprender como um solista podia construir uma melodia dentro de complexas estruturas harmônicas e rítmicas. Enquanto isso, Gregg ouvia organistas de jazz, como Jimmy Smith e Johnny Hammond, e desenvolveu um gosto especial pelo blues e rhythm and blues sofisticados de vocalistas como Bobby "Blue" Bland, Ray Charles e Roy Milton.

Mas havia, na jornada dos irmãos, muito mais do que a mera atração por uma música que transformava aflições em prazerosa libertação. Os Allmans — Duane, em particular — pareciam inclinados a formar bandas que fossem extensão dos ideais de família, e os integrantes de algumas delas se relacionavam como os irmãos faziam em casa, alternando amor e ódio, lealdade e rivalidade. De certa maneira, esse ideal de família era simplesmente uma tendência da época: os anos 1960 foram um tempo em que as bandas de rock eram frequentemente vistas como metáforas de comunidades harmoniosas. Mas no caso dos Allmans as raízes desse sonho talvez fossem mais profundas. Sua família real fora despedaçada, e formar uma banda era uma maneira de criar uma fraternidade que eles nunca conheceram de verdade.

Mas os Allmans também criavam vínculos musicais numa época em que o Sul estava sendo forçado a reexaminar algumas de suas tradições culturais e raciais, e Duane e Gregg eram abertos a ideais de interação e igualdade. Para o desgosto inicial da mãe, os irmãos davam preferência à música tocada pelos talentosos negros da cidade, e em 1963 ajudaram a formar uma das primeiras bandas inter-raciais da área, a House Rockers. Houve resistência, mas os Allmans, como Phil Walden, não recuaram da certeza de que a cultura sulista começava a passar por uma necessária e profunda mudança social.

De qualquer maneira, Duane e Gregg integraram sucessivas bandas de rock com influências de blues, como a Allman Joys, que excursionou pelo circuito do Sul tocando para adolescentes e gravou dois bons álbuns (em que também fizeram vários covers dos Yardbirds e Cream). Em 1967, o grupo foi reformado e deu lugar ao Hour Glass, que se instalou em Los Angeles, onde gravou dois álbuns no Liberty. As duas bandas, melhores do que a média das que faziam covers, permitiram a Duane afiar seu talento para acompanhar e improvisar e ajudaram Gregg a se desenvolver como excelente organista e compositor de blues moderno de rara criatividade. Mas aqueles conjuntos não chegavam perto da ambição ilimitada de Duane, e em 1968, depois da separação do Hour Glass, Duane aceitou um convite de Rick Hall, o proprietário do Fame Studios, para gravar com Wilson Pickett. Duane deixou Gregg, que ficou em Los Angeles para cumprir o contrato com a Liberty, e em Muscle Shoals, no Alabama, tocou com Pickett, Clarence Carter, King Curtis, Arthur Conley e Ronnie Hawkins; em Nova York, trabalhou com Aretha Franklin. Em 1969, Duane Allman alcançara a reputação de um dos mais eloquentes guitarristas de estúdio da música contemporânea com influência de soul.

Foi nessa época que Jai Johanny Johanson encontrou Allman. "Eu tinha um amigo que estava trabalhando com Wilson Pickett e Aretha Franklin", disse Jaimoe. "Ele veio a Macon um dia e me disse: 'Jai, tem um branquelo aqui em Alabama que se chama Duane "Skydog" Allman. É um hippie de cabelão ensebado, mas você tem que ver o cara tocar'. Eu me lembro que estava ouvindo rádio tarde da noite em Macon — não tinha mais nada para se fazer por lá; estava tudo fechado — e aí tocou aquela música da Aretha Franklin, 'The Weight', que tinha um solo de guitarra incrível, e eu pensei: só pode ser o 'Skydog' Allman. O cara era legal, mas não dava para comparar a um Barney Kessel ou Tal Farlow, os únicos brancos que realmente dominavam o instrumento."

Pouco tempo depois Jaimoe visitou Muscle Shoas durante uma gravação de King Curtis e procurou Allman. Os dois músicos se tornaram amigos e, entre uma gravação e outra, se metiam em algum estúdio vago e ficavam improvisando por horas a fio. Então um dia apareceu por lá outro cabeludo branco — um baixista chamado Berry Oakley, que Duane encontrara em Jacksonville, na Flórida — e começou a tocar com eles. "Cara", disse Jaimoe, "quando o Berry se juntou a nós nem deu para acreditar. Eu me lembro de que pessoas como [o baixista] David Hood, [o pianista] Barry Beckett e [o baterista] Roger Hawkins [todos músicos dos mais respeitados de Muscle Shoas] vinham ao estúdio para ouvir e nós queríamos que eles também tocassem. Mas *nenhum* deles pegou num instrumento. Estavam com medo de não dar conta do recado."

Nessa época, Allman atraiu a atenção de Phil Walden, que estava criando seu próprio selo, o Capricorn Records, que teria distribuição da Atlantic. Um dia, Rick Hall mostrou para Walden um álbum novo que acabara de gravar com Wilson Pickett, que tinha um cover de "Hey Jude", dos Beatles. Walden ficou hipnotizado pela guitarra e, depois de viajar para Muscle Shoas, finalmente acabou fazendo um acordo para ser o empresário de Duane Allman. Walden achou que tinha encontrado o seu Elvis Presley: um branco que tocava blues como um negro e podia alcançar um grande público.

Havia uma conversa de que Allman, Jaimoe e Oakley formariam um trio nos moldes da dinâmica de improvisação, dispersa mas intensa, de bandas como The Jimi Hendrix Experience e Cream, mas Walden estimulou Allman a procurar seu próprio estilo e textura. Allman queria tocar com Jaimoe e Oakley, mas desejava agregar outros músicos, como o guitarrista Dickey Betts (que tocara com Oakley numa banda chamada Second Coming e, em *jam sessions*, com o próprio Allman) e o baterista Butch Trucks (com quem Gregg e Duane tinham tocado em Jacksonville). Um dia esses cinco músicos se juntaram na casa de Trucks, em Jacksonville, e começaram a tocar. Foi uma sessão de quatro horas de incansável improvisação que os deixou estupefatos. Quando terminaram, Duane se dirigiu à entrada do quarto e esticou os braços, bloqueando a passagem. "Quem não tocar na minha banda vai ter que *brigar* para sair daqui", disse.

Duane disse a Walden e ao vice-presidente da Atlantic, Jerry Wexler, que queria trazer o seu irmão Gregg, que estava em Los Angeles, para ser o vocalista da nova banda, mas os executivos inicialmente foram contra. Jaimoe é quem conta: "Eu me lembro de Duane ter dito: 'Cara, Jerry e os homens lá não querem saber de dois irmãos na banda. Isso sempre acaba dando problema. Quer dizer, eu e meu irmão nem nos damos muito bem — eu não gosto dele. Sabe como é, irmãos não gostam muito um do outro'. E aí Duane disse: 'Mas, Jaimoe, não consigo pensar em outro cara para cantar a não ser o meu irmão. É ele que eu realmente quero'".

No fim, Duane Allman dobrou a resistência — e a escolha se mostrou brilhante. Gregg Allman tinha passado um período sozinho na Califórnia, tivera um romance complicado e, como diria mais tarde, chegou a pensar em suicídio. Quando Duane o chamou para fazer parte da banda, Gregg encarou o convite como um resgate de uma realidade horrível. E o que ele levou consigo seria uma das marcas registradas da banda: uma voz erótica, pungente, cheia de autoridade para cantar blues. Quando Gregg Allman interpretava músicas como "Whipping Post", o fazia de tal maneira que se acreditava que o medo e a dor e a raiva da canção pertenciam ao cantor — e que ele precisava revelar aquelas emoções sombrias para transmitir as verdades amargas sobre as quais cantava.

Phil Walden transferiu a banda para Macon, e a colocou na estrada. Ele e

Duane nem sempre eram honestos um com o outro, nem sempre eram próximos, mas sobre uma coisa eles concordavam: a Allman Brothers Band seria a melhor e maior banda do país.

Num outro dia, durante as gravações em 1990, Dickey Betts está sentado num surrado sofá no salão de entrada do Criteria Studios. Ao fundo, Gregg Allman ainda faz exercícios vocais, e é evidente, pelo bom humor dos dois, que o trabalho vai bem.

Betts ficou acordado até tarde na noite anterior, ouvindo uma fita cassete com a gravação de um show dos Allman Brothers em 1970, no Ludlow Garage, em Cincinnati. Bill Levenson, da Polygram (que fez a compilação de *Dreams*, a retrospectiva de 1989), havia recentemente resmasterizado a gravação para lançá-la no mercado, e naquela noite, pela primeira vez em vinte anos, Betts voltou a ouvir o trabalho. "Eu sabia que se não estivesse constrangedor já estaria de bom tamanho", diz, esboçando um sorriso. Betts parece impaciente — levanta-se, caminha enquanto fala e escolhe as palavras com cuidado —, mas por trás dessa aparência há um homem amigável e honesto, e é evidente a amplitude de sua notável inteligência. Por muitos anos, ele tem sido considerado a verdadeira alma da Allman Brothers Band, embora com frequência minimize sua liderança. Neste momento, fala com prazer sobre a música revolucionária da banda naquela época. "Se me lembro bem", diz, "o Ludlow Garage parecia um calabouço: chão de cimento, teto baixo, estava mais para um depósito. Uma coisa pavorosa. Esse show foi gravado na época do nosso primeiro álbum, a gente estava só começando, ainda era uma banda underground. Só uns aficionados iam aos shows."

A Allman Brothers Band pode ter sido relativamente "underground" em 1970, mas já tinha desenvolvido seu estilo, uma fusão de som pesado e alta criatividade, que se tornaria sua marca distintiva. Como muitos outros grupos daquele período, os Allman Brothers tentavam sintetizar as tradições do rock, blues e jazz e, ao mesmo tempo, encaminhá-las a direções imprevisíveis. Mas, ao contrário do que faziam o Grateful Dead ou Miles Davies (que frequentemente improvisavam dentro do formato do blues ou em estruturas mais livres), os Allmans construíam melodias tremendamente sofisticadas sem perder de vista o ímpeto e um erotismo palpável. O fato é que a banda estava genuinamente sintonizada com a sensibilidade emocional do blues e com o padrão estilístico do rock — ou seja, seus integrantes não apenas encontravam inspiração na música de Muddy Waters, Howlin' Wolf e Robert Johnson, mas também compreendiam como o espírito dessa música tinha se expandido e metamorfoseado na música de Chuck Berry, James Brown e outros pioneiros do rock e do soul. Ao mesmo tempo, os Allmans amavam jazz e tinham passado incontáveis horas encantados não apenas com a maestria de músicos como Miles Davis, John Coltrane, Charlie Parker, Eric Dolphy e Roland Kirk, mas também com a maneira com que esses visionários tinham partido dos mesmos impulsos primitivos do blues, que tinham feito vibrar Robert Johnson e Louis Armstrong, e os transformado em elaborada forma de arte, capaz das invenções mais intricadas e espontâneas. Além disso, havia a confluência excepcional resultante do talento coletivo dos Allmans. Quando tocava blues tradicional, a banda incendiava os shows de tal maneira que seria difícil de ser igualada por outros grupos, mesmo os influentes Bluesbreakers, de John Mayall, Cream e Rolling Stones. E quando resolvia adentrar os labirintos da improvisação — em músicas em grande parte instrumentais como "In Memory of Elizabeth Reed", "Whipping Post" e "Mountain Jam" — a banda era simplesmente imbatível.

"Duane e Gregg estudaram o blues urbano", diz Betts. "O negócio deles era arrepiar o público, tocando essa música de forma honesta, verdadeira, enquanto Berry e eu fomos influenciados pelo blues, estudamos blues, mas éramos mais criativos. Pegávamos um blues e, em vez de ter uma atitude reverente, como se fosse uma coisa sagrada, viajávamos em cima dele. Mas Berry e eu sentíamos falta de alguma coisa — algum fundamento — enquanto Duane e Gregg ficavam mais presos ao formato. Então, nós nos completamos."

A banda se revelou um amálgama único, com as guitarras de Allman e Betts fazendo intricados voos melódicos enquanto as baterias de Jaimoe e Butch Trucks imprimiam um ritmo que dava suporte e realçava o duelo das guitarras. "Sempre fui fã do dueto das guitarras de Roy Clark e Dave Lyle na banda de Wanda Jackson", disse Betts. "Mas, conscientemente, eles não foram nossa fonte. Apenas mais tarde percebemos que pessoas como Clark e Lyle, Coltrane e Pharoah Sanders tiveram a mesma ideia muitos anos antes. Mas no rock era uma coisa completamente nova. Quer dizer, uma das coisas boas dos Allman Brothers é que ouvíamos jazz, recebíamos suas influências, mas nunca pretendemos ser instrumentistas de jazz.

"Mas não se engane: tudo isso só aconteceu porque Duane era um cara antenado o suficiente para sacar e explorar esse potencial. Se tivesse perdido essa oportunidade, se não tivesse percebido essa química, não teria havido a Allman Brothers Band."

Betts também menciona Berry Oakley como figura-chave dos primeiros tempos da banda. Certamente, Oakley é um baixista singular. A exemplo de outros grandes nomes do contrabaixo do jazz, como Oscar Pettiford, Jimmy Blanton, Ray Brown e Scott LaFaro, Oakley tem uma profunda sensibilidade melódica que se combina fluentemente com um toque percussivo pulsante; e como Phil Lesh, do Grateful Dead, e Jack Casady, do Jefferson Airplane, ele sabia como dar uma levantada no som da banda. "Tinha vezes", disse Betts, "que Berry começava a tocar uma frase e Duane completava, e então ele passava a fazer a harmonia. Aí às vezes eu entrava na linha melódica que Duane estava tocando, e nós três ficávamos livres. É o tipo de coisa que um baixista de rock nunca faz. Quer dizer, o Berry dominava tudo e nos dava de bandeja a melodia."

Betts relatou que foi Berry quem fez o arranjo de "Whipping Post", a mais conhecida improvisação dos Allmans. "Berry ouviu alguma coisa nessa música que nenhum de nós tinha ouvido — uma coisa meio assustadora. Ficou trabalhando a noite toda e no dia seguinte apareceu com uma nova abertura, no compasso onze por quatro, e depois disso as ideias começaram a surgir. Esse é o tipo de coisa que sempre acontecia com ele."

No fim dos anos 1970, os Allman Brothers tinham conquistado formidável reputação. Gravaram dois LPs muito elogiados de blues-rock entremeados com elementos clássicos e country, e Duane ganhara fama por sua contribuição ao projeto *Layla and Other Assorted Love Songs*, do Derek and the Dominos, de Eric Clapton. Mas era nos shows que a banda se superava, e em cerca de um ano eles fariam mais ou menos duzentas apresentações. Em parte para manter a energia durante as incessantes e exaustivas turnês e em parte devido ao subproduto da tradição do blues e do jazz (e ao subproduto da cultura do rock), vários integrantes da banda passaram a usar uma variação cada vez maior de drogas — começaram com maconha e de vez em quando um pouco de ácido e, com o tempo, passaram a consumir cocaína e heroína. Foi um hábito que, por pouco tempo, deu alguma potência à banda, e mesmo inspiração, mas no fim acabou custando a fraternidade que havia entre eles. Em retrospecto, Betts tem dúvidas sobre a experiência e seu legado. "As drogas dos anos 1960 e 1970", diz, "eram mais divertidas, a gente podia falar sobre elas, eram aceitáveis, porque aguçavam a consciência e não levavam a becos sem saída. Não estou dizendo que tivessem quaisquer qualidades redentoras, mas pelo menos era isso que as pessoas pensavam na época: tratava-se de um caminho para abrir a mente e ir além.

"Hoje, no entanto, as drogas são fatais, absolutamente perigosas. Não têm mais nada a ver com a intensificação do grau de consciência. A ideia é embotar a consciência, partir para o escapismo. É apenas uma coisa pervertida, e é por isso que eu acho que hoje é totalmente irresponsável e ignorante cantar as drogas de maneira positiva."

Foi nesse período que, sozinhos, os Allman Brothers se tornaram os pioneiros de um estilo e de um comportamento que ficaria popularmente conhecido como rock sulista: uma música pesada mas com suingue, tocada por pessoas que se orgulhavam da região onde tinham crescido e de seu legado musical. Embora mais tarde outras bandas tenham reduzido o rock sulista a uma postura reacionária e a uma crua paródia do machismo, o movimento criado pelos Allmans começou como uma explosão de criatividade musical e cultural. Na verdade, sua música e visão de mundo eram emblemáticas de uma região que queria cada vez mais se desvencilhar da imagem do passado, quando o Sul dos Estados Unidos era um lugar violento, marcado pelo racismo e pela intolerância. Mas ao mesmo tempo em que o Sul do início dos anos 1970 já não era mais uma terra tomada pelo medo e por assassinatos que acabaram com a vida de tantos negros defensores dos direitos civis, Betts reconhece que o território ainda é palco de acontecimentos que justificam sua má fama. "Tinha vezes", diz, "que a gente ia tomar café da manhã depois de um show em algum clube e era obrigado a encarar a possibilidade de sair no braço com alguém. Mas o que a gente podia fazer: fugir para casa? Quer dizer, é só sair na rua e já começam a te chamar de bicha. A gente tinha uma aparência chocante naqueles dias, e alguns daqueles cowboys não perdiam a chance de provocar. Hoje, metade deles tem o cabelo tão comprido quanto o meu. Também houve poucas vezes, em cidades muito pequenas e ignorantes, que a gente tinha dificuldade de ir ao restaurante com Jaimoe." Betts faz uma pausa e meneia a cabeça se lembrando da exasperação. "Esses foram incidentes isolados, mas a gente não se esquece. Eu achava isso terrível.

"Mas, sabe como é, as coisas mudaram bastante nos anos 1970, pelo menos na Flórida, Georgia, Carolina do Norte e outros estados do Sul. O Sul agora tem novas atitudes."

No início dos anos 1970, a cidade de Macon — que se incomodara com a campanha de Phil Walden a favor do rhythm and blues — acolhia os Allmans como bem-sucedidos heróis regionais. Ainda, quase todos os músicos contratados por Walden para a gravadora Capricorn tinham forte identidade com o Sul, e alguns observadores acreditavam que a aspiração de Walden era construir um império pessoal e político, baseado no ideal de que "o Sul vai se levantar de novo". Betts, no entanto, condenava essa ambição. "Não tínhamos nada a ver com esse ideal de 'o Sul vai se levantar de novo'", diz. "Essa ideia não era nossa. A questão era que a gente realmente gostava da nossa cultura, e muitas pessoas sentiam orgulho dos Allman Brothers porque éramos típica e obviamente do Sul. Isso fazia parte de nossa aura. Mas eu não iria além, não acho que fazíamos parte daquilo que estava mudando o Sul. Foram pessoas como Jimmy Carter, Martin Luther King Jr. e John Kennedy que ajudaram a mudar as atitudes do Sul. O nosso papel era que algumas pessoas se identificavam com a banda, e obviamente a gente influenciou bastante a música do Sul. Muitos músicos pensavam: 'Ei, vocês estão falando por mim, estão representando a maneira que eu sinto' — e isso era uma coisa legal."

Aqueles eram tempos estonteantes. Em 1971 os Allmans excursionaram pelo país incessantemente e em março gravaram duas das três apresentações no Fillmore East de Bill Graham, em Nova York, para um álbum duplo, *At Filmore East* — ainda considerada a melhor gravação ao vivo da história do rock. Na crítica publicada em agosto de 1971, a *Rolling Stone* descreveu os Allmans como "uma das coisas mais bonitas que já aconteceram com a gente" e, à medida que a popularidade da banda crescia, o mundo do rock parecia finalmente disposto a compartilhar essa avaliação. Em suas apresentações, os Allmans faziam por merecer cada aplauso que recebiam. Noite após noite, Duane Allman ocupava o centro do palco e, balançando-se suavemente sobre os calcanhares, começava a construir solos rapsódicos e meditativos que terminavam em lugares onde o rock nunca havia estado antes. Músico autodidata, Allman improvisava frases inteiras que tinham a elegância e a dinâmica de uma composição cuidadosamente trabalhada. Em termos melódicos, ele era talvez o mais criativo e expressivo instrumentista do universo do rock.

Mas em 29 de outubro de 1971, quando a banda se encontrava no auge criativo e gravava um disco que prometia ser um marco comercial e artístico, os Allmans foram colhidos por más notícias. Naquela tarde, depois de passar na casa de Berry Oakley, em Macon, para cumprimentar sua mulher, que fazia aniversário, Duane pegou a motocicleta para voltar para casa. Especulou-se que estaria exausto devido aos muitos shows e por isso estaria dirigindo com menos atenção do que de costume. De qualquer maneira, no início da noite, Duane deu uma guinada na moto para se desviar de um caminhão que surgiu na frente. A moto derrapou, caiu sobre ele e o arrastou por quinze metros. Sua namorada e a irmã de Oakley, que vinham atrás de carro, ficaram com ele até a chegada da ambulância. Depois de uma cirurgia de três horas, Duane morreu no Macon Medical Center. Tinha 24 anos. A exemplo da morte de outros jovens, como Charlie Parker, Hank Williams, Patsy Cline, Buddy Holly, Sam Cooke, John Coltrane, Otis Redding, Jimi Hendrix e Janis Joplin, a perda de Duane Allman foi a perda de uma tremenda promessa musical. A banda ainda teria dias felizes pela frente, mas estava privada de seu centro criativo e de sua força emocional.

"A gente *sabia* muito bem o tamanho da perda", diz Betts. "Até cogitamos não tocar mais. Mas aí pensamos: 'O que nós sabemos fazer melhor do que isso? Então decidimos seguir adiante apenas com nós cinco'. Nessa altura, a banda já tinha avançado demais. Mas Duane não viveu o bastante para ver o auge — não testemunhou a grande aceitação que a banda teria." Betts faz uma longa pausa, e seus olhos intensos parecem estar voltados para um passado remoto. É como se, depois de tantos anos, ainda pudesse sentir profundamente o potencial de alegria e criatividade que foi obliterado naquele dia.

Alguns minutos depois, Gregg Allman entra na sala, sorrindo. "Tá pronto", diz com evidente prazer. Betts corre para a mesa de som, onde Tom Dowd toca a fita com o vocal. Depois de alguns compassos em que Gregg canta com rara impetuosidade sobre um homem que quer apenas sentir alguns prazeres de verdade antes que a vida o engane novamente, o rosto de Betts se ilumina num sorriso de orgulho e alívio. Mais tarde, num momento íntimo, Betts para Allman no corredor e alisa carinhosamente seu ombro. "Estava muito bom", diz. Gregg cora e os dois trocam um olhar que dispensa palavras. Por todos os desapontamentos que enfrentaram juntos e apesar de toda a raiva que houve entre eles, Dickey Betts e Gregg Allman ainda são bons amigos.

No início da noite, enquanto outra tempestade parece se aproximar, Butch Trucks perambula pelo Criteria Studios. Está à procura dos valiosos troféus de Tom Dowd — os discos de ouro conquistados pela produção e engenharia de som de gravações de artistas legendários, como Wilson Pickett e Aretha Franklin — quando, num estúdio mais antigo, se depara com um piano de cauda preto. "É o piano de 'Layla'", diz, se referindo ao instrumento no qual Jim Gordon tocou a coda mais famosa e enlevada da música pop. É impossível não passar os dedos pelas teclas brancas e pretas ainda brilhantes. É como tocar em algo sacrossanto. É evidente que este é um lugar onde se fez uma parte essencial da história da cultura contemporânea — um lugar onde o rock americano e britânico se encontraram para sua mais brilhante e duradoura colaboração.

Trucks se acomoda numa cadeira próxima e começa a contar as histórias das gravações de *Layla*. Clapton tinha ido a Miami para gravar com os Dominos (o pianista Bobby Whitlock, o baterista Jim Gordon e o baixista Carl Raddle). O produtor Tom Dowd, que trabalhara com os Allmans em *Idlewild South* e *At Fillmore East*, mencionou a visita a Duane Allman, fã de Clapton de longa data, que perguntou se podia passar no estúdio alguma noite para assistir à gravação. Durante um dos ensaios dos Dominos, Dowd levou o pedido a Clapton, que respondeu: "Cara, se você souber onde Duane Allman está tocando me diga logo". Dois dias depois, os Allmans estavam tocando em Miami Beach, e Dowd levou os Dominos para ver o show. Mais tarde naquela noite, de volta ao Criteria, a banda começou a improvisar e Clapton convidou Allman para tocar guitarra com ele. Os dois desenvolveram uma empatia imediata que nunca tiveram ou teriam com outros instrumentistas. Entrelaçando linhas melódicas sem nada de superficialidade, pareciam dois estranhos fazendo o máximo possível para um descobrir o nível de profundidade do outro e tentar chegar junto — o que seria uma metáfora musical ideal para a sensibilidade romântica atormentada que Clapton queria transmitir em *Layla*.

Numa outra noite, diz Trucks, Clapton convidou os Allmans para uma noite inteira de improvisação com os Dominos. "Eu não lembro se a gente era bom mesmo", diz Trucks, "mas foi divertido. Seria legal poder ouvir aquela gravação outra vez.

"Depois que nós acabamos de tocar", continua Trucks, "Eric e Duane estavam mostrando a fita com 'Layla' e de repente Duane disse: 'Deixa eu tentar uma coisa'. Ele pegou a guitarra e tocou aquela sequência de cinco notas que anunciam a canção (um rearranjo de um riff de Albert King) — uma assinatura que incendeia a música." Trucks faz uma pausa e meneia a cabeça. Talvez tenha percebido que cometeu uma notável indiscrição: o riff mais conhecido da carreira de Eric Clapton era na verdade uma improvisação inspirada de Duane Allman.

Trucks se surpreende ao tomar conhecimento de que o arquivista Bill Levenson recentemente descobrira as fitas com as gravações dos Allmans com os Dominos e planeja editá-las no material retrospectivo de *Layla*. Trucks parece fascinado com essa notícia, mas também admite que talvez fosse melhor que algumas experiências ficassem na memória. "Eu me lembro de uma noite que foi a síntese da banda", diz. "Aconteceu no fim dos shows no Fillmore East, mas não na última noite, quando gravamos *Eat a Peach*. Foi na noite anterior. Começamos lá pela uma hora da madrugada e tocamos por três horas e meia, e, quando voltamos para o bis, a reação da plateia [...] foi algo inesquecível. Eu lembro que sentei com lágrimas nos olhos, estava realmente emocionado, e então, às quatro horas, começamos uma *jam session* que não acabou antes das oito da manhã. Era incrível, uma coisa levava a outra e assim por diante — foi mágico.

"No total, tocamos durante sete ou oito horas, e quando terminamos não houve aplauso. O lugar estava apinhado de gente, mas ninguém bateu palma. Nem precisava. Alguém se levantou, abriu a porta e o sol invadiu o teatro, e a multidão nova-iorquina começou a sair calmamente enquanto ficamos sentados no palco. Estava boquiaberto e me lembro de Duane passar com a guitarra nas costas e comentar: 'Cara, é como sair de uma igreja'. Para mim, música é isso. Você sempre *tenta* atingir esse nível. Se tiver sorte, você consegue uma ou duas vezes. Aquele show — talvez o melhor show de nossas vidas — *não foi* gravado e, por estranho que possa parecer, estou feliz que tenha sido assim."

Como Betts, Trucks diz que a perda de Duane Allman foi insuperável. "Em qualquer nível que se possa imaginar, foi devastadora. O que nos manteve seguindo em frente foi o vínculo que se forma entre as pessoas quando elas enfrentam juntas esse tipo de dor. Também continuamos por ele e por nós. Tínhamos ido longe demais, atingido tantos patamares no que fazíamos, para simplesmente desistir.

"O esquisito foi que, quando Duane voltou do funeral de King Curtis [o saxofonista de rhythm and blues — um dos músicos favoritos de Allman — morrera esfaqueado em Nova York em agosto de 1971], ele estava refletindo muito sobre a morte, e disse várias vezes: 'Se alguma coisa acontecer comigo, vocês vão em frente. Me coloquem num caixão de pinho, me joguem num rio e toquem por dois ou três dias'. Nós tentamos parar por seis meses depois de sua morte, mas isso estava nos enlouquecendo. Não havia outra maneira de encarar a morte de Duane, a não ser tocando de novo. Mas o duro é que ele não estava mais lá. Esse cara estava *sempre* lá na minha frente — era só olhar e lá estava ele — e agora ele não está mais lá."

A banda, no entanto, pagou um preço alto por sua determinação. Gregg Allman diria mais tarde que se afundou no vício das drogas e do álcool nos meses que se seguiram à morte de Duane. Além disso, o baixista Berry Oakley passou a ter sérias dificuldades. De certa maneira, ele assumiu o papel de líder, mas, de acordo com vários observadores, estava muito deprimido pela morte de Duane para dar conta das novas demandas. Em novembro de 1972, Oakley guiava sua moto em Macon quando perdeu o controle e se chocou com um ônibus. O acidente ocorreu a apenas três quarteirões de onde Duane tivera a derrapagem fatal, um ano e duas semanas antes. Como Allman, Oakley tinha 24 anos. E, como Allman, foi enterrado no cemitério Rose Hill, de Macon.

"Tanto quanto Duane, Berry foi responsável pelo que a banda se tornou", diz Trucks. "De certa maneira, a morte de Berry nem chegou a ser tanta surpresa. Mas, com Duane, foi um choque, uma coisa repentina. Mas Berry... ele simplesmente não aceitava a morte de Duane e se tornou autodestrutivo. Havia noites em que a gente nem sabia se ele conseguiria tocar. Mais de uma vez, ele simplesmente caiu no palco. Quando morreu, foi quase um alívio ver o fim daquele sofrimento. Foi devastador, mas estava previsto. Dava para perceber que isso estava por acontecer.

"Isso pode parecer frio ou sei lá o quê, mas nessa época a banda estava tomando outros rumos."

De certa maneira, eram rumos mais férteis. Os Allmans tinham recrutado um segundo tecladista, Chuck Leavell, e depois da morte de Oakley, convidaram um novo baixista, Lamar Williams, que anos antes tocara com Jaimoe em Macon. Em 1973, a banda lançou o tão aguardado quinto álbum, *Brothers and Sisters*; em semanas, o disco chegou ao topo da lista dos mais vendidos e o grupo emplacou sua primeira música, "Ramblin' Man", de Dickey Betts, na parada dos dez compactos mais executados. Finalmente, a Allman Brothers Band alcançava o sucesso com o qual Duane Allman e Phil Walden tinham sonhado; na realidade, os Allmans contribuíram para definir o som americano dominante daqueles primeiros anos da década. Ao mesmo tempo, não havia nada claro ou consensual sobre como substituir a sensibilidade de Duane. Com o tempo, surgiram relatos de que, enquanto Chuck Leavell queria imprimir uma marca mais jazzística na banda, apostando na fusão que a aproximaria do rock progressivo, Betts achava que eles estavam se afastando demais de suas raízes originais de blues e rock. Além disso, veio à tona um desconfortável espírito de competição entre Betts e Gregg Allman. Ambos tinham lançado álbuns solos e formado suas próprias bandas (a de Allman contava com Jaimoe, Williams e Leavell) e gradualmente Gregg se tornava a celebridade mais identificável do grupo. Em parte, isso se devia ao seu romance (e casamento turbulento) com Cher, uma estrela da música americana, bem como ao seu comentado apetite por drogas. Mas a fama de Gregg também derivava de algo mais mórbido: ele era o sobrevivente de uma banda tão brilhante quanto maldita, e muitos o observavam com uma curiosidade fatalista.

"Nessa época, aquele brilho inicial já não existia mais", diz Trucks. Lá fora, continua desabando a tempestade. A chuva bate forte nas janelas ao redor da sala. "Estávamos ficando mais previsíveis e só faturando, e a cada ano tudo se repetia — a ponto de tudo ficar ridículo, e até a gente, em meio àquele entorpecimento, podia perceber isso."

Mesmo o momento de maior sucesso — quando os Allmans tocaram no autódromo de Watkins Glen, em Nova York, com o Grateful Dead e The Band, para um público de 600 mil pessoas, o maior já registrado nos Estados Unidos — foi uma experiência vazia e amarga. "Apenas demos o que as pessoas queriam", diz Betts. "Também não foi um bom momento para fazer amigos. Eu me lembro que o Jerry Garcia entrou no palco quando a gente estava tocando e queria dominar tudo. Não havia dúvida de que era isso o que ele ia fazer: ele entrou bem quando o Dickey estava tocando. Aí ele cometeu o erro de cantar 'Johnny B. Goode', e o Dick deu um esporro nele e a gente foi embora." Trucks ri ao se lembrar da cena, e logo parece se entristecer. "Acho que o Grateful Dead nunca gostou de nós, e para nós teve uma época em que eles eram deuses. Mas aqueles eram dias de alta ansiedade e, como nós, eles também estavam no olho do furacão. Tocavam em ginásios enormes, tentavam vender cada vez mais álbuns e também tinham perdido dois membros da banda, então provavelmente tinham as mesmas dúvidas que nós."

Trucks faz uma pausa e por um momento fica olhando a chuva. "A gente levava uma vida maluca", diz, com evidente desgosto. "Era uma coisa insana de astros do rock, era ridículo. E além disso cada um tinha passado a viver em seu canto, e acho que isso teve muito a ver com o nosso fim. Cada um pegava sua limusine, ficava em sua suíte e a gente só se via no palco, e pronto. Fora a cocaína, que tinha de monte. Era só ir aos bastidores e tinha uma fila de uns trinta traficantes esperando por nós. A banda estava se desintegrando e nos últimos dois anos não fizemos nada que valesse a pena. Na verdade, aqueles anos passaram em branco para mim. Eu andava bêbado 24 horas por dia."

Então, quase simultaneamente, os Allmans atingiram os píncaros da glória e o fundo do poço. Em 1975, Phil Walden estava envolvido na política da Georgia. Poucos anos antes, conhecera o governador Jimmy Carter, de quem se tornou amigo, e foi um dos primeiros a saber de seus planos de disputar a presidência. No outono de 1975, quando a campanha de Carter estava quase sem fundos, Walden organizou um show para levantar recursos com vários astros do selo Capricorn, inclusive os Allmans Brothers — a banda americana favorita de Carter. No fim, com a ajuda de Walden e quantidade equivalente de fundos federais, Carter conseguiu 800 mil dólares; sem o apoio de Walden e dos Allmans é improvável que Carter tivesse dinheiro para pagar a cara campanha por tempo suficiente para obter a indicação do Partido Democrata em 1976.

Ao mesmo tempo, porém, a complacência dos Allmans em relação às drogas acabou atingindo a banda. No início de 1976, uma força policial de combate aos narcóticos começou a investigar atividades relacionadas a drogas em Macon. Em pouco tempo, Gregg Allman foi ameaçado de ser levado a julgamento, a menos que testemunhasse contra o seu guarda-costas, John "Scooter" Herring, acusado de tráfico. Allman concordou, e Herring foi condenado a 75 anos de prisão. Os integrantes da banda ficaram furiosos. Para eles, Gregg desfizera o laço de fraternidade do grupo. "Nunca mais vamos trabalhar com Gregg outra vez", disse Betts na época — e supostamente ele falava em nome da banda. Para todos os efeitos, Gregg Allman tinha acabado com a Allman Brothers Band. A partir desse episódio, cada um se dedicou aos próprios projetos. Betts formou o Great Southern; Leavell, Williams e Jaimoe tocaram no Sea Level; e Gregg se mudou para Los Angeles, onde gravou com Cher e, naquele exílio, viveu uma fase difícil do casamento.

Demorou uns dois anos, mas as feridas finalmente cicatrizaram. Betts hoje diz: "Seis meses mais tarde eu li as transcrições do tribunal e falei: 'Pô, mas o cara estava entre a cruz e a caldeirinha'. Na verdade, acho que todos nós fomos enredados pela administração republicana, que tentava desacreditar Jimmy Carter através de suas conexões com Phil Walden e com a banda".

Nesse meio-tempo, os integrantes da banda começaram a sentir falta de tocar juntos outra vez — para eles, era impossível, com outras bandas, fazer o mesmo que faziam juntos, e, além disso, separadamente não tinham o mesmo sucesso que desfrutavam como um grupo. Em 1978 eles retomaram a banda; Leavell e Williams preferiram continuar no Sea Level e a banda recrutou o guitarrista Dan Toler e o baixista Rook Goldflies. Os Allmans gravaram um álbum de sucesso, *Enlightened Rogues*, mas em seguida deixaram o selo Capricorn e abriram um processo contra Walden por direitos autorais não pagos. Pouco tempo depois, o Capricorn faliu; o grande império do rock sulista de Phil Walden havia desmoronado.

Os Allmans então se transferiram para a gravadora Arista e realizaram dois álbuns mal concebidos, *Reach for the Sky* e *Brothers of the Road*, mas, de qualquer maneira, no final daquela década a música pop estava dividida entre disco e punk, e não havia receptividade para o rock sulista. "Se tivéssemos achado um público", diz Trucks, "teríamos continuado. Mas os yuppies queriam distância de sexo, drogas e rock and roll. Eles só queriam saber de criar suas famílias e fingir que nada disso tinha acontecido. Nossa geração estava negando sua própria história. Bem, tudo que é bom um dia tem que acabar."

Em 1982, os Allmans se separaram de novo. Seus integrantes às vezes realizavam turnês, nem sempre todos juntos, mas a música que faziam parecia pertencer a outra época. E as notícias ruins não acabaram aí: em 1979, Twiggs Lyndon — que foi o primeiro empresário da banda em excursões e estava sempre junto deles; que matou um gerente a facadas por tentar enganar a banda; que fora preso e se remoía em remorsos — não conseguiu puxar o cordão para abrir um paraquedas, em Duanesburg, uma cidade do estado de Nova York, e morreu antes de se estatelar no chão. Em 1983, Lamar Williams morreu de câncer. A grande banda dos anos 1970 não existia mais; sobrara apenas mais um espectro naquela confusa memória de outros espectros, amalgamados por vínculos de lembranças sombrias e sonhos desfeitos.

Há ainda um assunto sobre o qual as pessoas ligadas aos Allmans nem sempre estão dispostas a falar, e esse assunto se chama Gregg Allman — o problemático vocalista que ainda é responsável pelas maiores dívidas e expectativas da banda. "É quase injusto o nome Allman Brothers Band", diz Trucks, "porque as pessoas se fixam naquele vocalista loiro: o último Allman. Isso põe uma pressão desnecessária sobre ele. Ao mesmo tempo, ele se cobra mais por causa disso. Gregg aprontou demais, e sabe disso. Agora, está fazendo tudo o que pode para consertar isso, mas é uma tarefa pesada. É uma coisa que tem que ser enfrentada a cada dia, mas nós damos todo o apoio a ele.

"De qualquer maneira, uma coisa é certa: os Allmans Brothers não existiriam sem ele. Nós já perdemos pessoas demais."

Gregg, com efeito, é o mais problemático e o mais essencial membro da banda. Seus problemas com álcool e drogas e seu temperamento difícil causaram grandes danos a ele próprio e à banda, e recentemente teve lapsos que levaram pessoas próximas a duvidar do futuro da nova reunião. E ainda assim, Trucks observa, o grupo não existiria sem ele: Gregg Allman é mais do que o nome mais visível da banda; ele é também sua voz. Dickey Betts, Johnny Neel e Warren Haynes podem compor blues e, junto com Trucks e Jaimoe, podem superar qualquer outra banda de rock do mundo. Mas Gregg genuinamente *canta* blues. Não é um talento fácil, nem pode ser forjado. Infelizmente, é também um talento que, levado ao extremo da eficiência, frequentemente provoca a ruína física, moral, emocional e espiritual de quem o possui. Dizer que o blues é para ser vivenciado pode ser um velho clichê do mundo do rock, mas a verdade é que se entregar ao blues pode custar tudo — e Gregg se entregou.

Difícil é fazer Gregg falar sobre o blues que vivenciou. Na realidade, difícil é fazer Gregg falar sobre qualquer coisa. Ele não se abre muito com estranhos, e às vezes parece reticente até com amigos e músicos que o conhecem há muitos anos. Em particular, tem um pé atrás com jornalistas — e por uma razão justa: não deve ter sido nada agradável ver os seus problemas com o casamento e as drogas nas primeiras páginas dos jornais sensacionalistas durante anos. Além disso, ele já falou muito sobre a morte do irmão (que quase o levou à loucura), o incidente com Scooter Herring (que o acuou e fez com que se sentisse humilhado) e suas dificuldades com Cher (que o deixaram confuso e furioso), e é provável que não compreenda verdadeiramente por que tem tido recorrentes problemas com drogas e álcool. Ou talvez entenda perfeitamente, mas não passe por sua cabeça dar explicações.

O que seria interessante saber, no entanto, é como a relação de Allman com a música o fez sofrer — e se o canto da sereia o feriu mais do que o curou. Mas em Miami, ele não está com vontade de falar. Mantém-se ocupado em concluir os vocais de *Seven Turns* e não desperdiça a voz em conversas. E tarde da noite — quando, como foi sugerido, estaria mais propenso a falar — Gregg simplesmente sumiu.

Poucas semanas mais tarde, porém, num fim de semana, Gregg se apresenta num festival para levantar fundos em favor dos direitos civis em Jackson, no Mississippi. As gravações de *Seven Turns* já terminaram e Gregg estaria disposto a dar entrevistas. Além disso, o empresário dele, Dave Lorry, quer que ele cante em alguns shows antes do início da turnê dos Allmans. Aparentemente, Gregg ainda fica nervoso com apresentações ao vivo, e essa ansiedade em parte foi o que, no passado, o empurrou para o álcool e as drogas. De sua parte, Gregg está cantando no festival porque seus velhos amigos do blues, B. B. King e Bobby "Blue" Bland, estão lá também; além disso, Little Milton também está escalado. Little Milton é o cantor favorito de Gregg Allman — um modelo para seu próprio estilo ardente —, mas em um quarto de século de vida no mundo do blues Allman nunca viu Milton cantar ao vivo nem o conheceu pessoalmente. Ele diz que está contente com a perspectiva e especialmente animado por poder, mais tarde, dar uma canja com King, Bland e Milton.

O festival é realizado numa estrutura de metal a céu aberto num descampado nos subúrbios da cidade. Como Miami, Jackson está sujeita a temporais repentinos, e, bem antes de o carro de Gregg chegar, uma pancada de chuva transformou o local num campo lamacento. Procurando um lugar seco para a entrevista, Dave Lorry convence Bobby Bland a acomodar visitantes em seu espaçoso trailer.

Lá dentro, tendo por perto sua mulher, Danielle, Gregg não está mais falante do que em Miami. Não que seja antipático ou não saiba o que falar; é mais timidez, ou simplesmente cansaço por ter de responder a perguntas há mais de vinte anos. Ele não tem muito o que comentar sobre *Seven Turns* ("É uma boa gravação; estou orgulhoso do álbum") ou mesmo sobre a volta dos Allmans ("É uma banda legal; tenho orgulho de fazer parte dela"). Mesmo quando está falando, Gregg aparenta estar perdido em seus próprios pensamentos. Responde às perguntas o mais rápido possível. Música para ele é para ser tocada e cantada, não para ser tema de conversa; e, sobre sua vida particular, deixa claro que não fala. "Os fatos privados da minha vida são tão privados e dolorosos quanto os de todos nós", diz em seu momento mais direto. "Não gosto de ficar falando sobre isso o tempo todo."

Depois de alguns minutos, Bland chega para visitar Allman. É uma alegria encontrar Bobby Bland, vê-lo e ouvi-lo falar. Ele é provavelmente o melhor cantor vivo de blues — e suas interpretações têm o mesmo sofrimento e sensualidade das de Frank Sinatra. Além disso, Bland tem um rosto de causar admiração: é grande, aberto, caloroso, incrivelmente bonito e animado. É um rosto encantador e ele é um homem encantador. Se houvesse justiça no mundo, a imagem de Bobby Bland estaria estampada em selos comemorativos, seu trailer estaria repleto de Grammys e ele teria a audiência pop que sempre mereceu.

Quando Bland se senta, Gregg Allman muda completamente de atitude. Relaxa visivelmente, põe os pés num banco em frente, afunda no sofá e até se permite um sorriso. É evidente que os dois se gostam e se respeitam. Começam a conversar sobre o recente show dos Rolling Stones transmitido pela TV, mas não falam sobre Mick Jagger ou Keith Richards, nem mesmo sobre o guitarrista Eric Clapton. Estão mais interessados em John Lee Hooker, a quintessência do bluesman, que estava no palco com os Stones e Clapton.

Allman ri ao se lembrar das vezes em que viu Hooker no circuito do blues. "Ele estava sempre acompanhado de duas mulheres brancas maiores do que ele", diz Allman, sorrindo.

"É isso aí", Bland concorda, "John Lee é louco pelas brancas." Seu rosto se abre num olhar cheio de uma malícia suave e os dois sorriem como se lembrassem de alguma história.

Bland encara Gregg com afeto por um momento e diz: "Eu só queria saber se você está bem, se está se cuidando". E lança um olhar inquisitivo ao amigo.

Gregg não desvia o olhar, mas enrubesce. "É, cara", diz, "B. B. King me olhou do mesmo jeito ontem à noite."

Bland sorri sem constrangimento. "Bem, estamos só checando se você está bem", disse, com um carinho paternal. "É para você saber que nos importamos com você."

Por maiores que sejam as diferenças de idade, temperamento e de origens culturais e raciais, os dois são colegas. Bland considera Allman um companheiro na inescapável estrada do blues. Sabe o que Allman passou na vida. Conhece suas esperanças e propósitos.

Bland também sabe que está na hora de deixar sua família entrar no trailer e sair da chuva torrencial. Isso significa que a entrevista está chegando ao fim — talvez mais uns dez minutos. Gregg não esconde o alívio. "Nós falamos mais tarde", diz. "Agora eu gostaria de ficar aqui e conversar um pouco com Bobby."

Na verdade, como ficaria claro, a entrevista já tinha acabado. Mais tarde, Allman simplesmente desapareceria de novo. Num momento, ele e Danielle estão sentados ao lado do palco assistindo à elegante apresentação de Bland; no momento seguinte, ele já sumiu. Gregg não aparecerá para a *jam session* com os superastros do blues nem se encontrará com seu ídolo, Little Milton. Enquanto os músicos estão no palco, Gregg está em outro lugar — talvez num quarto de hotel, assistindo à TV com a luz apagada e ruminando algum pensamento.

Mas no meio da tarde ele faz jus à sua vocação e sobe no palco em Jackson, com uma banda rudimentar de blues que costuma acompanhar Wolfman Jack. Eles não são os Allmans Brothers, mas Gregg mantém o espírito da banda e, sentando-se ao órgão Hammond, canta "Statesboro Blues", de Blind Willie McTell, "Trouble No More", de Muddy Water, e "One Way Out", de Sonny Boy Williamson, não como se fossem velhas canções que cansou de interpretar por muitos anos, mas como se fossem verdades amargas de sua vida que ele agora enfrentava. Esse não é o homem que parecia arisco em Miami, nem é o camarada que ria descontraído e irreverente com Bobby Bland. Não, quem está no palco é um homem totalmente diferente e, diante de umas quinhentas pessoas, olhos fechados e inclinando a cabeça até os longos cabelos loiros roçarem os ombros, ele canta como se a sua alma dependesse disso. Esse homem é um cantor de blues — canta como se a música lhe pertencesse por direito natural e como se ela lhe propiciasse os únicos momentos nos quais fosse possível encarar os mistérios e as perplexidades de sua vida. Gregg Allman fecha os olhos bem apertado e canta como quem compreende que canta para fantasmas. Talvez queira fazer as pazes com esses espectros, ou talvez queira assombrá-los da mesma maneira que eles o têm assombrado.

A longa sombra do Led Zeppelin

And as we go on down the road,
Our shadows taller than our souls...

E enquanto caminhamos pela estrada
Nossas sombras maiores que nossas almas...

Robert Plant, "Stairway to Heaven"

Não há outra história no rock and roll como a história do Led Zeppelin. Isso porque ela é um debate — sobre música, sobre quem a faz, quem a ouve e quem julga o seu sentido. Mais do que tudo, porém, é um debate sobre o trabalho, os méritos e a vida de uma banda que tem sido adorada e desdenhada por cerca de quarenta anos. O debate começou assim que a banda surgiu, alicerçada na convicção de que o Led Zeppelin representava um novo mundo, uma nova era — um marco divisório entre os valores tão duramente construídos dos anos 1960 e os prazeres e a inconsequência da vida real dos anos 1970. Ou a banda nos levava para frente ou para baixo, ou iluminava os novos tempos ou os obscurecia. Parte do que faz tal história tão intrigante é que os próprios membros da banda nem sempre sabiam para que lado as coisas caminhavam; as mudanças eram grandes e rápidas, e nada de simples acontecia. Depois que tudo acabou, não importa que tivesse sido bom ou ruim, a música resistiu. O Led Zeppelin — talentoso, complexo, perspicaz, belo e perigoso — legou uma das obras mais duradouras da música do século XX, em termos de composição e performance, apesar de tudo o que seus integrantes tiveram que superar, inclusive eles próprios.

Ao ouvir essa música hoje, nos perguntamos como alguém pode ter deixado de perceber isso. Como o Led Zeppelin foi capaz de dividir opiniões mais do que qualquer outro grupo na música popular? Basta ouvir as canções, os arranjos, os riffs urgentes, o humor implacável, o ímpeto consistente — para não mencionar a sensibilidade e a inteligência que dão sustentação ao som — e fica claro que o Led Zeppelin, ao lado dos Beatles, do som da Motown ou de Bob Dylan, é responsável pela sonoridade de uma época. Mas também é verdade que a música da banda foi, de certa maneira, mais alarmante, um arauto de uma mudança rigorosa. Na verdade, foi uma mudança genuinamente radical. É só ouvir a gravação ao vivo de *How the West Was Won*, de 1972, para sentir que a música acelera e respira, muda de forma, de direção e de clima, intercala momentos em que cai e se levanta, resultando em algo tão abstrato, intransigente e visionário — e com linguagem própria — quanto a mais clarividente música de John Coltrane de uns anos antes, ou quanto a confusa e inclemente música elétrica que Miles Davis fazia na mesma época.

O Led Zeppelin tocava para novos ouvidos, e três décadas e meia mais tarde sua música ainda causa o mesmo impacto. Aqueles sons percorriam nossos corpos e iam além, entrando num território que parecia não ter fim.

O Led Zeppelin sintetizaria os anos 1970 como nada mais, mas sua ingenuidade e ambição tinham raízes nas mudanças das décadas anteriores. Jimmy Page foi atraído para a guitarra nos anos 1950 pelo skiffle de Lonnie Donegan e pelo rockabilly sexualizado de Elvis Presley, e nos anos 1960 já era um dos grandes guitarristas de Londres. Construiu sua reputação tocando para os Kinks, The Who, Them, The Pretty Things, Herman's Hermits e Donovan, entre muitos outros. Em 1966, Page se juntou a Jeff Beck e começou a tocar nos Yardbirds, uma banda experimental que fazia um blues improvisado e que emplacara vários sucessos criativos, como "Shapes of Things" e "Over Under Sideways Down". Mas o grupo estava se desentendendo devido ao temperamento difícil de Beck e em meados de 1968 seus integrantes se separaram. Page, com a ajuda do empresário da banda na época, Peter Grant, ficou com o direito de usar o nome Yardbirds e passou a recrutar novos instrumentistas. Ao tomar conhecimento da nova banda, John Paul Jones, um baixista e arranjador respeitado que trabalhara com Page em "Sunshine Superman", lhe telefonou e disse que queria participar. Page respondeu que o procuraria em breve; primeiro tinha que encontrar um vocalista. Page procurava alguém que fosse imponente, versátil e indômito — um cantor que interagisse espontaneamente com solos improvisados de guitarra. Tinha em mente vocalistas como Steve Marriott, ex-Small Faces, e Terry Reid, mas eles não estavam disponíveis. No dia seguinte ao que Jones o procurou, Page e Grant foram ouvir Robert Plant, que Terry Reid recomendara.

Plant era de uma região industrial chamada Black Country, em Midlands, na Inglaterra. Como Page, fora atraído para o rock pela popularidade de Elvis Presley, embora Plant tivesse afinidade especial pelos cantores americanos de blues, como Skip James, Bukka White e Memphis Minnie. Quando Page o ouviu cantar pela primeira vez, num colégio de Birmingham, ele era fã de *O senhor dos anéis*, o que estava refletido no nome de sua banda, Hobbstweedle. Ao ouvir Plant cantar uma versão de "Somebody to Love", do Jefferson Airplane, o guitarrista disse ter ficado perturbado. Era exatamente a voz que ele queria. "Eu só não consegui entender", disse Page, "por que Plant ainda não era um grande nome, já que cantava havia vários anos." Page e Plant se encontraram no barco em que o guitarrista morava no rio Tamisa e falaram sobre seus gostos musicais. Page tocou uma faixa de um disco de Joan Baez, "Babe I'm Gonna Leave You", e explicou que queria encontrar uma maneira de tocar aquela música num novo contexto, dando mais vida à melancolia e à leveza do material e sublinhando esses contrastes. Plant achou a ideia esquisita o suficiente para se envolver com ela. "Nós usávamos cartas do mesmo baralho", disse em 2005. "A gente percebe de longe quando as pessoas [...] são mais antenadas do que a maioria, e logo vi que Jimmy era um cara assim. Ele tinha uma habilidade para absorver coisas, e a maneira como se conduzia era muito mais cerebral do que a de qualquer outra pessoa que eu tivesse conhecido, e eu fiquei muito impressionado."

Plant indicou John Bonham, um baterista com quem ele tocara numa banda. Bonham admirava os bateristas de soul e da Motown e as inovações do jazzista Gene Krupa. Mas achava que Ginger Baker, do Cream, era quem tinha mudado as possibilidades do instrumento. Baker, Bonham disse, "foi o primeiro que apareceu com essa 'nova' atitude — de que o baterista poderia ser uma figura central numa banda de rock, e não um cara esquecido lá atrás". Bonham não era do tipo que se contentasse em ficar esquecido lá atrás. Ele tocava com vigor e chegou a ser expulso de clubes noturnos por fazer muito barulho. Um produtor lhe disse certa vez que o som era alto demais para ser gravado. Page diria mais tarde que, ao ouvir Bonham pela primeira vez, decidiu que aquele seria o som da sua banda. "Essa banda pode colocar o rock em outro patamar", Page disse a Bonham. Jimmy Page, John Paul Jones, Robert Plant e John Bonham se encontraram pela primeira vez num salão embaixo de uma loja de discos em Londres. Page sugeriu que tocassem a música "Train Kept a-Rollin'", um rockabilly popularizado por Johnny Burnette que ganhara uma versão dos Yardbirds. Todos que estavam lá naquele dia contam a mesma história cada vez que lhes perguntam: foi como uma erupção — eles se acertaram já na primeira música. "Assim que ouvi John Bonham tocar", disse John Paul Jones ao biógrafo de Bonham, Chris Welch, "eu tinha certeza de que seria demais — ele é um cara que sabe o que está fazendo e tem um baita suingue. Nós nos transformamos num grupo imediatamente." Robert Plant disse que nesse momento descobriu seu potencial como vocalista e que foi aí também que a banda se definiu: "Embora fôssemos influenciados pelo blues e pelo rhythm and blues, descobrimos na primeira hora e meia tocando juntos que tínhamos nossa própria identidade".

Dias depois desse primeiro encontro, Page levou o New Yardbirds para Copenhague e Estocolmo para alguns shows com covers e algumas músicas próprias. Logo percebeu que o nome Yardbirds era um fardo pesado demais para carregar: a banda era vista como problemática e não havia nada que se salvasse em sua imagem. Page decidiu o novo nome a partir de uma observação de Keith Moon, baterista do The Who, quando Page, Beck, Moon e John Entwistle, baixista do The Who, flertavam com a ideia de formar um grupo. "Provavelmente a banda subiria como um *lead zeppelin*" [um balão dirigível de chumbo], brincou Moon. A frase não saiu da cabeça de Page; ela remetia a um contraste entre coisas graves e gaiatas. Peter Grant, que seria o empresário da nova banda, decidiu tirar a letra *a* de *lead*; estava preocupado que fosse pronunciada "lid".*

* A palavra "*lead*" se pronuncia de maneira diferente, de acordo com o sentido: se quer dizer "chumbo", é "*led*"; se quer dizer "direção" ou "liderança", é "*lid*". (N. T.)

Depois da turnê, quando a banda voltou para Londres, em outubro de 1968, Page levou o Led Zeppelin ao Olympic Studios para trabalhar com o engenheiro de som Glyn Johns (que já tinha feito trabalhos com os Beatles, Rolling Stones e The Who). Page queria apenas reproduzir o som daqueles primeiros shows ao vivo; não queria nada que não pudesse ser feito ao vivo apenas com os quatro tocando. Mesmo os suaves efeitos sibilantes que ele colocou numa faixa como "Dazed and Confused" eram sons que podiam ser feitos ao vivo sem os truques de estúdio. Parte da incrível presença e profundidade daquelas gravações — que tinham mais ressonância do que qualquer outra feita naquela época e que ainda soam como se fossem novas — se deve à maneira como ele dispunha as caixas de som e os amplificadores dentro do estúdio, para captar todas as vibrações. "Distância é profundidade", Page disse a Johns. Era uma ideia antiga, que fora usada nas gravações de blues e nos primeiros discos de rock do estúdio Sun and Chess, mas Page a levou ao extremo, dando-lhe novo frescor.

Os membros da banda ficaram mais ou menos trinta horas no estúdio para gravar o primeiro álbum. Sabiam ter em mãos algo singular. O Led Zepellin tocou três noites no Marquee de Londres, por onde passavam todas as grandes bandas, tendo recebido elogios da crítica — e a parte fácil acabou aí. Em novembro, Peter Grant viajou para Nova York, onde assinou contrato com a Atlantic Records — gravadora de John Coltrane e Ornette Coleman e dona do selo Atco, para o qual gravavam grupos como Cream, Vanilla Fudge e Iron Butterfly. A gravadora pagou ao Led Zeppelin adiantamento de 200 mil dólares — valor sem precedente para uma banda novata cujo primeiro disco ninguém ainda nem tinha ouvido. Mais importante, porém, foram os termos do contrato acertados com Grant: essencialmente, o Led Zeppelin tinha o controle de tudo. Só eles podiam decidir quando fazer lançamentos ou turnês, e além disso tinham a palavra final sobre o repertório e a capa dos álbuns. Também ficava a cargo deles decidir o que fazer para promover cada lançamento (nada muito além de turnês, embora devessem ser extensivas) e quais faixas seriam escolhidas para os singles (Grant e a banda não queriam nenhum). Foi uma conquista significativa: uma grande banda iria trabalhar por conta própria, não para uma gravadora ou para um empresário (o Led Zeppelin não tinha contrato com Grant). Não era a mesma coisa que tomar os meios de produção, mas significava controlar que produção seria aquela e como e quando ela se daria. Page disse: "Eu queria ter controle artístico total, porque eu sabia exatamente o que eu queria fazer com esses caras".

No entanto, o acordo com a Atlantic criou uma imagem e um problema para o Led Zeppelin que a banda nunca conseguiria superar. As sensibilidades políticas que tinham vindo à tona em meio à contracultura, a ativa imprensa underground e a nova cultura do rock desconfiavam do poder e desprezavam a riqueza — especialmente se escancarada de tal forma por jovens alinhados com a contracultura. O polpudo adiantamento e as vantagens contratuais fizeram com que vários críticos os vissem como mercenários. Mesmo sem ser muito conhecido, o Led Zeppelin passou a ser considerado "hype".

Tudo isso aconteceu antes que o primeiro álbum da banda fosse ouvido. Depois disso, tudo seria uma questão de amor ou ódio, e havia pouco espaço para meios-termos.

O acordo da Atlantic tinha causado muita polêmica entre os formadores de opinião na Grã-Bretanha para que Peter Grant conseguisse reservar os teatros de que gostaria para as apresentações da banda no país. O Led Zeppelin tocou algumas noites no Marquee de Londres, mas houve reclamações de que o som estava muito alto. Grant então decidiu que a banda faria alguns shows nos Estados Unidos — embora talvez essa fosse sua intenção desde o início. "Na época em que eu levei o Zeppelin", disse Grant, "eu conhecia a América de ponta a ponta." Ele delegou a Richard Cole — que fora o empresário da turnê dos Yardbirds nos Estados Unidos — a tarefa de acompanhar a banda nos shows no país. Cole, um cara truculento que bebia pesado, também tinha sido empresário da excursão do The Who. Ele se encontrou com a banda em Los Angeles, em 23 de dezembro de 1968, arrumou umas apresentações no Chateau Marmont, em Sunset Strip, e os entreteve à sua moda. Page estava bem preparado para o ambiente libertino do rock em Los Angeles — conhecia *groupies* dos tempos em que se apresentara lá com os Yardbirds — mas para Plant e Bonham aquele era um mundo completamente novo. Ficaram admirados ao perceber que policiais andavam armados em lugares públicos, e nunca tinham visto tantas limusines numa mesma rua.

A primeira turnê do Led Zeppelin nos Estados Unidos ocorreu no momento certo. Em 12 de janeiro, quando já tinham feito várias apresentações, o primeiro álbum, *Led Zeppelin*, foi lançado na América. Era diferente de tudo o que já tinha sido feito no rock. Os arranjos soavam mais elaborados do que os do Cream ou de Jimmi Hendrix, e a musicalidade não era pesadona, como a do Iron Butterfly, nem bombástica, como a do Vanilla Fudge. As bandas que mais se aproximavam daquele som eram a MC5 e os Stooges — ambas de Michigan — mas nenhuma delas tinha o polimento e a habilidade do Led Zeppelin, nem o Led Zeppelin tinha o radicalismo político e social daquelas bandas. O que eles tinham, isto sim, era o potencial de um público de massa. Os jovens amaram o álbum, mas o sentimento não foi geral. Isso tinha um pouco a ver com aquele "hype" todo — tratava-se, segundo os críticos, de uma banda ainda iniciante que reivindicava um prodígio que não tinha e uma popularidade que não merecia. Tinha a ver também com a noção de que lá estava uma nova banda britânica de jovens brancos explorando e colonizando as formas musicais negras da América.

Mas o que mais incomodava os críticos em relação ao Led Zeppelin era o *som*: o trovão da bateria de John Bonham, a voz aguda e lasciva de Robert Plant, os ensurdecedores solos de guitarra de Jimmy Page — tudo isso era visto como manifestação de fúria e ofensa. O crítico Jon Landau descreveu o show de Boston como "barulhento, [...] brutal e frequentemente insano". Ele se referia à música — não às letras ou ao que eles faziam no palco. Afinal, não havia declarações sobre revoluções, como no caso do Jefferson Airplane e do MC5. Apenas a própria música é que perturbava e ameaçava. Ela era também chamada de "rock do pau", que os teóricos Simon Frith e Angela McRobbie definiram como música "explícita sobre o desempenho do órgão masculino" e que não se importava, de acordo com esses críticos, com amor e as necessidades das mulheres do público da banda. (O crítico Charles Shaar Murray certa vez descreveu a famosa versão da banda de "Whole Lotta Love" como algo parecido com "uma curra termonuclear").

Mas havia algo ainda mais peculiar no desprezo ao Led Zepplin: nem todos estavam confortáveis com os que pareciam estar curtindo a música. Esse era um público mais jovem do que aquele que respondera às epifanias culturais e políticas evocadas pelos Beatles, por Bob Dylan ou pelas bandas de San Francisco. Na verdade, tratava-se de uma inesperada divisão geracional dentro de uma geração. Jon Landau novamente: "O Zeppelin forçou um renascimento da distinção entre popularidade e qualidade. Enquanto as bandas artisticamente mais admiradas também eram as de maior sucesso comercial (Cream, por exemplo) a distinção era irrelevante. Mas o enorme sucesso comercial do Zeppelin, apesar das críticas que recebia, revelou uma profunda divisão num público que até então parecia homogêneo. Essa divisão agora evoluia para um gosto popular claramente definido e um gosto elitista claramente definido". O gosto popular, no entanto, era o que contava aqui: esse era um público bastante novo, e aqueles jovens decidiam por si próprios quem falava por eles, quem os representava, o que os inspirava ou lhes dava poder, e desprezar isso era desprezar o fato de que a música popular sempre esteve associada à cultura de sua época.

Nenhuma dessas preocupações impediu o sucesso inicial do Led Zeppelin, que, como Landau indicou, provou ser fenomenal. Enquanto o primeiro álbum fora gravado em rápidas sessões no estúdio, *Led Zeppelin II* foi produzido aos poucos e em vários lugares, nas brechas da agitada agenda das turnês de 1969. Embora Page tivesse dúvidas sobre o conjunto das gravações, seu impacto cultural e musical foi ainda maior. Ao lado do primeiro álbum, o *Led Zeppelin II* deu uma nova sensibilidade ao rock and roll — ou pelo menos codificou algo que se formava. Alguns chamavam essa música de hard rock ou heavy rock, outros preferiam falar em heavy metal (termo já usado para classificar bandas como MC5, Blue Cheer, Deep Purple e Iron Butterfly, embora tanto o termo quanto a música viessem a ter outras dimensões para as gerações seguintes). Ainda não estava totalmente claro, mas o Led Zeppelin levava a cabo — ou representava — uma colossal mudança na música popular e na cultura pop. Eles eram, como Steve Pond observou certa vez na *Rolling Stone*, a última banda dos anos 1960 e a primeira banda dos anos 1970. Em 1969 e no início de 1970, *Led Zeppelin* competia com *Abbey Road*, dos Beatles, *Let it Bleed*, dos Rollings Stones, e *Bridge over Troubled Water*, de Simon and Garfunkel. Esses foram trabalhos que marcaram uma época. O do Led Zeppelin também, porque eles estavam dando início a uma era.

Em 1969, o Led Zeppelin fez 139 shows, a maioria deles nos Estados Unidos (se apresentaram apenas 33 vezes na Grã-Bretanha naquele ano). Obviamente, tinham escolhido a América para alicerçar sua fama e conquistas. "Era como se houvesse um vácuo e a gente tivesse chegado para preenchê-lo", Page disse certa vez a Cameron Crowe. "Foi como um tornado que atravessou o país inteiro." Também parece claro que o Led Zeppelin considerava as apresentações ao vivo tão vitais para o crescimento da banda quanto as gravações de discos. Em parte, essa estratégia derivava da visão de Grant sobre como a banda deveria florescer: ele queria que a aclamação da banda fosse construída nos shows e não através da imprensa.

A vida na estrada é exaustiva, claro. Esses eram homens que ficavam longe de suas mulheres e filhos por longos períodos (só Page não era casado; mais tarde, passou a viver com Charlotte Martin, com quem teria um filho). Mas as turnês também ofereciam algumas compensações. Quando planejou as excursões, Grant tinha em mente ganhar muito dinheiro e aproveitar as amplas oportunidades de prazer imediato — o que incluía beber nos fins de noite, consumir drogas e desfrutar de todas as aventuras sexuais. Nada disso era novo, claro; essas práticas datam das primeiras décadas do blues, do jazz e da música country. O Led Zeppelin, no entanto, estava querendo transformar a má reputação da banda — vista como licenciosa e depravada — numa forma de arte. O caso mais notório de bandalheira aconteceu num hotel perto do cais de Seattle, o Edgewater Inn, onde o empresário da turnê, Richard Cole, convenceu uma mulher a permitir que ele lhe introduzisse pedaços de peixe na vagina e no ânus, na presença dos integrantes da banda. Em outra ocasião, depois de tocarem num concerto beneficente para vítimas da radiação em Hiroshima, no Japão, a banda visitou uma casa de gueixas, onde embebedaram tantas delas que o estabelecimento teve que convocar mais mulheres para continuar a bebedeira.

Em outras vezes, no entanto, as coisas ficaram realmente feias. Em 1969, a *Life* — uma das maiores revistas americanas da época — destacou a jornalista Ellen Sanders para cobrir a excursão da banda pelos Estados Unidos. "Não importa que o grupo mal tenha conseguido manter seu comportamento num nível humano básico", ela escreveu mais tarde, "eles tocaram bem quase todas as noites da semana. Mesmo que fossem vistos como uma das muitas bandas britânicas de rock em excursão, eles eram das melhores. A energia que descobriam a cada noite quando o show começava era incrível." No fim da turnê ela deu uma passada nos camarins para se despedir. "Dois integrantes da banda me atacaram", ela escreveu. "Riam com estridência e agarravam minhas roupas, totalmente fora de controle. Eu me defendi até que Peter Grant veio me salvar, mas não antes de eles rasgarem meu vestido. [...] Se você entrar numa jaula no zoológico, você verá animais de perto, tocará na pele deles e absorverá a energia por trás daqueles seres enigmáticos. Você também sentirá de perto o cheiro da merda."

Posteriormente, Peter Grant decidiu que a banda precisava melhorar as relações com a imprensa e cuidar da imagem. Contratou os publicitários Lee Solters e Danny Goldberg, que lhe disseram na cara que os membros do Led

Zeppelin eram vistos como "bárbaros" pela imprensa americana. Goldberg trabalhou com a banda por uns anos e fez o melhor que pôde. Grant também decidiu produzir um filme sobre a banda, mostrando as extraordinárias apresentações do Led Zeppelin, entre outras coisas. A ideia partiu de Joe Massot, que tinha escrito *Wonderwall* (em que George Harrison aparece) e dirigido *Zachariah*, dois elogiados filmes de rock. Massot, no entanto, não achou fácil trabalhar com a banda e sua *entourage*, e acabou filmando os shows no Madison Square Garden no final da extenuante turnê de 1973, quando o grupo já estava cansado. "Eles finalmente vieram assistir a uma pré-estreia", ele disse, "para ver o trecho da 'Stairway to Heaven', e começaram a gritar e brigar quando o filme começou. Achavam que era eu o culpado pelo pau do Robert Plant ser tão grande. Levaram um ano para se recuperar."

Massot foi despedido e substituído por Peter Clifton, que achou o Led Zeppelin "tosco e rude", além de não querer cooperar. "Peter Grant tinha criado uma aura em torno deles", disse Clifton, "que escondia parcialmente o fato de eles serem uns babacas!"

O filme, *The Song Remains the Same*, estreou em 1976, e recebeu péssimas críticas, embora desde então tenha sido benéfico para a banda.

Em 1970 Jimmy Page concluiu que o Led Zeppelin conquistara credibilidade suficiente junto ao seu público para se permitir ampliar um pouco os rumos musicais da banda. Ele e Plant se isolaram numa casa de campo no País de Gales e escreveram uma suíte de canções acústicas que refletiam a afeição de ambos pelo folclore britânico (eram fãs do Dairport Convention, e Page considerava o guitarrista Bert Jansch, que tocava no Pentangle, uma grande influência). Além disso, queriam prestar um tributo ao tipo de música que Crosby, Stills and Nash e Joni Mitchell faziam na Califórnia (a banda toda achava que Joni era a melhor compositora contemporânea). O conjunto das canções de Page e Plant — inclusive "That's the Way" e "Gallows Poll" — apareceu na segunda metade do *Led Zeppelin III*, com as faixas eletrificadas, como "Immigrant Song", "Celebration Day" e "Out on the Tiles" na primeira metade. A canção mais comovente era, de longe, "That's the Way", que, na avaliação de Page, marcou o início da carreira de Plant como grande letrista. Embora parecesse versar sobre o abismo existente entre dois amigos de infância de diferentes situações sociais, a música aborda na verdade a relação ambígua que os membros da banda tinham com os Estados Unidos, a terra que se tornara o lar deles longe de casa. Às vezes, ficavam assustados e confusos pelo que viam e experimentavam ali — foram alvo de cusparadas, tiveram armas apontadas para eles e eram importunados em aeroportos e aviões — e se incomodavam profundamente com a violência policial que testemunhavam em manifestações contra a guerra do Vietnã e em seus próprios shows. "Estamos na América há tanto tempo e vemos tantas coisas com as quais não concordamos", disse Plant, "que o nosso protesto tem que se refletir em nossa música. Quando você tem a justificativa, isso tem que ser feito."

O *Led Zeppelin III* vendeu bem no começo, mas as vendas declinaram rapidamente. Os fãs e os críticos não sabiam como reagir a um álbum com contrastes tão gritantes entre as faixas eletrificadas e acústicas, embora lá houvesse várias canções que resistiram ao tempo e foram incorporadas ao repertório da banda. Com o álbum seguinte — sem título, mas em geral chamado de *Led Zeppelin IV* — a banda mostrou mais consistência ao combinar sons e temas. Não há um senão no álbum — na verdade, trata-se de um atestado de maestria e devaneio, incrivelmente complexo e simples num extremo ("Black Dog", com suas desconcertantes mudanças de tempo) e, noutro extremo, uma fascinante fábula de escárnio que atinge um patamar transcendental ("Stairway to Heaven"). Ao longo dos anos, o quarto álbum do Led Zeppelin se consolidou como o mais vendido e hoje é considerado uma autêntica obra-prima do rock. Sozinho, o álbum valida toda a fama e a longevidade do Led Zeppelin.

Algo mais, no entanto, resultou do álbum: a expansão do uso de mitos, como tema e como característica da imagem icônica da banda. No *Led Zeppelin III*, Plant e Page misturaram imagens fabulárias com autoimagem em "Immigrant Song", tratando o Led Zeppelin (de maneira conscientemente hilária, mas não imprecisa) como deuses que conquistavam e saqueavam os lugares por onde passavam. Então, com o quarto álbum, aprofundaram a fantasia, evocando história e terror (e um pouco de *O senhor dos anéis*) em "The Battle of Evermore" e sugerindo uma missão compartilhada de esperança espiritual em "Stairway to Heaven". Tão importante quanto o gosto do Led Zeppelin pelas lendas, no entanto, era o que *não* constava do álbum: um título perceptível. Os quatro símbolos rúnicos que funcionavam como nome do álbum e como representações das personalidades dos membros da banda não tinham sentido claro; eram evocativos, mais uma possibilidade do que um significado.

(Page desenhou seu próprio símbolo, que parecia formar uma palavra inexistente, "zoso", e nunca explicou seu significado — certa vez, contou para Plant, mas o vocalista esqueceu o que queria dizer —, enquanto o ícone escolhido por Bonham, três círculos interligados, lembrava o logotipo de uma cerveja que o baterista apreciava.) Em outras palavras, a manipulação de mitos do Led Zeppelin era reforçada por ser elusiva e autorreferencial, como se os que controlassem os mitos também fossem pelos mitos anunciados. Além disso, a imprecisão contribuía para refletir a crescente sensação da ambiguidade moral naqueles anos. (No soberbo ensaio de Erik Davis sobre o *Led Zeppelin IV*, ele observou: "Zeppelin é um tipo especial de *Senhor dos anéis*, em que você tem que *torcer pelos dois lados*".)

No caso de Jimmy Page, o uso do simbolismo tinha um contorno especial. Desde os tempos dos Yardbirds, Page manifestava interesse pelo ocultismo esotérico. Nessa altura da história do Led Zeppelin, o interesse se transforma em obsessão pelo místico e trapaceiro britânico Aleister Crowley, que se meteu com feitiçaria pesada e satanismo no início do século xx. O próprio Page nunca foi satanista, mas se sentia atraído pela filosofia de Crowley. "A coisa toda", disse o guitarrista certa vez, "é a liberação total, é ir fundo naquilo que você gosta. O que você quiser fazer, faça." Na primeira edição do *Led Zeppelin III*, estava inscrita, entre os sulcos do disco e o selo, a pedido de Page, a lei primordial de Crowley, "*Do what thou wilt*" ["Faz o que tu queres"]. Anos mais tarde, Page admitiu que seu envolvimento com Crowley foi infeliz, mas enquanto a banda durou o ocultismo provou ser uma fonte de especulações bobas e rumores maldosos. Um dos mais insistentes — e vulgares — era o de que Page e os outros membros do Led Zeppelin (menos John Paul Jones, o tranquilo) tinham vendido a alma ao diabo em troca de fama e sucesso.

Fábulas como essa tinham apelo sombrio para alguns — a lenda da venda de almas certamente não afetou a estatura de Robert Johnson* ao longo dos anos — mas não passavam de romantismo desinformado. Robert Johnson nunca se encontrou com demônios em encruzilhadas à meia-noite pela mesma razão que Jimmy Page e o Led Zeppelin nunca poderiam ter feito acordos so-

---

* Robert Johnson (1911-38), influente cantor americano de blues, foi alvo de um rumor de que teria vendido a alma ao diabo em troca de se tornar exímio guitarrista. Os boatos foram reforçados por composições suas, como "Crossroads Blues" e "Me and the Devil Blues". (N. T.)

brenaturais mesmo que quisessem: não há demônios fazendo trocas por aí. Essas negociações são feitas com a consciência de cada um — e é possível que isso seja suficiente. O axioma de Crowley, "Faz o que tu queres", quando visto como fundamento lógico de uma lei individual, e não do mero desejo, é no fim um pronunciamento bem radical — esse tipo de sentimento tem tido incalculáveis e terríveis reverberações ao longo da história. Teria também um tremendo impacto na vida e no fim do Led Zeppelin.

Houses of the Holy, o álbum de 1973 (o primeiro da banda a ter um título), tem sido frequentemente descrito como um dos trabalhos menos importantes do Led Zeppelin. De qualquer maneira, estão aí faixas como "The Rain Song", "No Quarter" e "The Ocean", com alguns dos vocais mais expressivos já registrados por Robert Plant. Ninguém, no entanto, expressou as mesmas dúvidas em relação ao sexto álbum de estúdio, o caro *Physical Graffiti*, de 1975. Quando começaram a compor e a ensaiar as músicas desse álbum, eles perceberam que tinham um estoque de faixas antigas que nunca tinham sido lançadas e que essas músicas encaixavam bem com o material novo e mais diversificado que Page e Plant estavam produzindo. O álbum — quinze faixas em dois LPs — resultou numa textura e temática amplas, muito diferente do que outras bandas já haviam feito. Em particular, "Kashmir" — uma música sobre uma viagem sem fim, em que foram usadas escalas indiana e árabe — é a gravação mais ambiciosa da banda. A faixa começa com um zumbido de guitarra em espiral com tensão crescente que, apesar das mudanças e evoluções da música, persiste até o fim. Não dá para evitar: a música envolve o ouvinte numa implacável massa sonora. O Led Zeppelin sempre foi criticado por produzir canções, performances e riffs que evoluem e evoluem sem uma resolução, mas em "Kashmir" fica evidente que a música do grupo não busca ideais completivos de satisfação ou conclusão. A canção é sobre uma viagem que Plant e Page fizeram pelo sul do Marrocos, numa estrada sem paradas através de deserto sem fim. A música também é sobre uma viagem em direção a um horizonte distante e irresistível. O Led Zeppelin não estava fazendo músicas de maneira convencional, com clímax e resolução — aliás, eles nunca tinham feito isso. Não estavam interessados em encerramentos; estavam interessados em nunca encerrar.

Physical Graffiti e os shows de 1975 mostraram que o Led Zeppelin estava artisticamente no auge. Depois da décima turnê pelos Estados Unidos, e de uma série de concertos triunfantes em maio no Earl's Court de Londres — que muitos consideram os melhores de sua carreira —, a banda estava preparada para ir embora da Grã-Bretanha por um tempo para evitar os pesados impostos (que comiam até 95% da renda com os direitos autorais do grupo). Um dia depois da última apresentação no Earl's Court, Robert Plant e sua mulher, Maureen, e os três filhos partiram para Marrakech, no Marrocos. Page e Charlotte Martin, com a filha deles, Scarlet, foram se encontrar com Plant em junho. As duas famílias viajaram em julho, enquanto os compositores começavam a conceber material para um novo álbum, e terminaram o passeio na ilha grega de Rodes. Em 3 de agosto, Page deixou o grupo para ir dar uma olhada numas propriedades na Sicília; ele planejava se encontrar com o grupo em Paris em poucos dias. No dia seguinte, Maureen Plant dirigia um carro alugado, em que estavam sua família e Scarlet Page, pelas estradas estreitas da ilha, quando perdeu o controle. O veículo bateu forte contra uma árvore. Robert pensou que sua mulher tivesse morrido. As três crianças ficaram gravemente feridas, mas Scarlet Page escapou ilesa. Plant sofreu uma fratura feia no tornozelo. Charlotte Martin vinha atrás num outro carro. Ela telefonou para Richard Cole em Londres. A assistência médica da ilha poderia não ser suficiente para Maureen, que tinha perdido muito sangue e corria risco de morte. Cole fez os arranjos necessários para levar Plant e sua família de volta para a Inglaterra, onde Maureen ficaria hospitalizada por semanas. Plant, no entanto, teve que deixar imediatamente o país, para escapar dos impostos.

A banda voltou a se juntar em setembro na Califórnia. Os médicos disseram a Plant que ele não poderia andar por alguns meses. Na verdade, eles não poderiam nem prometer que ele voltaria a andar sem a ajuda de uma bengala. Certamente, a banda não poderia fazer turnês por pelo menos um ano, se é que um dia viria a se apresentar de novo. Page e Grant compreenderam que a ociosidade e a depressão poderiam prejudicar seriamente o ímpeto criativo da banda. Os dois se isolaram em Malibu e começaram a compor músicas mais enxutas e diretas. Em novembro o Led Zeppelin viajou para Munique e gravou *Presence*. Lançado em abril de 1976, *Presence* transmitia a sensação de uma banda que se esforçava para superar reveses. As duas faixas de abertura, "Achilles Last Land" (sobre o acidente de carro) e "For Your Life" (sobre o inferno, as drogas e o terror, e sobre a vida deles na banda), trazem os melhores solos que Jimmy Page já tocou — abstratos, alucinados, furiosos. "*Presence* era pura ansiedade e emoção", Page diria mais tarde. "Quer dizer, a gente não sabia se conseguiria tocar da mesma maneira outra vez. Poderia ter sido uma mudança dramática se o pior tivesse acontecido a Robert. *Presence* é o nosso melhor álbum em termos de emoção contínua."

Ao longo dos anos, *Presence* não vendeu tão bem quanto os outros discos do catálogo. É mais ou menos um disco esquecido; seus sentimentos são muito duros, muito intensos e provavelmente pessoais demais para que possa ser ouvido por muito tempo. Na realidade, o Led Zeppelin obteve algo comparável à conquista de Eric Clapton com *Layla*, gravada com Derek and the Dominos: eles forjaram o espírito e o propósito do blues numa nova forma, sem depender das estruturas e das escalas do blues. É claramente singular no conjunto da obra do Led Zeppelin e é provavelmente o melhor álbum que a banda já fez.

"Foi mesmo como um grito de sobrevivência", disse Plant. "Não haverá outro álbum como esse, que coloque as coisas dessa maneira. Foi um grito que veio lá de dentro, era a única coisa que a gente podia fazer."

Em 1º de janeiro de 1976, Robert Plant conseguiu dar os primeiros passos sem a ajuda de muletas ou de uma bengala desde o acidente em Rodes. O Led Zeppelin só retomaria as apresentações ao vivo com a 11ª turnê pelos Estados Unidos, em 1977. Nessa época, a música popular tinha começado a mudar consideravelmente — ou pelo menos uma parte dela tinha tentado mudar. Em Nova York e Londres surgira uma nova estética e perspectiva social, o punk (ou new wave). O punk seria muitas coisas — teria ritmo e temas diferentes, outra atitude política e os protestos de uma nova geração —, mas crucialmente também era uma crítica ao próprio rock and roll. Na visão dos punks, os astros do rock dos anos 1970 tinham sido assimilados pelo sistema e viviam confortavelmente, isolados, em condições privilegiadas e com grandiosidade. A acusação era dirigida a várias bandas e artistas, mas havia mais veemência contra o Led Zeppelin, cujos shows em estádios, a decadência próspera e a importância que davam ao público americano pareciam uma grande traição. "Eu não tenho que ouvir o Led Zeppelin", disse Paul Simonon, baixista do Clash. "Só de olhar as capas dos discos deles me dá vontade de vomitar."

O engraçado é que o Led Zeppelin era uma das poucas bandas importantes dos anos 1970 que declaravam ter afinidade com a nova música. John Paul Jones disse: "O punk me lembrou o som que a gente fazia no começo — impetuoso e confiante". No início de 1977, a banda foi ao Roxy Club ver o show do Damned. Bonham, bêbado, subiu no palco. "Tirem esse baterista daí", gritou, se referindo a Rat Scabies, do Damned, que estava nos bastidores. "Ele é melhor do que eu." Poucos minutos mais tarde, contou Glen Matlock, baixista do Sex Pistols, Bonham foi até o local onde estava instalada a bateria, furioso. "Ele gritava: 'Cadê a porra dessa banda? Eles só tocaram quinze minutos — a gente tocava três horas, mas pra isso tem que ser macho e esses caras são uns fracotes'." Matlock se lembra de que Bonham teve que ser carregado para fora do clube pelos companheiros da banda, "enquanto continuava a gritar para Mouse Scabies aparecer".

O que quer que o grupo pensasse do punk, isso não teria nada a ver com a turnê de 1977 pelos Estados Unidos. Page e Grant conceberam as apresentações como um esforço para reafirmar o Led Zeppelin como a banda dominante da década — mas as coisas não aconteceram dessa maneira. A excursão começou em 1º de abril, em Dallas, com um show que deveria se repetir por 49 vezes, atraindo um público de 1,3 milhão de pessoas. Segundo Richard Cole, Page, boa parte da equipe e ele próprio estavam usando heroína regularmente nessa época, e Page às vezes se sentia fraco. Na terceira apresentação em Chicago, Page sentiu fortes dores no estômago, teve que abandonar o palco e o show foi cancelado. Depois de um breve descanso, a banda seguiu para San Francisco, onde faria dois megaconcertos promovidos por Bill Graham no Oakland Stadium. Mas os problemas eram crescentes — na realidade, vinham se acumulando havia anos. Peter Grant sempre agira como protetor do Led Zeppelin, mas desde cedo essa proteção se transformou num inexpugnável escudo que acabou dando à banda e às pessoas à sua volta uma sensação de impunidade. "Nós fazíamos nossas próprias leis", Richard Cole disse a Stephen Davis no livro *Hammer of the Gods*. "Quem não quisesse obedecê-las que não se envolvesse."

As coisas só pioraram durante a turnê. Grant enfrentava um divórcio difícil e com frequência ficava transtornado. Além disso, Richard Cole contratara John Bindon como coordenador de segurança da turnê. Bindon fizera papéis de durão em filmes como *Performance, Quadrophenia* e *Carter, o vingador*, mas alguns que o encontraram junto ao Led Zeppelin o acharam mais assustador na vida real. Plant, Page e Jones tinham se queixado sobre a maneira como Bindon e Cole tratavam as pessoas, mas não adiantou muito. Em *Mojo*, o escritor britânico Nick Kent descreveu Cole como uma pessoa "genuinamente assustadora".

"Uma noite", Kent escreveu, "eu o vi importunar uma menina tímida de treze anos que tinha ido ao hotel onde a banda estava hospedada para pegar um autógrafo do Robert Plant. Quanto mais assustada e histérica ela ficava, mais ele parecia se divertir."

Em sua autobiografia, *Bill Graham apresenta: minha vida dentro e fora do rock*, Graham conta que Cole lhe telefonou um dia antes do primeiro show do Oakland exigindo a entrega imediata de 25 mil dólares de adiantamento da bilheteria. Quando Graham levou o dinheiro para o hotel, escreveu, ele percebeu o que Cole faria: "Aquele era o dinheiro das drogas". No dia seguinte, 23 de julho, quando a equipe técnica e a segurança da banda chegaram ao estádio, Graham ficou ainda mais perturbado: "Me falaram da brutalidade dos seguranças, que eles estão aí para matar. Os guarda-costas tinham passagem pela polícia na Inglaterra. Eram uns capangas".

Graham logo percebeu que não tinham essa reputação à toa. Quando um técnico da sua equipe fez um comentário que Grant entendeu como sendo sobre seu peso, Bindon se aproximou e o derrubou com um soco. Depois do show, outro integrante do grupo de Graham, Jim Matzorkis, viu um garoto tirar, das portas dos trailers, as placas que identificavam os integrantes da banda, e as pegou de volta, argumentando que eles precisariam delas no dia seguinte. O menino era filho de Grant. Bonham viu o incidente e contou para Grant, que foi atrás de Matzorkis. Graham tentou intervir, mas quando Grant e Bindon encontraram Matzorkis num trailer lhe deram uma surra. Graham tentou entrar no trailer para apartá-los, mas Cole, com uma barra de ferro na mão, não deixou que ele se aproximasse. Matzorkis disse mais tarde que quando Bindon tentou arrancar seus olhos ele conseguiu reunir forças para escapar do trailer, sangrando muito. Graham levou-o ao hospital.

No dia seguinte, antes que o Led Zeppelin entrasse no palco, um dos advogados da banda exigiu que Graham assinasse um documento que isentava a banda e sua organização de qualquer responsabilidade pelo espancamento. Graham assinou; não queria correr o risco de causar distúrbios no estádio, se a banda não entrasse para tocar. Mas também sabia que, ao assinar, não limitava nenhuma ação legal por parte de Matzorkis. Robert Plant tentou uma conciliação, mas Graham se recusou a falar com ele. Abatido e furioso por tudo aquilo, Jimmy Page tocou sentado o show inteiro. Na manhã seguinte, uma equipe da SWAT de Oakland cercou o hotel onde o Led Zeppelin se hospedava e policiais detiveram Grant, Cole, Bindon e John Bonham. Eles foram acusados de agressão, e Jim Matzorkis abriu um processo de 2 milhões de dólares.

Um dia depois das prisões, em 26 de julho, a banda viajou para New Orleans para o show seguinte. Quando chegaram ao hotel, Plant recebeu um telefonema de sua mulher. Um filho de Plant, Karac, de seis anos, estava gravemente doente — uma infecção respiratória. Duas horas depois Maureen ligou de novo para dizer que o filho deles tinha morrido. Plant, Bonham e Cole pegaram o primeiro avião para a Inglaterra.

Depois dos eventos de julho de 1977, o Led Zeppelin estava despedaçado. Com a morte do filho de Plant, a banda suspendeu imediatamente todos os compromissos. Bonham e Cole foram os únicos membros do Led Zeppelin a comparecer ao funeral de Karac Plant, em Birmingham. De acordo com Cole — cujos relatos são às vezes questionáveis —, Plant estava confuso e magoado por os outros não estarem com ele nesse dia. Segundo Cole, Plant teria dito: "Talvez eles não tenham tanto respeito por mim como eu tenho por eles. Talvez não sejam os amigos que eu pensei que fossem". Grant disse ter sido obrigado a continuar nos Estados Unidos para cuidar do cancelamento do resto da turnê, embora, de acordo com Chris Welch, biógrafo do empresário, Grant perceberia mais tarde que sua ausência no enterro do filho de Plant criou uma distância entre eles que nunca seria realmente vencida.

Jimmy Page teve que rechaçar rumores de que seu flerte com o ocultismo tinha dado para trás e criado uma maldição, o que estaria fazendo o Led Zeppelin pagar o preço. "Eu não vejo como a banda mereceria uma vingança do destino", Page respondeu. "Tudo o que eu e a banda quisemos fazer foi nos divertir e ao mesmo tempo proporcionar bons momentos para as pessoas." Mas Plant mais tarde reconheceria ter sido obrigado a reavaliar tudo. "Depois de perder meu filho", disse, "fiquei achando que os excessos do Led Zeppelin foram tantos que ninguém sabia ao certo o eixo de tudo aquilo. Estava cada um na sua, em seu próprio mundo. A banda tinha passado por duas ou três mudanças realmente grandes, imensas: mudanças que na verdade não deram certo antes mesmo de acontecerem. Toda aquela coisa bonita e leve dos anos 1970 tinha se transformado num tipo de neurose."

Certamente, o imbróglio em Oakland manchara aquela que acabou sendo a última apresentação do Led Zeppelin nos Estados Unidos. Grant contratou um advogado de San Francisco para resolver o caso e, quando o problema se revelou difícil, ele o ameaçou, dizendo que isso lhe custaria o exercício da profissão; Grant não queria que as finanças do Led Zeppelin fossem auditadas. Em fevereiro de 1978, Bonham, Grant, Cole e Bindon alegaram *nolo contendere* na acusação de agressão — negaram a culpa mas aceitaram a punição — e cada um deles foi condenado a menos de dois anos de prisão, beneficiando-se da suspensão condicional da sentença, e a pagar uma multa de menos de mil dólares. Bill Graham ficou decepcionado. "Para mim", disse, "cada um daqueles caras na banda foi responsável por essa merda, porque eles permitiram que isso acontecesse." Robert Plant diria mais tarde sobre Oakland: "Aquilo ali foi uma carnificina. Foi tão triste que esperassem que eu fosse em frente e cantasse 'Stairway to Heaven'. [...] Eu tive que cantar sabendo que os caras que a gente tinha trazido estavam aprontando nos bastidores. E isso não tinha nada a ver com as canções que o Page e eu estávamos tentando fazer".

O relato de Bill Graham sobre o incidente em Oakland foi publicado em 1992 (Graham morreu em outubro de 1991 num acidente de helicóptero perto de Vallejo, na Califórnia). Chris Welch descreve que Grant, depois de ler o livro, telefonou para o seu amigo Ed Bicknell, também empresário. Grant chorava. "É terrível", ele disse; "esse livro conta a história inteira." Bicknell perguntou se o relato era verdadeiro. "É", disse Grant, "mas eu não quero que pensem que eu sou má pessoa."

Grant e os outros membros do Led Zeppelin concordaram em dar a Plant o tempo e a distância de que ele precisasse para o luto, e depois ele decidiria o que fazer. "Eu me sentia longe daquilo tudo", disse Plant à revista *Uncut* em 2005. "Eu não estava à vontade na banda de jeito nenhum. A gente tinha conquistado tanta coisa, mas eu não tinha mais certeza de que agora isso valia a pena para mim." Em outra ocasião, Plant disse que o uso de drogas por Page e por outros companheiros também era um problema: "O vício em cocaína e heroína é a pior coisa que você pode fazer contra você mesmo, é uma perda de tempo, do seu tempo e do tempo dos outros. Aí você fica arranjando desculpas porque as coisas não dão certo ou porque você não está realizando o seu potencial. Primeiro você mente, depois fica esfregando o nariz. Estava na hora de eu ir embora".

Mas no final de 1978 Plant estava pronto para tentar de novo. A banda gravou um novo álbum em Estocolmo. Dessa vez, Plant e Jones deram as diretrizes. "Havia dois campos distintos na época", disse John Paul Jones, "e nós estávamos no campo que era relativamente íntegro." Mas com exceção das faixas "In the Evening", "Carouselambra" e "I'm Gonna Crawl" (nenhuma delas com bons arranjos), o novo álbum, *In Through the Out Door*, foi um equívoco — o único dos discos de estúdio. O que faltou, obviamente, foi o toque genial de Jimmy Page, que estava drogado demais para fazer sua parte. (*In Through the Out Door* se tornaria mais conhecido por vender, já no lançamento, um número extraordinário de cópias, resultado que, sozinho, salvaria a debilitada indústria fonográfica americana em 1979.)

O Led Zeppelin voltou a se apresentar ao vivo em julho e agosto de 1979, perto da data do lançamento do novo álbum. Tocaram duas noites em Copenhague, que serviram como ensaio, e reestrearam em grande estilo no festival de agosto de Knebworth, no Reino Unido. Plant se sentia inseguro devido à grandiosidade do evento e ao desempenho da banda — "um showzinho de merda", diria anos mais tarde —, mas quem roubou a cena foi Jimmy Page; era óbvia sua alegria no palco e o êxtase da plateia, quando ele tocou sua guitarra em "Achilles Last Stand", "In the Evening", "Kashmir" e "Whole Lotta Love", que seriam reunidas na caixa de DVDs *Led Zeppelin*, de 2003. Grant queria que a banda voltasse imediatamente para os Estados Unidos — talvez para que eles se redimissem pela turnê anterior —, mas Plant se opôs firmemente. Ele não queria ficar longe de sua família mais do que o necessário (em janeiro, Maureen dera à luz o segundo menino do casal, Logan Romero Plant). Em vez de ir à América, Plant concordou com uma turnê de duas semanas por parte da Europa no verão de 1980. Em 27 de junho, no show em Nuremberg, John Bonham desmaiou de exaustão. A excursão terminou em 7 de julho, em Berlim, depois que Page cancelou as apresentações programadas para a França. Finalmente, Plant cedeu a Grant: ele iria aos Estados Unidos, mas só se fosse por apenas quatro semanas. "Eu achava que, uma vez que Plant estivesse lá e a turnê engrenasse, ele ficaria bem", disse Grant.

Não é possível falar sobre o fim do Led Zeppelin — aliás, não é possível falar de maneira significativa sobre o Led Zeppelin, para o bem e para o mal — sem considerar John Bonham. De certa maneira, ele foi a figura central da história da banda — a força que a empurrou para frente e o problema que a fez parar. Bonham também cresceu em Black Country e, como disse um amigo, passou a frequentar o ambiente musical num tempo em que a cultura nesse meio era dominada pela bebida. O problema é que Bonham bebia mal. Muitos o descreviam como um doce de pessoa, o mais amigável dos membros do Led Zeppelin, quando estava sóbrio, mas era só beber um pouco e se tornava agressivo. Richard Cole acreditava que Bonham se comportava assim devido ao desgaste por ficar muito tempo longe da mulher e dos filhos. Em *Mojo*, Nick Kent relata uma cena contada por Bryan Ferry, que fazia companhia a Bonham numa noite em Los Angeles: "Ferry se lembra de que Bonham começou a chorar, dizendo que iria voltar para sua família em Midlands porque estava assustado com os excessos que cometia nas temporadas que passava na estrada".

Às vezes, no entanto, Bonham tinha um comportamento perverso. Certa vez, de acordo com o livro *Hammer of the Gods*, a bordo de um voo charter num jato Starship, ele entrou cambaleante na cabine que servia de quarto, agarrou uma aeromoça e anunciou a intenção de estuprá-la. Grant e Cole tiveram que contê-lo. Em outra ocasião, Bonham apareceu no mais famoso clube de rock em Los Angeles, o Rainbow, bebeu dez *black russians* quase de uma vez, andou pelo bar com a cara fechada e quando uma jovem publicitária o reconheceu e lhe sorriu, ele berrou com ela, lhe esbofeteou o rosto e voltou a beber.

Esses incidentes não levaram ninguém a se empenhar para tentar evitar a desintegração de Bonham, embora não esteja claro se qualquer iniciativa o teria ajudado. Todos aqueles próximos do baterista declararam gostar muito dele, disseram adorar o seu lado bom e exaltavam seu talento. Ele incorporou as influências de Gene Krupa, Buddy Rich, Ginger Baker, Bernard Purdie, Max Roach e Alphonse Mouzon, mas foi além de todos eles, fiel ao seu próprio instinto. Além do mais, a dobradinha com Page resultou na melhor relação bateria-guitarra da história do rock. "John sempre achou que sua importância era mínima", disse Plant, "mas se você o tirasse de qualquer faixa a música perderia em erotismo, potência e poder. Ele [...] nunca teve ideia de como era importante e se sentia muito inseguro por causa disso."

Em 24 de setembro de 1980, o Led Zeppelin se reuniu para começar os ensaios para a turnê americana. Bonham tinha superado a dependência da heroína e tomava um remédio para combater a ansiedade e a depressão — mas ele passou o dia inteiro bebendo vodca, e o álcool apenas aumentava a depressão. Plant se lembra de que Bonham se encontrava cansado e desconsolado. "Ele dizia: 'Não estou a fim de tocar. Vamos fazer o seguinte: você fica na bateria e eu canto'." Bonham bebeu durante o ensaio inteiro, até que não adiantava mais continuar. Aí o grupo foi para a nova casa de Page, em Windsor. Bonham tomou mais umas doses de vodca — em menos de doze horas ele tinha tomado mais de quarenta doses — e desmaiou depois da meia-noite. Foi levado para o quarto de hóspedes por um assistente. No dia seguinte, à tarde, John Paul Jones foi acordá-lo com um assistente de Plant, Benji LeFevre. Eles o encontraram morto; Bonham tinha tomado água, se virado na cama enquanto dormia e sufocado com o próprio vômito. Jones diria mais tarde a Cameron Crowe que a morte de Bonham parecia "impressionantemente arbitrária".

Os membros do Led Zeppelin não disseram muito mais do que isso por dois meses, mas a verdade era que tudo tinha acabado ali mesmo. Essa não era uma banda em que um de seus membros podia ser substituído. Foi uma banda que respirou junto até que não deu mais. "Foi tão [...] definitivo", diria Plant mais tarde. "Nem me passou pela cabeça o futuro da banda ou da música."

Houve muita arrogância na história do Led Zeppelin, e as coisas não acabaram nada bem. Houve julgamentos duros e sentimentos em frangalhos — às vezes merecidos, outras vezes não. Houve também uma inocência e uma intensidade terríveis, e no meio disso tudo um brilho grandioso.

Houve, sobretudo, um pesado fardo a carregar. Robert Plant — o que aparentemente mais amadureceu, embora a um custo enorme — manteve-se afastado da história da banda e de sua música por muitos anos. Jimmy Page, por outro lado, adorava a banda e a música que eles tinham feito e se envolveu em vários projetos — remasterizou álbuns, organizou coleções de CDs e DVDs de canções gravadas ao vivo e tocou músicas do Led Zeppelin quando surgiram oportunidades. (Page superou os problemas com as drogas em 1983.) Peter Grant se distanciou dos músicos pelos quais tanto lutara, se envolveu com drogas, superou o problema e morreu de ataque cardíaco em novembro de 1995 aos sessenta anos. John Bindon, que protagonizou algumas das piores histórias do Led Zeppelin, foi julgado e inocentado de um assassinato sangrento em 1978 e morreu de câncer em 1993. Richard Cole — que se afastou de Grant quando a relação entre eles ficou abalada pouco antes da turnê europeia do Led Zeppelin em 1980 — ganhou a vida por alguns anos contando histórias da banda e admitiu que talvez não tenha sido a melhor influência na vida deles, mas de qualquer maneira sempre se orgulhou desse passado. Page, Plant e Jones chegaram a tocar em público algumas vezes depois de 1980 — no concerto beneficente Live Aid, em 1985, na comemoração dos quarenta anos da Atlantic Records, em 1988, e quando entraram para o Hall da Fama do Rock and Roll — mas em nenhuma delas ficaram satisfeitos. Eles sabiam o que estava faltando.

Nos anos que se seguiram ao fim da banda, nas ocasiões em que Robert Plant e Jimmy Page falavam um sobre o outro, eles o faziam em geral com respeito, embora parecesse haver alguma mágoa secreta entre eles. Em 1994, Plant recebeu um convite da MTV para se apresentar na série *Unplugged*. Ele sabia que teria de cantar algumas músicas do Led Zeppelin e então convidou Page para participar com ele. Os dois aproveitaram a ocasião para criar uma colaboração genuína, misturando antigas e novas formas musicais: folk, loops eletrônicos, derbaque marroquino, blues fúnebres, orquestrações egípcias e ocidentais e tonalidades indianas, tudo filtrado pelo prisma de algumas das mais profundas canções do Led Zeppelin (inclusive várias do subavaliado *Led Zeppelin III*). Page e Plant não convidaram John Paul Jones para o evento — o que magoou Jones e foi uma atitude grosseira, especialmente porque foram buscar numa música dele, "No Quarter", o título do trabalho. Nessa altura, porém, era evidente que quem procurasse algum encanto no Led Zeppelin deveria buscá-lo na música da banda, e não nos modos de seus ex-integrantes. *No Quarter* provou estar entre os melhores trabalhos de Jimmy Page e Robert Plant, e por algum tempo eles tocaram essas músicas pelo mundo afora.

Mas esse momento mágico também terminaria. Em 1988 os dois gravaram *Walking into Clarksdale*, com uma instrumentação mais tradicional de rock e que parecia abandonar o território mapeado com *No Quarter*. Page e Plant excursionaram de novo pelo mundo, tocando músicas do *Clarksdale* com canções do Led Zeppelin, mas dessa vez eles não levaram o projeto adiante. Plant decidiu não continuar com a turnê em 1999. Então, em 2007, a banda se reuniu para tocar em Londres num tributo a Ahmet Ertegun, fundador da Atlantic Records, com o filho de John Bonham, Jason, na bateria, e mais uma vez eles eram a melhor banda do mundo.

Mas, ainda que nunca mais eles venham a tocar juntos, merecem perdão e compreensão. A música do Led Zeppelin foi sempre sobre possibilidades: de sons, de público, de pessoas problemáticas fazendo algo que pudesse ser melhor do que eles mesmos, de um público que precisava saber que aquelas pessoas problemáticas podiam transcender a si próprias. Aquela música mudou as coisas bem mais do que qualquer um, inclusive eles próprios, poderia esperar, ou querer. Ainda é uma música que está próxima de nós: ela é grande demais, irresistível demais para se esgotar ou terminar, e agradável demais para ser recusada. Esses caras encrencados criaram algo que ainda faz sentido em nosso tempo. Essa é a sombra do Led Zeppelin, e ela sobreviverá às almas daqueles que a projetaram.

A loucura e o prodígio do Pink Floyd

Não havia razão para que esses homens se juntassem de novo. Roger Waters, David Gilmour, Nick Mason e Rick Wright — os quatro músicos que levaram adiante o Pink Floyd depois que Syd Barrett perdeu a razão em 1968 — não subiam juntos ao palco desde junho de 1981, e parecia improvável que o fizessem de novo. Waters e Gilmour não escondiam o desprezo mútuo que havia entre eles e que já durava um quarto de século — cada um achava que o outro tentava desacreditar seu trabalho e atrapalhar seu futuro. Depois que Waters deu início à carreira solo em 1984, passou a depreciar os companheiros com quem trabalhara por tanto tempo. O guitarrista e vocalista David Gilmour, ele disse, "não tem nada na cabeça", e o baterista Nick Mason "não consegue tocar". (Muito tempo antes Waters expulsara o tecladista Rick Wright da banda.) Gilmour deu o troco da melhor maneira que conseguiu. Apropriou-se do famoso símbolo de Waters, um porco inflável gigante, e mandou colocar testículos no artefato, o que alguns interpretaram como um comentário sobre o baixista da banda. ("Ah, então eles penduraram colhões no meu porco?", reagiu Waters. "Eles que se fodam.")

A longa contenda resultou no racha mais terrível e profundo da história do rock and roll, e quase certamente o mais irreparável. Naquela noite quente do início de julho de 2005 em Londres, quando os quatro finalmente reeditaram o Pink Floyd no Hyde Park de Londres para o histórico concerto Live 8, é improvável que todo o passado de rancor e mágoa tenha sido facilmente esquecido, mas em parte foi exatamente isso o que tornou o momento tão comovente. Eles tocaram e cantaram apesar do ressentimento que havia entre eles, em parte porque a causa do show — tentar persuadir os países mais ricos do mundo a perdoar as dívidas dos países mais pobres — pressupunha um sistema de valores em que genuinamente acreditavam.

Mas havia outra razão para eles terem se reunido naquela noite e que tem muito mais a ver com a história da banda. Eles tinham outro tipo de dívida, que, embora nunca pudesse ser saldada, precisava ser admitida. Syd Barret, que durante décadas permaneceu misterioso e solitário, fora a alma do Pink Floyd nos primeiros tempos — compunha as músicas da banda, determinou seu estilo e a transformou numa potência da cena musical britânica —, mas em 1968, Waters, Mason e Wright o afastaram do grupo depois que ele sucumbiu à desintegração mental. Nenhum deles o tinha visto desde um encontro surpresa em 1975, que os deixou petrificados e em lágrimas, mas ao longo dos anos Barret continuou a defini-los, à medida que desenvolveram seu estilo e passaram a refletir e a escrever sobre o infortúnio que o eclipsou. Eles deviam algo a Barret — de certa maneira, deviam tudo — e se não o reverenciassem naquela noite perante o mundo, talvez nunca mais tivessem a oportunidade de fazê-lo de modo significativo. Isso porque sabiam que o Pink Floyd não teria futuro além daquela noite e talvez porque intuíssem que, em breve, esse também seria o caso de Barret, o homem que deu à banda o nome original e o propósito.

A história do Pink Floyd é a história dos temas que projetaram, obcecaram e dilaceraram a banda por quase quatro décadas. Ou seja, é uma história de loucura, alienação, ausência, arrogância e de um encanto obstinado. Não há nada parecido na história da música popular. Desde quando ajudou a inflamar o movimento pop na Londres do final dos anos 1960, até a pungente apresentação final no Live 8, o Pink Floyd sempre fez algo significativo sobre seu tempo. Na realidade, o álbum que transfigurou sua fama em 1975, *Dark Side of the Moon*, refletia as dúvidas e os medos de uma geração que tinha de enfrentar a perda dos ideais dos anos 1960, e fez isso de maneira tão eficaz que imediatamente estabeleceu o Pink Floyd como uma das maiores e mais adoradas bandas da história do rock and roll. Cinco anos mais tarde, o épico e triste *The Wall* apenas lhes aumentou a estatura (ambos, *The Wall* e *Dark Side of the Moon*, estão entre os álbuns mais vendidos em todo o mundo). Mas *The Wall* — uma história sobre um astro do rock, amargo e drogado, que não suportava o mundo ao seu redor — se revela ainda mais sombrio do que parece à primeira vista, quando se leva em conta que seu autor, Roger Waters, suportava cada vez menos a banda em torno dele. "Se um de nós fosse chamado Pink Floyd, esse alguém seria eu", disse à *Rolling Stone* em 1987, embora a opinião não fosse endossada pelos outros integrantes da banda.

Depois de tantas conquistas e contrariedades os membros da banda acabaram criando certo vínculo — além da raiva que nutriam um pelo outro, também percebiam que sem a comunidade que um dia tinham formado sua música poderia ter sido irrelevante. Certamente, os cinco integrantes do grupo tinham pontos em comum em sua formação. A maioria deles nasceu ou se criou nas imediações de Cambridge — uma afluente cidade universitária impregnada de antiguidade, mas que também valorizava uma atitude mais progressista nas artes e na política — e se encaminhou para a carreira artística. Mas o que logo uniria Waters, Barret, Mason e Wright seria uma paixão pelo som promissor do rock, do blues e do rhythm and blues, que eles ouviam tarde da noite em programas da rádio Luxemburgo, que transmitia do continente. Como outros músicos pop fundamentais — inclusive John Lennon, Keith Richards, Eric Clapton e Jimmy Page —, o Pink Floyd aproveitou o espírito de experimentação desenvolvido na escola de arte e o aplicou na forma mais crua do rock, com resultados que transformariam a cultura em torno deles.

Waters deixou Cambridge em 1962 para fazer um curso de arquitetura na Polytechnic, na Regent Street, em Londres, onde conheceu Mason, um estudante que sempre estivera envolvido com música, arte e política e que tocava bateria havia alguns anos. Waters já tocava guitarra — na verdade, praticava na escola quando não estava com vontade de estudar. Em 1963, ele e Mason entraram para uma banda já existente, a Sigma 6, onde conheceram o tecladista Wright, que adorava jazz e música clássica. Wright e Mason ainda levavam a sério a perspectiva de se tornarem arquitetos, Waters não. Nessa altura, ele testava a paciência dos professores. "Eu poderia ter sido um arquiteto, mas acho que não teria sido muito feliz", disse à jornalista Caroline Boucher em 1970. "Odeio ser pressionado."

Syd Barrett — outro jovem guitarrista e estudante de arte, que em Cambridge era tido como rebelde — se mudou para Londres em setembro de 1964 para estudar artes plásticas. Waters e Barrett haviam se conhecido em Cambridge, onde Barrett fazia parte de um grupo de boêmios da escola de arte, lia sobre o existencialismo francês, o movimento beat dos anos 1950, as religiões orientais e estudava guitarra com seu amigo David Gilmour. Barret adorava a riqueza melódica das músicas dos Beatles e o pop encharcado de blues do Rolling Stones, mas também era dado a afinações incomuns da guitarra e ao uso de uma técnica diferente de *slide* (que talvez tenha aprendido com Gilmour), e se interessaria em encontrar uma forma mais solta e espontânea de tocar rock. Quando Barrett se juntou a Waters em Londres — os dois tinham prometido em Cambridge que um dia formariam uma banda —, o Sigma 6 tinha se transformado no Abdabs e depois no Tea Set. Houve troca de integrantes ao longo do caminho — inclusive a saída de um baixista, deixando o lugar para Waters —, mas no outono de 1965 eles formaram o grupo: Waters no baixo, Wright nos teclados, Mason na bateria e Barret na guitarra solo e no vocal. Barret também deu ao grupo nova identidade: eles passaram a se chamar Pink Floyd Sound, derivado do primeiro nome de dois obscuros músicos de blues, Pink Anderson e Floyd Council (Pink e Floyd também eram os nomes dos gatos de Barrett). "Foi muito legal quando o Syd se uniu ao grupo", disse Wright, segundo o escritor Barry Miles, que testemunhou o crescimento da banda. "Antes dele a gente tocava um blues tradicional, porque era isso que se esperava que a banda fizesse na época. [...] Com Syd, os rumos mudaram, o som ficou mais improvisado em torno da guitarra e dos teclados. Roger começou a tocar baixo como um instrumento solo e eu introduzi minha pegada mais clássica."

Depois disso, a primeira fase do Pink Floyd fluiu rapidamente — para o bem e para o mal. Para o bem porque resultou da confluência das ambições da banda e da célere expansão do movimento cultural de jovens em Londres. Os Beatles e os Rolling Stones, entre muitas outras bandas, haviam transformado a estética e o propósito do pop britânico em meados e fins dos anos 1960 — os jovens definiam como deveriam ser as músicas e as letras, estimulando ou transtornando os ouvintes — e o impacto dessas mudanças influenciou o modo de fazer e consumir arte e a maneira de se vestir e se comportar em público. Assim, a experimentação artística e uma nova e ousada percepção da sociedade se integraram não apenas à cultura popular, mas à vida cotidiana. Em Londres, de 1965 a 1968, tudo isso acabaria emaranhado num movimento conhecido como London Underground ou Spontaneous Underground. Fosse ou não sua intenção, o Pink Floyd, mais do que qualquer outra banda — mais do que os Beatles, por exemplo —, foi responsável pela trilha sonora desse movimento. Isso porque o Pink Floyd, às vezes chamado de "o grupo londrino mais remoto", cresceu no meio daquilo tudo, noite após noite, junto a uma população que era muito mais do que mero público. Por trás disso tudo, havia uma tentativa diligente de várias pessoas — como o produtor Joe Boyd; o dono da gravadora ESP, Steve Stollman; o sócio da livraria e galeria Indica, Barry Miles; e o agitador cultural John "Hoppy" Hopkins — de organizar eventos que mesclassem música, poesia, artes performática e cinética e tivessem a participação do público, que às vezes experimentava maconha, haxixe e psicodélicos, sobretudo LSD. As coisas estavam tão interligadas que para alguns — tanto defensores como críticos — a música parecia inseparável da experiência lisérgica. (Algo semelhante acontecera um ano antes nos *acid tests* de Los Angeles e San Francisco, com os Merry Prankters de Ken Kesey e o Grateful Dead, embora os encontros em Londres reunissem mais gente antenada em estilo e arte.) Esses eventos — às vezes chamados de happenings ou raves — em geral não eram anunciados e só se ficava sabendo deles através do boca a boca ou de algum convite.

O Pink Floyd foi chegando ao centro desse movimento através de uma série de apresentações desde o início de 1966, primeiro no Marquee de Londres e depois, ao longo do ano, em lugares como All Saints Church, Roundhouse e o fugaz UFO Club, onde tocavam para plateias em que se encontravam pessoas como Paul McCartney, John Lennon, Mick Jagger, Christine Keeler, Pete Townshend, Donovan, Marianne Faithfull e Yoko Ono (cuja performance artística foi apresentada no festival 14-Hour Technicolor Dream, no Alexandra Palace, no início de 1967). Havia muitos outros artistas e bandas populares nesse circuito, como Soft Machine, Arthur Brown, Procol Harum, Tomorrow, Pretty Things, Third Ear Band e o grupo de jazz AMM, mas o Pink Floyd se destacava por dois motivos: um jogo de projeções de luzes cada vez mais complexo que reagia à música, e um estilo abstrato de improvisação que num momento parecia sem forma nem regras e no momento seguinte era preciso, vigoroso e estimulante. O artista plástico Duggie Fields, amigo de Barrett, disse: "Primeiro eles tocavam para um grupo de amigos, e de repente passaram a ter um monte de fãs, foi uma coisa mais rápida do que a que aconteceu com os Rolling Stones".

Claro que outras bandas — como os Yardbirds e vários grupos de blues e jazz — também faziam improvisações em clubes noturnos, mas em geral se mantinham dentro de estruturas métricas.

No final de 1966, o Pink Floyd assinou um contrato vantajoso com a EMI (5 mil libras esterlinas), que deu a seus integrantes o tempo necessário para gravar o primeiro álbum nos estúdios da Abbey Road. (Acabaram gravando no início de 1967, na mesma época em que os Beatles faziam *Sgt. Pepper's Lonely Hearts Club Band*. Paul McCartney, que vivia nos shows do Pink Floyd, disse a Barry Miles que, para ele, a banda representava "uma nova síntese da música eletrônica e do rock".) Para trabalhar com o grupo, a EMI designou Norman Smith, que fora o engenheiro de som dos Beatles até *Rubber Soul*. Foi uma opção que pareceu estranha — Smith não gostava das experiências instrumentais da banda em "Astronomy Domine" e "Interstellar Overdrive", e anos mais tarde os depreciaria. "Eu mal podia chamar aquilo de música", disse. Smith também achava cansativo trabalhar com Syd Barrett, a quem via como alguém difícil de se relacionar e pouco receptivo a sugestões.

Ainda assim, o resultado daquelas gravações foi algo maravilhoso e duradouro. Com o primeiro álbum do Pink Floyd, *The Piper at the Gates of Dawn* (título de Barret, a partir de uma passagem do clássico infantil *O vento nos salgueiros*, de Kenneth Grahame), a banda se agigantou como uma força sem par no rock and roll, embora obviamente o eixo criativo do grupo fosse Syd Barret. Ele ouvira com atenção a música mais transformadora que se fazia na época — *Revolver*, dos Beatles, *Fifth Dimension*, do Byrds, *Freak Out!*, do The Mothers of Invention, *Face to Face*, do Kinks, *A Love Supreme* e *Om*, de John Coltrane, e as primeiras composições de Fugs and Love — e embora tudo isso o tivesse influenciado ele rapidamente emergiu com um estilo original. Fazia jogos de palavras à moda de Lewis Carroll e Hilaire Belloc e compunha músicas sobre fantasia e infância e horror e o I Ching, sempre com melodias sedutoras e intuitivas. Barrett era a razão principal de o Pink Floyd ter se tornado a mais conceituada nova banda britânica de rock, e adorava ser parte daquela aventura cultural.

Então, bem quando acontecia o Verão do Amor de 1967, o Spontaneous Underground passou a ser duramente criticado pela imprensa britânica, que atacava a moralidade do movimento, enquanto a polícia londrina efetuava mais prisões por porte de drogas. A EMI divulgou um comunicado: "O Pink Floyd não sabe o que as pessoas querem dizer com pop psicodélico e não tenta provocar efeitos alucinatórios em seu público". Jenny Fabian, autora de alguns dos melhores relatos sobre a cena pop londrina, disse a Nick Mason, em seu livro *Inside Out: A Personal History of Pink Floyd*, que a banda foi pioneira ao materializar o som autêntico da consciência lisérgica. "Ocupavam o palco como gárgulas sobrenaturais tocando aquela música espacial, e as cores que explodiam sobre eles explodiam sobre nós. Ficávamos inteiramente tomados, mente, corpo e alma."

Essa questão sobre a fonte psicodélica da banda estava prestes a ter dolorosa ressonância. No auge da força criativa da fase inicial do Pink Floyd, com um álbum notável — que definiria o London Underground de forma vívida e imorredoura — já gravado e pronto para ser lançado no verão de 1967, Syd Barrett começou a apresentar sinais de desintegração psíquica. O início foi repentino. Quando a música "See Emily Play" entrou na lista das dez mais executadas, a banda foi escalada para três apresentações consecutivas em julho, no programa semanal de televisão *Top of the Pops*; Barrett parecia cada vez mais abatido e desconfiado à medida que as semanas passavam, até que não aguentou e, desvairado e furioso, foi embora no meio da terceira apresentação.

Isso foi só o começo. No festival International Love-In, realizado no fim do mesmo mês, no Alexandra Palace, Barrett teve que ser arrastado para o palco por Waters, mas não chegou a tocar sua guitarra. Na primeira semana de agosto, quando *The Piper at the Gates of Dawn* estava sendo lançado, os empresários do Pink Floyd, Peter Jenner e Andrew King, cancelaram a turnê britânica da banda devido à "exaustão nervosa" de Barrett e fizeram com que o vocalista descansasse numa ilha na costa da Espanha na companhia de um médico. Lá, Barrett gritava assustado quando caía uma tempestade e chegou a dormir algumas noites num cemitério. Em novembro, o Pink Floyd embarcou para a primeira turnê nos Estados Unidos. No show no Winterland de San Francisco, Barret ficou parado no meio do palco, com os braços caídos, e de vez em quando tocava um apito. Nas apresentações na TV, com *playback*, ele se recusava a fazer os movimentos com a boca. No show de Los Angeles, Barrett desafinou as cordas da guitarra e ficou com o olhar perdido em algum ponto além da plateia. Quando Barrett foi encontrado dormindo num hotel em Los Angeles onde a banda estava hospedada, com um cigarrro aceso entre os dedos (cena que seria reconstruída no documentário *The Wall*), a banda reconheceu que estava na hora de ir embora dos Estados Unidos. Na Inglaterra, numa turnê com a Jimi Hendrix Experience, Barrett às vezes sumia durante as apresentações da sua banda. Anos mais tarde, Nick Mason diria a Barry Mailes em *Pink Floyd: The Early Years*: "Eu estava lá tentando fazer o meu trabalho na banda [...] e as coisas não estavam dando certo e eu realmente não entendia por quê. Não dava para acreditar que alguém deliberadamente estivesse querendo ferrar tudo, mas por outro lado eu pensava: 'Esse cara está louco — ele está tentando me destruir'".

Houve muito debate, conjecturou-se muito, criaram-se mitos ao longo dos anos sobre o que teria acontecido de tão terrivelmente errado com Syd Barrett em tão pouco tempo. Muitos atribuíram os distúrbios mentais a um consumo regular de LSD. Barrett tomava a droga desde os tempos de Cambridge, e em 1966 vivia num apartamento com pessoas que a usavam frequentemente e que sempre lhe ofereciam o alucinógeno, estivesse ele consciente ou não do fato. ("Nós nunca entramos nessa", disse Mason. "Aquele não era um mundo que a gente frequentava.") Outros — incluindo Roger Waters — acreditavam que os psicodélicos fizeram aflorar uma esquizofrenia latente em Barrett. O escritor Tim Willis, no entanto, quando fazia pesquisas para o livro *Madcap: The Half-Life of Syd Barret, Pink Floyd's Lost Genius*, de 2002, descobriu que Barret nunca foi diagnosticado como esquizofrênico nem tomou remédios, "com base no argumento de que ele tem uma mente 'estranha', mas não doentia".

O declínio de Barrett foi ainda mais desnorteante porque não foi um processo contínuo. Ele tinha períodos de total lucidez e criatividade. Mas no Natal de 1967, depois que, durante um show para um público grande, ele ficou parado, olhando para o vazio, todos perceberam que as coisas não poderiam continuar daquela maneira. No início de 1968, a banda convidou David Gilmour, velho amigo de Barret dos tempos de Cambridge, para ocupar seu lugar como guitarrista e vocalista. Eles tinham esperança de que Barrett poderia continuar como compositor — da mesma maneira que Brian Wilson compunha músicas para os Beach Boys, mas não se apresentava mais com eles —, mas nem isso parecia factível. A banda estava tendo dificuldades com o novo material de Barrett — para eles, "Vegetal Man" e "Scream Thy Last Scream" eram produto da loucura — e preferiram não lançar essas gravações. Um momento crucial nos últimos dias de Barrett na banda aconteceu durante um ensaio de uma nova música, "Have You Got It Yet?" [Você ainda não sacou?]. A canção fazia um jogo de adivinhação, com mudanças de arranjo, e cada vez que Barret entoava a pergunta, no fundo estava dizendo aos companheiros que eles nunca poderiam compreendê-lo. Passados alguns dias da entrada de Gilmour na banda, o Pink Floyd estava se dirigindo para um show quando alguém perguntou: "Vamos buscar o Syd?". A resposta foi: "Ah, deixa pra lá". A banda seguiu adiante e naquela noite tocou a música de Barrett em sua ausência, e nunca mais ele tocaria com o Pink Floyd. Quando começaram as gravações do álbum seguinte, Barrett ficava sentado no saguão do estúdio com sua guitarra, aguardando ser chamado. Certa noite, ficou parado diante do palco, com o olhar vidrado, enquanto David Gilmour cantava suas músicas. Gilmour ficou tão incomodado com a situação que quase abandonou o Pink Floyd naquela noite.

Alguns interpretaram o afastamento de Barrett da banda que ele catapultara para a fama como uma tragédia pessoal e uma traição. Peter Jenner e Andrew King ficaram tão incomodados com os rumos que os eventos tomaram que desistiram de administrar os interesses dos integrantes da banda e ficaram do lado de Barrett. Acreditavam que sem ele a banda não teria futuro e lhes disseram isso com todas as letras. (Nick Mason mais tarde admitiria: "Se ele tivesse saído antes, nós teríamos afundado sem deixar vestígio".) Essa ruptura representou a maior guinada da história do Pink Floyd. Ela mudou o que a banda poderia fazer e faria, e também assombrou para sempre seus integrantes, o que se refletiria na música e conturbaria a comunidade que eles formavam. No fim do segundo álbum do Pink Floyd, *A Saucerful of Secrets*, a banda incluiu a música de despedida de Barrett, "Jugband Blues". É melancólica, tem momentos jocosos e a letra pesarosa tem sido vista como um diagnóstico de Barrett de seu próprio delírio: "*It's awfully considerate of you to think of me here/ And I'm much obliged to you for making it clear/ That I'm not here/* [...]/ *And I'm wondering who could be writing this song*" [É muito gentil de sua parte se preocupar comigo/ E sou grato a você por deixar claro/ Que eu não estou aqui/ [...]/ Aliás, me pergunto quem está compondo esta canção]. Mas esses versos também podem ter outro sentido, como se Barret dissesse aos companheiros: como é que um cara tão destrambelhado e dispensável como eu pode compor uma música tão bonita e original?

Em algum momento durante a deterioração de Barrett, os integrantes da banda e seus empresários conseguiram marcar uma consulta para ele com o famoso psiquiatra R. D. Laing, conhecido por sua maneira não ortodoxa de tratar distúrbios mentais, sobretudo a esquizofrenia e a psicose. Barret foi levado até a porta do consultório, mas se recusou a descer do carro. Depois de ouvir gravações com falas de Barrett, Laing fez uma "observação provocadora", escreveu Nick Mason em *Inside Out*. "Sim, Syd podia estar perturbado, ou até louco. Mas talvez nós é que estivéssemos causando o problema com nosso desejo de sucesso, forçando Syd a acompanhar nossa ambição. Talvez Syd estivesse cercado de loucos."

Um dos mitos mais persistentes sobre o Pink Floyd é o de que Syd Barrett se ressentia porque os outros integrantes queriam dar um caráter mais pop e comercial à banda. É verdade que Barrett realmente odiava — e sofria com — as pressões para continuar na trilha aberta por "Arnold Layne" e "See Emily Play", compondo canções para fazer sucesso (ele não gostava da ideia de privilegiar os singles), mas, apesar do seu dom para liderar a banda em anarquias instrumentais, ele era sobretudo um compositor pop: todas as últimas gravações de Barrett para o Pink Floyd eram concisas e poéticas (e fantásticas), e a única razão pela qual algumas delas não chegaram a ser lançadas foi porque Barrett as guardou para si, ou porque a banda não teve coragem de encarar seu ex-compositor genial e complicado.

De qualquer maneira, Barrett estava dissociado da banda. Roger Waters, tendo deixado de lado o diploma universitário e desistido da arquitetura, fez do Pink Floyd a razão de ser de sua vida, e atuou com determinação para que o grupo seguisse adiante. "Foi ele", disse David Gilmour a Barry Miles, "que teve a coragem de afastar Syd, porque percebeu que enquanto Syd estivesse na banda seria difícil mantê-la unida, o fator caos era grande demais. Roger sempre olhou para Syd com sentimento de culpa pelo fato de ter colocado seu companheiro para fora." June Bolan, que trabalhava na agência de Jenner e costumava guiar uma van para o Pink Floyd, acredita que Waters salvou o futuro da banda. "Eu tinha trabalhado uns dois ou três anos com eles", ela disse a Nicholas Schaffner, "e de repente, se um deles cai no caminho, por que os outros têm que parar com a vida deles? Roger estava determinado a fazer com que a banda não desmoronasse porque o Syd não estava mais lá, e mostrou essa determinação para todos eles. [...] E fez isso apesar de todas as adversidades, porque ninguém lhe dava as credenciais de criador."

Outros, no entanto, acreditam que foi Gilmour, o novo guitarrista e vocalista, quem deu um novo rumo ao Pink Floyd. Em contraste com Syd Barrett,

Gilmour não fazia música no estilo de um John Coltrane ou Ornette Coleman, improvisando incursões melódicas e harmônicas, às vezes em impulsos contrários, e tinha preferência por improvisações mais estruturadas que abriam espaço para a suavidade dominante de sua guitarra. A colaboração e a competição entre Waters e Gilmour orientariam o Pink Floyd rumo ao triunfo, mas também seriam a fonte dos problemas da banda. Desde que entrou no grupo, Gilmour já reagia ao jeito dominador de Waters e, numa entrevista a um jornal britânico de música, o descreveu como "um cara espaçoso". Era o prenúncio do azedume que marcaria os anos seguintes.

O segundo álbum da banda, *A Saucerful of Secrets* (1968), ficou à altura do antecessor, *Piper at the Gates of Dawn* — meio extravagante, meio pop deslavado, fora as duas sombrias explorações sônicas, "Set the Controls for the Heart of the Sun" e a faixa-título, ambas grandes sucessos nos shows do Pink Floyd por vários anos. A última, em particular, abriu as possibilidades para aquilo que a banda faria por toda a carreira e que se tornaria sua marca registrada, um tipo diferente de improvisação. "Em vez da estrutura padrão da música", Mason escreveu mais tarde, "Roger e eu planejávamos o que iríamos fazer, de acordo com os três movimentos convencionais da música clássica. Não éramos os únicos a fazer isso, mas de qualquer maneira era uma coisa rara. Como não sabíamos ler música na pauta, desenhávamos indicações num pedaço de papel, inventando nossos próprios hieróglifos."

Nos anos seguintes, a banda fez uma música que estava tão próxima dos métodos de vanguarda do século XX como do rock and roll. "O negócio do Pink Floyd é ousar e assumir riscos", disse Waters, e a música que eles faziam provava que ele não se gabava à toa. *Ummagumma* e *Atom Heart Mother* traziam longos experimentos em atonalidade serial e composição orquestral, e a EMI às vezes não sabia o que fazer com os álbuns, sobretudo nos Estados Unidos. (Para *Atom Heart Mother*, o Pink Floyd colocou na capa uma vaca pastando, sem menção ao nome da banda. "Vocês estão tentando destruir a gravadora?", gritou com eles um irritado executivo da empresa.) O fato de os álbuns do Pink Floyd continuarem a fazer sucesso na Inglaterra (todos entraram na lista dos dez mais vendidos) corroborava uma série de coisas — inclusive que boa parte do público de música pop era receptiva ao rock progressivo que emergia do pós-psicodelismo (embora a versão do Pink Floyd fosse diferente da do Emerson, Lake and Palmer, com seus empréstimos da música clássica, ou das fantasias pesadas do Yes), e que a banda acumulara, nos dias do London Underground, crédito considerável e irrestrito com seus fãs. O sucesso também se devia à inigualável concepção performática da banda. "No futuro", disse Syd Barrett numa entrevista em 1967, "as bandas terão que oferecer mais do que um show pop. Terão que fazer apresentações performáticas com muita produção." O Pink Floyd investiu tudo nessa diretriz, fazendo shows com efeitos de luzes cada vez mais sofisticados e com figuras infláveis gigantes (inclusive um polvo imenso que emergia de um lago numa apresentação ao ar livre). No final dos anos 1960, essas apresentações às vezes eram acompanhadas das longas suítes temáticas *The Man* e *The Journey*, que refletiam o gosto de Rogers Waters por obras conceituais.

Havia uma sensação de que o Pink Floyd tentava sempre dar um passo além, em direção a um surpreendente amálgama de músicas e ideias que daria corpo a uma obra sem paralelo e definiria o lugar da banda no universo artístico contemporâneo.

Em 1971, a banda começou a materializar essa promessa. Sua música deu uma guinada crucial no início daquele ano, com a composição e a gravação de "Echoes", uma peça de 25 minutos que ocupava metade do álbum *Meddle*. O fundamental em "Echoes" foi a maneira como a faixa foi montada — a partir de pequenos fragmentos e experiências — para formar um todo coerente e transmitir a impressão de uma performance exploratória ao vivo que refletia o estado mental da banda. (Roger Waters mais tarde chamaria a música de "poema épico sonoro"). Em dezembro, ao dar início a um novo álbum, Waters — que se transformara no principal compositor e no líder da banda — disse aos companheiros que queria compor uma obra que respondesse à seguinte pergunta: quais são as forças e as pressões na vida moderna que alienam as pessoas e as tornam tão distantes de suas esperanças? Juntos, os integrantes da banda fizeram uma lista que incluía envelhecimento, violência, medo da morte, religião, ideologia, guerra, capitalismo (todos eram de esquerda ou de centro, embora Waters fosse o mais politizado deles) e loucura. Esta última preocupação, em particular, tinha recentemente dominado Waters, à medida que ele começou a refletir sobre o caso de Syd Barrett. (Ele já fizera uma música, "Brain Damage", abordando o assunto.) O objetivo de Waters, como contou aos outros, era que o novo álbum tivesse unidade temática, embora Gilmour e Wright achassem importante que a unidade fosse também musical.

Com o título provisório de *Eclipse*, o novo álbum levaria muito tempo para ficar pronto. Outros compromissos, como turnês e a composição de uma trilha sonora (*Obscured by Clouds*, para o filme *La Vallée*, de Barbet Schroeder, de 1972), atrapalharam os andamentos. Mais importante, Waters fazia questão de acertar nas letras — queria que fossem simples, claras, diretas, e não carregadas de metáforas obscuras — e Gilmour se concentrava em compor músicas que induzissem os ouvintes a se congregar em meditações enigmáticas. Como "Echoes", era música que combinava momentos e motivos em camadas indiscerníveis, criando um efeito de interconexão. As ponderações do Pink Floyd foram recompensadas: em março de 1973 a banda lançou *Dark Side of the Moon*, considerada imediatamente uma obra-prima. Intercaladas com trechos falados que se referiam aos temas das canções de maneira cândida (e às vezes perturbadora) e ligadas entre si com habilidade nunca vista na história da música popular, as gravações estabeleciam um novo padrão para os álbuns, com um impacto só comparável às produções dos Beatles. O álbum também realizava as ambições temáticas da banda — tratava-se de uma criação de rara qualidade: uma refletida e criativa abordagem das implacáveis realidades da vida contemporânea, diante das quais a obra nos oferecia algum conforto.

Dark Side of the Moon (o título presta um tributo a Syd Barrett, uma admissão de onde foi deixado pela banda) era — e continua sendo — o mais adorado e duradouro momento do Pink Floyd. O álbum conquistou um público enorme, e não apenas daquela época: desde o lançamento, *Dark Side of the Moon* vendeu cerca de 35 milhões de cópias e permaneceu 591 semanas consecutivas na lista da *Billboard* (o maior período já registrado), e de vez em quando ainda surge em listas de mais vendidos. Mas se o álbum marcou a apoteose do Pink Floyd, também deflagrou processos que teriam efeito cada vez mais desalentador. Por todo seu valor e qualidade artística, *Dark Side of the Moon* também era um produto perfeitamente concebido: as explorações musicais foram refinadas até que o resultado final se tornasse um objeto polido com grande apelo de público. Isso podia ser recompensador para uma banda que não tinha aceitação do grande público (sobretudo nos Estados Unidos), mas dadas as origens do Pink Floyd e sua história de vanguarda, os maneirismos musicais soavam como concessão. Além disso, a maior aceitação incorporou um público que gostava daquele sucesso, mas não da sensibilidade que abrira caminho para essa nova música — e o Pink Floyd não estava preparado para isso. "Estávamos acostumados com aqueles fãs reverentes que vinham aos shows e ficavam tão em silêncio que dava para ouvir um alfinete cair", disse David Gilmour a David Fricke em 1982. "Queríamos que a plateia ficasse quieta, especialmente no início de 'Echoes' ou quando alguma música tinha um leve tilintar, para tentar criar uma atmosfera legal, mas aí vinha aquela molecada e ficava gritando 'Money'!"

Depois que terminou a turnê de 1973, o Pink Floyd se reuniu em outubro para começar a trabalhar no álbum seguinte. Com o sucesso que tinham conquistado, a banda agora podia fazer o que bem entendesse. O problema era que, na verdade, eles não queriam fazer nada. "Naquela altura", diria Waters mais tarde, "tínhamos realizado todas as nossas ambições." Primeiro, o grupo decidiu apostar num álbum totalmente diferente, *Household Objects*, no qual nenhum som seria feito com instrumentos musicais. Depois de dois meses batendo pregos e quebrando lâmpadas, a banda não tinha a menor ideia do que seria aquele projeto. Num momento ou noutro, os quatro membros do Pink Floyd tinham manifestado vontade de deixar a banda. Finalmente, no meio de um debate sobre a falta de rumo, Waters sugeriu algo factível: por que não um disco sobre a distância e o mal-estar entre eles? "Nossos corpos estavam lá", diria mais tarde, "mas nossas mentes e nossos sentimentos estavam em algum outro lugar." Na verdade, se *Dark Side of the Moon* tratava da alienação social, *Wish You Were Here* era sobre uma forma mais pessoal de distanciamento: a ausência de amigos, de inspiração, e até da comunidade que um dia eles tinham formado. A iniciativa acabou gerando as duas melhores canções da fase pós-Barrett que o Pink Floyd já gravou — "Wish You Were Here" (com melodia de David Gilmour) e "Shine On You Crazy Diamond". É notável que as duas fossem sobre Syd Barrett, que para Waters era "um símbolo de todos os extremos de ausência a que algumas pessoas são empurradas por ser essa a única maneira que têm de enfrentar a melancolia da vida moderna — afastando-se dela completamente". Waters também diria mais tarde que "Wish You Were Here" também podia se referir aos outros membros da banda, de quem ele não mais se sentia próximo. Ou poderia até, disse, ser sobre um conflito interno dele próprio.

Um dia, no início de junho de 1975, enquanto ouvia um *playback* de "Shine On You Crazy Diamond", a banda viu um homem — um careca acima do peso — examinando o equipamento no estúdio. Depois de ficar olhando para ele por alguns minutos, Waters se virou para Rick Wright e disse: "Sabe quem é esse cara? Pense, *pense*". Wright se fixou em seu rosto e de repente caiu a ficha: era Syd Barrett. Waters disse mais tarde que chorou ao ver a aparência de Barrett; ele não era mais um símbolo, mas alguém de carne e osso, e parecia terrivelmente solitário. A conversa foi estranha. Barrett lhes disse que estava disposto a ajudá-los a fazer música. Enquanto conversavam, continuava tocando "Shine On You Crazy Diamond", que descrevia aquele visitante, hoje com o olhar vazio, no tempo em que era um cara vibrante. Se Barrett se reconheceu na canção, ele não deixou transparecer. Esse também foi o dia do casamento de David Gilmour. Barret foi com os outros à recepção, e então desapareceu. Nenhum deles nunca mais o veria.

O Pink Floyd não levou *Wish You Were Here* para a estrada, como fizera com *Dark Side of the Moon* ou faria com álbuns seguintes. Aquele tinha sido seu disco mais pessoal — um reconhecimento não apenas da perspectiva de separação e de ausência, mas também da irrecuperável perda e da culpa indelével, e talvez a banda não quisesse reviver esses sentimentos nos palcos a cada noite.

Depois de *Wish You Were Here*, quase tudo se complicou na história do Pink Floyd — o que não quer dizer que o trabalho tenha sido em vão ou que não tenha valido a pena, porque algumas obras fascinantes ainda viriam à tona. Mas isso não diminuiria os problemas futuros. De certa maneira, essa era a questão — Roger Waters queria escrever sobre deformações psicológicas e sociais, mas com frequência acabava inadvertidamente abordando a vida dos membros da banda.

Com *Animals* — um conjunto de fábulas sombrias e engraçadas sobre opressão e revolta —, Waters garantiu, em 1977, o comando da banda. Agora ele compunha quase todas as músicas, escrevia as letras, fazia cada vez mais solos vocais e dizia aos outros quando e o que tocar. Havia um debate antigo na banda: Gilmour preferia dar mais ênfase ao contexto musical dos álbuns, enquanto para Waters as letras é que deviam ter preeminência. Com *Animals*, Waters podou vários arranjos e texturas musicais, e Gilmour ficou preocupado com relação às futuras gravações. Além disso, o guitarrista duvidava que Waters fosse carismático o suficiente para ter tanto destaque nos novos shows da banda. "Nós não tínhamos um Roger Daltrey ou um Mick Jagger", Gilmour disse a Nicholas Schaffner em *Saucerful of Secrets: The Pink Floyd Odissey*. "Tudo o que tínhamos era um baixista que ficava pulando para lá e para cá, fazendo caras e bocas."

As limitações de Waters como líder logo se tornaram dolorosamente óbvias. *Animals*, como todos os álbuns que Roger Waters faria daí para frente, era uma obra decididamente esquisita — edificante, musicalmente repetitiva, desagradável, presunçosa — mas também ousada. A turnê de seis meses para lançar o álbum, no entanto, foi um equívoco do começo ao fim. Tocando exclusivamente em estádios e lançando mão de imensas figuras — inclusive um balão inflável fantasmagórico em forma de porco que explodia em chamas sobre a plateia —, o Pink Floyd parecia determinado a materializar suas recentes preocupações sobre alienação, ao impor uma distância emocional entre a música, o público e eles próprios. A turnê deixou Waters contrariado. Ele achou que as grandes arenas desumanizavam as apresentações e começou a perceber que boa parte do público não tinha nada a ver com a mensagem de sua música. Tudo culminou num incidente no último show em Montréal, no Canadá, em que Waters, impaciente com um fã que ficava insistentemente pedindo uma música, lhe cuspiu na cara. David Gilmour ficou tão revoltado que não quis voltar ao palco para o bis. Quando, em 1980, perguntaram a Waters como um público de rock devia se comportar, ele respondeu: "De maneira passiva. Como se estivessem num teatro, quietos e sentados. Odeio a participação do público". Estavam distantes os dias do London Underground.

A cusparada no fã foi um daqueles episódios que deflagraram guinadas na história do Pink Floyd. Waters estava tão desiludido depois da turnê de 1977 que jurou que o Pink Floyd nunca mais faria grandes shows de novo, a menos que a banda ficasse atrás de uma parede. Em janeiro de 1978 ele teve a ideia de dar vida àquela metáfora: queria construir um épico multimídia que contasse a história de um músico isolado de seu público e de seus sentimentos, que vivia atrás de uma parede intransponível. (Também ofereceu à banda a possibilidade de, em vez disso, gravar *The Pros and Cons of Hitchhiking*, mas eles recusaram firmemente.) As composições de Waters eram cada vez mais pessoais nos álbuns recentes, mas nesse novo projeto, *The Wall*, ele foi ainda mais fundo. As canções sobre a fúria e os sofrimentos e as perdas de um astro do rock eram decalcadas de sua própria experiência (seu pai, Eric Fletcher Waters, como o pai na canção, morrera na guerra; no caso dele, numa batalha na Itália durante a Segunda Guerra Mundial), o que sem dúvida explica por que Waters monitorou tão obsessivamente todos os aspectos da produção. Ele só daria alguma liberdade de movimento ao produtor Bob Ezrin, contratado para ajudá-lo a trabalhar com o resto da banda. Mas o produtor não gostou da maneira como Waters tratava seus companheiros. Quando Rick Wright se recusou a interromper as férias para viajar a fim de fazer umas gravações em Los Angeles, ele insistiu com os empresários para que o tecladista fosse demitido. (Wright continuou como músico remunerado, mas não seria mais um membro do Pink Floyd.) "Roger é um cara tirânico", Ezrin diria mais tarde. "Sempre dava um jeito de fazer com que os outros se sentissem inseguros ao postergar suas próprias inseguranças."

The Wall ocupou o Pink Floyd por mais de três anos. Seria o álbum mais ambicioso da banda e teria continuidade com um espetáculo grandioso no palco (onde havia um paredão com quase cinquenta metros de largura e mais de dez metros de altura, que era montado a cada noite e destruído no clímax) e com um filme (com os Boomtown Rats, de Bob Geldof). Como proposta, *The Wall* era brilhante: a exemplo de *Dark Side of the Moon*, o álbum examinava as forças da alienação, embora dessa vez Waters tenha focado em várias ideologias — a da educação, da família, a militar — destinadas a moldar uma visão de mundo. Mas na prática... É evidente que para milhões de fãs do Pink Floyd *The Wall* foi um sucesso (segundo a Associação da Indústria Fonográfica dos Estados Unidos, foi o quarto álbum mais vendido de todos os tempos), mas para muitos outros a obra resultou esparramada, nervosa e sem equilíbrio, tanto no disco como no palco. Além disso, a versão para o cinema, dirigida por Alan Parker, era simplesmente uma tortura. Waters — que escreveu o roteiro, mas foi proibido de frequentar as gravações porque Parker o achava muito metido — admitiria mais tarde que o filme "não dava trégua em sua investida violenta contra os sentidos". (Quando, durante uma entrevista coletiva à imprensa, perguntaram ao produtor Alan Marshall sobre o que era, afinal, o *Pink Floyd: The Wall*, ele respondeu: "É sobre um porra de um maluco e sua parede".)

Logo depois de *The Wall*, Waters emplacou *The Final Cut*, e dessa vez não deixou nenhuma dúvida sobre quem estava no comando. O subtítulo dizia: "Um réquiem para um sonho do pós-guerra, por Roger Waters, acompanhado pelo Pink Floyd". O álbum condenava a política ocidental da Guerra Fria, sua orientação econômica e valores militares e, em particular, fazia acusações à Grã-Bretanha de Margaret Thatcher. Gilmour não gostou das novas músicas; como no caso do *Animals*, eram melodias antigas que haviam sido descartadas, e achava as letras muito simplórias. Waters disse a Gilmour que, a menos que ele cedesse e aceitasse o trabalho, o disco sairia como se fosse um projeto solo de Waters. (Depois disso Gilmour tiraria o seu nome do disco como produtor.) "Nós estávamos brigando como cães e gatos", Waters diria mais tarde. "Estávamos finalmente percebendo — ou aceitando, se você preferir — que não havia banda nenhuma." Meses depois do lançamento do *The Final Cut*, em novembro de 1983, o Pink Floyd deveria fazer alguns shows, mas Waters cancelou as datas. "O futuro do Pink Floyd depende de mim", disse à *Rolling Stone*.

Gilmour e Nick Mason viam a coisa de maneira diferente. Em 1986 eles decidiram fazer um álbum do Pink Floyd sem Waters e agregaram Rick Wright ao projeto. "Eu não levei vinte anos construindo meu nome", disse Gilmour. "Eu levei vinte anos construindo o nome do Pink Floyd." Waters se enfureceu com a notícia. Abriu um processo para dissolver a banda — o que significaria que o nome Pink Floyd não poderia mais ser usado em turnês ou gravações —, mas Gilmour e Mason reagiram. (No fim, Gilmour e Mason ficaram com os direitos sobre o nome Pink Floyd e Waters ficou com *The Wall* — e com os direitos sobre o porco voador). O primeiro álbum do Pink Floyd sem Waters, *A Momentary Lapse of Reason* (coproduzido por Bob Ezrin), foi também o primeiro a chegar ao topo das paradas de sucesso na Inglaterra e nos Estados Unidos, e a turnê de 1988-9 foi a maior da história da banda, arrecadando 135 milhões de dólares. Waters ficou embasbacado com o sucesso deles. "Fiquei meio irritado por eles terem se saído bem", diria anos mais tarde, "e o populacho não perceber a diferença." Apesar de todos os erros de Waters na forma como tratava a banda, ele tinha razão numa coisa muito importante: o Pink Floyd sem ele era irrelevante. *A Momentary Lapse of Reason*, *The Division Bell*, de 1994, e os dois álbuns ao vivo "restaurados", *Delicate Sound of Thunder* e *P.U.L.S.E.*, foram trabalhos de pouco impacto, ao contrário dos primeiros álbuns da banda. Infelizmente, os álbuns de Waters — *The Pros and Cons of Hitchhiking*, *Radio K.A.O.S.* e *Amused to Death* — não tinham vida real fora do contexto da antiga banda. O Pink Floyd precisava da aspereza de Roger Waters, e Waters precisava dos dotes musicais da antiga banda, mas agora estava cada um em seu canto.

Com todo o rancor que sentiam uns pelos outros, com tudo o que fizeram para se prejudicar, estava claro que eles nunca mais tocariam juntos. Quando Roger Waters montou *The Wall* perto do local onde antes se erguia o Muro de Berlin, acompanhado por muitos vocalistas e músicos de talento — Joni Mitchell, Van Morrison, Sinéad O'Connor e Cyndi Lauper, entre outros —, fez questão de não convidar os antigos membros do Pink Floyd. "Não tenho respeito por eles", disse.

Isso em 1990.

Em 2005, Bob Geldof telefonou para David Gilmour e perguntou se seria possível uma reunião do Pink Floyd com Rogers Waters para que eles se apresentassem no concerto Live 8 em Londres. Não, disse Gilmour. Mas Roger Waters ficou sabendo e procurou Gilmour para lhe dizer que achava que eles deviam fazer isso — que a causa era mais importante do que suas diferenças. "Acho que ele ficou surpreso por eu ter ligado", disse Waters. Gilmour pensou por um dia e acabou aceitando.

O Pink Floyd faria obviamente o show mais aguardado daquele longo dia de apresentações concorridas — essa versão da banda tocara pela última vez 24 anos antes — e eles se mostraram à altura da grande expectativa. Não foi o fato de terem superado uma história de rancor que era maior do que a história da própria banda, nem o fato de terem feito um puta som o que tornou o evento tão comovente. Foi a reverência à pessoa que era a razão de ser da banda. No meio da apresentação, Waters disse: "É emocionante estar aqui com esses três caras depois de tantos anos. É emocionante estar aqui com vocês todos. Bem, estamos fazendo isso por todos os que não estão aqui, mas particularmente, claro, por Syd".

E na sequência o Pink Floyd tocou sua melhor canção, "Wish You Were Here", provavelmente na melhor interpretação. Unindo suas vozes em harmonia provavelmente pela última vez, David Gilmour e Roger Waters devem ter avaliado o tempo, as perdas, a espera e a desolação de todos aqueles anos. Poderiam estar cantando um para o outro — sobre sonhos desfeitos e territórios abandonados —, mas não estavam. É improvável que algum dia ultrapassem esse ponto. Estavam maravilhosos, mas não se pode dizer que estivessem à vontade. Sua transcendência foi ter reconhecido uma perda maior do que suas feridas, e nessa altura isso era provavelmente tudo o que eles poderiam ter feito.

Um ano mais tarde, quase no mesmo dia, morreria o homem que inspirou aquele momento. Nos anos que se seguiram à sua expulsão da banda, Syd Barrett chegou a fazer dois álbuns, *The Madcap Laughs* e *Barrett*, em grande parte produzidos pelos ex-companheiros. David Gilmour recordaria mais tarde que não foi fácil fazer a produção para Barrett — seu desempenho era errático, ele preferia um acompanhamento enxuto, as canções não faziam muito sentido em termos líricos e melódicos. Ao longo dos anos, essas gravações excêntricas foram consideradas evidências da loucura de Barrett. Para alguns, o desvario as fez parecer sombrias e atraentes. Para outros, a loucura as tornou insuportavelmente dolorosas. "Não posso crer que alguém goste disso", Rick Wright disse certa vez. Mas esses álbuns — que têm lá o seu brilho — também provam algo mais: que o gênio inigualável e inato de Syd Barrett sofreu ao perder o fulgor.

Os membros do Pink Floyd nunca mais tiveram contato com Barrett depois daquele dia em 1975, quando ele visitou o estúdio. Sua família não permitia; ter notícias de sua antiga banda o deixava profundamente perturbado. A banda, no entanto, cuidou para que ele sempre recebesse seus direitos autorais, na íntegra e pontualmente; as músicas que ele compôs para o Pink Floyd ainda vendem bem. Nos últimos anos, Barrett passou a sofrer de diabetes — sua visão diminuiu e ele amputou alguns dedos — e teve um diagnóstico de câncer no pâncreas pouco antes de morrer, em 7 de julho de 2006.

Syd Barret nunca mais fez música depois de meados dos anos 1970, mas, de acordo com Rosemary, sua irmã mais nova, voltou às artes plásticas. Ela disse a Mike Watkinson e Pete Anderson, autores da biografia de Barrett, que ele fotografava uma flor, a pintava, fotografava a pintura e então destruía o quadro. "Quando uma coisa acabava, estava acabada", ela disse. "Ele não tinha necessidade de rever o que tinha feito." Foi algo assim que aconteceu no tempo do Pink Floyd: ele criava coisas que tinham uma vida ou uma fase, e então, por razões que talvez nunca se conheçam, tudo o que restava dessas coisas eram memórias que se perdiam no tempo. O Pink Floyd foi uma dessas coisas que ele fez, mas com o tempo isso também tinha que se perder. A banda nunca pertenceu realmente a ninguém, mas ninguém entendeu isso melhor do que Syd Barrett, que muito tempo atrás se cansou de imprimir sua sombra no mundo e a deixou partir.

OS VIVOS

Bob Dylan: a antena do poeta do rock

Em 1997, o crítico Greil Marcus publicou um livro fascinante e essencial, *Invisible Republic: Bob Dylan's Basement Tapes* [República invisível: as fitas do porão de Bob Dylan], sobre o mais misterioso conjunto de canções de Bob Dylan e sua relação com sonhos desfeitos, histórias renegadas e questões sociais — preocupações importantes nesta terra problemática que ainda chamamos de América. (Mais tarde, o título foi infelizmente mudado para *The Old, Weird America: The World of Bob Dylan's Basement Tapes* [Velha e estranha América: o mundo das fitas do porão de Bob Dylan].)

Em meados dos anos 1960, Dylan escandalizou o movimento folk que o exaltara por seus hinos sociais ao adotar a guitarra elétrica e passar a tocar um tipo de música rascante que, na prática, liquidava a percepção do folk como meio de expressão fundamental da juventude americana. No processo, conferiu ao rock maior alcance e expressividade mais profunda. Mas isso também significava a elevação do rock à condição de meio multiforme através do qual se poderia zombar da política e dos valores sociais, e até contribuir para redimir (ou pelo menos afrontar) a sociedade. Em julho de 1966, depois de uma tumultuada turnê no Reino Unido com sua banda, os Hawks, Dylan sofreu um acidente de motocicleta perto de sua casa em Woodstock, no estado de Nova York. Foi levado ao hospital de Middletown com concussão e uma vértebra do pescoço quebrada. Voltou para casa, para perto da mulher e dos filhos, e passou meses trancado com os amigos do The Hawks — que agora se chamava The Band — num estúdio num porão que havia por perto. Isolados, Dylan e The Band tocaram sem parar — gravaram mais de cem faixas — e embora várias dessas canções ("I Shall Be Released", "Tears of Rage", "Too Much of Nothing", "You Ain't Going Nowhere" e "The Might Quinn", entre as mais conhecidas) fossem mais tarde gravadas por outros artistas, Dylan raramente as regravaria e, no repertório de shows, incluiria apenas um punhado delas. Em 1967, Dylan retomou as gravações oficiais com *John Wesley Harding*, um álbum que na prática acabou com a era do rock psicodélico e deflagrou um processo que levaria à revalorização das raízes musicais americanas. Mas aquelas músicas que haviam sido gravadas em segredo, mais tarde chamadas de "as fitas do porão", se tornaram a legendária obra apócrifa de Dylan e foram pirateadas de tudo quanto foi jeito ao longo dos anos. Finalmente, em 1975, Dylan autorizou o lançamento de *The Basement Tapes*, uma seleção daquelas gravações de 1967.

Invisible Republic, de Marcus, trata de tudo o que Dylan e The Band fizeram naquelas longas e herméticas gravações — numa época em que boa parte da nação vivia uma rebelião política e geracional que em breve desembocaria numa guerra cultural aberta (e às vezes sangrenta). Dylan e The Band podiam ou não ter consciência do que faziam, mas o fato é que não estavam apenas recapitulando e refazendo a história musical da América, mas repercutindo aspectos importantes da história do país — de seu passado e de seu futuro. Em geral, no entanto, faziam isso de maneira improvisada, sem compromisso, só para passar o tempo (e ocasionalmente embalados pela bebida). Dylan se lembrava de uma canção, começava a tocá-la e depois a música se transformava em outra coisa. Ou então começava do nada, inventando sua própria linguagem, e depois via onde a música ia dar. No meio disso tudo, surgiam temas e imagens interessantes e recorrentes. Como Marcus observa, há nas fitas do porão muitas parábolas estranhas, referências bíblicas, contos de humor inacabados e passagens sobre fuga, morte e desamparo. Tudo foi gravado de maneira bem rudimentar — como se um fantasma tivesse registrado todo aquele material em sua memória impalpável — e ainda assim há algo de atemporal naquelas canções, como se todo o tumulto no mundo lá fora — um tumulto que Dylan ajudara a tornar possível com seus discos anteriores, que mudaram o estilo do rock — fosse muito, muito remoto. Ao mesmo tempo, é a América — com suas alegrias, perdas, seus medos e traições — que emerge nas fitas do porão, algo que não ocorreria com a mesma intensidade em nenhuma outra música de Dylan, nem mesmo nas primeiras canções, que eram hinos políticos mais explícitos.

A tese de Marcus é que, com aquela música e naquela comunidade, Dylan e The Band estavam, de fato, criando outra versão do país. O argumento é que, embora estivessem de certa maneira isolados da América do seu tempo, Dylan e The Band não podiam ignorá-la. A América estava em sua música, em sua memória, na realidade que os cercava — o horror sem fim da Guerra do Vietnã — e esse era um mundo ao qual, de um jeito ou de outro, eles teriam que voltar. A América tinha sempre estado lá, e lá continuaria.

"Havia muitas portas no porão", escreve Marcus. "Era só uma questão de achar a chave certa. Cada vez que uma nova chave abria uma porta, a América se abria para o passado e para o futuro. [...] Quando Dylan falava de uma América aberta, queria dizer aberta ao que está por vir, não ao que já aconteceu, aberta para a questão de quem e no que os americanos podem se tornar, não para a questão de quem foram e de onde vieram. Não há nostalgia nas fitas do porão. [...] No porão, o passado está vivo uma vez que o futuro está em aberto, uma vez que é possível acreditar que o país continua inacabado; quando o futuro é uma possibilidade fechada, o passado está morto. O futuro depender do passado é algo mais misterioso."

O trecho mais vigoroso e intrigante de *Invisible Republic* é sobre a canção "I'm Not There", possivelmente a mais enigmática e impactante das músicas do porão, ou talvez de toda a obra de Bob Dylan. Trata-se de uma notável performance — meio resmungada, espectral, que guarda (e esconde) segredos que não podem ser completamente compreendidos. A versão só está disponível em cópias pirateadas; o próprio Dylan não teria nenhum interesse por essa gravação. "'I'm Not There'" [Não estou lá], ele disse certa vez a um jornalista, "é uma canção que não está lá". Mas a canção *está* lá — ou pelo menos algo está — e uma vez que a ouvimos, seus lamentos, ritmos e devaneios oníricos ficam impregnados em nossa memória. "Em 'I'm Not There'", escreve Marcus, "é possível sentir a presença de algo, [...] pecados cometidos, talvez mesmo sem intenção, que virarão o mundo de cabeça para baixo, crimes que irão reverberar através do espaço e do tempo de tal maneira que não poderão ser detidos. Que língua você fala quando fala coisas como essas?"

Eu sempre entendi "I'm Not There" como o pesar de um homem afastado de alguém que ama, e a quem não pode ajudar ou alcançar. Para Marcus, porém, a letra trata de algo mais assustador: "Nos últimos versos da canção, [...] tão despojada que não nos damos conta de que dura cinco minutos, você não acredita mais que algo tão duro possa ser verbalizado: '*I wish I was there to help her/ But I'm not there, I'm gone*' [Eu queria estar lá para ajudá-la/ Mas não estou, eu fui embora]. Há um cantor e uma mulher na canção; ele não pode alcançá-la, e não há explicação para isso. [...] *Ninguém*, você diz ao cantor, pode ser deixado tão só e abandonado como você deixou essa mulher. [...] O cantor não é apenas a única pessoa que pode alcançá-la na canção, ele é a última pessoa que pode alcançá-la. A cidade já a abandonou. [...] Uma cidade que se permite tal exclusão pode estar incorrendo num crime". A comunidade a que Marcus se refere (e talvez Dylan também) não é diferente de tantas comunidades que povoaram e ainda povoam esta terra.

Por vezes interpretei o retiro de Dylan em Woodstock e a fraternidade de sua banda como uma maneira de identificar o que poderia ser recuperado depois de se experimentar não apenas o egoísmo do mundo lá fora, mas também as profundezas sombrias de sua própria história e do seu desejo. Há um vídeo pirata, esquisito e inesquecível, de um encontro entre Dylan e John Lennon sentados na parte de trás de uma limusine que circulava por Londres ao alvorecer. Foi filmado em 1966 (para um extraordinário documentário sobre o cantor, *Eat the Document*, ainda inédito), durante a selvagem e perigosa turnê de Dylan pelo Reino Unido com os Hawks, e nos mais ou menos vinte minutos que dura a cena é possível ver em Dylan um homem à beira de um colapso. A princípio, ele e Lennon fazem comentários engraçados e ácidos — um querendo ser melhor do que o outro —, embora também fique claro que Dylan passou a noite em claro, talvez bebendo, talvez consumindo drogas. De repente, ele perde a compostura. Enfeza-se por ter a câmera em cima dele o tempo todo e chega a passar mal. Empalidece, abre as janelas e pede ao motorista para levá-lo rapidamente de volta ao hotel. Lennon, enquanto isso, é cauteloso, tenta manter o bom senso, mas não consegue esconder que está horrorizado com o que acabou de testemunhar. Se Dylan tivesse mantido esse ritmo — o ritmo da indulgência, o ritmo de compor músicas que desafiavam quase todos os aspectos do mundo, que escandalizavam seus antigos fãs e que faziam os novos admiradores o empurrarem para coisas ainda mais radicais — ele poderia não ter durado muito. O desgaste físico dessa atividade artística, desse esforço de criação, é inimaginável. Era como se Dylan dançasse perto demais da beira do abismo. Nós queríamos saber o que ele via lá — assim, teríamos esse conhecimento sem ter que enfrentar os riscos de nos aproximarmos do abismo. Dylan provavelmente chegou o mais próximo possível da borda, e finalmente decidiu que o risco não valia sua destruição. Dylan viu coisas demais, rápido demais, e receava se acercar novamente do caos. Toda a música que faria mais tarde parece uma reação contra o que sentiu naquela manhã dentro da limusine.

Assim, quando Dylan sofreu o acidente de moto, ele decidiu dar um tempo. O acidente poderia tê-lo matado, mas o mesmo se pode dizer da vida que vinha levando. Períodos de retiro, porém, costumam trazer lembranças tão dolorosas quanto as que o provocaram. Dylan certa vez disse ao biógrafo Robert Shelton: "Woodstock foi uma excursão diária ao vazio". O guitarrista da Band, Robbie Robertson, numa conversa com Marcus que serviria de material para seu livro, parece confirmar o comentário de Dylan: "Tem muita coisa, Bob dizia, que a gente tem que destruir". Naquele vazio, no entanto, Dylan compôs algumas de suas melhores músicas e — não pela última vez — se reinventou.

Invisible Republic, de Greil Marcus, revela os mistérios das gravações do porão — mais do que ele revelou, só o próprio Dylan poderia fazê-lo (mas o compositor nunca falou muito sobre essas fitas). A única questão que Marcus não aborda em seu livro é se essas gravações são o último lugar onde Dylan se expressa como voz *da* e *sobre* a América. De minha parte, escutei essa mesma voz em alguns dos trabalhos mais depreciados de Dylan — em momentos de *Knocked Out Loaded, Down in the Groove*, e mesmo no excessivamente difamado *Self Portrait* (um álbum que Marcus odeia). É uma voz que evoca um lar e um tempo perdidos — um lugar que o cantor não alcançará novamente e que nunca mais poderá remover de sua alma e de sua memória.

Houve um tempo em que o ouvíamos como uma voz que ilumina algo novo, o desconhecido que se torna possível. Mas talvez aquela voz estivesse nos falando sobre uma incógnita de outra natureza: sobre o que tivemos, o que perdemos e o que talvez possamos — ou não — manter perto de nós outra vez.

Apesar da duradoura influência dos trabalhos de Bob Dylan dos anos 1960, até 1997 o mundo pop moderno havia perdido muito do fascínio que tivera por ele. No final dos anos 1980 e início dos anos 1990, artistas e bandas como Bruce Springsteen, Prince, Madonna, Public Enemy, Nine Inch Nails, Kurt Cobain, Beck, Pearl Jam, U2, Courtney Love, Tupac Shakur e Notorious B.I.G., todos eles produziram obras (mais ou menos) vitais, que transformaram a música pop no que ela é hoje e no que ainda pode conquistar, e alguns desses trabalhos afetaram a cultura num sentido mais amplo, fornecendo combustível ao debate político e social. Dylan não fez músicas que tivessem esse impacto por muitos anos, nem mesmo tentou fazer. No máximo, emplacou ocasionalmente um ou outro álbum na voga comercial ou tecnológica do pop (como *Empire Burlesque*, de 1985, e *Oh Mercy*, de 1989) ou montou turnês em que buscava atrair o grande público se apresentando com bandas conhecidas (como fez nos anos 1980 com o Grateful Dead e com Tom Petty and the Heartbreakers). Em alguns momentos, parecia procurar com afinco um sentido de conexão ou o velho ímpeto, como se tivesse perdido o foco e estivesse sem norte. Outras vezes, lançava álbuns que muitos observadores consideravam fortuitos e descompromissados (como *Knocked Out Loaded, Down in the Groove* e *Under the Red Sky*, de 1990, embora, para o meu gosto, todos esses discos tivessem momentos de brilho incomparável).

Enquanto isso, entre o final dos anos 1980 e boa parte dos anos 1990, quando a imprensa tradicional e a mídia pop não lhe davam atenção, Dylan tomou uma das mais extraordinárias iniciativas para tentar sua recuperação. Em entrevistas, ele conta a história de uma iluminação que teve durante um show em Locarno, na Suíça. Disse que, como um raio, uma frase lhe veio à mente — "Estou determinado a resistir, queira Deus ou não" — e, naquele momento, percebeu que sua vocação era se dedicar outra vez à música e aos shows. Mas Dylan nunca anunciou essa percepção nem falou sobre como ela mudou seus objetivos como cantor, músico e compositor. Em boa parte dos anos 1990, se dedicou mais ao seu repertório essencial em shows do que a novos álbuns (embora as gravações acústicas de antigas canções folk no início dos anos 1990 em *Good as I Been to You* e *World Gone Wrong* fossem simplesmente sensacionais). Fez algumas mudanças na banda, para torná-la mais afiada, e realizou várias turnês, às vezes se apresentando em apenas uma noite em salas de concertos ou teatros. Dylan também passou a tocar guitarra com mais assiduidade e desenvolveu um estilo próprio de solar, direcionando o foco para a construção de frases musicais que emergiam dos motivos melódicos escondidos nas canções. Na realidade, Dylan parecia adotar perspectiva similar à do trompetista de jazz Miles Davis, ou seja, a de que a experiência musical mais verdadeira reside no ato da execução, na performance ao vivo e nas descobertas, espontâneas e difíceis, que resultam desses momentos. Quando a música for tocada de novo já não será mais a mesma. Será uma nova criação, uma nova possibilidade, uma descoberta de um novo território, que logo será deixado para trás e assim sucessivamente.

Em 1997, Dylan tinha completado cerca de três décadas de turnês quase incessantes. Para além de suas mudanças estilísticas, políticas, filosóficas e pessoais, e do peso de sua lenda, ele continuava a cantar e tocar porque em quase todas as noites era isso o que preferia fazer; não se tratava de um investimento na carreira, mas de uma necessidade vital — como se tivesse voltado à agitada vida de trovador à qual na prática renunciara depois do acidente de motocicleta. Sua recuperação continuou sendo, em grande parte, um dos maiores mistérios da música contemporânea — pelo menos até meados de 1997, quando dois eventos o colocaram de novo sob os holofotes. O primeiro aconteceu em maio, quando Bob Dylan foi hospitalizado em Manhattan depois de sentir fortes dores no peito. As notícias preliminares davam conta de que teria sofrido um ataque cardíaco (o diagnóstico final foi de histoplasmose, uma infecção do coração, grave mas passível de tratamento) e os noticiários noturnos e os programas de entretenimento das TVs a cabo colocaram no ar reportagens que equivaliam a prelúdios de um obituário. Dylan não morreu, claro, mas a doença o deixou mais abalado do que ele reconheceria em público. Para o resto de nós, o episódio serviu como uma admoestação: Bob Dylan tinha mudado o mundo, e o mundo o tinha praticamente esquecido.

O segundo evento foi uma afirmação do talento de Dylan como compositor e cantor. No final de 1997, ele lançou o primeiro álbum com músicas inéditas em seis anos, *Time Out of Mind* — um trabalho que demonstrou ser tão devastador quanto cativante. Na abertura do álbum, "Love Sick", depois de encadear alguns acordes sussurrantes na guitarra, Dylan anuncia: "*I'm walking...*" [Eu caminho...]. Faz uma pausa, como se olhasse sobre o ombro, contando as pegadas na própria sombra, e então continua: "*...through streets that are dead*" [...por ruas que estão mortas]. E pelos 75 minutos seguintes, nós caminhamos com ele através de uma das mais incríveis sequências de histórias da música ou da literatura em tempos recentes.

Embora alguns críticos tenham visto em *Time Out of Mind* um relato pessoal sobre o fim de um romance — como *Blood on the Tracks*, 22 anos antes —, a intensidade do novo álbum é mais ampla e mais complexa do que isso. Em parte, a canção é realmente sobre o que sobra de um naufrágio amoroso: Dylan canta "Love Sick" com a voz de um homem mais velho, falando a si mesmo sobre o último amor que poderia perder. Para cantar essa obsessão pelo abandono é preciso evocar o espírito de Robert Johnson, Billie Holiday, Hank Williams e Frank Sinatra. Mas *Time Out of Mind* vai além disso. Quando chegamos à última faixa, "Highlands", um épico de dezesseis minutos marcado por fadiga, humor, suavidade e loucos desvarios, Dylan esgota de tal forma a abordagem da partida, do afastamento, que nos conduz a um novo território — um lugar aonde nunca antes nos havia levado. *Time Out of Mind* não evita as aflições do destino, mas, apesar de toda a dor e infortúnio que propaga, seu efeito final é estimulante. É uma obra de um homem que mira novas fronteiras — não as fronteiras da esperança vistas pelos olhos do jovem ambicioso, mas as fronteiras das regiões ignotas que se estendem além das perdas e desilusões.

Time Out of Mind foi uma obra de fim de século de um dos poucos artistas com voz suficientemente discernível para nos legar algo assim. E, a exemplo das melhores canções de Dylan posteriores aos anos 1970 — como "The Groom's Still Waiting at the Altar", "Man in the Long Black Coat", "Under the Red Sky", "Dark Eyes", "Every Grain of Sand", "Death Is Not the End", "Blind Willie McTell" e "Dignity" — as músicas de *Time Out of Mind* representam uma continuidade em relação a pedras de toque anteriores, como "Like a Rolling Stone" e "I Shall Be Released". Ou seja, elas são o testamento de um homem menos preocupado em mudar o mundo do que em tentar encontrar uma maneira de enfrentar os desenganos e as desilusões que resultam de viver num tempo sem um eixo moral. No fim, essa perspectiva pode ser não menos corajosa do que a iconoclastia que Dylan um dia orgulhosamente praticou.

Nos shows que se seguiram ao lançamento de *Time Out of Mind*, Dylan fez algumas das melhores apresentações de sua vida. Com frequência, as interpretações mais pungentes e aplaudidas foram as de "Tangled Up in Blue" (de *Blood on the Tracks*) e "Love Sick". Embora completamente diferentes na abordagem e na musicalidade, ambas são canções sobre o que resta de sonhos desfeitos e da fé perdida. À medida que se aproximava o fim do século, Dylan interpretava "Tangled Up in Blue" com mais arrojo e sinceridade do que qualquer outra música do show. Investia em breves riffs e emocionantes solos de violão como se tentasse expor as entranhas da canção para desvendar seu derradeiro signifi-cado, e o público reagia como se ouvisse algo da própria história no turbilhão da música e nas narrativas de fuga e de reparação das letras. "Love Sick" é a ou-tra ponta da história, vinte anos depois de uma vida sofrida. No palco, Dylan canta essa música com a voz de alguém entrado em anos que almeja desistir de suas esperanças para se libertar de seus ódios, e se condena por ser incapaz de se livrar de sua memória.

Mesmo assim, nada a respeito de seu passado parece limitá-lo. Em 11 de setembro de 2001, Dylan lançou mais uma coleção de canções inéditas, *Love and Theft* — seu quadragésimo terceiro álbum. *Love and Theft* reafirmou mais uma vez sua força musical, lírica e vocal. Em alguns momentos, o álbum soa como se Dylan desenterrasse novas revelações com uma linguagem ágil e im-pulsiva — da mesma maneira como fizera com *Highway 61 Revisited* —, embo-ra *Love and Theft* também pareça derivar de antigas fontes de segredos e de vi-sões da América, a exemplo de *John Wesley Harding* ou daquelas legendárias fitas do porão de 1967. Dylan, no entanto, se enfureceria com tais comparações. *Love and Theft*, como ele diz, obedece a regras próprias. O que significa que, embora as músicas incluam um riff ocasional de guitarra ou um jogo de pala-vras que remeta a seu passado de glórias, o álbum como um todo mescla tédio, humor e compaixão, com um resultado que não tem paralelo na música con-temporânea. Mas isso não chega a ser novidade: todos os principais trabalhos de Dylan — sejam eles maravilhosos ou dúbios — obedecem a padrões do compositor ou à sua inclinação por quebrar padrões.

É sempre tentador, claro, ler boa parte da obra de Dylan como uma chave para entender sua vida e sensibilidade. Como ele não costuma dar detalhes so-bre seu cotidiano ou sobre as mudanças de suas convicções, quando faz discos como *Nashville Skyline*, *Self Portrait* e *New Morning* — que exaltam o valor do casamento e da família como instituições que dão sentido à vida, e que incontá-veis críticos citam como exemplo da desistência de Dylan em buscar "significa-dos" —, muitos fãs concluem que esses trabalhos revelam verdades sobre sua vida privada. Mais tarde, por volta de meados dos anos 1970, quando o casa-mento de Dylan começou a desmoronar e ele fez *Blood on the Tracks* e *Desire* — com muitas faixas sobre rompimentos e desencantos —, as músicas soavam confessionais e o sofrimento talvez tenha sido mais inspirador do que o êxtase doméstico anterior. Talvez... ou talvez não. A verdade é que não se conhece praticamente nada sobre a história do casamento de Bob Dylan com Sara Lowndes — como se conheceram, como viveram juntos por um tempo ou como e por que se separaram.

A partir do momento em que começou a atrair a atenção da América, Dylan decidiu que não seria conhecido por sua história pessoal. Antes disso, dissera a jornalistas que tinha trabalhado como maquinista de trem de carga, contrarregra, motorista de perua de padaria e pedreiro, embora na época só tivesse 21 anos. Na realidade, criou mitos sobre seu passado desde o início — "era só onda", diz hoje, mas era também uma maneira de manter as pessoas afastadas dos detalhes de sua vida privada. Ele também afirmou, desde a época de "Like a Rolling Stone", de 1965, que os significados de suas músicas eram inescrutáveis até para ele próprio, fora do alcance de sua consciência ou memória. Essa atitude, claro, teve o efeito de inocular em Dylan os poderes do mistério e da lenda: ele passou a ser visto como uma chave para a compreensão de como o mundo virou de cabeça para baixo, mas essa chave se recusava a dar acesso ao seu próprio mundo. Isso valeu até a publicação de *Crônicas, volume um* — uma coleção de memórias e reflexões tão sinceras e reveladoras que fazem par com os escritos de Henry Miller. No livro, Dylan fala sobre as passagens mais atribuladas de sua vida e o resultado é tão alucinado quanto a sua melhor música. É a história de como uma pessoa vive em sua própria mente enquanto decifra o mundo à sua volta — em última instância, é a história da alma.

Crônicas também é revelador pela seleção das narrativas. Dylan vai fundo em alguns períodos cruciais — os primeiros anos em Nova York, antes de começar a gravar, quando estava decidindo o que queria dizer nas canções, ou como dizer; seu exílio autoimposto em Woodstock no final dos anos 1960, quando a América estava a ponto de explosão; e sua enfermidade em meados dos anos 1980, enquanto gravava *Oh Mercy*. Esses foram períodos em que Dylan estava na iminência de descobertas fundamentais ou abalado por seus efeitos. O leitor que estiver procurando informações sobre o envolvimento de Dylan com drogas em 1966, no auge da fama, ou sobre seus casos amorosos e casamentos não as encontrará nessas memórias. Ainda assim, o que ele revela de si é bem mais interessante. Por exemplo, *Crônicas* deixa claro que Dylan não é aquela figura distante que se tornou mais fechada com a fama em meados dos anos 1960. Ao contrário, sempre observou o seu mundo — o nosso mundo —

bem de perto. Ele o experimentou com voracidade e avaliou os que nele se destacaram. Lembra-se de tudo e de todos. Por isso entramos na cabeça de Dylan como nunca antes, e aquele é um lugar hipnótico, cheio de visões sobre filosofia, política e, talvez mais surpreendentemente, sobre história: a história pré-diluviana, a história da América e a história contemporânea. Na realidade, Dylan viveu plenamente o seu tempo e o compreendeu. É em parte isso que faz do livro um documento importante.

Crônicas começa — e termina — em torno de 1961 e 1962 em Nova York. Ainda menor de idade, Dylan se muda do Meio-Oeste para o Greenwich Village, onde enche a cabeça com tudo o que aparece na frente sobre o mundo sombrio e transbordante da música folk americana. Ele conta essa parte da história em linguagem vívida — sem floreios, mas com a marca distintiva de suas melhores letras — e incrível detalhamento. Como por encanto, povoa a narrativa com história viva, evoca famosos e anônimos e nos conta como eles andavam, o que vestiam e por que importavam; de pessoas como Harry Belafonte e Woody Guthrie a Jack Dempsey e Tiny Tim (com quem Dylan dividia porções de batata frita na época em que ambos tocavam em troca de comida). No meio disso tudo, Dylan tem o palpite de que algo muito maior está desabrochando dentro dele. "Eu podia transcender as limitações", escreve. "Não era questão de dinheiro ou de amor, não era isso o que eu procurava. Eu tinha um aguçado sentido de consciência, escolhera meu caminho, mas era pouco prático e muito visionário. Minha mente era poderosa como uma armadilha e eu não precisava de garantia de validade." É em passagens como essa que se percebe o sentimento de orgulho de Dylan — e seu ego. Ele sabe que transformou a cultura contemporânea — isso é evidente mesmo quando tenta negar esse efeito — e a avaliação que faz sobre seus poderes está longe de ser equivocada. Mas em 1962, quando está em vias de gravar o primeiro álbum, ainda lhe falta algo. Há lampejos de uma nova visão se fundindo — uma maneira original de compor canções e povoá-las com sua mente —, mas tais lampejos vêm em explosões intermitentes. Ele não tem certeza sobre o que procura, mas procura em todo lugar — na história antiga de Tácito e Tucídides; nos poemas de Ovídio, Milton e Edgar Allan Poe; na pintura cubista de Pablo Picasso e modernista de Red Grooms; nas perigosas e radicais canções de Bertolt Brecht e Kurt Weill e na voz espectral do cantor de blues Robert Johnson.

Nesse período, Dylan frequentava a biblioteca pública de Nova York, onde lia em microfilme jornais americanos de 1855 a 1865 — os anos em que a América fora seccionada pela guerra civil, os parentes se matando uns aos outros. "É de admirar", escreve, "como pessoas tão unidas pela geografia e por ideais religiosos podem se tornar inimigas tão rancorosas. Depois de algum tempo você se dá conta apenas dos dias tristes, das cisões, da escalada do mal, do destino do ser humano desviado do seu caminho. É tudo uma longa canção fúnebre. [...] A época em que eu vivia podia ser diferente, mas, devido a tradições e mistérios, havia semelhanças. E não era pouca coisa [...] Lá atrás, a América foi colocada numa cruz, morreu e ressuscitou. Não havia nada sintético em relação a isso. A verdade terrível disso tudo foi a construção de um molde abrangente que está por trás de tudo o que eu escreveria."

Perto do final de *Crônicas*, depois de passear pelos vários períodos abordados no livro, Dylan volta ao seu tempo e espaço e os preenche com mais detalhes. Avança na narração sobre o momento em que percebeu como conceberia sua arte. Tudo começa com o notório e tempestuoso relacionamento com Suze Rotolo, uma jovem de dezessete anos que o leva aos museus da cidade, onde ele conhece quadros de Goya, El Greco, Kandisnky e Picasso. Este último, em especial, o impressiona. "Picasso havia fragmentado a arte, a estilhaçara", observa. "Era um revolucionário. Eu queria ser como ele." Suze também o apresenta à obra do artista radical Red Grooms, que tem elementos de sátira e de protesto, mas também retrata o cotidiano de pessoas comuns de uma maneira que em geral não se faz nas artes plásticas. O trabalho de Groom mexeu com Dylan. "Havia uma conexão entre a obra de Groom e as músicas folk que eu cantava", escreveu. "O que o folk fazia musicalmente ele fazia visualmente — os vagabundos e os tiras, o burburinho maluco, os becos claustrofóbicos. [...] Ele incorporava tudo e as personagens gritavam em seus quadros. [...] Inconscientemente, eu me perguntava se era possível compor canções assim." Esses e outros momentos — a descoberta de Brecht e Kurt Weill; a primeira audição de Robert Johnson, pelas mãos de John Hammond; a leitura do poeta simbolista francês Arthur Rimbaud; a ideia de escrever uma longa canção com o impacto de um poema como *Uivo*, de Allen Ginsberg — tudo isso se somou. Dylan ainda não tinha ido além do folk, não compusera nem suas primeiras músicas, mas sabia que estava prestes a agarrar a utopia pelo chifre e montá-la rumo ao desconhecido. "Eu tive uma nítida ideia de onde as coisas estavam", diz. "Não havia por que se preocupar com o futuro. Ele estava terrivelmente perto."

Seis anos mais tarde, Dylan está vivendo em Woodstock — um lugar remoto e bucólico. "A verdade", diz, "é que eu queria pular fora daquela loucura." Procurou se isolar com a mulher, Sara Lowndes (nunca citada nominalmente em *Crônicas*), e seus três filhos. Queria viver como um americano normal. Mas o ano era 1968. Não havia vida americana normal. O país mais se parecia com aquele da guerra civil sobre o qual Dylan refletira anos antes. "A Guerra do Vietnã provocava profunda depressão no país", escreve. "Se você assistisse ao noticiário imaginaria que a nação toda estava em chamas. Parecia que novos distúrbios eclodiam sem parar, cada vez numa cidade, e que tudo estava à beira do perigo e da mudança."

A mudança não estava apenas na iminência de acontecer. Sob alguns aspectos, ela já era uma realidade e, para alguns observadores, o que Dylan havia feito anos antes dera voz a essa mudança, estimulara sua causa. Dylan quer se distanciar dessa interpretação, mas isso não interessa. As pessoas iam à sua casa. Invadiam seu espaço. Queriam Dylan ativo no apoio às suas causas, queriam-no nas barricadas. "Essa turba de invasores, gente esquisita e demagoga, estava perturbando minha vida doméstica", escreve. "Tudo estava errado, o mundo era um absurdo. Eu me sentia encurralado. Mesmo pessoas próximas e queridas não me davam trégua." Ele se muda com a família para Greenwich Village, mas a mesma coisa volta a acontecer. Aquele futuro que Dylan antevira em 1962 de repente se materializava. A mística e a fama trabalharam contra ele, da mesma maneira que seu papel nos tempos modernos. Sua música ousada era a centelha de tudo o que acontecia — e ele odiava o lugar que essa situação lhe reservou. Não queria ser visto como um revolucionário, como a voz de uma geração — "o Queridinho da Rebelião", escreve, "o Líder dos Parasitas, o Kaiser da Apostasia". Os revolucionários, acreditava, eram tão destrutivos quanto aqueles a quem se opunham. Dylan resolveu não fazer mais músicas que pudessem inflamar os espíritos e decidiu interromper o trabalho criativo. "A arte não tem importância perto da vida", diz, "e você não tem escolha. De qualquer maneira, eu não tinha mais vontade de fazer aquilo." Dylan chega a dizer que fez *Nashville Skyline* e *Self Portrait* como meio de desencantar seu público para mantê-lo afastado.

Tudo isso é fascinante, e a voz narrativa de Dylan é poderosa ao intercalar momentos de fragilidade e de paixão. O livro é fascinante também pelo que Dylan omite sobre o período de 1962 a 1968. Nesses anos, ele não apenas fez músicas que o colocaram no mapa como refez o mapa, o que lhe aumentou o prestígio. Ele não menciona nada disso em *Crônicas*, e nem precisava. Nem haveria um livro a ser lido se tudo aquilo não tivesse acontecido. Mas há outras elisões que são bem mais curiosas. Durante esse período, ele lançou *John Wesley Harding*, uma obra-prima que, como seus trabalhos anteriores, mudou o rock, aos inspirar os Beatles e os Rolling Stones, entre tantos outros, fazendo-os voltar a um método mais fundamental de fazer música. Dylan não fala sobre nada disso em *Crônicas*, exceto talvez uma ou outra referência breve e oblíqua. Em vez disso, se concentra em *New Morning*, de 1970, um álbum de qualidade inferior, embora agradável. "Senti que essas canções poderiam se dissolver na fumaça do charuto, o que para mim estaria de bom tamanho", escreve. "O álbum não afrouxou os grilhões e ferrolhos que prendiam o país, não era nada que ameaçasse o *statu quo*." É interessante notar que algumas músicas do *New Morning* haviam sido feitas originalmente para outros fins — eram destinadas a *Scratch*, uma peça sombria e metafísica do poeta e dramaturgo Archibald MacLeish, mas o projeto se revelou muito perturbador para Dylan. "A peça retratava a morte da sociedade, com a humanidade estendida no chão sobre uma poça do próprio sangue", escreve. "O texto de MacLeish [...] sinalizava algo através das chamas. A peça tinha uma intenção, mas eu achava que não queria saber qual." (*Scratch*, na realidade, é baseado num conto conhecido de Stephen Vincent Bénet, "O Diabo e Daniel Webster".)* Talvez fosse apropriado que o mais notável poeta americano daquela época — Dylan, não MacLeish — não pudesse suportar a perspectiva do caos. O país a sua volta estava louco e ele achou que tentar manter um santuário de sanidade — no lar ou na mente — seria enlouquecedor o bastante. Dylan aceitou serenamente o que conseguiu com *New Morning*. Iria recuar mais tarde, claro, mas essa é outra história.

Bob Dylan dá um salto de dezessete anos e nos leva a 1987, outro período de tormento. Não tem mais certeza de que deva continuar compondo ou cantando. Logo rejuvenesce ao ouvir um cantor de jazz num bar de San Rafael, na Califórnia, onde Dylan ensaia para a turnê com o Grateful Dead. Mas isso não lhe traz a salvação. Nem o lançamento de *Oh Mercy*, um álbum entre medíocre

---

* Traduzido para o português por Rachel de Queiroz, nos anos 1940. É a história de um fazendeiro que vende a alma ao diabo em troca de dez anos de prosperidade. Quando a conta seria cobrada, o advogado Daniel Webster faz a defesa do fazendeiro com um eloquente discurso sobre a liberdade, e ganha a causa. (N. T.)

e regular, que é supostamente o tema do capítulo. Quando a salvação realmente acontece, é na forma de uma epifania que remete aos dias do Greenwich Village, quando empunhar um violão significava um ato vital que poderia conduzir para a abertura de todas as possibilidades em sua cabeça. Esse é o capítulo mais elegíaco de *Crônicas*, e se desdobra como uma sinfonia. Mais uma vez, Dylan passa por cima de muita coisa para nos trazer até aqui. Não menciona *Blood on the Tracks*, o álbum de 1975 que muitos consideram seu melhor trabalho, e não fala sobre o controverso período religioso que resultou no memorável *Slow Train Coming*. Em vez disso, escreve sobre a sensação de estar perdido no ostracismo, enquanto constrói seu caminho, aguarda o momento propício e renova sua visão de mundo. Isso é tão intenso quanto qualquer coisa que Dylan possa ter escrito sobre, por exemplo, *Blonde on Blonde*, ou sobre outras grandes realizações. As histórias de *Crônicas* abordam invenção e inspiração reais, mas também falam sobre como a desmoralização, a reparação, as meias medidas ou mesmo os fracassos podem se transformar em méritos únicos. É uma conquista notável, e como as melhores narrativas pessoais de Henry Miller é uma história que descerra a época que retrata e revela então todas as possibilidades da alma. Não são possibilidades fáceis. Afinal, isso é apenas a vida, mas que nunca antes fora narrada com tal arte.

A vida de depressão de Leonard Cohen

Em 1994, o cantor e compositor Leonard Cohen — que tem sido, ao mesmo tempo, um dos mais respeitados e subavaliados protagonistas da música na segunda metade do século xx — desapareceu do mundo da música popular. E também da vida pública. Saiu de cena sem fanfarra e certamente sem esperança. No final dos anos 1980 e início dos 1990, com trabalhos como *I'm Your Man* e *The Future*, Cohen experimentou o período de maior sucesso de sua longa carreira de gravações e também desfrutou de inesperada aclamação. Vários artistas — entre eles Jeff Buckley, Jennifer Warners, Nick Cave, Tori Amos, Suzanne Vega, Willie Nelson e Frank Black — gravaram álbuns em tributo a ele ou incluíram suas músicas em seus próprios discos, e cineastas (como Oliver Stone e Atom Egoyan) usaram composições de Cohen em seus filmes. Aos 58 anos de idade, Leonard Cohen estava — o que parecia improvável — no topo. Mas então simplesmente foi embora, deixando para trás os legendários casos amorosos, seu sobrado em Los Angeles e, aparentemente, a carreira musical e literária.

Como se saberia, Cohen decidiu fixar residência num monastério zen-budista em Mount Baldy, uma hora a nordeste de Los Angeles. O local, um campo de escoteiros numa montanha de quase 2 mil metros de altura, era administrado por Kyozan Joshu Sasaki, seu mestre e amigo de longa data, também conhecido como Sasaki Roshi. Em breve, Cohen seria ordenado monge na ordem de

Roshi. Depois disso, biógrafos e jornalistas começaram a escrever sobre a música e a literatura de Cohen como se ele tivesse parado definitivamente de produzir. Muitos de nós não esperávamos mais nada dele, a não ser um poema ocasional que enviava a amigos para ser postado na internet.

Então, em 1999, com a mesma sem-cerimônia com que largara tudo, também foi embora do monastério e voltou para a família e os amigos. No outono de 2001 lançou um novo álbum, *Ten New Songs*, que era, sob vários aspectos, diferente de tudo o que gravara antes e um dos melhores trabalhos do ano. Em contraste com os temas em geral ácidos que dominam *I'm Your Man* e *The Future*, o novo álbum de Cohen focava a aceitação melancólica e o amor confiante que chegam depois das chamas do sofrimento e com o advento da idade. Não trata de um futuro temível, mas sim de um presente de tolerância — e conta uma história de coragem. Nas dobras do trabalho há insinuações sobre os mistérios que cercaram Cohen nos anos 1990: por que abandonou tudo justamente quando o mundo parecia pronto para ele? E por que voltou com um trabalho que pode ser considerado sua obra mais corajosa desde o inovador romance dos anos 1960, *Beautiful Losers*?

A resposta é: algo excepcional aconteceu a Leonard Cohen enquanto esteve afastado do mundo — algo que o modificou. Algo também sobre o que ele tem muito a falar.

Estamos em 1988, uma agradável noite de verão em Los Angeles. Encontro-me com Cohen na parte superior de sua casa na área de Wilshire para uma entrevista. Nessa noite, Cohen não tem show agendado na cara turnê americana para lançar seu álbum mais recente (e surpreendentemente popular), *I'm Your Man*. Para muitas pessoas, está se tornando rapidamente claro que *I'm Your Man* e a atual turnê estão mudando tudo na longa carreira de Cohen, e para melhor.

Tinha me encontrado com Cohen poucas vezes desde a gravação do álbum de 1979, *Recent Songs*. Algumas das nossas conversas ocorreram em bares mexicanos — com *mariachis* zanzando pelos salões — e outras em estúdios ou bastidores, depois de shows. Até essa noite de 1988, no entanto, nossas conversas mais longas haviam sido uma ou duas entrevistas por telefone, em ligações internacionais e em horários pouco convencionais. A certa altura, falávamos sobre amor e sexo — assunto sempre muito presente na obra de Cohen. *Recent*

Songs era, em grande parte, um álbum que, como seu trabalho anterior com Phil Spector, *Death of a Ladie's Man*, contemplava as paixões e as dificuldades de seu longo relacionamento com Suzane Elrod, a mãe de seus dois filhos (a menina Lorca e Adam). Cohen, como muitos de nós, é propenso a ver o mundo pelo prisma de suas experiências pessoais, e numa daquelas noites, ao falar sobre o disco recém-lançado e sobre sua visão do amor, comentou: "As pessoas são solitárias e as tentativas que fazem para ter um relacionamento, quaisquer que sejam os termos, sempre fracassam. E então as pessoas não querem se machucar outra vez. Tornam-se defensivas, duras, dissimuladas e cheias de suspeitas. Quando falo sobre amor, não estou falando necessariamente sobre se apaixonar por uma líder de torcida — embora essa também seja uma boa maneira de se apaixonar. Mas amor é a capacidade de renunciar, por um momento, à perspectiva particular, ao êxtase da própria subjetividade, e acomodar outra pessoa na sua vida. E isso é difícil para a maioria das pessoas.

"Essa é a dificuldade da nossa situação hoje", continua. "Não há razão em trazer para o seu relacionamento a catástrofe que todo mundo já experimentou. Sabemos que o amor é frágil e doloroso, mas não dá. Não se pode querer ter amor em todas as relações." Ele faz uma pausa. "A situação entre homens e mulheres", disse, "é irredimível. Não há nada a dizer sobre isso. É uma coisa que acabou."

Como na época eu passava por uma desilusão amorosa, comecei a concordar, e então Cohen riu. "Eu bebi", disse. "Bebi de novo."

Nessa noite de 1988, no entanto, não estamos bebendo. Em vez disso, Cohen me leva até a cozinha e se concentra no preparo de um belo caldo de galinha. Há na cozinha alguns pequenos retratos e ícones religiosos — alguns símbolos do próprio judaísmo de Cohen, estatuetas budistas e uma figura de Kateri Tekakwitha, o famoso índio iroquês que teve atuação controversa na história da conversão para o catolicismo no Canadá e que aparece no centro da trama do romance *Beautiful Losers*.

Há muitas coisas que podem ser ditas honestamente sobre Leonard Cohen. Uma delas é que ele é mais engraçado do que a maioria das pessoas poderia supor devido à sua imagem austera e suas músicas — embora, às vezes, ele se transforme num indivíduo genuinamente deprimido, o que está refletido em muitas de suas músicas. Mas há algo em Cohen que o diferencia de todos os outros artistas, políticos, escritores, atores, filósofos e celebridades com quem já me encontrei: o homem é um verdadeiro cavalheiro, cortês e atencioso, e é evidente que esses atributos lhe são naturais. Ele não se comporta assim só para passar boa impressão: essas qualidades lhe são inerentes e explicam como se conduz no mundo.

Enquanto Cohen cuida da sopa, começamos a primeira de muitas e longas conversas sobre sua vida e sua carreira. Às vezes não se dá a devida atenção ao fato de que Cohen tem uma das mais longas carreiras entre os artistas de prestígio da música popular — uma carreira que começou antes da de bandas e artistas como os Beatles, Bob Dylan, Rolling Stones e mesmo Ray Charles, Johnny Cash e Elvis Presley. Isso não significa que Cohen tenha gravado antes deles, mas certamente estava criando um duradouro conjunto de obras antes de eles se tornarem conhecidos (e, a propósito, ele já tocava violão numa banda country bem antes de Elvis Presley aparecer no Sun Studios de Sam Philips em Memphis).

Cohen nasceu em 1934, em Montréal, filho de Nathan e Masha Cohen (tinha uma irmã mais velha, Esther). Ele me mostra uma fotografia dos pais: parecem formais e sinceros. Os Cohen eram, na verdade, uma família prestigiosa e afluente da grande comunidade judaica da cidade. Embora a família observasse as tradições do judaísmo e os dias sagrados, não era fanática em relação à religião. Em função disso, Leonard Cohen acabou fascinado pela cultura católica que permeia Montréal. "A experiência que tive com o catolicismo", diz, "foi muito bonita. Quando conversava com meus amigos católicos, eles — porque ser rebelde é da natureza dos jovens — criticavam a religião, diziam que era opressiva, a partir das experiências que tinham tido. Eu não tive nenhuma experiência assim. Só via o menino, a mãe, a beleza do ritual. E quando comecei a ler o Novo Testamento, encontrei um modelo radical que me tocou profundamente: 'Ame seu inimigo; bendito sejam os humildes porque eles herdarão a Terra'. Acho que esses princípios são um refinamento radical de alguns credos também muito importantes no judaísmo."

Essa combinação de consciência da identidade judaica, com seus sofrimentos e misticismo, e interesse na iconografia cristã e na obsessão com a redenção iria influenciar toda a obra de Cohen, e também explicaria o fascínio tardio pelo zen-budismo. Muitos críticos atribuem as outras aflições relevantes de Cohen — como pesar e privação — à perda do pai, aos nove anos, depois de uma longa e debilitante enfermidade devida aos graves ferimentos sofridos durante a Primeira Guerra Mundial. Outros biógrafos buscam na mãe, nascida na Rússia, a origem de sua música e dos surtos de melancolia. Masha aparentemente vivia cantando em casa, com uma voz adorável e melodiosa, e também sofria de depressão, tendo se submetido a tratamentos.

Cohen, porém, não tem certeza de que esse ambiente sozinho foi responsável por moldar seu desenvolvimento. "É verdade que a morte de meu pai foi minha primeira experiência real com a perda", diz, "mas eu nunca pensei muito sobre minha família. Minha mãe era uma criatura doce e piedosa. Era refugiada e testemunhou a destruição de sua comunidade na Rússia, então acho que ela tinha seus motivos para ser melancólica, no sentido de uma personagem tchecoviana; era cômica e autoconsciente. Mas a verdade é que minha família não tinha nada de extraordinário; era como qualquer outra família, aceita na sociedade, e as pessoas eram decentes, honradas mesmo. Não tinha nada demais. Nenhum conflito. Pode até ser que eu esteja falando sem saber realmente o que me afetou, mas não tenho nenhuma lembrança de problemas familiares. Estamos condicionados a olhar retrospectivamente para a nossa infância de maneira severa, e encontrar lá atrás as razões do nosso sofrimento, quando na verdade pode ser que não estejamos sofrendo por causa desse passado.

"Acho que, como as famílias de muitos amigos meus, a minha me encorajou a ser bom e generoso. Por isso, todos os meus amigos mais íntimos sentiam ter enormes possibilidades. Havia algo no ar que fazia com que pensássemos em nós mesmos em termos messiânicos. Tínhamos a sensação de que faríamos algo importante. Isso foi antes da televisão. Havia espaço para o desenvolvimento de mitologias pessoais."

Essas aspirações messiânicas — ao lado do interesse por mulheres — entraram cedo na vida de Cohen. Esses temas marcaram sua escrita, e quando Cohen tinha em torno de vinte anos sua prosa e sua poesia começaram a chamar a atenção e a arrancar elogios de muitos críticos, professores e escritores canadenses — inclusive o conhecido poeta iconoclasta Irving Layton, cuja própria fixação em assuntos como redenção e sexo teve grande influência no amadurecimento de Cohen. Em retrospecto, Cohen acredita que a ausência de um eixo reconhecido no mundo das artes plásticas, da literatura e das ideias em Montréal pode ter sido uma dádiva para ele e os compatriotas. "Quando estava no colégio [na Universidade McGill de Montréal] e comecei a escrever e a ter contato com outros escritores da cidade, tínhamos a sensação de que o que fazíamos era muito importante porque *não havia público*. Não estávamos em Londres ou Nova York — não tínhamos o peso do establishment literário a nos dizer o que era possível e o que não era possível fazer. Não havia restrições. Tínhamos a sensação de viver uma ocasião histórica a cada vez que nos reuníamos para beber cerveja. Nós nos achávamos famosos com dezesseis ou dezessete anos, e acho que isso nos deu uma forte sensação de identidade. Irving Layton acredita que isso — essa forte sensação de identidade — é essencial para a sobrevivência do escritor, porque caso contrário ele pode sucumbir. A atmosfera de nossos encontros e reuniões em cafés de Montréal ou em nossas casas nos indicava que isso era a coisa mais importante que acontecia no Canadá — éramos os legisladores da humanidade, tínhamos uma função redentora. Íamos restaurar a vitalidade através da linguagem, conferir significado à nossa experiência e à experiência do país. Eram noções desvairadas e extravagantes que passavam por nossas cabeças."

Cohen também acredita ter sido decisiva para seu crescimento artístico uma experiência num acampamento de verão, cujo diretor era um socialista e cantor de música folk. "Ele tocava violão muito bem", diz Cohen, "e me apresentou ao mundo folk pelo viés do sindicalismo de esquerda. Fiquei conhecendo a organização Canção do Povo. Aprendi o que era ser de esquerda, ter uma posição de resistência. Eu nunca tinha tido que resistir a nada. As coisas pareciam perfeitamente o.k. para mim, mas aí descobri outra maneira de pensar — havia pessoas exploradas e outras que falavam em nome delas. Essa perspectiva incendiou minha imaginação e ativou meu sentido de justiça, mas o que eu gostava mesmo era de ouvir essas palavras nas canções, e comecei a aprender a cantá-las. Arrumei um violão e, depois do acampamento, passei a estudar música. Durante o verão, fui até a biblioteca de música popular de Harvard e aprendi muito sobre folk. Ao mesmo tempo, me interessei por poesia convencional, em particular pela obra do espanhol Federico Garcia Lorca — mas não via muita diferença entre as canções e os poemas. Por isso, mais tarde, não tive que me esforçar muito para passar da escrita para a música. Percebi que o que importava era o fato de o poeta se levantar e erguer a voz em nome de alguma coisa, e desde o começo foi essa a imagem que ficou impregnada na minha alma e na minha imaginação. Fosse música folk ou um poema, eu estava lidando com as palavras, e escrevia com isso em mente. Mais tarde, me reunia com amigos escritores em torno do violão e cantávamos canções folk, e nesses encontros às vezes as pessoas compunham suas próprias músicas. Eu escrevia algumas. Isso era o que fazíamos todas as noites; bebíamos e cantávamos folk. Não havia interesse comercial naquilo, mas era intenso."

Em 1956, Cohen publicou por conta própria sua primeira reunião de poemas, *Let Us Compare Mythologies*. "Naquela época não passava pela cabeça de ninguém submeter a poesia a um editor", diz. "Não havia autoridade, não havia establishment, não havia academia que julgasse se você era um poeta ou não. Isso cabia a nós mesmos. Falávamos com autoridade e publicávamos nossos poemas, e os poemas saíam em revistas mimeografadas." Mais tarde, a imprensa passou a publicá-los. *Mythologies* foi bem recebido pela crítica e o volume seguinte de Cohen, *The Spice-Box of Earth* (1961), confirmou sua posição de uma nova e importante voz literária no Canadá.

Enquanto isso, Cohen queria conhecer o mundo além de Montréal e explorar diferentes formas de escrever. Queria também enfrentar o problema inescapável de como sobreviver como poeta: apesar de o reconhecimento como grande escritor emergente ter sido encorajador, a poesia não era suficiente para ele se sustentar. "Tentei estudar advocacia", diz, rindo. "Não deu certo. Fui expulso da escola. Aí fui trabalhar numa fábrica. Nessa época eu não tinha dinheiro. Minha família não me sustentava mais e eu não tinha quase nada. As pessoas achavam que eu era um junkie, um boêmio, estava dando na vista. Então eu fazia um trabalho aqui, outro ali — cheguei a ser ascensorista em Nova York. Finalmente, me inscrevi no Conselho Nacional para Cultura e Artes do Canadá e consegui uma bolsa por causa do *Let Us Compare Mythologies*. Eles me deram uma pequena verba, que foi suficiente para viajar por antigas capitais. Eu queria ir para Atenas, Roma e Jerusalém. Fiz uma escala em Londres e enquanto estava lá esbocei meu primeiro romance, *The Favorite Game*." Publicado em 1963, é um romance semiautobiográfico sobre o amadurecimento de Cohen como jovem escritor, sensualista e angustiado — mais ou menos o equivalente de *Retrato do artista quando jovem*, de James Joyce.

No final dos anos 1950, Cohen visitou a ilha grega de Hidra (sobre a qual Henry Miller escreveu de maneira memorável em *O colosso de Marússia*) e se apaixonou pela paisagem, pelo clima quente, pela cultura, pelo povo. Em 1960, comprou uma casa de três andares na ilha por 1500 dólares. (Cohen ainda mantém a propriedade.) Lá, conheceu Marianne Ihlen, uma encantadora norueguesa, e o filho dela. Passou a viver com eles, e essa relação estabeleceu um padrão ao qual Cohen obedeceria por toda a vida: ele se sentia atraído pelas certezas e pelo êxtase da vida doméstica ao mesmo tempo que tinha a impressão de que essa realidade o confinava. Ou seja, ansiava pela ordem que a relação lhe proporcionava, mas precisava reagir para que isso não o limitasse.

Nos anos seguintes, Cohen ficou entre a Grécia e o Canadá. Visitou Cuba logo depois da vitoriosa revolução de Fidel Castro — embora tivesse que deixar Havana sob suspeita de ser espião americano. No tempo que passou em Hidra começou a pensar no novo romance — depois intitulado *Beautiful Losers* —, que ampliaria seu horizonte artístico e talvez também o da literatura.

Cohen continuava vivendo com Marianne e passava as tardes ao ar livre, tomando sol, datilografando e ouvindo discos de Elvis Presley, Ray Charles, Nina Simone e Edith Piaf numa vitrola portátil. "Eu me lembro de que certa vez toquei Elvis Presley para um grupo de canadenses que viviam lá e disse: 'Esse cara mudou tudo. Ouçam isto aqui'. Eles achavam que eu estava brincando... Durante todo esse tempo, estava escrevendo *Beautiful Losers*, e sabia que era um trabalho de sobrevivência — embora estivesse mais ou menos me dando insolação. Na verdade, enquanto datilografava, derreti vários LPs na minha vitrola portátil — vários discos de Ray Charles. Tinha que comprar sempre os mesmos discos, porque eles estavam sempre derretendo, aquele lugar era tão quente e tão claro. Eu escrevia sob o sol numa mesinha dobrável no quintal de trás da casa. Na primavera, o jardim ficava coberto de margaridas, mas elas iam murchando quando o verão começava. Eu ficava sentado lá feito um doido no meio daquelas flores mortas, escrevendo, com o risco de pegar uma insolação, até que no fim... no fim não aguentei mais. Acho que estava um pouco demente e exaltado durante o período de criação. Mas sabia que estava vivo, porque lia trechos do livro para meus amigos. Mas, como disse, eu estava meio insano, e isso liberou tremendamente a escrita."

Beautiful Losers foi publicado em 1966. Olhando retrospectivamente para a atmosfera literária e as batalhas culturais daquele período — um tempo em que alguns trabalhos de Henry Miller e *Uivo*, de Allen Ginsberg, continuavam proibidos de circular em algumas comunidades —, é incrível que *Beautiful Losers* tenha escapado da censura: é um livro ousado, inovador e que aborda o sexo de maneira surpreendente para contar a história de um homem em busca de sua identidade, memória, propósito e transcendência, enredado numa trama vertiginosa de traições amorosas, religiosas e históricas — e o final inesperado e desnorteante certamente mexe com a cabeça do leitor. Da mesma maneira que *Uivo* abriu um novo território e deu novo ânimo à literatura americana em 1955, *Beautiful Losers* abriu novas perspectivas sobre a forma e o tempo na ficção moderna — e muitos críticos ainda citam o livro como um grande evento da literatura do pós-guerra. Mais de quarenta anos após sua publicação, *Beautiful Losers* continua uma obra hipnótica e extraordinária, o que deixa claro que, se Cohen tivesse desejado, teria tido a oportunidade de ombrear com autores como Norman Mailer, Thomas Pynchon e Henry Miller.

Até hoje, Cohen não escreveu outro romance. E, por melhor que seja tudo o que ele tenha feito depois, *Beautiful Losers* tem uma audácia que é inigualável. Mas a ambição criadora de Cohen já não era a mesma quando o romance foi publicado. "Terminei *Beautiful Losers* e tive algumas resenhas muito boas", diz, "mas o livro vendeu muito pouco no Canadá e nos Estados Unidos e não dava para viver disso. Eu tinha que encarar essa dura realidade. Fiquei pensando, eu tinha escrito dois romances, três livros de poemas e não conseguia nem pagar o aluguel. Isso era grave, porque havia pessoas que dependiam de mim naquela época."

Mais tarde, Cohen diria ao *New York Times*: "É possível ouvir um violão por trás de toda a minha escrita". Nos anos 1960, percebeu não haver antagonismo entre as ambições literárias e a música popular. Se havia alguma relação, era de fusão. "Tenho que admitir", diz, "que, por ter vivido na Grécia a maior parte do tempo, deixei de acompanhar todo esse renascimento musical que estava acontecendo no início e em meados dos anos 1960. Mas eu tocava muito violão e pensei: 'Ser escritor é legal — sempre quis ser escritor — mas gostaria de ir para Nashville e gravar uns discos de country'. A caminho de Nashville dei uma parada em Nova York e foi aí que pela primeira vez ouvi falar de pessoas como Phil Ochs e Judy Collins e Bob Dylan e Joan Baez e Dave Van Ronk. Foi quando percebi que as coisas que fazíamos em Montréal anos antes agora eram públicas.

"Veja só, eu viajara pelo mundo, tinha escrito coisas que haviam me saído da alma e levava uma vida meio mitológica. Natural, portanto, que me sentisse muito próximo daqueles cantores em Nova York. Só fiquei meio chateado porque eles fizeram aquilo antes de mim. Tinham gravado discos e estavam acontecendo. As músicas não fizeram minha cabeça, como se dizia na época, porque eu já escrevia poesia havia muito tempo e tinha descartado o sistema que elas criticavam. Eu já vivia a vida que eles estavam vivendo — talvez até com mais segurança e conforto. Além disso, eu vinha de um meio literário que achava o mercado uma bobagem. Em Montréal não desperdiçávamos um minuto pensando em como entrar na lista dos mais vendidos. Esse era o último lugar onde alguém queria estar — chegar lá era o fim. Ainda assim, fiquei chateado por não ter conhecido antes essas pessoas e não ter me juntado antes a elas. Essa sensação de ter ficado de fora — foi isso o que me deixou mais amuado. Não era nada intenso, mas que fiquei chateado, isso eu fiquei. Eles estavam faturando em todos os níveis."

Cohen põe a mesa para tomarmos a sopa, e continua. "Quando ouvi Dylan, eu *sabia* que estávamos diante de um poeta. Desde o começo, percebi que se tratava de um escritor da maior importância, alguém que falava com uma voz verdadeira. Reconheci isso imediatamente porque isso era tudo o que me importava. Essa era a vida que eu vivia — uma vida baseada no que eu escrevia. Era uma questão de vida ou morte, não tinha espaço para enganações. *Beautiful Losers* foi escrito muito antes de eu ouvir falar em Dylan, e era o mesmo tipo de extravagância, o mesmo tipo de surrealismo. Tinha o mesmo peso de qualquer outra coisa que se fazia na época. Aí conheci o Lou Reed no Max de Kansas City e ele disse: 'Você é o cara que escreveu *Beautiful Losers*? Senta aí'. Fiquei surpreso e lisonjeado de saber que eu tinha credenciais naquele movimento, e fui recebido com carinho por Lou Reed, Bob Dylan e Phil Ochs. Todos eles sabiam o que eu tinha escrito. Então, percebi que, afinal, não tinha perdido o trem da história, que o meu trabalho não tinha sido em vão, porque aqueles compositores — ao lado dos poetas no Canadá — se tornaram a minha primeira academia real. Eu tinha sido uma pequena influência naquele movimento antes mesmo de começar com a música."

Em 1967, a cantora Judy Collins gravou uma das primeiras composições de Cohen, "Suzanne" — uma meditação sobre a natureza intangível de qualquer caminho evidente para a salvação — e a música (que ainda é uma das suas mais conhecidas) fez enorme sucesso. Por volta daquela época, o legendário produtor John Hammond, da A&R (que contratara artistas como Count Basie, Billie Holiday, Bob Dylan e Aretha Franklin, entre outros, e mais tarde contrataria Bruce Springsteen), visitou Cohen no quarto em que ele morava, no hotel Chelsea, para conhecer suas composições. "Hammond", diz Cohen, "era o que no século XIX se chamava de cavalheiro. Uma pessoa magnífica, sem nenhuma presunção. Toquei algumas músicas, e ele disse: 'É isso aí'. Minha esperança era que essa aprovação não significasse apenas um contrato, mas o direito de me considerar parte daquele incrível catálogo de artistas. Talvez eu não estivesse no mesmo nível, mas ele permitiu que eu fizesse parte do grupo."

Cohen lançou o primeiro álbum, *Songs of Leonard Cohen*, em 1968. Ele diz não gostar muito do resultado (acha que o produtor John Simon deixou as músicas melosas demais), mas o disco claramente estabeleceu a reputação de Cohen como um compositor que falava por aqueles que se sentiam perdidos, em busca de qualquer redenção, fosse religião ou sexo. Um companheiro de Cohen, também hospedado no hotel Chelsea — o lendário arquivista Harry Smith, responsável pela influente compilação *Anthology of American Folk Music* —, certo dia apareceu no quarto de Cohen e disse: "Leonard, sei que muita gente está te dando os parabéns por causa das letras, mas as melodias também são muito boas". Cohen coloca a panela de sopa na mesa e sorri ao se lembrar do elogio de Smith. "É verdade", diz. "Ninguém estava falando das músicas; só se falava das letras e da minha 'seriedade'."

Apesar da reputação recém-conquistada, Cohen diz que se sentia cada vez mais desamparado, e seu relacionamento com Marianne estava chegando ao fim. "As pessoas falam sobre solidão", Cohen diz, "mas eu realmente passava dias sem falar com ninguém, às vezes semanas — meu único contato era com uma mulher de quem eu comprava cigarros, e um sorriso dela às vezes me salvava o dia. Foi um período difícil, e continuaria difícil por um bom tempo. As canções nesses primeiros álbuns são um registro da minha recuperação. Eu não tinha muito dinheiro, e mesmo depois do lançamento do meu primeiro álbum meu acesso às pessoas interessantes era mais teórico. Vivia perambulando pelas ruas tentando encontrar alguém com quem pudesse tomar um café. Não sei explicar por que era assim. As coisas aconteciam dessa maneira. Era essa a matéria da minha vida — e entendi que muitas pessoas deviam estar na mesma situação. Comecei a ter a ideia de que uma catástrofe tinha acontecido ou iria acontecer, porque não entendia a razão de não conseguir me relacionar."

Além disso, diz Cohen, ele fazia sérias restrições ao discurso político da época. "Eu era um pouco mais velho que a maioria das pessoas daquele movimento e eles tinham uma atitude de que eu não gostava. Parecia ao mesmo tempo real demais e irreal demais. Eles vinham com umas questões que não eram aquelas com que nós, legisladores da humanidade, deveríamos nos preocupar. Até identificava uma expressão de fraternidade no que faziam, mas não me sentia parte daquilo por uma série de razões. Queimar a bandeira americana era uma coisa que não entrava na cabeça. A posição em relação à Guerra do Vietnã era uma coisa — era totalmente legítimo e até necessário resistir à guerra. Mas achava a retórica horrível: ficar chamando os policiais de 'porcos', escrever 'Amerika', com 'k'. Quer dizer, a América *não é* a Alemanha nazista.* Pode ser terrível, mas essa falta de perspectiva, essa distorção, era uma coisa que me ofendia, e eu nunca fui favorável à violência retórica. Para mim, a América era a maior experiência da história da humanidade. De qualquer maneira, os americanos estavam em convulsão. [...] Eu achava que aquele não era um comportamento apropriado para os americanos. Não é certo tentar afundar o próprio país. Aquelas coisas eu não podia aceitar. Foi por isso que, ainda bem no começo, escrevi, em *Parasites of Heaven* (uma coleção de poemas de 1966), '*Shouldn't we study etiquette before we study magic?*' [Não devíamos estudar etiqueta antes de estudarmos magia?]. Nos diziam que a magia resolveria tudo, mas eu realmente não gostava da incompreensão da responsabilidade pessoal. Não é porque um cara é proprietário que você vai jogar merda nas paredes e deixar a casa sem pagar o aluguel. Sempre achei que viver em sociedade exige um respeito que é fundamental, sem o qual a sociedade pode entrar em colapso."

Em 1969, Cohen conheceu Suzanne Elrod, uma jovem de 24 anos que seria a mulher com quem teria a relação mais longa e tempestuosa de sua vida. Os dois se mudaram para Nashville, onde Cohen gravou os poucos álbuns seguintes — *Songs From a Room*, *Songs of Love and Hate* e *Live Songs* — com o produtor Bob Johnston (que também trabalhava para Johnny Cash, Marty Robbins, The Byrds e Simon and Garfunkel, e que produziu *Blonde on Blonde*, *John Wesley Harding* e *Nashville Skyline*, de Bob Dylan). "Bob Johnston foi um dos caras mais adoráveis que já conheci", diz Cohen. "Estava aberto a tudo."

As gravações subsequentes de Cohen — *New Skin for the Old Ceremony*, *Death of a Ladie's Man*, *Recent Songs* e *Various Positions* — seriam ainda mais vigorosas: retratos comoventes e singelos da busca do amor em meio a uma

---

* Amerika era o nome de um avião de reconhecimento nazista e, inicialmente, do trem usado por Hitler. (N. T.)

cultura permissiva. Com *Various Positions*, Cohen também ampliou seu horizonte musical. Deixou um pouco de lado o violão e começou a compor mais em teclados e sintetizadores. O resultado foi que as melodias e as progressões harmônicas adquiriram encanto e profundidade notáveis ("Hallelujah" e "Coming Back to You" são modelos de estruturas musicais envolventes e reveladoras). Além disso, com *I'm Your Man*, de 1988, Cohen aderiu completamente à orquestração e à marcação rítmica eletrônica, compondo uma música ao mesmo tempo fulgurosa, espectral e atraente, que casava bem com o tom sombrio e cáustico das novas letras sobre pessoas abatidas tentando sobreviver em meio a uma paisagem de calamidades geopolíticas. Cohen diz: "Havia muita resistência ao uso de música eletrônica, mesmo entre as pessoas que trabalhavam comigo. Mas para mim era como escrever um soneto — eu trabalhava dentro das limitações do formato. Isso me obrigou a ser mais criativo".

Embora a música de Cohen tivesse se tornado mais inventiva e atraente — e a voz cavernosa de barítono estivesse mais calorosa e intimista — seus discos vendiam apenas modestamente nos Estados Unidos (ainda que vários deles tenham feito sucesso por muito tempo na Inglaterra e em outros países da Europa). Reza a lenda que, em 1984, quando Cohen mostrou as músicas de *Various Positions* para o mandachuva da Columbia Records, Walter Yetnikoff, o executivo teria lhe dito: "Leonard, nós sabemos que você é sensacional, mas não temos tanta certeza de que você seja bom" — e se recusou a lançar o álbum nos Estados Unidos.

Nessa noite de 1988, depois que Cohen tira os pratos, continuamos na mesa da pequena cozinha. Pergunto se todos esses anos de indiferença do público e apatia da gravadora não o desanimaram ou o deixaram amargo. "Bem", ele diz, sorrindo, "antes de responder tenho que dizer que tive muita sorte por poder ter vivido do meu trabalho. Eu vivi bem, viajei para onde me deu vontade, ajudei as pessoas que quis, essas coisas realmente não me preocupam. E tenho plena consciência de que faço parte de uma minoria de artistas que sobrevivem fazendo o que querem. Sou grato por ter feito essa carreira, que não exige nenhum envolvimento com o fardo da celebridade. Fora isso, houve vezes em que achei que uma gravadora me esfolou num ou noutro contrato, mesmo sem querer tirar vantagem em cima de mim. Tive lá meus momentos de raiva e de ressentimento, mas nada tão devastador quanto, por exemplo, uma briga de casal. Não era nada parecido. Mas às vezes fiquei bem chateado, isso é verdade.

"Mas, sabe como é, eu não pensava grande naquele tempo. Foi só mais recentemente que fiquei ganancioso. Estava feliz por ter gravado o primeiro disco e que algumas pessoas tivessem gostado dele. Mas admito que vinha de uma posição, como escritor, em que me achava incontestável. Na minha cabeça, eu já era uma figura histórica mundial aos dezoito anos. À medida que o tempo passava, minha autoconfiança foi sendo abalada."

Teria sido abalada por causa da recepção dos álbuns?

"Eu é que estava me sentindo muito infeliz", responde. "Não achava que o resultado do trabalho fosse bom mesmo. Sentia que o meu dom minguava, que eu me afastava do caminho da dedicação, da devoção. Alguma coisa estava me corrompendo. Não era dinheiro, não era fama, não eram mulheres. Apenas havia alguma coisa no ar. Comecei a ter uma sensação de declínio moral e não via graça em nada. Não sentia que estava a serviço de poderes superiores que me convocavam para trabalhar. O trabalho tinha perdido totalmente a qualidade redentora. A coisa estava feia, eu não via muita saída. Sabia que não estava dando a devida atenção à minha 'carreira'. Mas essas coisas não me preocupavam. O que me preocupava mesmo era aquele esforço incessante de fingir que estava tudo bem."

Cohen diz que o que o ajudou a se recuperar foi o crescente interesse no zen-budismo — em particular, a versão ensinada pelo mestre japonês Sasaki Roshi. Cohen o conheceu em 1971 e tentou estudar em seu monastério, mas teve dificuldades com a disciplina rigorosa e o conceitualismo. Ainda assim, sempre voltava lá — ele diz que, de certa maneira, se sentia atraído tanto pelas maneiras de Roshi quanto pelo ensinamento zen. "Muito antes de conhecer Roshi, me interessei pela estética daquilo que pensei que o zen fosse. Aquele tipo de coisa, as linhas retas, os espaços amplos, as nuvens, o haicai. Ou seja, me interessei pelos aspectos culturais do que eu imaginava que o zen fosse. Mas o zen de Roshi não tem nada a ver com essas versões. Quando o conheci, fiquei profundamente comovido por sua capacidade de permitir que eu sentisse sua amizade: aquele tipo de amizade com a qual ele saúda a todos — é uma coisa que acalma a mente. Você explora a mente quieta, e nem se dá conta disso. Você se sente maravilhosamente concentrado e atento ao chá que ele serve ou ao pedaço de bolo que ele oferece, porque tudo é demasiadamente humano. Fiquei tocado por isso tudo, e por sua incrível hospitalidade.

"Com Roshi, comecei a investigar — não digo seriamente, mas com alguma urgência — como nasce a individualidade. O que é isso, como morre, como ressuscita. Foi isso o que provavelmente me salvou. Estava começando a sentir uma depressão muito profunda e esse foi o elemento estabilizador da minha vida; a exploração da individualidade e minha associação com Roshi foram muito importantes. Um pouco antes de eu deixá-lo recentemente [isso foi em 1988], Roshi me disse: 'Cohen, conheço você há dezoito anos. Nunca tentei te converter. Eu só te ofereci saquê'. E é verdade. Ele nunca tentou me transformar num budista. Não tinha nenhum interesse nisso."

Roshi também ensinou a Cohen uma lição valiosa que transformaria sua música: "Foi na época que eu estava gravando *Various Positions*. Roshi estava no estúdio comigo em Nova York. Eu viajava como secretário dele e aproveitei o tempo em Nova York para gravar. Ele foi até o estúdio, e nessa época as notícias a meu respeito não eram nada boas, eram até deprimentes — giletes e coisas desse tipo. Na manhã seguinte, durante o café da manhã, perguntei: 'O que você achou, Roshi?'. Ele disse: 'Leonard, você devia cantar mais triste'. Todos me diziam o contrário — não que eu tivesse alguma alternativa. Mas ele percebeu que eu não tinha chegado aonde poderia com a minha voz, com a minha viagem. Foi ao mesmo tempo o mais profundo e o mais pragmático conselho que já recebi. Ele percebeu que a minha voz podia ser ainda mais grave, que eu podia explorar ainda mais as coisas. Acho que ainda não cheguei no ponto que ele sugeriu. Ainda o ouço dizendo: 'Você devia cantar mais triste'. Porque é assim que é, você é assim."

Por essa mesma época em 1988, eu também me encontro com Cohen em Manhattan. Ele está em turnê para divulgar *I'm Your Man* — que vende bem nos Estados Unidos, mais do que todos os seus outros álbuns, e é um grande sucesso em alguns países da Europa. Quando a Columbia Records resolve lhe dar um prêmio pelo sucesso internacional do álbum, Cohen responde: "Obrigado. Sempre fiquei comovido pela modéstia do seu interesse no meu trabalho".

No concerto em julho de 1988 no Carnegie Hall, que teve todos os ingressos vendidos, é evidente, em canções como "Ain't No Cure for Love", "Coming Back to You" e "Dance Me to the End of Love", que Cohen leva ao limite o conselho do mestre zen-budista para cantar "mais triste". Mas é uma memorável canção de *I'm Your Man*, "First We Take Manhattan" — uma sinistra e tensa descrição de colapso social e vingança terrorista —, que parece mexer mais com a plateia. A música evolui transmitindo uma sensação de ameaça, mas há um subtexto de humor implacável. Cantada ao vivo, num show pleno de referências a submissões pungentes e aflições benévolas, era como se a música convocasse para a guerra.

Faço algumas dessas observações a Cohen quando nos encontramos no quarto no hotel Mayfair, perto do Central Park. Apesar da tarde quente e abafada, Cohen está impecavelmente vestido com um jaquetão escuro, camisa branca engomada e uma gravata elegante. Invejo sua capacidade de se manter tão bonito e alinhado nesse calorão. Cohen insiste para eu sentar na cadeira mais confortável e depois liga para o serviço de quarto e pede bebidas geladas. Ele se senta numa cadeira de espaldar duro e apoia um dedo sobre os lábios, como se estivesse refletindo cuidadosamente para responder aos meus comentários. "Esta é uma época extrema", diz depois de alguns momentos. Quando começa a falar, Cohen se levanta, baixa o zíper, tira a calça e a pendura cuidadosamente em outra cadeira. Faz isso com naturalidade, e é evidentemente a coisa mais sensata a fazer. O dia estava pegajoso e ele não queria amassar o vinco da calça. De qualquer maneira, ao voltar para a cadeira, continua de jaquetão e gravata e ainda veste meias e sapatos.

Enquanto isso, Cohen continua a falar. "Veja bem, acho que estamos vivendo em meio a uma praga de proporções bíblicas, em vários níveis. Acho que o mundo está se desintegrando. As nossas instituições, os nossos modos, os nossos sistemas políticos estão se desintegrando. Acho que aquele amor redentor também pode estar se desintegrando." Eu conhecia essa sua opinião. Quem está falando é o Cohen deprimido ou o realista iluminado? Ele continua: "Não quero ficar sentado aqui falando como se eu fosse um profeta — não estou dizendo 'arrependa-se'. Não quero dizer que devamos nos arrepender. Estou fazendo esse comentário simplesmente como alguém que tem observado essa desintegração, como alguém que acredita que alguma coisa poderosa aconteceu com os homens, mas que eles não necessariamente perceberam. Não estou falando isso como quem faz uma advertência. Não há razão em antecipar o apocalipse. A bomba já explodiu. Estamos agora em meio à poeira da explosão. A questão não é como podemos evitar isso. A questão é: como, tendo a consciência de que o fim já chegou, podemos viver com dignidade e compaixão?

"Então", ele acrescenta, "foi assim que cheguei àquela ameaça geopolítica sinistra apresentada pelo personagem de 'First We Take Manhattan'. Não podemos mais comprar a versão de realidade que nos é apresentada publicamente. É difícil que haja qualquer expressão pública que signifique alguma coisa para alguém. Não há um político que nos sensibilize. Não há nem mesmo uma canção..."

A frase é interrompida por uma batida na porta. "Com licença", diz Cohen. Levanta-se, veste a calça, abre a porta e assina a nota da minha soda gelada. Ele me lança um sorriso caloroso. Não há afetação de timidez ou ironia no gesto — é uma expressão genuinamente cortês e compassiva. Percebo que Leonard Cohen acaba de me dar — e não pela primeira vez — um exemplo de como devemos nos comportar com refinamento e elegância, mesmo imaginando, como é o seu caso, que temos a terrível consciência de estar vivendo além da conta.

Essa foi a última vez em vários anos que falei com ele. Embora houvesse muita apreensão no que Cohen falou naquele dia, achei que ele se expressava simplesmente a partir de uma perspectiva filosófica ou política. Foi só com seu álbum seguinte, *The Future*, de 1992, que percebi que a sensação de presságio sociopolítico nos álbuns recentes de Cohen era profética (quer ele admitisse ou não) e que essas novas canções revelavam — talvez mais do que nunca — uma angústia que penetrava fundo em sua mente, sua alma e sua história. Na faixa de abertura do álbum, Cohen parece avançar sobre um território em que ainda não tinha estado: "*Get ready for the future/ It is murder*" [Prepare-se para o futuro/ Ele é criminoso].

Sempre gostei de músicas honestas e implacáveis, mas tenho que admitir que "The Future" me deixou com uma sensação de pavor — talvez porque na época estivesse tentando descobrir por mim mesmo como é possível conviver com expectativas insuportáveis. Um ano mais tarde, li um artigo sensacional sobre Cohen na *New Yorker*, escrito por Leon Wieseltier. Intitulado "The Prince of Bummers" [O príncipe dos vagabundos], o texto traz observações relevantes: "Alguns artistas são amplos, alguns artistas são profundos. Não há como negar que a questão da degradação está presente em quase tudo o que Cohen compõe e canta. Seus discos não expressam uma gama variada de sentimentos. Mas ele é mestre no sentimento que estuda. Cohen não divaga, vai fundo no seu tema. A especificidade é a fonte do vigor; [...] quando canta sobre um homem abatido por suas paixões, não faz isso sorrindo. O homem arruinado não gosta da ruína.

Um tema central de suas músicas é que ele quer ser salvo da desordem, ou pelo menos saber por que está nessa situação. Pode ser que haja pouco enaltecimento em Cohen, mas não há insensatez".

Decido que quero me encontrar de novo com Cohen, saber como ele está. Mas, aparentemente, Cohen sumiu — ou foi para algum lugar onde questões sobre seu trabalho talvez não tenham mais utilidade. É possível que isso faça algum sentido. Afinal, *The Future* era sobre a percepção de que o futuro pode não ser algo sobre o que vozes sensatas e amigáveis gostariam de falar.

Passaram-se nove anos, vivíamos agora o verão de 2001. Lá estava eu novamente batendo à mesma porta, na mesma casinha de dois andares em Los Angeles. O homem que me atende ainda é um cavalheiro elegante. É de manhã, mas ele traja um terno bem cortado e mais uma vez insiste para que a visita fique com a cadeira mais confortável da casa. Claro, Leonard Cohen também mudou um pouco: está com 64 anos e usa o cabelo grisalho aparado — hábito remanescente dos tempos de monge.

Cohen deixou o monastério de Mount Baldy em 1999, depois de passar seis anos lá na companhia de Roshi. Nos encontramos agora porque ele terminou de gravar um novo álbum, *Ten New Songs*. Talvez seja o melhor trabalho de Cohen, talvez também o mais indulgente. Em termos conceituais, parece estar a quilômetros de distância do fatalismo amedrontador de *I'm Your Man* e *The Future*. Quando comento isso com Cohen, ele simplesmente diz: "*The Future* é resultado do sofrimento. Este é fruto da celebração".

Cohen diz que trabalhou nas letras por vários anos, durante todo o tempo que passou no monastério. "Em muitas daquelas longas horas de meditação, quando era convidado a fazer uma coisa ou outra com a minha mente, eu não sabia exatamente o que fazer. Então, de repente, me vi pensando em rimas e versos. Foi um tipo de atividade que exigiu muita concentração, e foi uma delícia." Cohen conta que dessa vez não compôs as músicas. Elas ficaram a cargo de Sharon Robinson, amiga de longa data que chegou a cantar no coro dos primeiros álbuns e turnês de Cohen. Quando ele deixou o monastério, não tinha planos imediatos de voltar a gravar. Então, uma noite, foi à casa de Sharon em Beverly Center. Voltou a frequentar a família (ele é padrinho do filho dela) e logo lhe entregou as letras que escrevera nos últimos anos, querendo saber se a amiga identificava ali alguma possibilidade musical. Os dois começaram a trabalhar longas horas em melodias e arranjos. O plano original de Cohen era gravar o álbum com orquestra, mas ele gostou tanto das versões caseiras feitas por Sharon que resolveu usá-las como base. Consequentemente, *Ten New Songs* é inteiramente composto e tocado por Sharon Robinson e Leonard Cohen — "duas pessoas em uma mente", como disse seu empresário na época, Leanne Ungar. Diz Cohen: "Essa incrível amizade resultou nessa pequena obra-prima. Vou falar francamente: acho que este é um belo trabalho, e me permito falar assim porque não fiz quase nada. Sharon fez a maior parte. Ocasionalmente, eu fazia um ou outro ajuste. Às vezes havia uma ou outra modulação na música que eu acho que não conseguiria fazer, ou que não ficavam bem na música. Eu sempre perguntava para ela: 'Sharon, essa música tem mais de quatro notas? Você sabe mesmo das minhas limitações'". Cohen ri da própria reputação de cantor de poucos recursos. "Para ser honesto", diz, "reconheço que o meu vocal tem certa autenticidade e que a minha voz é bem relaxada. Hoje, consigo brincar com a melodia de um jeito que nunca tinha feito antes, com um sentido mais profundo de compromisso. Ao mesmo tempo, sinto que as composições de Sharon tornaram isso possível para mim."

Cohen apanha um maço de Vantage e acende um cigarro. Durante a entrevista, fuma sem parar. "Comecei a fumar de novo há mais ou menos um ano", diz, quase pedindo desculpas. "Tenho que parar de novo, claro. As pessoas dizem: 'Sua voz está muito baixa'. E eu digo: 'Claro, o que vocês querem, depois de 50 mil cigarros? Fora uns bons litros de uísque'."

Faço a Cohen a pergunta óbvia: por que você interrompeu a carreira e foi para o monastério? Foi um recuo ou um avanço?

Cohen olha para o cigarro entre os dedos, como se ganhasse tempo para escolher as palavras para responder. "Tinha passado pela minha cabeça", diz depois de um momento, "que talvez eu estivesse saindo do mercado. Até achava que, de alguma maneira, iria continuar compondo, mas essa coisa toda de mercado me parecia bastante remota quando fui morar no monastério. E não é que eu não estivesse satisfeito com a minha carreira. Ao contrário. Era uma coisa do tipo: 'Bem, então é assim que é ter sucesso'. Sabe como é, eu tinha 58 anos na época e era respeitado pelos meus pares e pelos mais jovens, e as pessoas falavam bem de mim. Mas minha situação cotidiana era tal que não me ajudava muito. Fui para o monastério em 1993, depois da minha última turnê, com o espírito de 'se der certo, vou ficando'. Não me dei um prazo, mas sabia que iria ficar por lá um bom tempo.

"Além disso, estava lá porque tive a sorte de ter estudado com Roshi. É uma pessoa incrível, um cara direto — não há um pingo de beatice nele. Qualquer um que se aproxima sabe que ele sempre aborda as questões mais fundamentais sobre a vida, a morte e a salvação. E tem uma dedicação integral: quem iria ficar morando lá nas alturas com um bando de americanos patetas que não entendem nada? Esse cara é inteligente o suficiente para ter feito uma fortuna, e no entanto ele está lá, vivendo numa choupana cercada de neve. Ele é uma pessoa sublime. Quando você está com ele, você está na presença de alguém que é ao mesmo tempo muito refinado e selvagem, muito livre e responsável. Mas eu nunca estive à procura de uma religião. Estava perfeitamente satisfeito com a minha antiga religião. Não tive uma crise de fé, nem senti que estava na hora de renunciar às coisas deste mundo. Não era nada disso."

O telefone toca no corredor. Cohen faz uma pausa e tenta ouvir, na secretária eletrônica, quem está ligando para ele. Mas a pessoa desliga. Cohen sorri. "Eu ofereço uma prece aos céus cada vez que alguém não deixa uma mensagem."

Pergunto a Cohen se ele pode me definir o zen, o que entende por isso. "Agora você me apertou", responde. "Porque não sei o que é isso. Não estou tentando bancar o modesto nem afetar uma atitude zen. Estudei com um mestre, mas ele nunca se considerou totalmente desenvolvido. Segundo a tradição no zen, cada mestre tem o seu próprio modelo radical e o apresenta de uma maneira criativa e original. Se o zen é alguma coisa, é isso: a transmissão de um mestre para outro que tenha a autoridade para apresentar a sua visão radical da realidade."

E Cohen se consideraria um mestre? Ou, algum dia, gostaria de se tornar um? Ele nega com um incisivo meneio de cabeça. "Não tenho autoridade para ensinar, nem vocação, aptidão ou desejo."

Cohen começa a contar a história da ocasião em que disse ao mestre que queria deixar o monastério e voltar para sua vida. "Nós éramos grandes amigos, Roshi e eu. Éramos os mais velhos lá, embora houvesse muitos anos de diferença entre nós. Durante algum tempo, cozinhei para ele e cuidei dele. Então, quando pedi permissão para ir embora... Desapontado não é a palavra certa. Ele ficou triste — da mesma maneira que você ficaria se um grande amigo seu fosse embora. Eu disse: 'Não sei por quê'. Ele disse: 'Por quanto tempo?'. Eu disse: 'Não sei por quanto tempo, Roshi'. Ele disse: 'Não sabe. Está bem.'"

Cohen apaga o cigarro e fica sentado em silêncio. Depois de um momento, me convida para almoçar. Aprendi muito tempo atrás que é impossível não se sentar à mesa quando se está na casa de Leonard Cohen.

Depois do almoço, Cohen me leva para o estúdio que mandou construir em cima da garagem atrás da casa. "Este é um espaço agradável para trabalhar", diz — e, de fato, o lugar captura luzes e sombras e sons de tal maneira que qualquer escritor desejaria um estúdio daquele. Cohen traz o maço, acende um cigarro e se senta no sofá. Faz uma pausa longa e diz: "Não posso falar sobre o que aconteceu comigo lá em cima porque é pessoal. Não quero que seja publicado. A verdade é que fui para lá pelas mesmas razões por que fiz tudo o mais: para aplacar a depressão que tem me acompanhado a vida inteira. Eu diria que tudo o que fiz — vinhos, mulheres, canções, religião, meditação —, tudo teve a ver com a tentativa de combater essa depressão que sempre esteve por trás de todas as minhas atividades.

"Foi num grau imperceptível, mas alguma coisa aconteceu em Mount Baldy", diz Cohen, vários cigarros mais tarde, "e a minha depressão acabou. Já faz dois anos e meio, e ela ainda não voltou. [...] Roshi certa vez me disse uma coisa bonita. Ele disse que quanto mais velhos ficamos, nos tornamos mais solitários e precisamos de um amor mais profundo. O que significa que o herói que você tenta manter como protagonista do drama da sua vida, esse herói não está desfrutando da vida como um herói. Você está fazendo um esforço tremendo para manter essa atitude heroica disponível para você, e o herói sofre uma derrota depois da outra, e não são derrotas heroicas; são derrotas ignóbeis. Finalmente, um dia você diz: 'Deixe-o morrer — não posso mais investir nessa atitude heroica'. E a partir daí você apenas vive sua vida como se ela fosse real — como se você tivesse que tomar decisões mesmo sem ter nenhuma garantia das consequências de suas decisões."

Pergunto a Cohen se ele se preocupa com a possibilidade de, ao se livrar da depressão, perder também uma valiosa musa inspiradora. Afinal, como ele mesmo já observou algumas vezes, a depressão é uma das forças motivadoras do seu trabalho.

"A verdade", diz, "é que todos aqueles livros e discos foram produzidos *apesar* da depressão ou dos meus conflitos. *Ten New Songs* é realmente o meu primeiro trabalho que foi feito em outras circunstâncias. Dá para dizer que resulta da ausência de crises.

"Mas, sim, a depressão esteve presente tanto no meu trabalho como no meu cotidiano. Na maior parte do tempo não há alternativa. Mas acho que o que quer que eu tenha feito eu o fiz apesar da depressão, não por causa dela. A depressão não foi o motor do meu trabalho. Foi apenas a condição da minha vida. Quaisquer que fossem minhas propensões e inclinações pessoais, elas não eram necessariamente condicionadas pela depressão. Em outras palavras, se eu tivesse uma ideia ousada, isso não se devia ao fato de eu estar deprimido. Nem a ideia ousada — se era realmente ousada — era resultado da depressão. Há pessoas que dizem que a mola propulsora da criatividade é a depressão ou a melancolia. Eu não sei se eu concordo, porque não tive o luxo desse tipo de especulação naquela época. Mas, sim, acho que é uma teoria aceitável.

"Mas a minha atividade real é escrever, compor. Desde que a depressão passou — e não sei se isso é permanente ou temporário — continuo com a mesma vontade de escrever. Em outras palavras, a vontade de escrever não tinha nada a ver com a depressão. Também não houve mudança na intensidade ou na atenção da minha atividade. E não acho que o trabalho tenha diminuído. Apenas agora não há mais aquela angústia. Isso não quer dizer que a vida tenha ficado mais simples. A luta para fazer as coisas direito continua intensa, mas o contexto é completamente diferente. Não é porque você não está deprimido que é mais fácil empurrar a pedra montanha acima. Você ainda tem que usar todos os músculos e traçar toda a estratégia. Mas a paisagem é diferente, porque não há mais angústia. Sabe como é, eu ainda preciso encontrar uma rima para 'laranja'. O fato de eu não estar deprimido não torna essa tarefa mais fácil. Nem significa que todo o trabalho acabou e que não é mais possível se associar ao sofrimento do mundo.

"Quer dizer, algo maravilhoso aconteceu comigo. Não sei o que foi. Só sei que a vida vale a pena, e estou pronto para aproveitar a próxima fase."

Encontrei-me com Cohen mais algumas vezes nas semanas seguintes. Sempre inventava uma razão qualquer — mais perguntas que ainda precisava fazer —, mas a verdade é que adoro estar na sua companhia e ouvi-lo falar. Gosto do jeito como insiste para que eu coma alguma coisa, ou quando lê um sutra antigo para mim, numa voz tão adorável e cativante quanto quando canta.

Além disso, aprecio as histórias sobre músicos maravilhosos que foram seus amigos e já morreram há muito tempo — pessoas como Tim Buckley, David Blue, Phil Ochs e Tim Hardin —, mas cujo trabalho nunca morrerá. "Eu me lembro de, certa vez, ter me encontrado com Tim Hardin numa boate", diz. "Ele estava com um lenço de seda e completamente bêbado. Eu pensei: 'Esse negócio de sucesso vai acabar matando esses caras. Descer de uma limusine com uma echarpe branca e os bolsos cheios de dinheiro — isso não pode dar em coisa boa'. E, bem, muitos morreram mesmo, mas muitos ainda estão por aí. Joni Mitchell, Van Morrison, Dylan. Quer dizer, veja só a nova fase do Dylan, tão fértil. Ele poderia facilmente mudar outra vez toda a cena da música pop."

Numa outra noite, Cohen e eu conversamos sobre sua reputação de mulherengo. Ele diz: "Um tempo atrás, eu compus uma música chamada 'I Was Never Any Good at Loving You' [Nunca fui bom em te amar]. E é verdade. Não acho que eu tenha sido particularmente um bom amante. Sou muito mais a amizade. Mas eu tinha um forte impulso sexual, que subjugava minhas considerações. Não tinha nem ideia de quem eram as mulheres com quem eu ia para a cama. Quer dizer, meu apetite pela intimidade — e não apenas a intimidade física, mas a intimidade que acompanha o sexo — era tão forte que eu me interessava apenas pela essência da coisa. Era só apetite sexual. E consequentemente havia mal entendidos de ambas as partes".

O apetite de Cohen ainda continua forte?

"Não. Um tempo atrás, visitei um amigo meu, o poeta Irving Layton. Ele tem quase noventa anos hoje. Estávamos fumando e ele disse: 'Leonard, você notou algum declínio no seu interesse por sexo?'. Eu disse: 'É, Irving, notei sim'. Ele disse: 'Estou aliviado por ouvir isso, Leonard'. Eu disse: 'Então, eu que pergunto agora: você também percebeu algum declínio no seu interesse sexual?'. Ele disse: 'Sim'. Eu disse: 'Quando você começou a perceber esse declínio no seu interesse sexual?'. Ele disse: 'Ah, eu devia ter uns dezesseis ou dezessete anos'.

"E de certa maneira é verdade. Nunca a vontade é tão grande como naquela idade. Não sei se o sexo chegou a ter alguma magia para mim. Foi involuntariamente intenso — a caçada — mas nunca funcionou direito. Não foi uma coisa particularmente prazerosa. Era mais uma urgência inevitável que não me deixava alternativa."

Eu pergunto como foram suas relações familiares — sobretudo com seus filhos, Lorca e Adam. Teriam sido boas? "Sim", diz, "e isso me pegou totalmente

420

de surpresa, porque tentei escapar de todos os tipos de compromissos. Então, quando surgiu essa questão legítima do compromisso, fui derrotado. Tentei escapar o mais rápido possível, mas a mãe dos meus filhos, lamentavelmente, foi mais esperta. E... sempre adorei meus filhos quando eram crianças... Mas foi difícil. Achava aquela situação intolerável, embora, por causa do meu condicionamento tribal, eu tenha feito o que pude, e até que não me saí mal. Mas as crianças cresceram e hoje vivo perto dos meus filhos e a nossa relação é muito boa. Melhor do que a relação que tive com meus pais."

Uma das últimas vezes que visitei Cohen, falamos sobre se, por ter pendurado o hábito, ele sentia que tinha deixado de ser um monge zen-budista. "Não", responde, "não sei o que isso significa. Alguns anos antes de me tornar monge, disse a Roshi: 'Eu tenho que me tornar um monge, Roshi?'. Ele disse: 'Não, não precisa'. Então essas coisas estão além do que se pode investigar. Não sei se pendurei meu hábito ou não. Roshi vai fazer 95 anos e eu em breve terei 67 anos. É um velho falando com outro velho; está na hora de treinar as novas gerações."

Pergunto a Cohen se ele tem intenção de continuar gravando álbuns e publicando livros. "Sim, gostaria de continuar trabalhando", diz. "Espero não desmoronar amanhã. Tenho um conjunto de novas canções em que estou trabalhando, e voltei a compor no violão. Além disso, gostaria de publicar o que escrevi em Mount Baldy. Queria que fosse um livraço.

"Não é que eu tenha tido uma visão e quisesse apresentá-la. É só vontade de trabalhar. Acho que esse apetite por uma atividade é mais urgente do que qualquer busca ou visão. Sinto que esse é o meu trabalho, o único trabalho que eu poderia fazer."

Cohen veste o paletó e me acompanha até a porta. Aguardo uma carona que vem me buscar. Enquanto espera comigo, ele diz: "Isso pode parecer o mais batido clichê do século XIX, mas em meio aos meus pequenos problemas pessoais, consegui me dedicar à arte, ou chame isso como quiser. Eu me dediquei à arte e, ao produzir arte, encontrei conforto e força. Quer dizer, dizendo assim parece horrível, mas eu me dediquei a fazer o que sabia, e fiz canções. E, ao fazer essas canções, muito da dor da minha vida se dissolvia. E isso é uma das coisas que a arte faz — ela cura."

Ele olha o sol brilhante que nos castiga. "Já estou com quase setenta anos", diz. "Gosto do que Tennessee Williams disse: 'A vida até que é uma peça bem escrita, com exceção do terceiro ato'. Sinto que estou começando o terceiro ato.

E acho que o começo do terceiro ato é agradável porque você tem a experiência dos dois atos anteriores e mais ou menos ainda tem saúde. Claro que no fim do terceiro ato não dá para prever nada, pode ser cabeludo. Então, onde estou agora é um estágio bom, um ponto bom para se estar: o início do terceiro ato.

"Não pretendo ter a salvação ou as respostas, nada disso. Não estou salvo. Mas, por outro lado, continuo a viver."

Agradecimentos e uma lembrança

Escrever nem sempre gera dívidas, mas no meu caso tenho que admitir algumas.

Comecei a escrever sobre música popular em 1974 com uma resenha sobre Bob Dylan e The Band para um jornal underground de Portland, em Oregon. Foi uma oportunidade que surgiu inesperadamente — um convite de um editor — e a partir daí tudo mudou para mim. Tinha crescido ouvindo rock e fora transformado pelo rock — encontrei aí ideais que me nortearam e foram mais importantes do que quaisquer outras influências, inclusive da família. A fissura no rock foi precedida da paixão pela leitura. Moleque ainda, deliciava-me com as histórias em quadrinhos de Carl Barks, que escreveu e desenhou para a Disney as revistas com as maravilhosas aventuras do Pato Donald e do Tio Patinhas. Mais tarde, perto da época em que perdi meu pai, encontrei algo a mais em autores como Herman Melville e Edgar Allan Poe. Eu não era mais melancólico do que a maioria dos adolescentes, mas devia haver algo na leitura de autores que não oferecem garantia de consolo que me calou fundo. De qualquer maneira, isso é uma coisa que desde então me acompanha. A confiança no desassossego pode ser encorajadora à sua própria maneira.

Como se veria, o rock — com o qual cresci — demonstrou ser um veículo excelente para fundir alegria e desassossego em muitos de nós. O rock fala sobre desejos e perdas, coloca em pé, sem restrições, valores culturais e políticos, e é bom demais de ouvir, sozinho ou em grupo. Quando tive a oportunidade de escrever sobre algo que eu adorava, encarei aquilo como uma dádiva. Havia anos lia tudo sobre rock e jazz; os críticos me abriram horizontes. Eu os via como desbravadores, criando uma literatura que tinha relação vital, embora difícil, com a música. Com frequência, esses escritores me inspiraram tanto quanto a música. Muitos deles escreviam para *Rolling Stone, The Village Voice, Real Paper*, de Boston, a revista de jazz *Down Beat* e outras publicações que não existem mais, como *Eye, Cheetah, Trouser Press, Bomp!*, a original *Crawdaddy* e a original *Creem*. Todos esses críticos e jornalistas começaram a trabalhar antes de mim e todos (menos um ou dois) são alguns anos mais velhos do que eu.

Entre os historiadores, jornalistas e críticos que mais me marcaram naquele tempo, e os que influenciaram a literatura do rock and roll (e do jazz), devo citar: Alfred Aronowitz, Whitney Balliett, Lester Bangs, Joachim Berendt, Stanley Booth, Samuel Charters, Robert Christgau, Robert Christgau, Nick Cohn, Jonathan Cott, Cameron Crowe, Bem Edmonds, Leonard Feather, Bem Fong--Torres, Charlie Gillett, Ralph J. Gleason (cofundador da *Rolling Stone*), Richard Goldstein, Peter Guralnick, Nat Hentoff, Robert Hilburn, Chris Hodenfield, Jan Hodenfield, Stephen Holden, Jerry Hopkins, Lenny Kaye, Nick Kent, Jon Landau, Alan Lomax, Michael Lydon, Greil Marcus, Dave Marsh, Richard Meltzer, John Mendelsohn, Dan Morgenstern, John Morthland, Paul Nelson, Robert Palmer, Ira Robbins, Lillian Roxon, Bud Scoppa, Arnold Shaw, Greg Shaw, Derek Taylor, Nick Torshes, Ed Ward, Ian Whitcomb, Jon Wiener, Paul Williams, Ellen Willis e Langdon Winner.

Outros que escreveram sobre música (ou sobre assuntos relacionados à música), que eu admirava e com quem aprendi durante todos esses anos, são: Michael Azerrad, J. D. Considine, Stephen Davis, Anthony DeCurtis, Michael Eric Dyson, Bill Flanagan, David Fricke, Simon Frith, Deborah Frost, David Gans, Nelson George, Sid Griffin, Edna Gunderson, Dream Hampton, Clinton Heylin, Gerri Hirshey, Nick Hornby, Barney Hoskyns, Blair Jackson, Alan Kozinn, John Leland, Alan Light, Kurt Loder, Ian MacDonald, Joe McEwen, Kristine McKenna, Dennis McNally, Chris Morris, Charles Shaar Murray, Philip Norman, Jon Pareles, Steve Pond, Ann Powers, Simon Reynolds, Tim Riley, Jon Savage, Fred Schruers, Joel Selvin, Rob Sheffield, Danyel Smith, Neil Strauss, Michael Sugg, Greg Tate, Ken Tucker, Richie Unterberger e Sarah Vowell. Também quero expressar minha gratidão pelo prazer e pela influência proporcionados pelo trabalho excepcional da revista britânica *Mojo*, uma fonte da história da música, e à série dos livros *33 $\frac{1}{3}$*, de David Barker (Continuum Publishing) e seus indispensáveis retratos da música que importa para nossas vidas.

Ainda, as pessoas que tiveram influência mais direta neste livro, que só melhoraram meus textos, são os editores e os assistentes editoriais que conheço há anos: Eric Bates, Nathan Brackett, Will Dana, Jim DeRogatis, Susan Ellingwood, Jason Fine, Andrew Greene, James Henke, Peter Herbst, Sid Holt, James Kaminsky, Mark Kemp, Joe Levy, Bob Love, Susan Murcko, Barbara O'Dair, Tobias Perse, Bob Wallace, David Wild, Sean Woods e, claro, Jann Wenner.

Ao longo dos anos, conheci, mais ou menos, vários desses escritores, mas nenhum deles é tão memorável quanto Paul Nelson, que morreu em junho de 2006, aos setenta anos. A crítica do rock certamente teria se desenvolvido sem a influência de Paul — a música que surgiu nos anos 1950 e 1960 era ela mesma uma literatura que requeria avaliação literária —, mas desde os primeiros momentos ele introduziu um estilo elegante e uma perspectiva inovadora para o gênero. Foi um dos fundadores da primeira revista que documentou o renascimento da música folk americana, a *Little Sandy Review*, e, com um amigo, ajudou a incutir no jovem Bob Dylan conhecimentos de música folk e do trabalho de Woody Guthrie, no início dos anos 1960, em Minnesota. No final dos anos 1960, Nelson estava entre os primeiros críticos americanos sérios que escreveram sobre as intensas transformações do rock, mas levou para seus textos conhecimentos de cinema e literatura — e sua tradição crítica e debates — que ajudaram na compreensão de como essa forma mutante de música popular estava enriquecendo a cultura moderna e elevando os parâmetros da sociedade em torno (e fora) dela. Ele também, melhor talvez do que qualquer outro, encontrou uma voz para iluminar o mistério de uma canção e a alma de seu compositor. No início dos anos 1970, Paul trabalhou por um período como representante da A&R na Mercury Records, onde deu sua contribuição para as primeiras obras-primas de Rod Stewart e onde contratou a banda The New York Dolls. Mais tarde, como crítico de música — e depois como editor de resenhas — da *Rolling Stone*, escreveu artigos que ajudaram a estabelecer o significado e a estatura de artistas e grupos tão diferentes entre si quanto os Sex Pistols e Willie Nelson.

Vim a conhecer Paul já no fim de sua carreira — quer dizer, quando ele virou essa página, depois de um período de crise pessoal que se intensificara devido a algumas divergências com a *Rolling Stone*. No início, ficava intimidado com ele — o que acho perfeitamente natural, dado o seu passado de grandes feitos e sua carreira como um dos melhores críticos do país. Não sei bem por que ele gostou de mim, embora talvez tenha sido porque nós dois conhecíamos bem e admirávamos o trabalho do detetive e romancista Ross Macdonald. (Os livros de Macdonald sobre família, história e transgressão na Califórnia moderna me ajudaram a compreender melhor e a aceitar o lugar para onde me mudei em 1977.) De qualquer maneira, Paul me deu a chance de escrever ensaios sobre Lou Reed e Joy Division para a *Rolling Stone* no início dos anos 1980 e, quando entrei em pânico e tive um colapso nervoso ao escrever este segundo texto, Paul me deu o tempo necessário, o que me ajudou na minha recuperação e na conclusão do artigo. Acredito que sua generosidade tenha me salvado num momento crucial.

Mais tarde, visitei Paul em Nova York, e uma ou duas vezes ele esteve comigo em Los Angeles. Nessas ocasiões, ficávamos acordados até tarde, assistindo a filmes antigos na TV — filmes noir, comédias, filmes de terror e faroestes — um depois do outro, até amanhecer. (A única música que ouvíamos juntos eram discos das cantoras de pop e jazz Chris Connor, Jeri Southern, Helen Merril e Julie London, e do cantor e trompetista Chet Baker, o favorito de Paul.) Paul me apresentou aos faroestes de Budd Boetticher e às majestosas comédias de Clarence Brown, e ainda tenho uma coleção com vários filmes que ele gravou em VHS para mim. Uma ocasião, no entanto, mais do que todas as outras, me ficou na memória. Visitei Paul num dos muitos apartamentos que morou — esse era no Queens. Nessa época, ele já tinha largado o jornalismo e vendera grande parte de sua coleção de ficção para cobrir as despesas correntes (mas ainda comprava livros e filmes). Nessa noite, conversávamos sobre nossas recentes desilusões amorosas — daquelas que o arrasam e você acha que nunca mais vai se recuperar. Por mais que isso fosse doloroso, notei uma decepção excessiva em Paul naquela noite, um desencanto que parecia não ter fim. Ele estava acabrunhado, esmorecido e, por pior que estivesse me sentindo, não imaginaria aquelas palavras na minha boca. Naquela noite, Paul me mostrou *A sétima vítima*, filme de 1943 produzido por Val Lewton e dirigido por Mark Robson. É uma história estranha — assustadora e pungente — sobre uma mulher desaparecida e as manobras de um sofisticado grupo de adoradores de Satã em Manhattan, mas o tema subjacente é o apelo da morte diante dos sofrimentos da vida. A mulher acaba sendo encontrada, claro, e teme literalmente por sua vida. Quer dizer, em sua depressão, não sabe se a morte é um terror ou uma bênção. Ela finalmente compreende isso, de forma abrupta, naquele que é um dos finais mais raros e inesquecíveis da história do cinema. (Um verso do "Soneto Sagrado VII", de John Donne, acompanha esse momento: "*I runne to death, and death meets me as fast, and all my pleasures are like yesterday*" [Precipito-me em direção à morte, e ela vem depressa ao meu encontro, e todos meus prazeres são como ontem]).

Depois do início dos anos 1990, perdi contato com Paul. Ele se mudou mais uma ou duas vezes, e desistiu de ter telefone. Poderia, deveria mesmo, ter me esforçado um pouco mais, mas Paul tinha se afastado do mundo. Encontrei com ele por acaso numa noite de verão de 1999, cerca de duas horas da madrugada, numa rua de Manhattan. Fiquei feliz de vê-lo, mas ele me pareceu distante — não hostil, apenas ausente. Contou que estava trabalhando numa locadora de vídeos em West Village e que terminava um roteiro. Não tinha telefone em casa e não podia me dar nenhum outro número. Eu lhe dei meu número, mas ele nunca me ligou, e mais tarde acabei me mudando de novo para Los Angeles.

Paul morreu no verão de 2006, num apartamento no Upper East Side que ele subalugava ilegalmente. Segundo um longo obituário, assinado por Neil Strauss e publicado na *Rolling Stone* de dezembro de 2006, Paul mal comia nos últimos tempos, e o calor daquele verão certamente contribuiu para sua morte. O título do artigo era "O homem que desapareceu" — um adequado resumo para seu longo processo de abdicação, da carreira e da vida. Não acredito que houvesse qualquer coisa intencionalmente autodestrutiva naquele prolongado adeus. Ao contrário, acho que alguma coisa se rompeu no meio do caminho, e depois disso ele administrou o dano em sua vida com uma dignidade conquistada a duras penas.

Todos nós que conhecemos Paul Nelson o estimávamos. Era um homem gentil e compassivo, com um senso de humor afiado mas solidário, e um intelectual generoso. Elevou o patamar da crítica do rock antes mesmo que esse gênero existisse e, linha por linha, parágrafo por parágrafo, era um dos jornalistas e críticos mais elegantes que os Estados Unidos produziram desde os anos 1960. Fui privilegiado por ter trabalhado com ele, por ter meus artigos editados por ele, mas me tornei um escritor mais consciente simplesmente pelo fato de ter lido seus textos. Seu domínio da palavra escrita, como ele a usava para iluminar seu tempo e defender novos artistas intrépidos que refaziam o mapa cultural do século xx, nos deu a todos motivos para viver.

Gostaria de registrar um agradecimento especial a Leah Miller, Edith Lewis e Patricia Romanowski, da Free Press, que me ajudaram em cada uma destas páginas, e ao meu editor, Dominick Anfuso, cujo apoio, paciência e gentileza me foram inestimáveis. Além disso, minha profunda gratidão ao meu agente que me atura há tanto tempo, Richard Pine; à Doubleday e à Anchor Books, que tinham publicado alguns dos textos aqui recolhidos; e a Jann Wenner e à *Rolling Stone*, por terem tornado este material possível em primeiro lugar, e por terem-no melhorado.

Finalmente, meu amor e meu muito obrigado à família que me acolheu: Samantha, Preston (um refinado escritor em formação) e Tessa Schock. Como poderia ter concluído qualquer trabalho sem eles?

Índice onomástico

Abbey Road, 150-1, 184, 196, 344, 366
Acosta, Oscar Zeta, 280
Adams, Carolyn (Mountain Girl), 12, 74, 119, 123
Adler, Lou, 116
All Things Must Pass, 149, 153-5, 161, 198
Allman Brothers, 20, 310-1, 313-6, 321, 323-5, 329, 331, 333
Allman, Danielle, 315, 336
Allman, Duane, 313, 315-23, 325-30
Allman, Geraldine, 317
Allman, Gregg, 12, 311-5, 317-22, 326, 329-36
Almoço nu (Burroughs), 35, 38
Alpert, Richard, 53-6, 97-8, 100, 106; *ver também* Ram Dass, Baba
American Beauty, 76-9
American Recordings, 236
American Recordings (série), 237, 238, 240
Anderson, Chester, 114
Anderson, Pete, 380
Anderson, Pink, 364
Andrew, Sam, 109
Animals, 375, 376, 377

Aoxomoxoa, 74, 89
Apple, 148, 150, 152, 195, 196
Arnold Layne, 370
At Fillmore East, 325
At Folsom Prison, 229, 243
At San Quentin, 230
Atlantic Records, 341, 359
Atom Heart Mother, 371

Babbs, Ken, 96, 102
Baez, Joan, 172, 339, 406
Baker, Ginger, 339, 357
Balin, Marty, 115, 301
"Ballad of Ira Hayes, The", 223, 224
Band, The, 183, 330, 384, 385
Barlow, John Perry, 65, 80, 81, 87
Barrett, Rosemary, 380
Barrett, Syd, 11, 361-4, 366-70, 372-5, 379, 380
Barron, Frank, 48-56, 61
Beach Boys, 146, 182, 269, 368
Beatles Anthology, The (McCartney, Harrison, and Starr), 142, 164, 167, 204
Beatles, The, 11, 26, 37, 55, 67, 72-6, 107,

109, 125, 129-30, 135-7, 139-59, 161-85, 187-8, 190-200, 203-5, 249, 254, 268, 289, 293, 297, 319, 338, 341, 344, 364, 366, 373, 396, 401

Beautiful Losers (Cohen), 399, 400, 405-7

Beck, Jeff, 338, 340

Berry, Chuck, 72, 189, 322

Best, Mona, 136

Best, Pete, 136, 137, 140

Betts, Dickey, 311, 312, 315, 320, 321, 326, 329, 333

Bicknell, Ed, 355

Big Brother and the Holding Company, 75, 105, 109, 115, 116, 174

Bindon, John, 352-5, 358

Bitter Tears, 223

"Black Muddy River", 90, 91

Blackwell, Chris, 253, 256

Blake, William, 30, 50, 292, 294

Bland, Bobby Blue, 216, 318, 334, 335, 336

Bless its Pointed Little Head, 115

Blonde on Blonde, 37, 228, 397, 409

Blood on the Tracks, 37, 390, 391

Bolan, June, 370

Bonham, Jason, 359

Bonham, John, 12, 339-40, 342-3, 348, 352-9

Boucher, Caroline, 363

Boyd, Joe, 365

Boyd, Pattie, 120, 144, 145, 147, 150, 154, 157, 158, 173

Brand, Stewart, 102, 121

Breakspeare, Cindy, 258

Bright Tunes, 161, 162

Brooker, Gary, 152

Brothers and Sisters, 311

Buckley, Tim, 296, 420

Burnin', 254

Burrell, Kenny, 317

Burroughs, William, 26, 29-31, 35, 38-40, 52, 107, 274

Bush, George W., 13, 14, 20, 285, 286

Byrds, The, 183, 409

Cahill, Thomas, 114

Capricorn Records, 319, 325, 331, 332

Carr, Lucien, 29, 31

Carr, Patrick, 212

Carson, Johnny, 220

Carter Family, 213, 217, 226, 240, 241

Carter, Carlene, 224, 235

Carter, Jimmy, 325, 331

Carter, June *ver* Cash, June Carter

Carter, Mother Maybelle, 213

Cash, Carrie Rivers, 210

Cash, Cindy, 220, 242

Cash, Jack, 212, 213

Cash, John Carter, 233

Cash, Johnny, 12, 209-11, 218, 220, 221, 224, 228-9, 231-6, 240-5, 409

Cash, June Carter, 209, 214, 224, 226, 228, 230, 233, 240-1

Cash, Kathy, 220

Cash, Ray, 210, 212

Cash, Rosanne, 213, 219, 220, 235, 242

Cash, Roy, 215, 217

Cash, Vivian Liberto, 215, 216, 218, 220, 227, 228

Cash, William Henry, 210

Cassady, Neal, 31, 32, 35, 37, 74, 96, 97

Catch a Fire, 253, 254

Charlatans, 108, 109

Charles, Ray, 36, 189, 233, 318, 401, 405

Cher, 330, 331, 333

"Chicken in Black", 235

Christgau, Robert, 190, 258

Cipollina, John, 115

Clapton, Eric, 149-50, 155-8, 163, 168, 196, 254, 262, 308, 317, 323, 327-8, 335, 351, 363

Clark, Roy, 322

Clash, The, 39

Clayson, Alan, 138, 163

Cleaver, Eldridge, 59

Clifton, Peter, 346

Clinton, Bill, 26

Cloud Nine, 163, 168

Cohen, Adam, 400, 420
Cohen, Allen, 106
Cohen, Esther, 401
Cohen, Leonard, 228, 237, 398-421
Cohen, Lorca, 400, 420
Cohen, Masha, 401, 402
Cohen, Nathan, 401
Cohen, Sidney, 51
Cohon, Peter (Peter Coyote), 114
Cole, Richard, 342, 345, 350, 352, 357, 358
Coleman, Ray, 192
Collins, Judy, 406, 407
Coltrane, John, 10, 109, 318, 322, 326, 338, 341, 366, 371
Columbia Records, 219, 220, 233, 235, 410, 412
Concerto para Bangladesh, 156, 157, 159
Coppola, Francis Ford, 307
Corso, Gregory, 26, 34, 274
Council, Floyd, 364
Country Joe and the Fish, 105, 109
Courson, Pamela, 304, 305, 306
Cray, Robert, 312
Cream, 318, 322, 341, 342
Crônicas, volume um (Dylan), 392
Crosby, David, 145
Crosby, Stills and Nash, 346
Crowe, Cameron, 344, 358
Crowell, Rodney, 235
Crowley, Aleister, 348
"Crucifixion", 269
Curtis, King, 319, 328

Dark Horse Records, 159, 161
Dark Side of the Moon, 363, 373, 374, 375, 377
Darwin, Mike, 66
Davies, Hunter, 168
Davis Jr., Sammy, 224
Davis, Clive, 233
Davis, Erik, 348
Davis, Miles, 10, 243, 293, 322, 338, 389
Davis, Stephen, 305, 352
"Day in the Life, A", 178, 179, 180

"Death & Fame" (Ginsberg), 25, 40
Death of a Ladie's Man, 400, 409
DeCurtis, Anthony, 154
"Delia's Gone", 237
Densmore, John, 294, 299
Derek and the Dominos, 323, 351
Didion, Joan, 120, 121
Diggers, 106, 112, 113, 114, 118, 121
Dodd, Clement Coxsone, 249, 250
Donegan, Lonnie, 133, 189, 338
Donovan, 146, 184, 338, 365
Doors, The, 292, 296, 303, 304
Doors, The (banda), 11, 289, 291, 294-9, 301-3, 306-8
Double Fantasy, 162, 186, 205
Dowd, Tom, 314, 315, 326, 327
Drake, Pete, 152
Dylan, Bob, 26-7, 37, 39, 55, 73, 75, 81-2, 84, 109, 152-3, 156, 163-4, 168, 172, 176, 183, 192-3, 201, 223, 228, 231-3, 243, 249, 254, 261, 267-8, 277, 293, 295-7, 308, 338, 343, 383-97, 401, 406-7, 409, 420

Eastman, Lee, 195
Eastman, Linda, 195
Ed Sullivan Show, The (programa de TV), 34, 72, 172, 191
Electronic Sounds, 152
Elektra, 295, 296
Elfstrom, Robert, 232
Elmore, Greg, 115
Elrod, Suzanne, 400, 409
Emerick, Geoff, 175
EMI, 140, 159, 174, 180, 366, 371
"End, The", 289, 294, 296, 297, 299
Entwistle, John, 340
Epic Records, 312
Epstein, Brian, 139-41, 144, 148, 173-4, 180, 183, 194-5
Ertegun, Ahmet, 359
Estanho no ninho, Um (filme), 96
Estanho no ninho, Um (Kesey), 74, 92, 95-7, 103

Evans, Bill, 293
Everly Brothers, 133, 160, 164
Extra Texture (Read All About It), 161
Ezrin, Bob, 376, 377, 378

Fabian, Jenny, 367
Fabulous Johnny Cash, The, 221
Family Dog, 109, 110
Farber, David, 123
Farewells & Fantasies, 267, 268, 269
Favorite Game, The (Cohen), 404
Fergusson, Isaac, 260
Ferlinghetti, Lawrence, 32, 34, 41, 72, 107, 295
Ferry, Bryan, 357
Fields, Duggie, 365
Final Cut, The, 377, 378
Fine, Jason, 181
Fitzgerald, F. Scott, 271, 272
Flanagan, Bill, 230
Flashbacks (Leary), 47, 48, 51, 56, 59, 61
Flippo, Chet, 203
"Folsom Prison Blues", 219, 223, 228, 229
Fong-Torres, Ben, 244
Ford, Gerald, 160
Franklin, Aretha, 319, 327, 407
"Free as a Bird", 164, 204
Frith, Simon, 343
Future, The, 398, 399, 414, 415

Garcia Lorca, Federico, 403
Garcia, Jose "Joe", 71
Garcia, Ruth, 71
Garcia, Tiff, 71
Garvey, Marcus, 251
Gaye, Marvin, 254, 261
Geffen, David, 205
Geldof, Bob, 157, 377, 379
Gelek Rinpoche, 39
Gilmour, David, 361, 364, 368-79
Ginsberg, Allen, 20, 25-8, 36, 38, 41-2, 52, 60, 64, 106, 107, 274, 295, 394, 405
Ginsberg, Eugene, 27
Ginsberg, Louis, 27, 28, 36

Ginsberg, Naomi, 28, 36
"Girl From the North Country", 231
Giuliano, Geoffrey, 143, 147, 151, 164, 167
"Give Peace a Chance", 57, 67, 187, 200
Glaser, Tompall, 234
Glass, Philip, 146
Gleason, Ralph J., 111, 117, 121
Godchaux, Keith, 79
Goldberg, Danny, 345
Goldflies, Rook, 332
Goodman, Murray, 302
Gordon, Jim, 152, 327
Gover, Robert, 299
Grace, Camella, 65
Graham, Bill, 75, 101, 110, 325, 352, 353, 355
Grant, Marshall, 217
Grant, Peter, 339, 340, 342, 345, 346, 352
Grateful Dead, 11, 19, 20, 37, 65, 70-1, 74-83, 86-90, 92, 100, 101, 105, 108, 110, 113, 115, 119, 121-2, 296, 321, 323, 330, 365, 388, 396
Grateful Dead (álbum), 78, 115
Grogan, Emmett, 106, 113, 114

Haggard, Merle, 210, 229, 230, 232, 233
Hailé Selassié, imperador da Etiópia, 251, 257
Haldeman, Bob, 232
Hall, Rick, 319
Hamill, Pete, 202
Hammond, John, 318, 336, 394, 407
Harcourt-Smith, Joanna, 62
Hard Day's Night, A (filme), 73, 166
Hardin, Tim, 420
Harrison Jr., Harry, 130
Harrison, Dhani, 161, 165
Harrison, George, 13, 120, 129-31, 135, 137, 141-3, 150, 154, 159, 161, 164, 168-70, 173, 176-7, 184, 188, 196, 198, 346
Harrison, Harold, sr., 130-3, 161
Harrison, Louise (irmã), 141
Harrison, Louise French (mãe), 130-4, 152-3
Harrison, Olivia Arias, 161, 162, 165
Harrison, Peter, 131

432

Hart, Mickey, 79
Havel, Václav, 27
Hayden, Tom, 27, 38
Haynes, Warren, 313, 333
Healy, Dan, 80
Heard, Gerald, 51
Helms, Chet, 75, 101, 110
Help! (filme), 166
Hemingway, Ernest, 272, 275
Hendrix, Jimi, 17, 57, 254, 290, 301, 320, 326, 342, 368
"Here Comes the Sun", 150, 156
Herring, John (Scooter), 331, 333
"Hey Porter", 217
Higgs, Joe, 249
Highway 61 Revisited, 37, 391
Highwaymen, 235
Hitchcock, Peggy, 55
Hoffman, Abbie, 18, 27, 38, 114, 268
Hoffman, Albert, 54
Hoffman, Julius, 38
Holland, W. S. "Fluke", 218
Hollingshead, Michael, 54, 55
Holly, Buddy, 133, 138, 326
Holzman, Jac, 296
Hooker, John Lee, 335
Hoover, J. Edgar, 35, 101
Hopkins, Jerry, 291, 292, 303
Hopkins, John "Hoppy", 365
Horn, Clayton W., 34
Hoskyns, Barney, 109
House Rockers, 318
Houses of the Holy, 349
Humphrey, Hubert, 38, 277, 282
Huncke, Herbert, 30, 31, 32
Hunter, Robert, 74, 77, 78, 87, 90
"Hurt", 239, 242
Huxley, Aldous, 51, 52

"I Shot the Sheriff", 254, 262
"I Used to Be Somebody", 241
"I Walk the Line", 209, 219
"I'm Not There", 385

I'm Your Man, 398, 399, 410, 412, 415
Ihlen, Marianne, 404
Imagine (álbum), 150, 155, 199
Imagine (documentário), 191
"Imagine" (música), 150, 187, 206
In the Dark, 79, 81
In Through the Out Door, 356
Invisible Republic (reintitulado *The Old, Weird America*), 383, 384, 385, 387
Iron Butterfly, 341
Island Records, 253, 254

Jagger, Mick, 146, 335, 365, 375
Jaimoe, Jai, 311-2, 314-6, 319-20, 322, 324, 329-31, 333
Janiger, Oscar, 51, 56
Janov, Arthur, 198
Jansch, Bert, 346
Jenner, Peter, 367, 369, 370
Jennings, Waylon, 233, 234, 235
Jobs, Steve, 102
John Lennon/Plastic Ono Band, 199
John Wesley Harding, 228, 384, 391
John, Elton, 202
Johnny Cash (documentário), 232
Johnny Cash Show, The (programa de TV), 233
Johns, Glyn, 341
Johnson, Blind Willie, 242
Johnson, Lyndon, 277
Johnson, Robert, 322, 348, 390, 393
Johnston, Bob, 228, 231, 409
Jones, John Paul, 339, 340, 348, 351, 356, 358, 359
Jones, Raymond, 139
Joplin, Janis, 75, 116, 290, 296, 301, 326

"Kaddish" (Ginsberg), 25, 36
Kammerer, David, 31
Kandel, Lenore, 105
Kemp, Mark, 268
Kennedy, John F., 55, 141, 144, 269, 277, 325
Kennedy, Robert F., 15, 277, 298
Kennedy, Ted, 56

Kent, Nick, 352
Kernodle, Red, 217
Kerouac, Gerard, 29
Kerouac, Jack, 29-37, 52, 74, 94-5, 107, 132, 135, 274
Kesey, Faye, 94
Kesey, Fred, 93
Kesey, Jed, 103
Kesey, Ken, 11, 12, 37, 64, 74, 92-104, 108-9, 115, 118, 121, 365
King, Andrew, 367
King, B. B., 216, 317, 334, 335
King, Ben E., 206
King, Martin Luther, Jr., 15, 26, 200, 298, 325
Kirchherr, Astrid, 137
Klein, Allen, 149-51, 155, 162, 195
Koons, Deborah, 87
Krassner, Paul, 99, 102, 103
Kreutzmann, Bill, 73
Krieger, Robby, 294, 299
Kristofferson, Kris, 235, 237
Krupa, Gene, 339, 357
Kunstler, William, 38

L. A. Woman, 304
LaFarge, Pete, 223
Laing, R. D., 369, 370
Lamantia, Philip, 33
Landau, Jon, 343
Lang, K. D., 312
Last Go Round (Kesey), 102
Law, Don, 219, 221, 227, 228
Layla and Other Assorted Love Songs, 323
Layton, Irving, 402, 403, 420
Leary, Abigail, 48
Leary, Barbara Chase, 62
Leary, Jack, 48, 58, 61, 62
Leary, Marianne, 48
Leary, Rosemary Woodruff, 56-60, 63-4, 67, 69
Leary, Susan *ver* Martino, Susan Leary
Leary, Timothy, Jr., 11, 20, 27, 39, 43-69, 97-8, 100, 106, 113, 118
Leary, Timothy, Sr. (pai), 48

Leary, Zachary, 44, 62, 67
Leavell, Chuck, 329-32
Led Zeppelin, 12, 337-8, 341-60
Led Zeppelin I, 344
Led Zeppelin II, 344
Led Zeppelin III, 346, 347, 348, 359
Led Zeppelin IV, 348
LeFevre, Benji, 358
Leitch, Donovan *ver* Donovan
Lennon, Alfred, 189
Lennon, Cynthia Powell, 134, 145, 149, 191, 192, 194, 195, 203
Lennon, John, 13, 26-7, 37, 57, 67, 129-31, 134-5, 138, 142, 144, 149, 151-2, 154, 158-62, 164, 168, 172-3, 175, 177-81, 184, 186-8, 190, 195, 198-200, 203, 205-6, 261, 363, 365, 386
Lennon, Julia, 134, 189, 190
Lennon, Julian, 191, 192, 203
Lennon, Sean, 161, 186, 187, 203
Lesh, Phil, 79, 323
Let It Be (álbum), 150-2, 164, 184, 196, 198
Let It Be (documentário), 196
"Let It Be" (música), 150
Let Us Compare Mythologies (Cohen), 404
Levenson, Bill, 321, 328
Lewis, Jerry Lee, 219
Liddy, G. Gordon, 58
"Light My Fire", 296, 297
Little Milton, 216, 334, 336
Little Richard, 132, 133, 183
Live in Japan, 163
Live!, 254
Living in the Material World, 160
Lorca, Federico *ver* Garcia Lorca, Federico
Lorry, Dave, 334
Louvin Brothers, 213, 214
Louvin, Charlie, 213
Love, 293, 295, 296
Love and Theft, 391
"Love Me Do", 140, 191
"Love Sick", 389, 390, 391
Love, God, Murder, 226

Lovell, Vic, 94
Lovett, Lyle, 312
Lowell, Robert, 52
Lowndes, Sara, 392, 395
"Lucy in the Sky with Diamonds", 177
Lush, Richard, 176
Lyle, Dave, 322
Lyndon, Twiggs, 332
Lynne, Jeff, 163
MacLeish, Archibald, 396

Magical Mystery Tour (álbum), 183
Magical Mystery Tour (filme), 148, 183, 184, 195
Maharishi Mahesh Yogi, 147, 148, 183, 193
Mailer, Norman, 27, 292, 406
"Man in Black", 233
Manley, Michael, 255, 256
Manzarek, Ray, 293, 294, 299
Marcos, Ferdinand, 144
Marcus, Greil, 383, 387
Marley, Bob, 246-63
Marley, Cedella, 247, 248, 249
Marley, Norval, 247
Marley, Rita Anderson, 250, 252, 256-61
Marriott, Steve, 339
Marshall, Alan, 377
Marshall, Vicki, 45
Martin, Charlotte, 345
Martin, George, 140, 142, 149-52, 174-6, 178-80, 192-3, 196
Martino, Susan Leary, 48, 49, 57, 63, 120
Mason, Nick, 361, 367-70, 378
Massot, Joe, 346
Matlock, Glen, 352
Matzorkis, Jim, 353, 354
McCartney (álbum), 151, 197
McCartney, Paul, 130, 133-5, 137-40, 142, 145, 147-53, 155, 158, 161, 164, 165, 171-80, 182-4, 188, 192, 195-7, 199, 204, 254, 365-66
McClelland, David, 50, 51, 53, 54
McClure, Michael, 33, 37, 105, 121
McGovern, George, 282

Mcintosh, Ralph, 34, 249
McKenzie, Scott, 117
McKernan, Ron (Pigpen), 72, 79
McKinney, Devin, 182
McMurtry, Larry, 93
McRobbie, Angela, 343
McTell, Blind Willie, 237
Medo e delírio em Las Vegas (Thompson), 271, 280, 282, 283
"Medo e delírio em Las Vegas" (Thompson), 282, 283
Medo e delírio: na campanha de 72 (Thompson), 282
Melton, Barry, 109
"Mercy Seat, The", 239
Miles, Barry, 171, 174, 175, 176, 364, 365, 370
Miles, Buddy, 57
Miller, Henry, 295, 392, 397, 404, 405, 406
Milton, Roy, 318
Mimi (tia de John Lennon), 134, 188, 189, 190
Mintz, Elliott, 203
Mitchell, John, 201
Mitchell, Joni, 233, 346, 378
Momentary Lapse of Reason, A, 378
Moon, Keith, 202, 340
Morgan, Ted, 40
Morrison Hotel, 303
Morrison, Clara, 291
Morrison, Jim, 12, 289-309, 378, 420
Morrison, Steve, 291
Mother McCree's Uptown Jug Champions, 72
Murray, Charles Shaar, 343
Muskie, Edmund, 282
Mydland, Brent, 79

Nashville Skyline, 228, 231, 391, 395, 409
Natty Dread, 252, 254
Neel, Johnny, 313, 333
Nelson, Willie, 234, 235, 398
New Morning, 228, 391, 396
"New Speedway Boogie", 76
Nilsson, Harry, 202
Nix, Rip, 224, 226

Nix, Rosey, 224
Nixon, Richard, 15, 57, 160, 229, 232, 277, 282-3, 286, 298
"No Quarter", 349, 359

Oakley, Berry, 313, 319-20, 323, 325-6, 329
Ochs, Phil, 12, 267-9, 406-7, 420
"Okie from Muskogee", 232
On the Road (Kerouac), 35, 74, 94, 107, 135, 274
"One Love", 261, 262
"One Too Many Mornings", 232
Ono, Yoko, 57, 67, 149-51, 155, 159, 161-2, 164, 175, 186, 194-6, 200-5, 365
Orbison, Roy, 163
Orlovsky, Peter, 26, 32

Page, Jimmy, 12, 338, 340, 343, 346, 348, 350, 353-4, 356, 358-9
Page, Scarlet, 350
Palmer-Slater, Gail, 284
Pang, May, 202
Parasites of Heaven (Cohen), 409
Parker, Alan, 377
Parker, Charlie, 30, 322, 326
Patchen, Kenneth, 34
Pennebaker, D. A., 116
"Penny Lane", 174
Perkins, Carl, 132, 133, 219-20
Perkins, Luther, 217, 229
Perry, Charles, 113
Perry, Lee, 253
Perry, Paul, 272-3, 284
Petty, Tom, 84, 163, 388
Phillips, John, 116, 117
Phillips, Sam, 218, 219, 237
Physical Graffiti, 349
Piccarella, John, 190
Pickett, Wilson, 319, 327
Pink Floyd, 11, 175, 361-80
Piper at the Gates of Dawn, The, 366, 367, 371
Plant, Karac, 354
Plant, Logan Romero, 356

Plant, Maureen, 350
Plant, Robert, 337, 339-40, 343, 346, 349-51, 353, 355, 358-9
Platão, 20
Platt, Charles, 66
Pleasants, Henry, 221, 233
Pleasures of the Harbor, 269
Podhoretz, Norman, 35
PolyGram, 313
Pond, Steve, 225, 344
Pop, Iggy, 298
Prabhupada, Swami, 146, 164, 167
Presence, 350, 351
Presley, Elvis, 9, 26, 34, 73, 132, 138, 141, 182, 189, 218, 219, 241, 295, 320, 338, 401, 405
Preston, Billy, 152, 155
Prochnicky, Jerry, 305

Quarry Men, 134, 135
Quicksilver Messenger Service, 105, 109, 115, 296

Radle, Carl, 152
Rainey, Ma, 26, 27
Raitt, Bonnie, 312
Ram Dass, Baba (Richard Alpert), 56, 61-4, 97
Rastaman Vibration, 254
RCA Records, 219
Reagan, Ronald, 112, 122, 206
Recent Songs, 399, 409
Redding, Otis, 316, 326
"Redemption Song", 260, 262
Reed, Lou, 27, 407
Reid, Terry, 339
Reinhardt, Django, 133, 317
Revolver, 143, 146, 147, 163, 172, 175, 177, 193, 366
Rexroth, Kenneth, 32-3, 34, 72
Richards, Keith, 335, 363
Richman, Robin, 180
Rimbaud, Arthur, 30, 292, 394
"Ring of Fire", 226-7, 240
Ringo (álbum), 158

Riordan, James, 305
Rivers, John L., 210
Robinson, Carolyn, 31
Robinson, Sharon, 415-6
Rodgers, Jimmie, 213, 217, 222
Rolling Stones, 19, 76, 99, 149, 183, 193, 229, 254, 293, 295, 297-8, 313, 322, 335, 364-5, 396, 401
Rothchild, Paul, 296, 300
Rotolo, Suze, 394
Rubber Soul, 163, 171, 192, 193, 366
Rubin, Jerry, 38, 61, 105, 200, 268
Rubin, Rick, 236
Russell, Leon, 155, 156

Sailor Song (Kesey), 102, 103
Salazar, Ruben, 280
"San Francisco (Be Sure to Wear Flowers in Your Hair)", 117, 119
Sanders, Ellen, 345
Sanders, Pharoah, 322
Sasaki Roshi (Kyozan Joshu Sasaki), 398
Saucerful of Secrets, A, 369, 371, 375
Saunders, Merl, 85
Schaffner, Nicholas, 370
Scratch (MacLeish), 396
Seaga, Edward, 255, 256, 260
Seale, Bobby, 38
Sebastian, John, 57
Seeger, Pete, 164, 223, 234
Self Portrait, 228, 387, 391, 395
Seven Turns, 311, 315, 334
Sgt. Pepper's Lonely Hearts Club Band, 146, 171, 173, 175, 180, 185, 193, 297, 366
Shankar, Ravi, 145-6, 155-6, 173-4
"She's Leaving Home", 178, 179
Sheff, David, 150, 190, 204
Shelley, John, 114
Shelton, Robert, 387
Sheridan, Tony, 139, 163
"Simmer Down", 250
Simon and Garfunkel, 344, 409
Simon, John, 408

Simonon, Paul, 351
Simpson, David, 109
Sinatra, Frank, 294, 304, 335, 390
Skatalites, 250
Slick, Grace, 115, 301
"Slouching Towards Bethlehem" (Didion), 120
Smith, Carl, 224
Smith, Harry, 408
Smith, Jimmy, 318
Smith, Norman, 366
Snyder, Gary, 33, 105, 107
So Far (documentário), 81
Solters, Lee, 345
Some Time in New York City, 201
"Something", 149, 150
Sometimes a Great Notion (Kesey), 96, 97, 103
Somewhere in England, 163
Songs of Leonard Cohen, 408
Soulettes, 250
Spector, Phil, 152, 156, 196, 198, 400
Springsteen, Bruce, 254, 261, 388, 407
"Stand by Me", 206
Stanley, Owsley, 106, 118
Stark, Steven D., 180
Starr, Maureen, 158
Starr, Ringo (Richard Starkey), 130, 135, 140, 142, 149-52, 155-6, 158-9, 162-4, 166, 176, 180, 188, 202, 204, 313
Steadman, Ralph, 279
Stills, Stephen, 57
Stollman, Steve, 365
Stone, Robert, 98
Stooges, 298, 343
Storm, Rory, 135, 140
Strait, George, 235
Strange Days, 298, 304
"Strawberry Fields Forever", 174, 177, 179, 181
Stuart, Marty, 242
Studio One, 249, 250
Sullivan, Ed, 34, 72, 141, 172, 191
Sun Records, 209, 216-21, 240
Surrealistic Pillow, 115
Sutcliffe, Stu, 135, 137, 140

"Tangled Up in Blue", 390
Taylor, Don, 256
Tekakwitha, Kateri, 400
Ten New Songs, 399, 415, 416, 418
Tennessee Three, 217
Terry, Gordon, 221
Teste do ácido do refresco elétrico, O (Wolfe), 93, 101, 276
Thatcher, Margaret, 206, 377
Thirty-three & 1/3, 161
Thompson, Anita, 270, 287
Thompson, Hunter S., 12, 270-88
Thompson, Jack R., 271-2
Thompson, Juan, 270-1, 287
Thompson, Sandy Dawn, 275-7, 284
Thompson, Virginia Ray, 271-2
Thompson, Winkel, 270
Thornton, Big Mama, 116
Thurmond, Strom, 201
Timberlake, Justin, 242
Time Out of Mind, 389, 390
"To Fuck with Love" (Kandel), 105
Toler, Dan, 332
Tom Petty and the Heartbreakers, 84, 388
Torgoff, Martin, 118
Tosches, Nick, 237
Tosh, Peter, 249, 254, 260
"Touch of Grey", 79, 81
Traveling Wilburys, The (*Volume 1*), 163
Travis, Randy, 235
Tristano, Lennie, 293
Trucks, Butch, 311-2, 314-5, 320, 322, 326-30, 332-3
Trudeau, Garry, 284
Truelove, Trudy, 45, 65, 68
Tupac Shakur, 261, 388

Uivo (Ginsberg), 25, 33-8, 40-1, 107, 295, 394, 405-6
Unchained, 238
"Uncle John's Band", 76, 81
Ungar, Leanne, 416

Vanilla Fudge, 341, 343
Various Positions, 409, 410, 412
Vaughan, Stevie Ray, 312
Velvet Underground, 10, 298
Von Hoffman, Nicholas, 119
Von Schlebrügge, Nena, 56
Voorman, Klaus, 136, 152, 155

Wailer, Bunny, 247, 249, 260
Wailers, 247, 250, 252-4, 261
Waiting for the Sun, 299-300
Walden, Phil, 316-20, 325, 329, 331-2
Walking into Clarksdale, 359
Wall, The, 362-3, 367, 376-8
Walls and Bridges, 202
Warlocks, 73-4, 108
Waters, Muddy, 189, 317, 322
Waters, Roger, 361, 363, 368, 370, 372, 375-9
Watkinson, Mike, 380
Watts, Alan, 105
Weir, Bob, 72, 81, 83, 121
Welch, Chris, 340, 354, 355
"Welfare Cadillac", 232
Wenner, Jann S., 121, 197, 199
Wexler, Jerry, 320
White, Allan, 152
White, Timothy, 252
Whitlock, Bobby, 152, 327
Whole Earth Catalog, The, 102, 122
Wieseltier, Leon, 414
"Will You Miss Me When I'm Gone?", 241
Williams Jr., Hank, 226
Williams, Allan, 136
Williams, Hank, Sr., 209, 212, 226, 241, 326, 390
Williams, Lamar, 329, 332
Williams, Tennessee, 241, 421
Willis, Tim, 368
Wilson, Brian, 181-2, 268, 368
Wilson, Robert Anton, 60
Winner, Langdon, 181
Wish You Were Here, 374, 375
"Wish You Were Here", 374
"Within You Without You", 146, 178-9

Wolfe, Tom, 93, 101, 276
Wonderwall Music, 152
Woody, Allen, 313
Wootton, Bob, 229
Workingman's Dead, 76-9, 89
Wren, Christopher, 222

Wright, Gary, 152
Wright, Rick, 361, 374, 377-8, 380

Yardbirds, 318, 338-40, 342, 348, 366
Yetnikoff, Walter, 410
Yogananda, Yogi Paramahansa, 146, 167

ESTA OBRA FOI COMPOSTA PELA SPRESS EM MINION E IMPRESSA EM OFSETE
PELA RR DONNELLEY SOBRE PAPEL POLÉN SOFT DA SUZANO PAPEL E CELULOSE
PARA A EDITORA SCHWARCZ EM AGOSTO DE 2010